高等学校财经类专业核心课程教材

GAODENG XUEXIAO CAIJINGLEI ZHUANYE HEXIN KECHENG JIAOCAI

（第五版）

5

经济数学基础

第一分册：微积分

主　编　龚德恩

副主编　范培华　胡显佑

编写者　龚德恩　张学贞

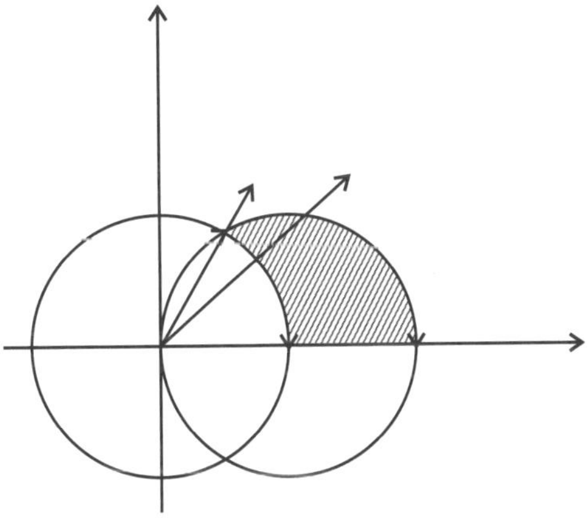

四川人民出版社

图书在版编目（CIP）数据

经济数学基础．第 1 分册，微积分 / 龚德恩主编．—5 版．
—成都：四川人民出版社，2016.1（2021.4 重印）
高等学校财经类专业核心课程教材
ISBN 978－7－220－09633－4

Ⅰ．①经… Ⅱ．①龚… Ⅲ．①经济数学—高等学校—
教材 ②微积分—高等学校—教材 Ⅳ．①F224.0 ②O172

中国版本图书馆 CIP 数据核字（2015）第 214086 号

·高等学校财经类专业核心课程教材·

JINGJI SHUXUE JICHU
经济数学基础(第一分册:微积分)(第五版)
主　编　龚德恩
副主编　范培华　胡显佑
编写者　龚德恩　张学贞

责任编辑	薛玉茹
封面设计	张迪茗
技术设计	戴雨虹
责任校对	蓝　海
责任印制	王　俊
出版发行	四川人民出版社(成都槐树街 2 号)
网　　址	http://www.scpph.com
E-mail	scrmcbs@sina.com
新浪微博	@四川人民出版社
发行部业务电话	(028)86259624　86259453
防盗版举报电话	(028)86259624
照　　排	成都勤慧彩色制版印务有限公司
印　　刷	四川机投印务有限公司
成品尺寸	185mm×260mm
印　　张	26.25
插　　页	2
字　　数	442 千
版　　次	1992 年 7 月第 1 版 1996 年 4 月第 2 版 1999 年 8 月第 3 版 2005 年 7 月第 4 版 2016 年 1 月第 5 版
印　　次	2021 年 4 月第 30 次
印　　数	197001—200000 册
书　　号	ISBN 978－7－220－09633－4
定　　价	36.00 元

第五版说明

我社编辑出版的高等学校财经类专业核心课程教材之《经济数学基础》一套三册，即《微积分》《线性代数》和《概率统计》，面市20多年，一路走来风雨兼程．其间已做过三次修订再版和无数次加印，各分册累计印数都达几十万册．为了更加符合教与学的需要，我们第四次约请原书作者对教材进行了全面修订，拟出版修订"第五版"．具体与第四版的区别如下：

1. 此次修订主要是依照《2009年全国硕士研究生入学统一考试数学考试大纲》中"数学三"的规定内容来进行，因此，对此大纲中未作要求的内容大都予以删除（因重要性或经济应用的需要，有关部分内容仍保留，但加注"*"号），故难度有所减轻．

2. 对原书部分内容作了重写，增加了一些"注释"性质的东西，调整了部分例题．

3. 对在教学中发现的原书里的一些写作错误或排版错误均作了更正．

4. 排版上更加规范，以便于浏览，从而可以提高阅读效率．

如此，修订第五版更加适应市场的要求，质量较以前的版本也有较大的提升．

出版者

2015年11月

第四版说明

这套统编教材是按照国家教委高等教育司1989年10月审定的“高等学校财经类专业核心课程《经济数学基础》教学大纲”的要求编写的. 作者均系北京大学、中国人民大学等著名高校的专家、学者. 该套教材分三册:《微积分》《线性代数》《概率统计》. 面市十多年来历经市场考验，表现出顽强的生命力，数次再版，多次增印，每个分册的累计印数均达到数十万册，有着广泛的社会需求和较大的市场份额，业已成为四川人民出版社的品牌读物 .

目前市场上有关此类书籍品种繁多，良莠不齐. 为了更好地适应市场的变化，也为了更好地打造品牌，我们在编辑方面做了以下工作：第一，版面由32开增大到16开，让繁多的数学公式和符号表示或排列更加合理；第二，文字、符号加大一些，行距也增大一点，读者阅读和学习起来更赏心悦目；第三，纠正了若干编排错误，使全书质量更上一层楼；第四，封面改变以往的老面孔，从而更符合时代潮流；第五，封面的前勒口上增加了每册习题解答的书名，便于使用者更加全面地了解该套教材及教辅的情况 .

尽管我们为出版这第四版教材已作出了最大的努力，但也难免百密一疏，恳请广大新老读者不吝赐教，以使该套教材更加趋于完美 .

四川人民出版社

2005年5月

第三版说明

此书初版于 1992 年，再版于 1995 年，经过多年来全国高等院校的广泛使用，反映良好．为使该教材更趋完善、规范和权威，我们特约请作者再次修订，并将该书（第一、二、三分册）的习题全部解答，汇编成册，单独出版，以配合广大师生教学使用．

出版者

2000 年 2 月

再版说明

本书系高等学校财经类专业核心课程教材之一，初版于 1992 年. 该书出版后，各方反映较好. 由于初版成书时时间紧迫，匆忙之中难免有错误疏漏之处. 今特约请作者详细修订后重新照排，从而更具正确性和合理性，便于广大师生阅读使用.

出版者

1995 年 7 月

出版说明

1990 年，财经类专业 10 门核心课程的教学大纲通过了审定并正式出版．当年暑期，国家教委根据教学大纲组织了全国性的师资培训工作，在此基础上，为了进一步加强财经类专业的核心课程建设，国家教委决定委托教学大纲的主编根据教学大纲的要求编写教材，并争取在今、明两年内使这 10 本教材出版，供普通高等学校财经类本科专业使用．

在着手组织编写教材时，我们确定的指导思想是：教材编写应以马克思主义为指导，坚持四项基本原则，贯彻理论联系实际的原则，反映和体现中国特色；注重本学科基本理论、基本知识的介绍以及基本技能的训练，注意吸收本学科新的、比较成熟的研究成果；教材内容应观点正确、鲜明，取材准确，起点、份量适中．在介绍外国经济理论时，应根据我国与外国在国情和意识形态上的差异，本着思想性与科学性统一的原则，作必要的评论和批判．

这套教材是基本按照教学大纲编写的，除包括本课程基本内容外，选学内容比较广泛，在使用时，各专业在保证基本内容讲授的前提下，可以根据各自的要求对教学内容作必要的调整和增删．教学大纲出版后，许多同志对教学大纲的修订提供了重要而中肯的意见，主编对这些意见进行了认真的研究，并在教材编写中予以相应采纳．因此，教材的体系和内容在教学大纲的基础上有了一些改进和调整．

编写教学大纲和教材是财经类专业核心课程建设的一项重要基础工作，有利于逐步深化教学改革，提高我国高等财经教育的教学质量．我们希望全国高等财经类专业的广大教师继续关心和支持这项工作，及时将使用这套教材中遇到的问题和改进意见向我司和作者反映，以供修订教学大纲和教材时参考．

这套《经济数学基础》教材由中国人民大学龚德恩副教授任主编，北京大学范培华副教授和中国人民大学胡显佑副教授任副主编．编写组成员有张学贞、靳云汇、袁荫棠．参加本教材审稿讨论的有：南开大学周概容教授，上海财经大学朱幼文副教授，江西财经学院刘序球副教授，（以下按姓氏笔画为序）内蒙古自治区财经学院马华副教授，山东经济学院王好民副教授，中国金融学院王新民副教授，陕西财经学院叶玉琴副教授，东北财经大学刘文龙副教授，天津财经学院张源教授，北京经济学院张广梵副教授，广东商学院郑万伏副教授，中央财政金融学院单立波副教授，湖南财经学院周江雄副教授，浙江财经学院周继高副教授，北京商学院顾瑾副教授，西南财经大学倪训芳副教授，中南财经大学彭勇行副教授，西北师范大学熊烈副教授.

国家教委社会科学
研究与艺术教育司
1992 年 1 月

编著者说明

受国家教委委托，中国人民大学和北京大学共同承担了编写核心课程《经济数学基础》教材的任务．这套教材是按照国家教委高等教育司 1989 年 10 月审定的“高等学校财经类专业核心课程《经济数学基础》教学大纲”的要求编写的．全套教材分为《微积分》《线性代数》和《概率统计》三个分册．《微积分》分册由张学贞（一、二、三、四、七章）和龚德恩（五、六、八、九、十章）编写，龚德恩统纂；《线性代数》分册由胡显佑（一、二、三章）和靳云汇（四、五、六章）编写，胡显佑统纂；《概率统计》分册由袁荫棠（一、二、三章）和范培华（四、五、六、七章）编写，范培华统纂．

在编写教材时，既要考虑到教学大纲对内容和学分的要求（学分减少而内容有所增加），又要考虑到数学学科的特点和目前国内财经类专业的实际教学情况．因此，要编写一套适合实际教学需要的高质量教材，其难度是很大的．为此，我们在编写教材时着重考虑了以下几个问题：

1. 在符合教学大纲规定的内容和学分要求的前提下，希望能尽可能多地介绍一些财经类专业所必需的数学知识．为此，教材对内容取舍、结构安排、程度要求和某些具体内容的处理等问题进行了认真的分析和研究，与现有教材相比较有所变化．另外，教材中有些内容注有“*”号，是否讲授这些内容，各校可根据专业特点和实际教学情况决定．

2.《经济数学基础》作为财经类专业的一门基础课，编写教材时既要考虑到财经类专业对数学知识的直接或间接需要，又要考虑到学习数学对培养学生逻辑思维能力的重要性．因此，为了使读者更好地理解和掌握教材中介绍的基本原理和方法，除一些超出大纲要求或过于繁琐的定理（法则）的证明外，教材对大多数定理（法则）都给出了严格的证明，而且尽量采用文科学生易于接受的证明方法，希望这样处理既能保持数学学科本身的系统性、逻辑严密性和科学性，又有利于培养学生的逻辑思维能力．

3. 目前国内已出版了不少《经济数学基础》教材，这些教材都是各兄弟院校数学教师在总结实际教学经验的基础上编写而成的，我们编写这套教材时，希望能将各兄弟院校编写《经济数学基础》教材的先进经验反映出来．为此，在编写教材过程中，我们听取了部分兄弟院校数学教师对编写教材的意见，也参考了不少兄弟院校编写的有关教材．

4. 为了使读者更好地理解和掌握教材中介绍的基本原理和方法，教材中选编了相当数量的典型例题．为了提高读者运用数学知识分析和处理实际经济问题的能力，教材中介绍了一定数量的经济应用例题．为了使读者有较多的练习机会，教材中选配了大量的习题，书后附有习题参考答案．授课教师可根据实际教学情况，布置习题中的一部分给学生练习，其余部分留给学有余力的学生自行练习．

1991 年 7 月 28 日至 8 月 2 日，国家教委聘请有关专家对这套教材的初稿进行了评审．评审组的各位专家以高度负责的精神，对教材初稿进行了严肃认真的审核，认为教材初稿基本体现了教学大纲的要求，并提出了很多具体的宝贵修改意见，这些修改意见对保证和提高教材的质量，无疑是非常有益的，在此向参加评审会的各位专家表示衷心的感谢．

1991 年 7 月中下旬，在国家教委委托中国人民大学举办的《经济数学基础》暑期师资研讨班上，各兄弟院校的老师也对教材初稿提出过很多宝贵的修改意见．在此向提出过修改意见的各校老师表示衷心的感谢．

西北师范大学熊烈副教授对《微积分》的编写曾提出过书面意见，中国人民大学莫颂清副教授曾仔细审阅过《微积分》初稿，南开大学周概容教授曾仔细审阅和修改过《概率统计》修改稿，在此向他们表示衷心的感谢．

虽然我们尽了很大的努力，希望能写出一套质量较高、适合实际教学需要的教材，但由于水平有限和时间仓促，教材中一定还会存在这样或那样的缺点和问题，敬请读者不吝指正，我们将万分感谢．

龚德恩　范培华　胡显佑

1992 年 1 月 10 日于北京

目　录

第一章 函 数

函数是微积分学的重要基本概念之一，是微积分学的研究对象. 本章将讨论函数的概念及其基本性质.

§1.1 实 数

由于微积分学主要是在实数范围内研究函数，故本节先复习一下与实数有关的一些基本知识.

一、实数与实数的绝对值

1. **实数与数轴上的点**

我们知道，实数由有理数与无理数两部分组成. 有理数包括零、正负整数和正负分数. 有理数可写成p/q的形式（其中 p、q 为整数，且 $q\neq0$），也可表示为整数、有限小数或无限循环小数. 而无理数只能表示成无限不循环小数.

实数与数轴上的点是一一对应的. 为了简便起见，我们常用同一个字母或数字既表示某个实数又表示以此实数为坐标的数轴上的对应点. 比如，数 a 与点 a，数$\sqrt{3}$与点$\sqrt{3}$，……

数轴上表示有理数的点称为有理点，表示无理数的点称为无理点. 有理点具有稠密性，即数轴上任意两个不同的有理点之间一定存在无穷多个有理点. 同样地，无理点也具有稠密性.

有理数经过四则运算（除数不为零）其结果仍为有理数；而无理数经过四则运算其结果可能为无理数也可能为有理数.

2. **实数的绝对值**

定义 1.1 设 a 为一个实数，定义 a 的绝对值（记为 $|a|$）为

$$|a|=\begin{cases}a, & a\geqslant 0\text{ 时},\\ -a, & a<0\text{ 时}.\end{cases}$$

若 a、b 为两个实数，则由定义 1.1 可知

$$|a-b|=\begin{cases}a-b, & a\geqslant b\text{ 时},\\ b-a, & a<b\text{ 时}.\end{cases}$$

绝对值的几何意义是：$|a|$ 表示点 a 与原点 0 的距离；$|a-b|$ 表示点 a 与点 b 之间的距离.

例 解不等式 $|x-3|<|x+1|$

解 由绝对值的几何意义知，待解不等式表示，点 x 与点 3 的距离小于点 x 与点 -1 的距离. 因此，从数轴上直接观察（如图 1—1 所示），可得待解不等式的解为

$$x>1.$$

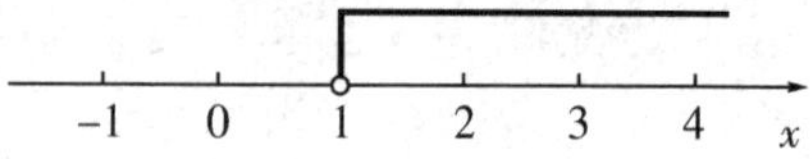

图 1—1

由此例的简单解法可以体会到，熟悉绝对值的几何意义是很有益的.

绝对值有下列基本性质：

(1) $|a|\geqslant 0$；$|a|=|-a|$；$|a|=\sqrt{a^2}$.

(2) $-|a|\leqslant a\leqslant |a|$.

(3) 不等式 $|a|\leqslant K$ $(K\geqslant 0)$ 与不等式 $-K\leqslant a\leqslant K$ 等价.

证 由性质 (2) 易得.

(4) $|a+b|\leqslant |a|+|b|$.

证 由性质 (2) 可知

$$-|a|\leqslant a\leqslant |a|,\ -|b|\leqslant b\leqslant |b|.$$

于是

$$-(|a|+|b|)\leqslant a+b\leqslant (|a|+|b|).$$

令 $K=|a|+|b|$，则由性质 (3) 有

$$|a+b| \leqslant |a|+|b|.$$

一般地，有

$$|a_1+a_2+\cdots+a_n| \leqslant |a_1|+|a_2|+\cdots+|a_n|.$$

(5) $||a|-|b|| \leqslant |a-b|$.

证 由性质 (4) 有

$$|a|=|(a-b)+b| \leqslant |a-b|+|b|,$$

即

$$|a|-|b| \leqslant |a-b|.$$

类似地，有

$$|b|-|a| \leqslant |b-a|=|a-b|.$$

于是有

$$||a|-|b|| \leqslant |a-b|.$$

(6) $|ab|=|a||b|$.

一般地，有

$$|a_1a_2\cdots a_n|=|a_1||a_2|\cdots|a_n|.$$

(7) $\left|\frac{a}{b}\right|=\frac{|a|}{|b|}$，$b\neq 0$.

性质 (6)、(7) 的证明留给读者去完成.

二、常用的实数集

全体实数的集合记为 R，全体自然数的集合记为 N. 此外，常用的实数集合还有区间，其定义如下：

定义 1.2 设 a、$b\in R$，且 $a<b$. 定义：

(1) **闭区间** $[a, b]=\{x \mid a\leqslant x\leqslant b\}$.

(2) **开区间** $(a, b)=\{x \mid a<x<b\}$.

(3) **半开区间** $(a, b]=\{x \mid a<x\leqslant b\}$,

$$[a, b)=\{x \mid a\leqslant x<b\}.$$

(4) **无穷区间**

$$(-\infty, b]=\{x \mid -\infty<x\leqslant b\}=\{x \mid x\leqslant b\},$$

$$(-\infty,\ b)=\{x \mid -\infty<x<b\}=\{x \mid x<b\},$$

$$[a,\ +\infty)=\{x \mid a\leqslant x<+\infty\}=\{x \mid a\leqslant x\},$$

$$(a,\ +\infty)=\{x \mid a<x<+\infty\}=\{x \mid a<x\},$$

$$R=(-\infty,+\infty)=\{x \mid -\infty<x<+\infty\}.$$

通常，将闭区间、开区间、半开区间和无穷区间统称为**区间** I. 上述区间在数轴上的表示如图 1－2 所示.

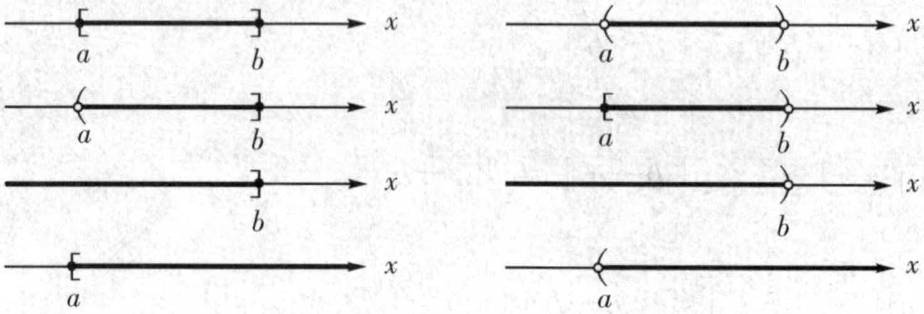

图 1－2

在今后的讨论中，有时需要考虑由某点 x_0 附近的所有点构成的集合. 为此，需引入邻域的概念.

定义 1.3　设 δ 为某个正数，称开区间 $(x_0-\delta,\ x_0+\delta)$ 为**点 x_0 的邻域**，x_0 为该邻域的中心，δ 为该邻域的半径.

点 x_0 的邻域去掉中心 x_0 后的集合

$$(x_0-\delta,\ x_0+\delta)\setminus\{x_0\}$$

称为**点 x_0 的空心邻域**（或去心邻域）. 称开区间 $(x_0-\delta,\ x_0)$ 为点 x_0 的**左邻域**，$(x_0,x_0+\delta)$ 为点 x_0 的**右邻域**.

点 x_0 的邻域(如图 1－3（a）所示)，又可表示为不等式

$$x_0-\delta<x<x_0+\delta \quad 或 \quad |x-x_0|<\delta.$$

点 x_0 的空心邻域(如图 1－3（b）所示)，可表示为不等式

$$0<|x-x_0|<\delta.$$

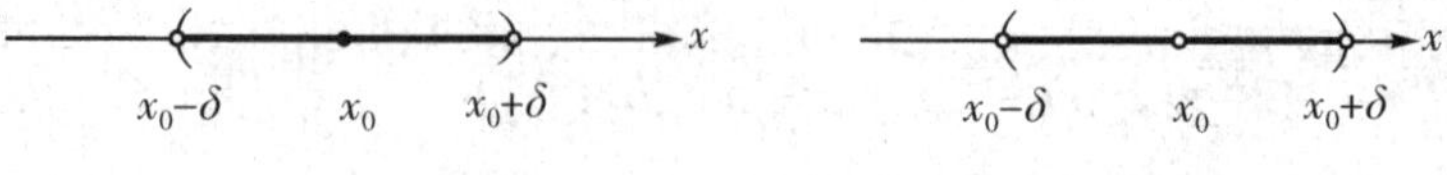

（a）　　（b）

图 1－3

§1.2 函数的概念

一、常量与变量

在人们观察自然现象或社会现象的过程中，经常会涉及一些量．其中一些量在观察过程中各保持固定的数值，称为**常量**，一般用字母 a、b、c、……表示；另一些量在观察过程中会不断变化，称为**变量**，一般用 x、y、z、……表示．

如果将变量看成是可以在一非空数集内任意取值的量，则常量可看成是在单元素集合中取值的变量，因而常量可看成是变量的特例．

常量在数轴上表示为一个定点，变量在数轴上则表示为一个动点．

二、函数概念及其表示法

在研究实际问题时，所涉及的几个变量之间常会具有某种确定的关系．下面的例子就属于这种情形．

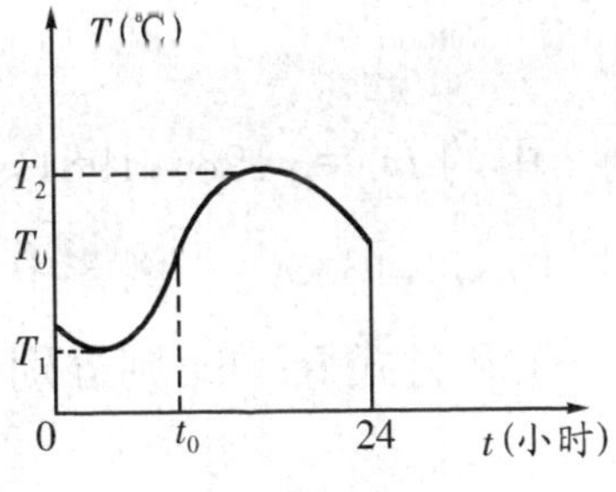

图 1—4

例 1．图 1—4 是某地用温度自动记录仪记录的该地某天 24 小时的气温变化曲线．该曲线描述了当天气温 T 随时间 t 变化的情形．对任何时刻 $t_0\in[0,24]$ 可按图 1—4 所示的对应规则唯一确定 t_0 时刻的气温值 T_0．

例 2．根据国家统计局公布的统计数字，我国 1980 年～1985 年工农业总产值如表 1—1 所示．

表 1—1

年份 t(年)	1980	1981	1982	1983	1984	1985
产值 y(亿元)	7077	7580	8291	9211	10832	13336

表 1—1 描述的是我国工农业总产值在 1980 年～1985 年这 6 年的变化情况．对任何年份 $t\in\{1980,1981,1982,1983,1984,1985\}$，由表 1—1 所示的对

应规则可唯一确定该年的工农业总产值.

例 3. 设某商店购进鸡蛋1000千克，按每千克6元的价格出售. 当售出的数量为x千克时，其收益R可按公式

$$R=6x,\qquad x\in[0,1000],$$

算出唯一确定的数值.

上面三个例子的实际意义虽然不同，但它们都是通过一定的对应规则（图、表、公式）来反映两个变量之间的依赖关系，这就是中学数学中学习过的函数关系.

函数的严格数学定义如下：

定义 1.4 设D为一个非空实数集，如果存在一个对应规则f，使得对于每一个$x\in D$，都能由f唯一地确定一个实数y，则称对应规则f为定义在实数集D上的一个**函数**. 称D为函数f的**定义域**，称x为**自变量**，y为**因变量**.

定义域D通常记为D_f，当定义域为区间时，称其为**定义区间**.

如果$x_0\in D_f$，则称函数f在点x_0有定义；如果$x_0\overline{\in} D_f$，则称函数f在点x_0没有定义. 对于每一个$x_0\in D_f$，因变量y相应取的值y_0，称为x_0所对应的函数值，记为$y_0=f(x_0)$. 因此，对应于自变量x的函数值可记为

$$y=f(x),\qquad x\in D_f.$$

全体函数值所成的集合，称为函数的**值域**，记为Z或Z_f，即

$$Z=Z_f=\{y\mid y=f(x),x\in D_f\}$$

例如，例1中的$D_f=[0,24]$，$Z_f=[T_1,T_2]$；例2中的$D_f=\{1980,1981,1982,1983,1984,1985\}$，$Z_f=\{7077,7580,8291,9211,10832,13336\}$；例3中的$D_f=[0,1000]$，$Z_f=[0,6000]$. 而气温曲线、表1－1和公式$R=6x$则分别表示例1、例2和例3中三个函数的对应规则$f$.

按定义，函数是指定义域D上的对应规则f，而$f(x)$为函数值. 由于在数学分析中，通常是通过函数值$f(x)$的变化来研究函数f的性质的，故习惯上，直接称$f(x)$是x的函数，y是x的函数等等.

但必须注意的是，函数的实质是指定义域D上的对应规则f. 例如，对于函数$y=1+x^2$和$x=1+y^2$，它们的定义域都是$D=R$，且对于R中任何实数a，两个函数都有相同的实数$1+a^2$与之对应，即有相同的对应规则. 因此，

它们是两个相同的函数. 但对于函数 $y=\frac{1}{x+1}$ 与 $y=\frac{x}{x(x+1)}$，由于它们的定义域不同，故是两个不同的函数.

由例 1—例 3 可以看出，常用的函数表示法有三种：图示法、表格法和公式法. 此外，还有其他的函数表示法. 如“y 为不超过 x 的最大整数”，是用语言定义的函数，通常记为$y=[x]$. 例如$[2.5]=2$, $[-2.5]=-3$.

图示法使函数的变化直观，表格法（如各种函数表、经济统计报表等）便于求函数值，而公式法便于运算和分析，故用得最多. 这三种函数表示法各有优缺点，故常将它们结合起来使用.

三、分段函数

需特别指出的是，公式法不一定仅用一个公式表示函数. 在实际应用中经常遇到这样的函数：在其定义域的各个不相交的子集（多为子区间）上，函数分别用不同的分析表达式表示，这类函数称为**分段函数**. 例如**绝对值函数**

$$y=|x|=\begin{cases}x, & x\geqslant 0,\\ -x, & x<0.\end{cases}$$

和符号函数

$$y=\operatorname{sgn}x=\begin{cases}1, & x>0,\\ 0, & x=0,\\ -1, & x<0.\end{cases}$$

都是分段函数.

注意：分段函数在其整个定义域上是一个函数，而不是几个函数.

四、函数定义域的求法

如果函数是用公式法表示的，且未赋予实际意义，则其定义域就是使函数表达式有意义的自变量所有可能取值的集合. 例如，$y=\sqrt{x}$ 的定义域为使$\sqrt{x}$有意义的 x 的全体，即 $x\geqslant 0$.

为了确定用公式法表示的函数的定义域，需要知道常用函数（如后面将要介绍的基本初等函数）的定义域. 例如，分式函数的定义域为全体实数中去掉

使分母为零的 x 后所组成的集合；函数为偶次方根时，其定义域为使被开方的式子为非负的那些 x 值所组成的集合；对数函数的定义域是使真数为正的那些 x 值；有限个函数经四则运算而得到的函数，其定义域是这有限个函数定义域的交集，并除去使分母为零的 x.

对于实际应用问题中的函数，其定义域应由问题的实际意义确定．例如，例 3 中的函数 $y=6x$，定义域为 $[0, 1000]$；但若舍去实际意义，对一般函数 $y=6x$ 来说，其定义域为全体实数，即 $D=R$.

例 4．已知分段函数

$$f(x)=\begin{cases}2x, & -1\leqslant x<0,\\ 1, & x=0,\\ x^2+2, & 0<x\leqslant 1.\end{cases}$$

(1) 求其定义域并作图；(2) 求函数值 $f\left(-\frac{1}{2}\right)$，$f(0)$，$f\left(\frac{1}{2}\right)$.

解 (1) 由函数的表达式可知，该函数的定义域为三个子集 $[-1, 0)$，$\{0\}$，$(0, 1]$ 的并，即

$$\begin{aligned}D_f&=[-1,0)\cup\{0\}\cup(0,1]\\&=[-1,1].\end{aligned}$$

按函数在定义域各子集上的相应表达式，分段作图，则该函数的图形如图 1—5 所示.

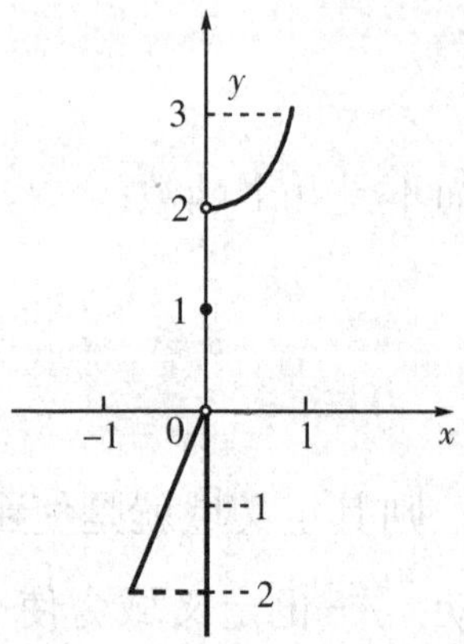

图 1—5

(2) $\because\ -\frac{1}{2}\in[-1,0)$，

$\therefore\ f\left(-\frac{1}{2}\right)=2\times\left(-\frac{1}{2}\right)=-1$；

$\because\ 0\in\{0\}$，$\therefore\ f(0)=1$；

$\because\ \frac{1}{2}\in(0,1]$，

$\therefore\ f\left(\frac{1}{2}\right)=\left(\frac{1}{2}\right)^2+2=\frac{9}{4}$.

例 5. 求函数 $f(x)=\sqrt{4-x^2}+\dfrac{1}{\sqrt{x-1}}$ 的定义域.

解 因为 $4-x^2\geqslant 0$ 的解集为 $|x|\leqslant 2$，即 $x\in[-2,2]$；$x-1>0$ 的解集为 $x>1$，即 $x\in(1,+\infty)$，所以，函数 $f(x)$ 的定义域为：

$$D=[-2,2]\cap(1,+\infty)=(1,2].$$

例 6. 求函数 $f(x)=\dfrac{\sqrt{2-x}}{\lg(x^2-1)-1}$ 的定义域.

解 因为 $2-x\geqslant 0$ 的解集为 $(-\infty,2]$；

$x^2-1>0$ 的解集为 $|x|>1$；

由 $\lg(x^2-1)-1\neq 0$ 可知，$x^2-1\neq 10$，即 $x\neq\pm\sqrt{11}$，所以，该函数的定义域为上述各解集的交集，即

$$D=(-\infty,-\sqrt{11})\cup(-\sqrt{11},-1)\cup(1,2].$$

§1.3 函数的基本特性

给定一个函数，它会具有各种各样的特性，其中与函数的几何图像有关的单调性、有界性、奇偶性和周期性最为重要，本节将作一简单介绍.

一、单调性

定义 1.5 设函数 $f(x)$ 在某区间 D 上有定义，对于任意的 x_1，$x_2\in D$，且 $x_1<x_2$，

(1)若 $f(x_1)<f(x_2)$，则称函数 $f(x)$ 在 D 上**单调增加**；

(2)若 $f(x_1)>f(x_2)$，则称函数 $f(x)$ 在 D 上**单调减少**.

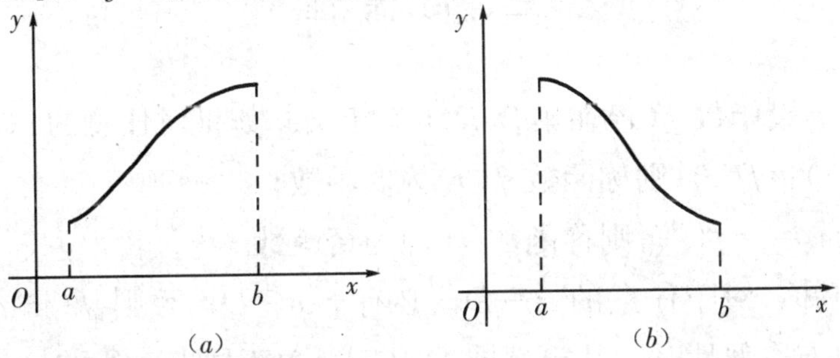

图 1—6

单调增加与单调减少的函数统称为**单调函数**，使函数 $f(x)$ 单调的区间称为**单调区间**．如图 1－6(a)与(b)所示的函数，在所给区间 $[a, b]$ 上分别为单调增加函数与单调减少函数．

二、有界性

定义 1.6　设函数 $f(x)$ 在集合 D 上有定义，如果存在常数 M，使得对任意的 $x\in D$，恒有

(1) $|f(x)|<M$（此时 $M>0$），则称函数 $f(x)$ 在 D 上**有界**，否则称 $f(x)$ 在 D 上**无界**；

(2) $f(x)<M$，则称 $f(x)$ 在 D 上**有上界**；

(3) $f(x)>M$，则称 $f(x)$ 在 D 上**有下界**．

显然，有界函数必有上界和下界；反之，既有上界又有下界的函数必有界．

有界函数的图形如图 1－7 所示．由图可知，曲线 $y=f(x)$ 夹在两条直线 $y=M$ 和 $y=-M$ 之间．

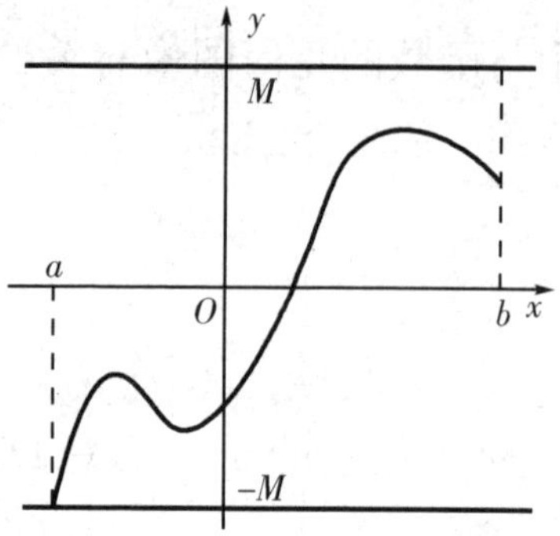

图 1－7

例如，函数 $y=\sin x$，由于 $|\sin x|\leqslant 1$，所以 $y=\sin x$ 是 R 上的有界函数．函数 $y=x^2$ 在 R 上虽有下界，但无上界，故 $y=x^2$ 在 R 上无界；而在区间 $[-1, 1]$ 上，由于 $|x^2|\leqslant 1$，故函数 $y=x^2$ 在 $[-1, 1]$ 上有界．

三、奇偶性

定义 1.7　设函数 $f(x)$ 在集合 D 上有定义．如果对任意的 $x\in D$，恒有

(1) $f(-x)=f(x)$，则称函数 $f(x)$ 为**偶函数**；

(2) $f(-x)=-f(x)$，则称函数 $f(x)$ 为**奇函数**．

由定义可知，对于任意的 $x\in D$，必有 $-x\in D$，否则 $f(-x)$ 没有意义．因此，函数具有奇偶性时，其定义域 D 必定是关于原点对称的．

奇函数的图形关于坐标原点对称（如图 1－8(a)所示）；偶函数的图形关于 y 轴对称（如图 1－8(b)所示）.

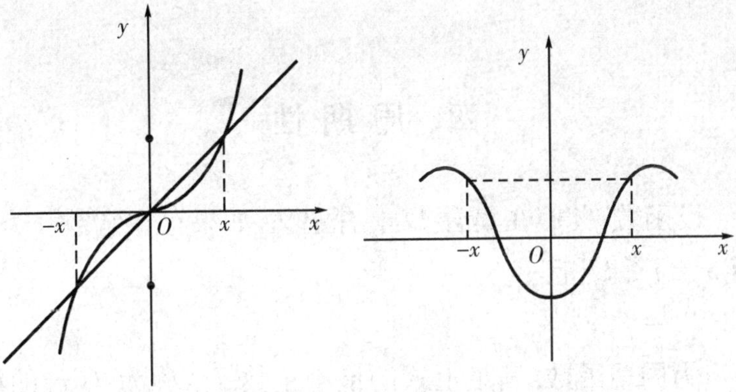

(a)　　　　(b)

图 1－8

例　判断下列函数的奇偶性：

(1) $f_1(x)=x^3\cos x$.

(2) $f_2(x)=x(1-x)$.

(3) $f_3(x)=\begin{cases}1-\mathrm{e}^{-x}, x\leqslant 0,\\ \mathrm{e}^x-1, x\geqslant 0.\end{cases}$

解　(1)对任意的 $x\in R$,都有

$$f_1(-x)=(-x)^3\cos(-x)=-x^3\cos x=-f_1(x).$$

故 $f_1(x)$是 R 上的奇函数.

(2)对任意的 $x\in R$,有

$$f_2(-x)-(-x)[1-(-x)]=-x(1+x)$$

可知 $f_2(-x)\neq f_2(x)$,且 $f_2(-x)\neq -f_2(x)$,故 $f_2(x)$为非奇非偶函数.

(3)对任意的 $x\in R$,有

$$f_3(-x)=\begin{cases}1-\mathrm{e}^{-(-x)}, & (-x)\leqslant 0\\ \mathrm{e}^{(-x)}-1, & (-x)\geqslant 0\end{cases}$$

$$=\begin{cases}1-\mathrm{e}^{x}, & x\geqslant 0\\ \mathrm{e}^{-x}-1, & x\leqslant 0\end{cases}$$

$$=\begin{cases}-(\mathrm{e}^{x}-1), & x\geqslant 0\\ -(1-\mathrm{e}^{-x}), & x\leqslant 0\end{cases}$$

$$=-f_3(x)$$

故 $f_3(x)$是 R 上的奇函数.

容易证明，如果 $f(x)$、$g(x)$ 同为偶函数（或同为奇函数），则它们的乘积 $f(x)g(x)$ 为偶函数；如果 $f(x)$、$g(x)$ 中一为偶函数另一为奇函数，则 $f(x)g(x)$ 为奇函数.

四、周期性

定义 1.8　设函数 $f(x)$ 在集合 D 上有定义，如果存在常数 $T>0$，使对任意的 $x\in D$，恒有 $x\pm T\in D$，且

$$f(x+T)=f(x)$$

成立，则称 $f(x)$ 为**周期函数**. 满足上式的最小正数 T_0，称为 $f(x)$ 的**周期**.

例如，三角函数 $\sin x$ 和 $\cos x$ 是 R 上的周期函数，周期均为 2π；$\tan x$ 是周期为 π 的周期函数 $\left(x\neq k\pi+\dfrac{\pi}{2}\right)$.

若 $f(x)$ 是周期为 T 的周期函数，则在长度为 T 的两个相邻区间上，函数图形有相同的形状.

§1.4　复合函数与反函数

一、复合函数

定义 1.9　已知函数

$$y=f(u),\quad u\in D_f,\quad y\in Z_f,$$
$$u=g(x),\quad x\in D_g,\quad u\in Z_g.$$

如果 $Z_g\cap D_f\neq\Phi$（空集），则称函数

$$y=f[g(x)],\quad x\in\{x|g(x)\in D_f\}$$

为由函数 $y=f(u)$ 和 $u=g(x)$ 复合而成的**复合函数**. 这里 y 为因变量，x 为自变量，而 u 称为**中间变量**. 注意，复合函数的定义域记为 D_F，且

$$D_F=\{x|g(x)\in D_f\}.$$

由复合函数的定义可知，不是任何两个函数都能复合成复合函数. 例如，函数

$$y=f(u)=\sqrt{u-2},\quad u\in D_f=[2,+\infty),$$
$$u=g(x)=\sin x,\quad x\in D_g=R,\quad u\in Z_g=[-1,1].$$

因 $Z_g\cap D_f=[-1,1]\cap[2,+\infty)=\Phi$,故这两个函数不能构成复合函数. 又如,函数

$$y=f(u)=\ln u,\quad u\in D_f=(0,+\infty),$$
$$u=g(x)=\sin x,\quad x\in D_g=R, Z_g=[-1,1].$$

构成复合函数

$$y=f[g(x)]=\ln\sin x,$$

其定义域为 $D_F=\{x\,|\,2k\pi<x<(2k+1)\pi,k=0,\pm1,\pm2,\cdots\}$. 此例说明，只要 $D_f\cap Z_g\neq\Phi$，适当限制 x 的取值范围，f 与 g 就能构成复合函数. 一般说来，复合函数的定义域是 $g(x)$定义域的一部分.

例 1. 设 $y=f(u)=1+u^2, u=g(x)=\lg(1+x^2)$,求 $y=f[g(x)]$及其定义域 D_F.

解 $y=f[g(x)]=1+[\lg(1+x^2)]^2=1+\lg^2(1+x^2)$,由于 $D_f=R, Z_g=[0,+\infty), Z_g\subseteq D_f$,故

$$D_F=(-\infty,+\infty)=R.$$

例 2. 设 $y=1+u$，$u=\ln v$，$v=\cos x$，试将 y 表示成 x 的函数.

解 将 $u=\ln v$ 和 $v=\cos x$ 依次代入 $y=1+u$ 中去，得

$$y=1+u=1+\ln v=1+\ln\cos x.$$

例 3. 已知 $f(x)=1+x$,求 $f(1+x)$和 $f[1+f(x)]$.

解 分别用 $u=1+x$ 和 $u=1+f(x)$代入 $f(u)=1+u$,可得

$$f(1+x)=1+(1+x)=2+x.$$
$$f[1+f(x)]=1+[1+f(x)]=2+f(x)$$
$$=2+(1+x)=3+x.$$

例 4. 设

$$f(x)=\begin{cases}x+1, & x<1,\\ 2x+1, & x\geqslant1.\end{cases}$$

求 $f(x+1)$.

解 令 $u=x+1$,则有

$$f(x+1)=f(u)=\begin{cases}u+1, & u<1,\\ 2u+1, & u\geqslant 1.\end{cases}$$
$$=\begin{cases}(x+1)+1, & (x+1)<1,\\ 2(x+1)+1, & (x+1)\geqslant 1.\end{cases}$$
$$=\begin{cases}x+2, & x<0,\\ 2x+3, & x\geqslant 0.\end{cases}$$

二、反函数

定义 1.9 设 $y=f(x)$ 是定义在 D_f 上的一个函数，其值域为 Z_f. 如果对每个 $y\in Z_f$，都有唯一的对应值 $x\in D_f$，满足 $y=f(x)$，则 x 是定义在 Z_f 上以 y 为自变量的函数，记此函数为

$$x=f^{-1}(y),\quad y\in Z_f$$

并称其为 $y=f(x)$ 的**反函数**.

由定义可知，$y=f(x)$ 的反函数 $x=f^{-1}(y)$ 的定义域为 $y=f(x)$ 的值域 Z_f，其值域为 $y=f(x)$ 的定义域 D_f.

显然，由定义可知，单调函数一定有反函数.

在反函数表达式 $x=f^{-1}(y)$ 中，y 为自变量，x 为因变量. 由于 $x=f^{-1}(y)$ 与 $y=f^{-1}(x)$ 有相同的对应规则 f^{-1} 和相同的定义域 Z_f，故它们是同一个函数. 因习惯上用 x 表示自变量，y 表示因变量，故 $y=f(x)$ 的反函数常记为 $y=f^{-1}(x),x\in Z_f$.

如果函数 $y=f(x)$ 在 D_f 上单调，求其反函数时，先由方程 $y=f(x)$ 解出 $x=f^{-1}(y)$，然后再将 x 与 y 互换，即得 $y=f(x)$ 的反函数 $y=f^{-1}(x)$.

例 5. 由 $y=e^x$ 可解出 $x=\ln y$，故指数函数 $y=e^x$ 的反函数为对数函数 $y=\ln x$，反之，对数函数 $y=\ln x$ 的反函数为指数函数 $y=e^x$.

例 6. 设 $y=\sqrt{1-x^2}$，$D_f=[-1,0]$. 求反函数 $f^{-1}(x)$ 及其定义域和值域.

解 由 $y=\sqrt{1-x^2}$，$D_f=[-1,0]$ 和 $Z_f=[0,1]$，可得

$$y=f^{-1}(x)=-\sqrt{1-x^2},$$

其定义域为 $D=Z_f=[0,1]$，值域为 $Z=D_f=[-1,0]$.

例 7. 由方程 $y=x^2$ 解得 $x=\pm\sqrt{y}$. 由于对任意的 $y\in Z_f=[0,+\infty)$，除 $y=0$ 外，其对应的 x 值不唯一，故定义在 $(-\infty,+\infty)$ 上的函数 $y=x^2$ 不存在反函数. 但是，在 $y=x^2$ 的单调区间 $(-\infty,0]$ 和 $[0,+\infty)$ 上，可分别解得 $x=-\sqrt{y}$ 和 $x=\sqrt{y}$. 故 $y=-\sqrt{x}$ 是函数 $y=x^2$ 在 $(-\infty,0]$ 上的反函数；$y=\sqrt{x}$ 是函数 $y=x^2$ 在 $[0,+\infty)$ 上的反函数.

在平面直角坐标系 xoy 中，函数 $y=f(x)$ 的图形与其反函数 $y=f^{-1}(x)$ 的图形关于直线 $y=x$ 对称，如图 1－9 所示. 这是因为，如果点 $M(a,b)$ 在函数 $y=f(x)$ 的图形上，则 $b=f(a)$，于是 $a-f^{-1}(b)$，从而点 $M'(b,a)$ 必在反函数 $y=f^{-1}(x)$ 的图形上，而点 $M(a,b)$ 与点 $M'(b,a)$ 关于直线 $y=x$ 对称（如图 1－9 所示）. 这样，由 $y=f(x)$ 的图形，利用对称性可得 $y=f^{-1}(x)$ 的图形.

例 8. 设

$$f(x)=\begin{cases}x-1, & x<0,\\ x^2, & x\geqslant 0.\end{cases}$$

求 $f^{-1}(x)$，并作图.

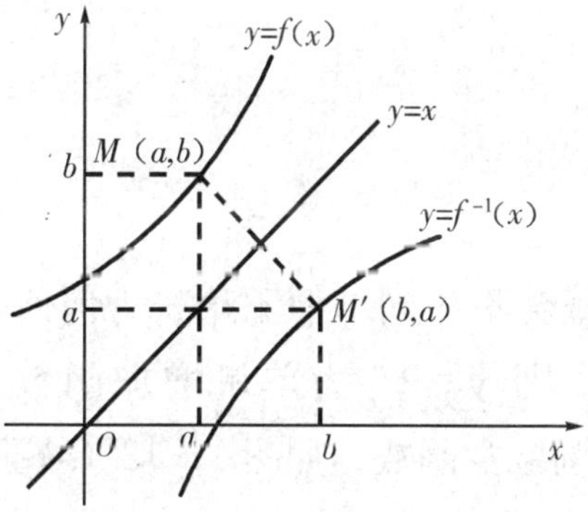

图 1－9

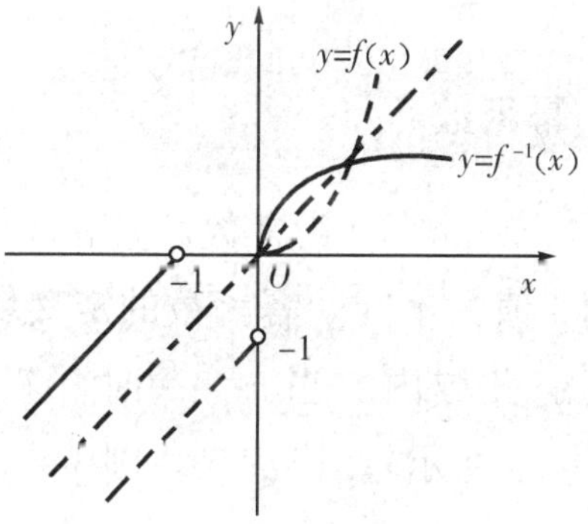

图 1－10

解　当 $x<0$ 时，由方程 $y=x-1$ 解得 $x=1+y$；当 $x\geqslant 0$ 时，由方程 $y=x^2$ 解得 $x=\sqrt{y}$. 于是，有

$$f^{-1}(x)=\begin{cases}1+x, & x<-1,\\ \sqrt{x}, & x\geqslant 0.\end{cases}$$

其图形如图 1－10 中实线所示.

§1.5 初等函数

一、基本初等函数

通常称下列六类函数为**基本初等函数**. 读者必须非常熟悉它们的分析表达式、定义域、主要性质以及它们的图形特点.

1. 常量函数

$y=C$（C 为常数），其图形如图 1—11 所示，是一条与 x 轴平行的直线.

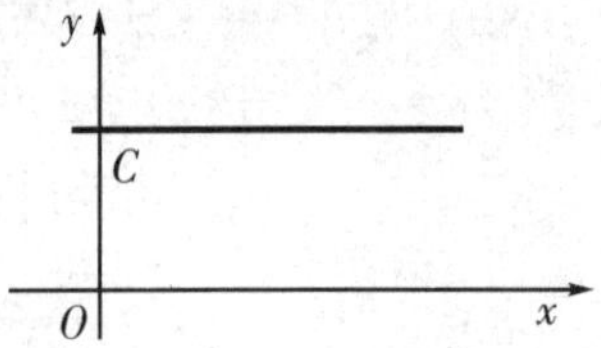

图 1—11

2. 幂函数

$y=x^{\alpha}$（α 为常数，且 $\alpha\neq 0$）.

随 α 值的不同，幂函数的定义域和值域会不相同. 但不论 α 为何值，$x>0$ 必在其定义域内. 当 $x>0$ 时，若 $\alpha>0$，则 $y=x^{\alpha}$ 为单调增加函数（如图 1—12（a）所示）；若 $\alpha<0$，则 $y=x^{\alpha}$ 为单调减少函数（如图 1—12（b）所示）.

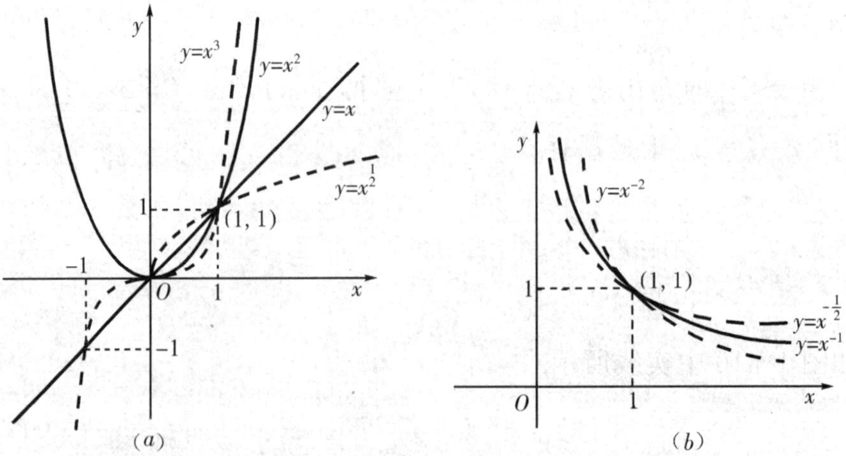

图 1—12

3. **指数函数**

$$y=a^x,\quad D_f=R,\quad Z_f=(0,+\infty)$$

其中 a 为常数，且 $a>0$，$a\neq 1$.

当 $a>1$ 时，$y=a^x$ 为单调增加函数；$0<a<1$ 时，$y=a^x$ 为单调减少函数.

由于 $a^x>0$（$x\in R$），且 $a^0=1$，故指数函数的图形在 x 轴上方，且过点 (0，1)，如图 1—13 所示.

在实际应用问题中，常出现以 e 为底的指数函数 e^x（$e\approx 2.71828\cdots$，为一无理数）.

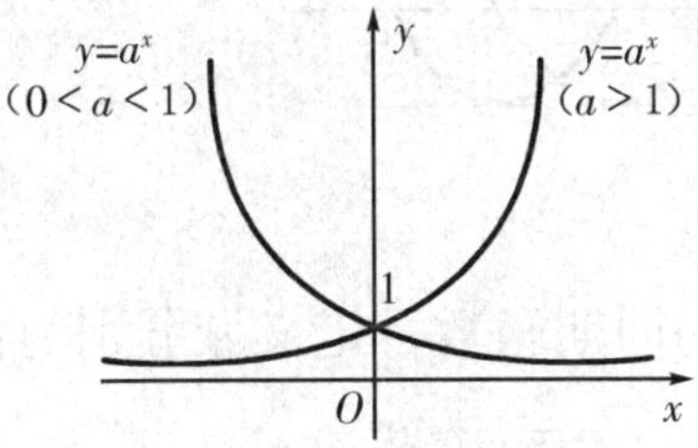

图 1—13

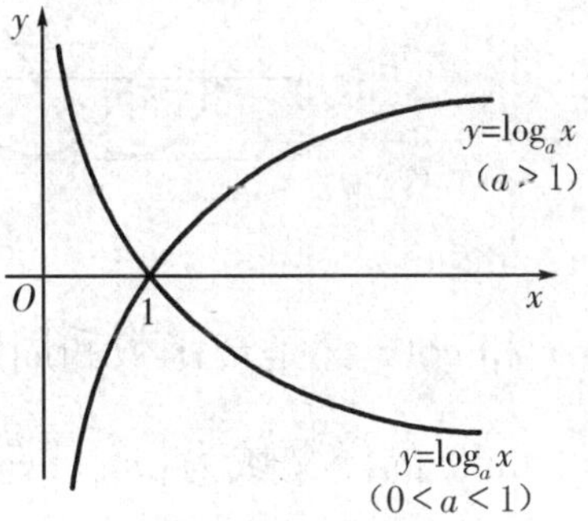

图 1—14

4. **对数函数**

$$y=\log_a x,\quad D_f=(0,+\infty),\quad Z_f=R,$$

其中 a 为常数，且 $a>0$，$a\neq 1$.

当 $a>1$ 时，$y=\log_a x$ 为单调增加函数；当 $0<a<1$ 时，$y=\log_a x$ 为单调减少函数. 对数函数的图形在 y 轴的右方，且过点（1，0），如图 1—14 所示.

前面已指出，对数函数 $y=\log_a x$ 与指数函数 $y=a^x$ 互为反函数. 例如，常用对数函数 $y=\lg x$ 与指数函数 $y=10^x$ 互为反函数.

底数为 e 的对数函数 $y=\log_e x$ 称为自然对数函数，通常记为

$$y=\ln x.$$

它与指数函数 $y=e^x$ 互为反函数.

对数函数的下列恒等式非常有用，必须熟记：

$$a^x=e^{x\ln a},\qquad \log_a x=\frac{\ln x}{\ln a}.$$

5. **三角函数**

$y=\sin x$（正弦），$y=\cos x$（余弦），

$y=\tan x$（正切），$y=\cot x$（余切），

$y=\sec x$（正割），$y=\csc x$（余割）.

在微积分中，三角函数的自变量 x 一律用弧度单位表示.

$\sin x$ 是奇函数，$\cos x$ 是偶函数，它们都是周期为 2π 的周期函数，定义域都为 $(-\infty, +\infty)$，值域都为 $[-1, 1]$，图形如图 1—15 所示.

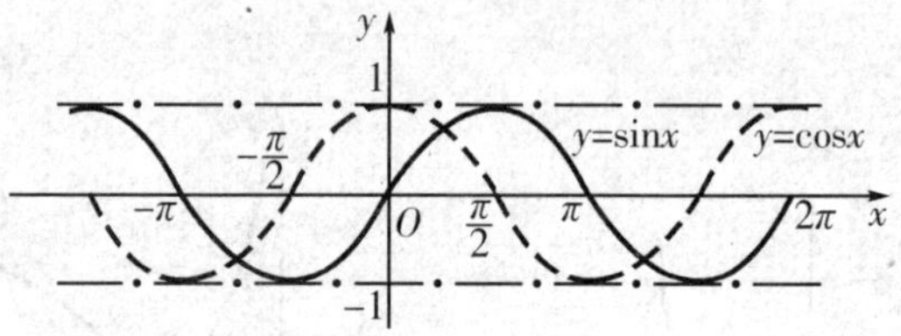

图 1—15

$\tan x$ 和 $\cot x$ 都是奇函数和周期为 π 的周期函数，定义域分别为：

$$\tan x \text{ 的定义域为} \{x \mid x\in R,\ x\neq k\pi+\frac{\pi}{2},\ k \text{ 为整数}\}$$

$$\cot x \text{ 的定义域为} \{x \mid x\in R,\ x\neq k\pi,\ k \text{ 为整数}\}$$

它们的图形如图 1—16 所示.

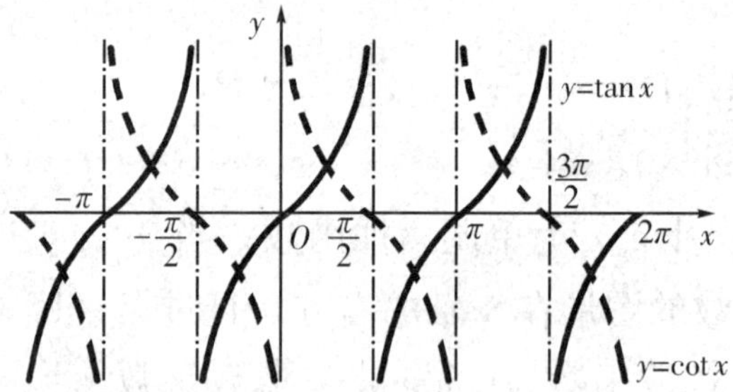

图 1—16

6. **反三角函数**

由于三角函数都是周期函数，对值域中的任何 y 值有无穷多个 x 值与之对应. 为了考虑它们的反函数，必须限制 x 的取值区间，使得三角函数在该区间上是单调的.

（1）反正弦函数 $y=\arcsin x$.

正弦函数 $y=\sin x$ 在 $\left[-\frac{\pi}{2},\ \frac{\pi}{2}\right]$ 上单调增加，值域为 $[-1,\ 1]$. 将 $\left[-\frac{\pi}{2},\ \frac{\pi}{2}\right]$ 上的 $y=\sin x$ 的反函数定义为反正弦函数，记为 $y=\arcsin x$，其图形如图 1—17（a）中实线所示. 显然，$y=\arcsin x$ 的定义域为 $D=[-1,1]$，值域为 $Z=\left[-\frac{\pi}{2},\ \frac{\pi}{2}\right]$. 例如

$$\arcsin 1=\frac{\pi}{2},\ \arcsin 0=0,\ \arcsin\left(-\frac{1}{2}\right)=-\frac{\pi}{6}$$

（2）反余弦函数 $y=\arccos x$.

余弦函数 $y=\cos x$ 在 $[0,\ \pi]$ 上单调减少，值域为 $[-1,\ 1]$. 将 $[0,\ \pi]$ 上的 $y=\cos x$ 的反函数定义为反余弦函数，记为 $y=\arccos x$，其图形如图 1—17（a）中虚线所示. 显然，$y=\arccos x$ 的定义域为 $D=[-1,1]$，值域为 $Z=[0,\pi]$. 例如

$$\arccos 1=0,\ \arccos 0=\frac{\pi}{2},\ \arccos\left(-\frac{1}{2}\right)=\frac{2}{3}\pi.$$

（3）反正切函数 $y=\arctan x$.

正切函数 $y=\tan x$ 在 $\left(-\frac{\pi}{2},\ \frac{\pi}{2}\right)$ 内单调增加，其值域为 $(-\infty,\ +\infty)$. 将 $\left(-\frac{\pi}{2},\ \frac{\pi}{2}\right)$ 内的 $y=\tan x$ 的反函数定义为反正切函数，记为 $y=\arctan x$，其图形如图 1—17（b）中实线所示. 显然，$y=\arctan x$ 的定义域为 $D=(-\infty,+\infty)$，值域为 $Z=\left(-\frac{\pi}{2},\frac{\pi}{2}\right)$.

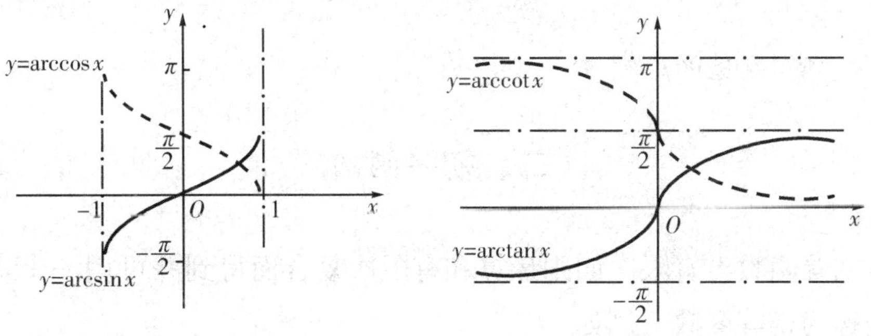

（a）　（b）

图 1—17

例如

$$\arctan 1=\frac{\pi}{4},\ \arctan 0=0,\ \arctan(-1)=-\frac{\pi}{4}.$$

(4) 反余切函数 $y=\operatorname{arccot}x$.

余切函数 $y=\cot x$ 在$(0,\ \pi)$内单调减少，其值域为$(-\infty,\ +\infty)$. 将$(0,\ \pi)$内的 $y=\cot x$ 的反函数定义为反余切函数，记为 $y=\operatorname{arccot}x$，其图形如图1－17(*b*)中虚线所示. 显然，$y=\operatorname{arccot}x$ 的定义域为$D=(-\infty,\ +\infty)$，值域为$Z=(0,\ \pi)$.

类似地，可以定义反正割函数 $y=\operatorname{arcsec}x$，反余割函数 $y=\operatorname{arccsc}x$.

如果已知三角函数的值，而所求角度不在相应反三角函数的值域内时，也可通过反三角函数来计算所求的角度.

例 已知 $\sin\alpha=a$，$\tan\beta=b$，且 α、$\beta\in\left(\frac{\pi}{2},\ \frac{3}{2}\pi\right)$. 试用反三角函数表示 α 和 β.

解 由于 α、$\beta\in\left(\frac{\pi}{2},\ \frac{3}{2}\pi\right)$，故有

$$-\frac{\pi}{2}<\pi-\alpha<\frac{\pi}{2},\qquad -\frac{\pi}{2}<\beta-\pi<\frac{\pi}{2}.$$

而

$$\sin(\pi-\alpha)=\sin\alpha=a,$$
$$\tan(\beta-\pi)=\tan\beta=b.$$

所以，有

$$\pi-\alpha=\arcsin a,\ \beta-\pi=\arctan b.$$

由此得

$$\alpha=\pi-\arcsin a,\ \beta=\pi+\arctan b.$$

二、初等函数

基本初等函数经有限次四则运算和有限次复合而得到并可用一个式子表示的函数统称为**初等函数**. 例如

$$y=\sin(5-e^{x+1}),\ y=x^{\sin x},$$

$$y=\ln\left[2\arccos\left(\frac{1}{3}x+\sqrt{x^2-1}\right)\right]$$

都是初等函数.

初等函数是高等数学的主要研究对象.

注意，分段函数一般不是初等函数. 但是，由于分段函数在其定义域的各个子区间上常由初等函数表示，故我们仍可通过初等函数来研究它们.

§1.6 简单的经济函数

一、总成本函数、总收入函数和总利润函数

人们在生产和经营产品的活动中，总希望尽可能降低产品的生产成本、增加和提高收入与利润. 而成本（C）、收入（R）和利润（L）这些经济变量都与产品的产量或销售量（x）密切相关，经过抽象简化，它们都可看成 x 的函数，分别称为**总成本函数**，记为 $C(x)$；**总收入函数**，记为 $R(x)$；**总利润函数**，记为 $L(x)$.

一般地，总成本由固定成本和可变成本两部分组成. 固定成本与产量 x 无关，如设备维修费、企业管理费等；可变成本随产量 x 的增加而增加，如原材料费、动力费等. 因此，总成本函数 $C(x)$是 x 的单调增加函数. 最简单的成本函数为线性函数：

$$C(x)=a+bx,$$

其中 a、b 为正的常数,a 为固定成本.

如果产品的单位售价为 p，销售量为 x，则总收入函数为

$$R(x)=px.$$

总利润等于总收入减去总成本，故总利润函数为

$$L(x)=R(x)-C(x).$$

例 1. 设某厂每天生产 x 件产品的总成本为 $C(x)=2.5x+300$（单位为元）. 假若每天至少能卖出 150 件产品，为了不亏本，单位售价至少应定为多少元?

解 为了不亏本，必须使每天售出的150件产品的总收入与总成本相等. 设此时的价格为 p，则应有

$$150p=2.5\times150+300=675,$$

解得 $p=4.5$（元）. 因此，为了不亏本，价格至少应定为4.5元.

例 2. 设某商店以每件 a 元的价格出售某种商品，但若顾客一次购买50件以上，则超出50件的部分以每件 $0.9a$ 元的优惠价出售. 试将一次成交的销售收入 R 表示成销售量 x 的函数.

解 由题意可知，一次售出50件以内的收入为

$$R=ax \quad (0\leqslant x\leqslant50),$$

而一次售出50件以上时，收入为

$$R=50a+0.9a(x-50) \quad (x>50).$$

所以，一次成交的销售收入 R 是销售量 x 的分段函数

$$R(x)=\begin{cases}ax, & 0\leqslant x\leqslant50,\\ 50a+0.9a(x-50), & x>50.\end{cases}$$

二、需求函数与供给函数

需求律和供给律是经济学研究的基本规律.

一种商品的市场需求量 Q_d 与该商品的价格 p 密切相关，降价使需求量增加，涨价使需求量减少. 如果不考虑其他影响需求量的因素，需求量 Q_d 可看成是价格 p 的一元函数，称为**需求函数**，记为

$$Q_d=f_d(p).$$

需求函数 $f_d(p)$ 为价格 p 的单调减少函数. 最简单、最常见的需求函数是线性需求函数

$$Q_d=a-bp,$$

其中 a、b 为正的常数，a 为价格为零时的最大需求量，a/b 为最大销售价格（这时需求量为零）.

一种商品的市场供给量 Q_s 也受商品价格 p 的制约. 价格上涨，将刺激生产者向市场提供更多的商品，使供给量增加；反之，价格下跌将使供给量减少. 于是，供给量 Q_s 也可看成价格 p 的一元函数，称为**供给函数**，记为

$$Q_s=f_s(p).$$

供给函数 $f_S(p)$ 为价格 p 的单调增加函数. 最简单的供给函数为线性供给函数

$$Q_S=-c+dp,$$

其中 c、d 为正的常数.

使一种商品的市场需求量与供给量相等的价格（记为 p_o），称为**均衡价格**.

当市场价格 p 高于均衡价格 p_o 时，供给量将增加而需求量则相应地减少；反之，市场价格低于均衡价格时，供给量减少而需求量增加. 市场价格的调节就是这样按照需求律和供给律来实现的. 如图 1－18 所示.

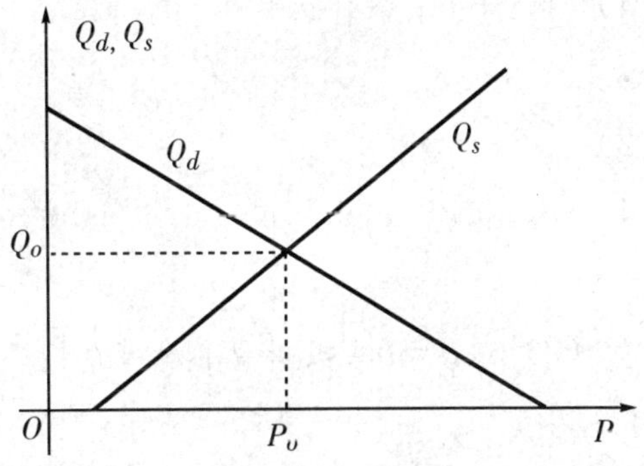

图 1－18

例 3. 已知鸡蛋收购价每千克 6 元，每月能收购 5000 千克. 若收购价每千克提高 0.4 元，则收购量可增加 500 千克. 求鸡蛋的线性供给函数.

解 设鸡蛋的线性供给函数为

$$Q_S=-c+dp,$$

其中 Q_S 为收购量，p 为收购价格. 由题意有

$$\begin{cases}5000=-c+6d,\\5500=-c+6.4d.\end{cases}$$

解得 $d=1250$，$c=2500$，从而所求供给函数为

$$Q_S=-2500+1250p.$$

例 4. 已知某商品的需求函数和供给函数分别为

$$Q_d=14-1.5p，Q_S=-5+4p.$$

求该商品的均衡价格 p_o.

解 由供需均衡条件 $Q_d=Q_S$，有

$$14-1.5p=-5+4p.$$

由此得均衡价格为

$$p_o=\frac{19}{5.5}\approx 3.45.$$

习 题 一

1. 解下列不等式：

(1) $x^2>9$　　(2) $0<|x-2|\leqslant 2$

(3) $|x-2|<2$　　(4) $|x+1|<|x|$

2. 用区间表示下列不等式的解（其中 $\delta>0$）：

(1) $|x|\geqslant 3$　　(2) $|2x-3|<1$

(3) $|x-x_0|<\delta$　　(4) $0<|x-x_0|<\delta$

3. 证明下列不等式：

(1) $|a-b|\leqslant|a-c|+|c-b|$　　(2) $|a-b|\leqslant|a|+|b|$

4. 试判断下列函数对是否相同，并说明理由：

(1) $y=x$ 与 $y=\sqrt{x^2}$

(2) $y=1$ 与 $y=\sin^2x+\cos^2x$

(3) $y=f(x)$ 与 $x=f(y)$

(4) $y=x$ 与 $y=(\sqrt[4]{x})^4$

(5) $y=\sqrt{1+\cos 2x}$ 与 $y=\sqrt{2}\cos x$

(6) $y=\sqrt{1+\dfrac{1}{x^2}}$ 与 $y=\dfrac{\sqrt{1+x^2}}{x}$

5. 用区间表示下列函数的定义域：

(1) $y=\dfrac{1}{1-x^2}+\sqrt{x+2}$　　(2) $y=\sqrt{\sin(\sqrt{x})}$

(3) $y=\begin{cases}\arccos\dfrac{1}{x}, & x>1\\ \sqrt{1-x}, & x\leqslant 1\end{cases}$　　(4) $y=\lg(x-1)+\dfrac{1}{\sqrt{x+1}}$

(5) $y=\dfrac{1}{x}\sqrt{\dfrac{1-x}{1+x}}$　　(6) $y=\sqrt{\dfrac{x-2}{x^2-2x-3}}$

6. 求函数值 $f(0),f(-1),f(1.5),f(-1.5),f(1+a)$：

(1) $f(x)=\begin{cases}\sqrt{1-x^2}, & |x|\leqslant 1,\\ x^2-1, & |x|>1.\end{cases}$

(2) $f(x)=\begin{cases} x+1, & x<1, \\ 2x+3, & x>1. \end{cases}$

7. 确定下列函数的定义域,并作出函数的图形:

(1) $y=-\sin|x|$　　(2) $y=|\sin x|$

(3) $y=\begin{cases} \sqrt{4-x^2}, & |x|<2, \\ x^2-2, & 2<|x|<4. \end{cases}$

(4) $y=\begin{cases} \dfrac{1}{x}, & x<0, \\ 2x, & 0\leqslant x<1, \\ 1, & 1\leqslant x\leqslant 2. \end{cases}$

8. 讨论下列函数的单调性:

(1) $y=\sqrt{2x-x^2}$　　(2) $y=\mathrm{e}^{|x|}$

(3) $y=\cos x$,　$x\in[0,2\pi]$.

9. 设函数 $f(x)$和 $g(x)$在 D 上单调增加,试证函数 $f(x)+g(x)$也在 D 上单调增加.

10. 设函数 $f(x)$在区间$[a,b]$和$[b,c]$上单调增加,试证 $f(x)$在区间$[a,c]$上仍单调增加.

11. 设函数 $f(x)$和 $g(x)$在 D 上有界,试证函数 $f(x)\pm g(x)$和$f(x).g(x)$在 D 上也有界.

12. 证明函数 $y=x\sin x$ 在 $(0,+\infty)$ 上无界.

13. 讨论下列函数的奇偶性:

(1) $f(x)=x\cos x+\sin x$　　(2) $f(x)=x^3-x^5-1$

(3) $f(x)=\ln(x+\sqrt{1+x^2})$　　(4) $f(x)=\begin{cases} 1-x, & x\leqslant 0, \\ 1+x, & x>0. \end{cases}$

14. 判定下列函数是否为周期函数,如果是周期函数,求其周期:

(1) $f(x)=\cos(x-3)$　　(2) $f(x)=|\sin x|$

(3) $f(x)=x\cos x$　　(4) $f(x)=1+\sin\pi x$

15. 已知函数 $f(x)=\begin{cases} x-1, & x<1, \\ 2-x, & x>1. \end{cases}$

求 $f(-x)$,$-f(x)$;讨论函数$\dfrac{1}{2}[f(x)-f(-x)]$的奇偶性.

16. 设 $f(x)=x\sqrt{1-x^2}$，求 $f(\cos x)$.

17. 设 $f(x)=\begin{cases}x+1, & x<1,\\ 2x+1, & 1\leqslant x<2,\\ x-1, & x\geqslant 2.\end{cases}$

求 $f(x+1)$.

18. 设 $f(x)=x-\dfrac{1}{x}$，求 $f[f(x)]$.

19. 设 $f(2x-1)=x^2$，求 $f(x)$.

20. 设 $f(\sin x)=\cos 2x$，求 $f(x)$.

21. 已知 $f(x)=x^2$，$\varphi(x)=2^x$，求 $f[f(x)]$，$f[\varphi(x)]$，$\varphi[f(x)]$，$\varphi[\varphi(x)]$.

22. 指出下列各函数是由哪些简单函数复合而成的.

（1）$y=\log_a\sqrt{x}$　（2）$y=\arctan(e^{x^2})$

（3）$y=\arctan^2\left(\dfrac{2x}{1-x^2}\right)$　（4）$y=\sin^2(\sqrt{1-x-x^2})$

23. 在下列各题中，求由所给函数复合而成的复合函数，并求各复合函数的定义域：

（1）$y=10^u$，$u=1+x^2$　（2）$y=u^3$，$u=\sin v$，$v=1+2x$

（3）$y=\sqrt{u}$，$u=1-e^x$　（4）$y=\arctan u^2$，$u=\tan v$，$v=a^2+x^2$

24. 求下列函数的反函数及反函数的定义域：

（1）$y=\lg(1-x)$，　$D_f=(-\infty,0)$

（2）$y=\sqrt{4-x^2}$，　$D_f=[-2,0]$

（3）$y=10^{2x+3}$

（4）$y=2\sin\dfrac{x}{3}$，　$D_f=\left[-\dfrac{\pi}{2},\dfrac{\pi}{2}\right]$

（5）$y=\begin{cases}2x-1, & 0<x\leqslant 1,\\ 2-(x-2)^2, & 1<x\leqslant 2.\end{cases}$

25. 已知 $\cos\alpha=a$，$\cot\beta=b$，其中 α、$\beta\in(\pi,2\pi)$，试利用反三角函数表示 α 和 β.

26. 设销售某商品的总收入 R 是销售量 x 的二次函数. 已知 $x=0$，2，4 时，相应的 $R=0$，6，8. 试确定 R 与 x 的函数关系.

27. 某厂生产某种产品 1000 吨，定价为 130 元/吨，当售出量在 700 吨以内时，按原定价出售；超过 700 吨的部分按原定价的 9 折出售，试将销售总收入表示成销售量的函数.

28. 某手表厂生产一只手表的可变成本(劳力和原材料费用等)为 15 元，每天的固定成本为 2000 元. 如果每只手表的出厂价为 20 元. 为了不亏本，该厂每天至少应生产多少只手表?

29. 某电视机每台售价为 500 元时，每月可销售 2000 台；每台售价降为 450 元时，每月可增销 400 台. 试求该电视机的线性需求函数.

30. 已知下列需求函数和供给函数，求相应的市场均衡价格 p_o：

(1) $Q_d=\frac{100}{3}-\frac{2}{3}p$，$Q_s=-20+10p$

(2) $3p+5Q_d=200$，$7p-3Q_s=56$

(3) $p^2+2Q_d^2=114$，$p=Q_s+3$

31. 某玩具厂每天生产 60 个玩具的成本为 300 元，每天生产 80 个玩具的成本为 340 元. 求其线性成本函数. 问每天的固定成本和生产一个玩具的可变成本各为多少?

32. 某商品定价为 5 元/件，每月可售出 1000 件，若每件售价降低 0.01 元，则可多售出 10 件. 试将总收入表示为多售出件数的函数.

第二章 极限与连续

极限是微积分学的基本概念之一，是微积分学各种概念和计算方法能够建立和应用的基础. 本章介绍极限以及与极限概念密切相关的函数连续性的基本知识.

§2.1 数列的极限

定义 2.1 无穷多个数按下列顺序排列：

$$u_1, u_2, \cdots, u_n, \cdots$$

称为**数列**，记为$\{u_n\}$. 其中 u_n 称为数列的**通项**或**一般项**；正整数 n 称为 u_n 的**下标**.

例如，下面的（1）～（6）都是数列的例子：

（1）$\left\{\frac{1}{n}\right\}$：$1, \frac{1}{2}, \frac{1}{3}, \cdots$

（2）$\left\{\frac{1+(-1)^{n-1}}{n}\right\}$：$2, 0, \frac{2}{3}, 0, \frac{2}{5}, 0, \cdots$

（3）$\left\{\frac{n+(-1)^n}{n}\right\}$：$0, \frac{3}{2}, \frac{2}{3}, \frac{5}{4}, \frac{4}{5}, \cdots$

（4）$\{(-1)^n\}$：$-1, 1, -1, 1, \cdots$

（5）$\{n\}$：$1, 2, 3\cdots$

（6）$\{(-1)^n n\}$：$-1, 2, -3, 4, \cdots$

对于给定的数列$\{u_n\}$，由于其各项的取值由其下标所唯一确定，故数列$\{u_n\}$可视为定义在自然数集 N 上的函数：

$$u_n=f(n), \ n\in N$$

并称为**下标函数**. 如上面列举的数列，它们的相应下标函数分别为：（1）

$f(n)=\frac{1}{n}$，(2) $f(n)=\frac{1+(-1)^{n-1}}{n}$，等等.

观察上述数列会发现，当下标 n 无限增大（记为 $n\to\infty$）时，各项取值的变化趋势大致可分为两类：一类是当 $n\to\infty$ 时，u_n 无限趋近某个常数，如(1)、(2) 中的 u_n 无限趋近数 0（记为 $u_n\to 0$），(3) 中 $u_n\to 1$. 另一类则无此特点，而是当 $n\to\infty$ 时，u_n 不趋近某个常数，如上面的例 (4)、(5)、(6).

研究数列的变化趋势，是求解许多实际问题的客观需要. 早在公元 3 世纪，我国古代著名数学家刘徽曾提出用圆内接正多边形的面积近似计算圆面积的方法，称为"割圆术". 显然，随圆内接正多边形边数的无限增多，内接正多边形面积组成的数列将无限趋近圆的面积. 这样，我们从直观上得到了数列极限的概念.

设有数列 $\{u_n\}$ 和常数 A，若当 $n\to\infty$ 时，u_n 无限趋近常数 A，则称 A 为数列 $\{u_n\}$ 的极限，或称数列 $\{u_n\}$ 收敛于 A，记为

$$\lim_{n\to\infty}u_n=A,\qquad 或\ u_n\to A\ (n\to\infty).$$

如果数列 $\{u_n\}$ 有极限，则称 $\{u_n\}$ 是收敛的，否则称 $\{u_n\}$ 是发散的. 在前述数列 (1)、(2)、(3) 中的 $\{u_n\}$ 都是收敛的，它们的极限分别为：

$$\lim_{n\to\infty}\frac{1}{n}=0,\qquad \lim_{n\to\infty}\frac{1+(-1)^{n-1}}{n}=0,$$

$$\lim_{n\to\infty}\frac{n+(-1)^n}{n}=1.$$

而 (4)、(5)、(6) 中的 $\{u_n\}$ 则没有极限，所以它们都是发散的.

由以上各例可知，对于简单情形，数列的极限可通过观察得出，例如

$$\lim_{n\to\infty}\frac{1}{n^2}=0,\qquad \lim_{n\to\infty}\frac{1}{\ln n}=0,$$

$$\lim_{n\to\infty}\frac{1}{e^n}=0,\qquad \lim_{n\to\infty}\left(2-\frac{5}{n^3}\right)=2.$$

有时对 u_n 的表达式作适当的变形，就可观察出数列的极限.

例 1. 求极限 $\lim\limits_{n\to\infty}(\sqrt{n+1}-\sqrt{n})$.

解 因为 $\sqrt{n+1}-\sqrt{n}=\frac{1}{\sqrt{n+1}+\sqrt{n}}$，由观察可知

$$\lim_{n\to\infty}\frac{1}{\sqrt{n+1}+\sqrt{n}}=0.$$

所以有

$$\lim_{n\to\infty}(\sqrt{n+1}-\sqrt{n})=0.$$

上面对数列的极限作了一些直观的分析，还不是数列极限的严格定义. 为了引进数列极限的严格定义，我们先对数列 $u_n=\frac{n+(-1)^n}{n}$ 的极限作进一步的分析.

直观上看，随着 n 的不断增大，u_n 将**无限趋近**于 1，这在数轴上表现为动点 u_n 与定点 1 的距离

$$|u_n-1|=\left|\frac{n+(-1)}{n}-1\right|=\frac{1}{n} \tag{2.1}$$

可以任意小. 因此说数列 $\left\{\frac{n+(-1)^n}{n}\right\}$ 以 1 为极限.

但是，“无限趋近”和“可以任意小”的确切意义是什么呢？或者说如何用数学语言来表达呢？

如果给定距离 0.1 来描述 u_n 与 1 的接近程度，则当 $n>10$ 时，有 $|u_n-1|<0.1$，这就是说第 10 项以后的所有各项 u_n 与 1 的距离都小于给定的 0.1；如果给定更小的距离 0.01，则当 $n>100$ 时，有 $|u_n-1|<0.01$，即 u_{100} 以后所有的 u_n 与 1 的距离都小于 0.01. 一般地，更重要的是，对于不论多么小的距离 $\varepsilon>0$，都能作出类似的分析. 换言之，对于任意给定的 $\varepsilon>0$，由 (2.1) 式可知，当 $n>\frac{1}{\varepsilon}$ 时，有 $|u_n-1|<\varepsilon$，即第 $[\frac{1}{\varepsilon}]$ 项以后所有的 u_n 与 1 的距离都小于给定的 ε. 这就是“u_n 无限趋近于 1”这句话所表达的意义.

由此我们可以给出数列极限的严格分析定义如下：

定义 2.2 设有数列 $\{u_n\}$ 和常数 A. 如果对于任意给定的 $\varepsilon>0$，存在正整数 N，使得当 $n>N$ 时，总有不等式

$$|u_n-A|<\varepsilon \tag{2.2}$$

成立，则称**常数 A 为数列 $\{u_n\}$ 的极限**.

由定义可知，若数列 $\{u_n\}$ 以常数 A 为极限，则对于以 A 为中心、任意小的正数 ε 为半径的邻域 $(A-\varepsilon, A+\varepsilon)$，至多有 N 个点 u_1，$u_2\cdots$，u_N 落在该邻域之外，其他所有的点 u_n $(n>N)$ 都落在该邻域之内，如图 2－1 所示. 这就是数列极限分析定义的几何意义.

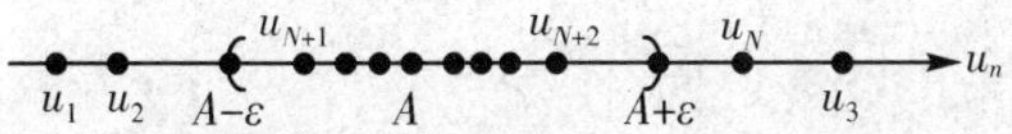

图 2—1

用分析定义证明数列极限的关键在于，对任意给定的 $\varepsilon>0$，要找到（有时只需判定确实存在）这样的正整数 N，只要 $n>N$，不等式（2.2）就一定成立.

例 2. 利用分析定义证明 $\lim\limits_{n\to\infty}\dfrac{n}{n+1}=1$.

证 对任意给定的 $\varepsilon>0$，要使不等式

$$|u_n-1|=\left|\frac{n}{n+1}-1\right|=\frac{1}{n+1}<\varepsilon$$

成立，只需使

$$n+1>\frac{1}{\varepsilon}，即 n>\frac{1}{\varepsilon}-1$$

成立. 所以，取 $N=\left[\dfrac{1}{\varepsilon}\right]$，则当 $n>N$ 时，有 $n+1>\left[\dfrac{1}{\varepsilon}\right]+1>\dfrac{1}{\varepsilon}$，

于是有

$$|u_n-1|=\frac{1}{n+1}<\varepsilon.$$

从而由数列极限的分析定义可知

$$\lim_{n\to\infty}\frac{n}{n+1}=1.$$

§ 2.2 函数的极限

上节我们介绍了作为下标函数的数列的极限概念，本节将介绍一般函数的极限概念.

一、$x\to x_0$ 时函数 $f(x)$ 的极限

考虑函数 $f(x)=2(x+1)$. 由观察可知，当 x 趋近 1（记为 $x\to1$）时，函数 $f(x)$ 的值无限趋近于 4. 自然地，称数 4 为 $x\to1$ 时 $f(x)$ 的极限，并记为

$$\lim_{x\to 1}f(x)=\lim_{x\to 1}2(x+1)=4.$$

类似地，由观察可知

$$\lim_{x\to 1}(5x+3)=8,\ \lim_{x\to 1}\frac{1}{2x+1}=\frac{1}{3}.$$

上述例子中，$f(x)$在 $x=1$ 处是有定义的，但有时需考虑“$x\to 1$时，函数 $f(x)=\frac{2(x^2-1)}{x-1}$的极限”这类问题. 这时，由于 $x=1$ 不在 $f(x)$的定义域内，$x\to 1$就只能考虑点 1 的空心邻域内的值(即$x\neq 1$)，在空心邻域内有

$$f(x)=\frac{2(x^2-1)}{x-1}=2(x+1),$$

从而有

$$\lim_{x\to 1}f(x)=\lim_{x\to 1}\frac{2(x^2-1)}{x-1}=\lim_{x\to 1}2(x+1)=4.$$

为了统一起见，今后凡考虑 $x\to x_0$ 时函数 $f(x)$的趋势，都规定 $x\neq x_0$. 于是，我们从直观上得到了 $x\to x_0$ 时函数 $f(x)$的极限的概念：

设函数 $f(x)$在点 x_0 的某空心邻域内有定义，如果存在常数 A，使当 $x\to x_0$且 $x\neq x_0$ 时，$f(x)$无限趋近于 A，则称 A 为 $x\to x_0$ 时函数 $f(x)$的极限，记为

$$\lim_{x\to x_0}f(x)=A \qquad 或 \quad f(x)\to A \qquad (x\to x_0)$$

例如，通过观察我们有

$$\lim_{x\to x_0}x=x_0,\qquad \lim_{x\to x_0}C=C \quad (C\text{ 为常数}),$$

$$\lim_{x\to x_0}(ax+b)=ax_0+b \quad (a、b\text{ 为常数}).$$

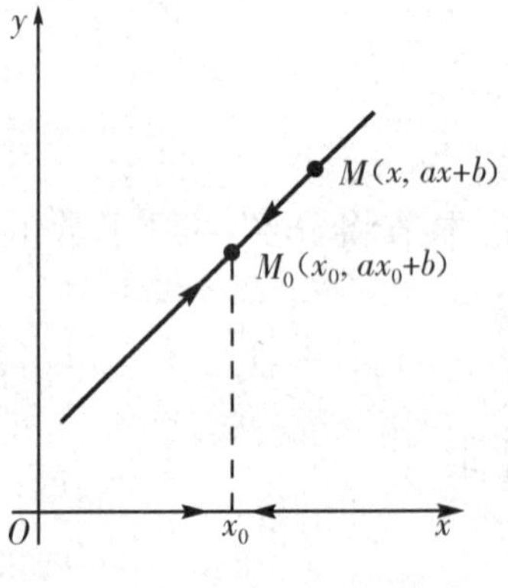

图 2—2

这些极限的直观意义可通过它们的函数图像来说明. 例如，函数 $f(x)=ax+b$ 的图形是直线 $y=ax+b$（如图 2—2 所示）. 当 $x\to x_0$ 时，点 M 将沿直线无限趋近于点 M_0，于是点 M 的纵坐标 $ax+b$ 将无限趋近于点 M_0 的纵坐标 ax_0+b，即有

$$\lim_{x\to x_0}(ax+b)=ax_0+b.$$

关于 $x\to x_0$ 时函数 $f(x)$的极限的确切意义，可仿照前节对数列极限所作过的讨论. 为此，这里对极限

$$\lim_{x\to 1}\frac{2(x^2-1)}{x-1}=4$$

作一扼要的分析.

直观地，$x\to 1$ 且 $x\neq 1$ 时，$\frac{2(x^2-1)}{x-1}$无限趋近于 4，是指

$$|f(x)-4|=\left|\frac{2(x^2-1)}{x-1}-4\right|$$
$$=|2(x+1)-4|=2|x-1| \tag{2.3}$$

可以任意小. 确切地说，不论正数 ε 如何小，只要 x 是点 1 的空心邻域内充分接近点 1 的点，则必有 $|f(x)-4|<\varepsilon$ 成立. 怎样才是"充分接近"呢？由(2.3)式可知，就是指 $|x-1|<\frac{\varepsilon}{2}$，即点 1 的空心邻域内凡与点 1 的距离小于$\frac{\varepsilon}{2}$的点 x，亦即满足不等式 $0<|x-1|<\frac{\varepsilon}{2}$ 的 x，都能使不等式

$$|f(x)-4|=2|x-1|<\varepsilon$$

成立，这就是"$x\to 1$ 时函数$\frac{2(x^2-1)}{x-1}$无限趋近 4"这句话要表达的意义. 由此，我们可以给出如下的分析定义：

定义 2.3　设有函数 $f(x)$ 和常数 A. 如果对于任意给定的 $\varepsilon>0$，必存在 $\delta>0$，使当 $0<|x-x_0|<\delta$ 时，总有不等式

$$|f(x)-A|<\varepsilon$$

成立，则称**常数 A 为 $x\to x_0$ 时函数 $f(x)$ 的极限**，记为

$$\lim_{x\to x_0}f(x)=A,\qquad \text{或}\quad f(x)\to A\quad (x\to x_0).$$

由定义可知，如果 $x\to x_0$ 时函数 $f(x)$ 有极限，则 $f(x)$ 在 x_0 的某一空心邻域内必须有定义. 至于在 x_0 处 $f(x)$ 是否有定义，或 $f(x)$ 在 x_0 处有定义时 $f(x_0)$ 为何值，对极限 $\lim\limits_{x\to x_0}f(x)$ 的存在与否，或极限存在时极限值的大小，都无关紧要.

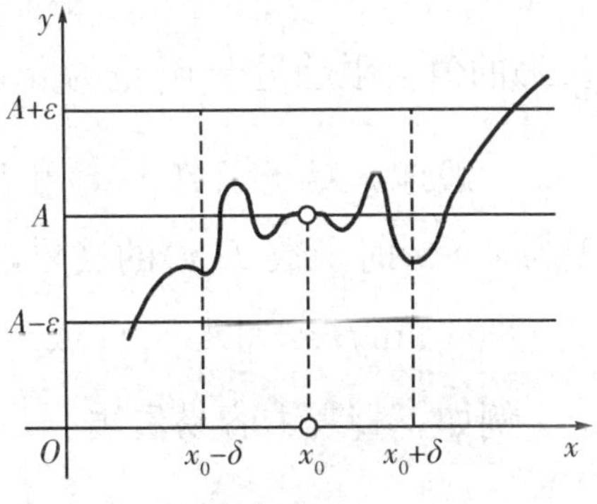

图 2—3

极限 $\lim\limits_{x\to x_0}f(x)=A$ 的分析定义的几何意义是：对于任意给定的 $\varepsilon>0$（无论多么小），总存在正数 δ，只要变量 x 进入点 x_0 的空心邻域：$(x_0-\delta,x_0)\cup(x_0,x_0+\delta)$之

内，曲线 $y=f(x)$ 上的所有点 $(x, f(x))$ 必落在两水平直线 $y=A-\varepsilon$ 与 $y=A+\varepsilon$ 之间的带形区域之内，如图 2－3 所示.

现仍用上面分析过的例子来说明如何利用分析定义证明极限 $\lim\limits_{x\to x_0}f(x)=A$.

例 1. 用分析定义证明 $\lim\limits_{x\to 1}\dfrac{2(x^2-1)}{x-1}=4$.

证 对于任意给定的 $\varepsilon>0$，要使

$$|f(x)-4|=\left|\frac{2(x^2-1)}{x-1}-4\right|=2|x-1|<\varepsilon$$

成立，只需 $0<|x-1|<\dfrac{\varepsilon}{2}$ 成立．所以，取 $\delta=\dfrac{\varepsilon}{2}$，则当 $0<|x-1|<\delta$ 时，必有

$$|f(x)-4|=\left|\frac{2(x^2-1)}{x-1}-4\right|<\varepsilon.$$

因此，由极限定义可知，有

$$\lim_{x\to 1}\frac{2(x^2-1)}{x-1}=4.$$

二、$x\to\infty$ 时函数 $f(x)$ 的极限

考虑函数 $f(x)=\dfrac{1}{x}$．直观上容易看出，当 $|x|$ 无限增大时(记为 $x\to\infty$)，$f(x)$ 的值无限趋近于 0$\left(\text{记为} \lim\limits_{x\to\infty}\dfrac{1}{x}=0\right)$.

一般地，对于函数 $f(x)$ 和常数 A，若 $x\to\infty$ 时 $f(x)$ 无限趋近于 A，则称 A 为 $x\to\infty$ 时函数 $f(x)$ 的极限，记为

$$\lim_{x\to\infty}f(x)=A, \quad \text{或} \quad f(x)\to A \quad (x\to\infty).$$

例如，直观上容易看出

$$\lim_{x\to\infty}\frac{1}{x^2}=0,\quad \lim_{x\to\infty}\frac{1}{\sqrt{1+x^2}}=0,\quad \lim_{x\to\infty}e^{-x^2}=0.$$

根据 $x\to\infty$ 时 $f(x)\to A$ 的直观分析可知，当 $|x|$ 充分大时，$|f(x)-A|$ 可以任意小. 由此可得如下的分析定义：

定义 2.4 设有函数 $f(x)$ 和常数 A，如果对任意给定的 $\varepsilon>0$，存在 $X>0$，使当 $|x|>X$ 时，总有不等式

$$|f(x)-A|<\varepsilon$$

成立，则称**常数 A 为 $x\to\infty$ 时函数 $f(x)$ 的极限**，记为

$$\lim_{x\to\infty}f(x)=A,\quad 或\quad f(x)\to A\quad (x\to\infty).$$

定义 2.4 的几何意义是：对任意给定的 $\varepsilon>0$，总存在正数 X，只要变量 x 进入区域：

$$(-\infty,-X)\cup(X,+\infty)$$

之内，曲线 $y=f(x)$ 上的相应点 $(x, f(x))$ 必落在两水平直线 $y=A-\varepsilon$ 和 $y=A+\varepsilon$ 之间的带形区域之内，如图 2—4 所示.

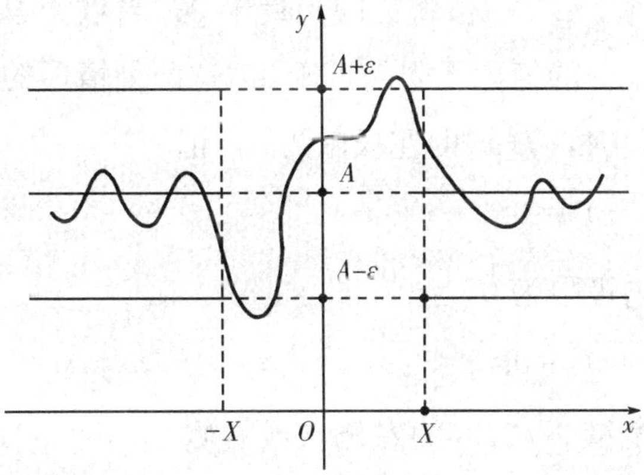

图 2—4

例 2. 用定义证明 $\lim_{x\to\infty}\frac{2x-1}{x}=2$.

证 对于任意给定的 $\varepsilon>0$，要使

$$|f(x)-2|=\left|\frac{2x-1}{x}-2\right|=\frac{1}{|x|}<\varepsilon$$

成立，只需 $|x|>\frac{1}{\varepsilon}$. 因此，取 $X=\frac{1}{\varepsilon}$，则当 $|x|>X$ 时，必有

$$|f(x)-2|=\left|\frac{2x-1}{x}-2\right|<\varepsilon.$$

于是，根据定义有

$$\lim_{x\to\infty}\frac{2x-1}{x}=2.$$

三、函数极限的其他情形

1. 左极限与右极限

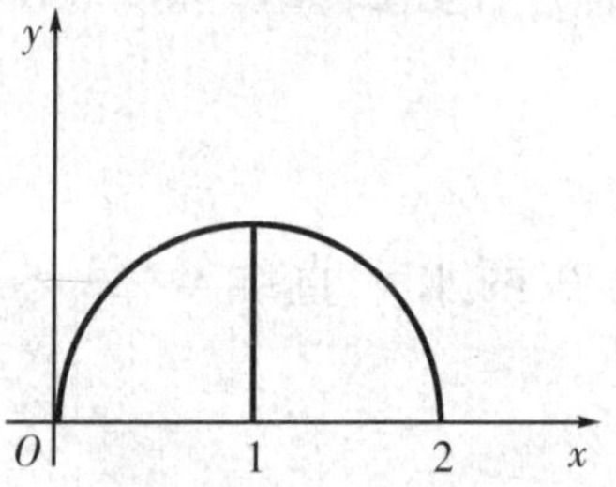

图 2—5

设有函数 $f(x)=\sqrt{x(2-x)}$，如图 2—5 所示，其定义域为 $[0, 2]$. 因此，点 0 和点 2 的任何邻域都不能完全包含在定义域之内，故极限 $\lim\limits_{x\to0}f(x)$ 和 $\lim\limits_{x\to2}f(x)$ 都不存在. 但显然，当限定点 x 从点 2 的左侧趋近 2 时（记为 $x\to2^-$），$f(x)$ 的值将无限趋近于 0；当点 x 从原点右侧趋近原点时（记为 $x\to0^+$），$f(x)$ 的值也无限趋近于 0. 这两种情形的极限以后常会遇到. 它们分别称为 $x\to2^-$ 时，$f(x)$ 的左极限为 0，记为

$$\lim_{x\to2^-}\sqrt{x(2-x)}=0.$$

$x\to0^+$ 时，$f(x)$ 的右极限为 0，记为

$$\lim_{x\to0^+}\sqrt{x(2-x)}=0.$$

一般地，当自变量 x 从 x_0 的左侧（或右侧）趋近 x_0 时，函数 $f(x)$ 无限趋近常数 A，则称常数 A 为 $x\to x_0^-$（或 $x\to x_0^+$）时函数 $f(x)$ 的**左极限（或右极限）**，记为

$$\lim_{x\to x_0^-}f(x)=A \quad （或 \lim_{x\to x_0^+}f(x)=A）.$$

有时也简记为

$$f(x_0-0)=A \quad （或 f(x_0+0)=A）.$$

读者不难给出它们的分析定义.

函数的左、右极限与函数的极限是互不相同的概念，但它们之间也存在一定的关系. 我们有如下的重要定理：

定理 2.1 函数极限 $\lim\limits_{x \to x_0} f(x)$ 存在且等于 A 的充分必要条件是，左极限 $\lim\limits_{x \to x_0^-} f(x)$ 和右极限 $\lim\limits_{x \to x_0^+} f(x)$ 都存在且都等于 A，即有

$$\lim_{x \to x_0} f(x) = A \iff \lim_{x \to x_0^-} f(x) = \lim_{x \to x_0^+} f(x) = A.$$

直观上定理的结论显然正确. 有兴趣的读者，可用函数极限的分析定义给出严格证明.

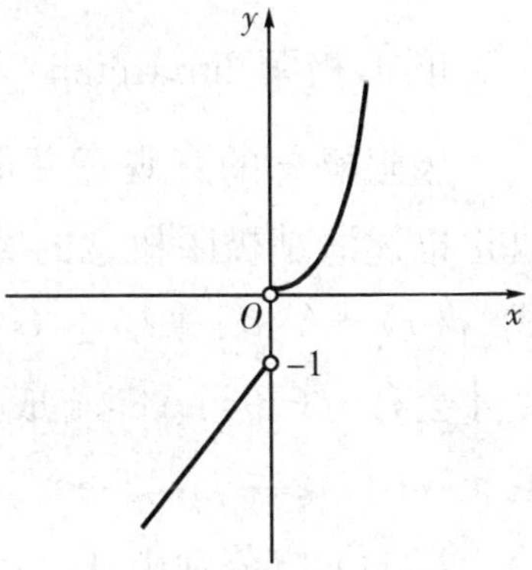

图 2—6

例 3. 已知函数

$$f(x) = \begin{cases} x-1, & x<0, \\ x^3, & x>0. \end{cases}$$

试讨论极限 $\lim\limits_{x \to 0} f(x)$ 是否存在?

解 由图 2—6 容易看出

$$f(0-0) = \lim_{x \to 0^-}(x-1) = -1.$$

$$f(0+0) = \lim_{x \to 0^+} x^3 = 0.$$

由此可见，虽然 $f(x)$ 在 $x=0$ 处的左、右极限都存在，但它们不相等. 故由定理 2.1 可知，极限 $\lim\limits_{x \to 0} f(x)$ 不存在.

2. $\lim\limits_{x \to -\infty} f(x)$ 与 $\lim\limits_{x \to +\infty} f(x)$

若当 x 沿 x 轴的正向（或负向）趋向无穷时，函数 $f(x)$ 无限趋近于常数 A，则称常数 A 为 $x \to +\infty$（或 $x \to -\infty$）时函数 $f(x)$ 的极限，记为

$$\lim_{x \to +\infty} f(x) = A \quad (\text{或} \lim_{x \to -\infty} f(x) = A)$$

对于 $\lim\limits_{x \to \infty} f(x)$、$\lim\limits_{x \to +\infty} f(x)$ 和 $\lim\limits_{x \to -\infty} f(x)$ 这三个不同的极限，也有类似于定理 2.1 的结论.

定理 2.2 函数极限 $\lim\limits_{x \to \infty} f(x)$ 存在且等于 A 的充分必要条件是，极限 $\lim\limits_{x \to +\infty} f(x)$ 和 $\lim\limits_{x \to -\infty} f(x)$ 都存在且都等于 A，即有

$$\lim_{x\to\infty}f(x)=A \iff \lim_{x\to+\infty}f(x)=\lim_{x\to-\infty}f(x)=A$$

例 4. 讨论极限 $\lim\limits_{x\to\infty}\arctan x$ 是否存在?

解 显然有

$$\lim_{x\to+\infty}\arctan x=\frac{\pi}{2}, \qquad \lim_{x\to-\infty}\arctan x=-\frac{\pi}{2}.$$

可见,极限 $\lim\limits_{x\to+\infty}\arctan x$ 和 $\lim\limits_{x\to-\infty}\arctan x$ 虽然都存在,但它们不相等,故由定理 2.2 可知,极限 $\lim\limits_{x\to\infty}\arctan x$ 不存在.

极限概念的直观意义似乎简单易懂,但从§2.1 和§2.2 的讨论中可知,要真正描述清楚极限概念的实质并不容易. 例如,函数 $f(x)$ 趋于常数 A 可由不等式 $|f(x)-A|<\varepsilon$ 来描述 (ε 为任意给定的正数),但自变量 x 要变化到怎样的程度才会有 $|f(x)-A|<\varepsilon$ 成立呢? 这就与自变量 x 的具体变化过程有关. 本节就 $x\to x_0$, $x\to\infty$, $x\to x_0^+$, $x\to x_0^-$, $x\to+\infty$, $x\to-\infty$ 等六种情形进行了讨论,指出了应分别由 $0<|x-x_0|<\delta$, $|x|>X$ 等不同形式来刻画 (其中 δ、$X>0$). 因此,只有把 δ、X 等对 ε 的依赖关系搞清楚了,函数极限才得到了确切的描述.

函数极限的六种情形中,以 $\lim\limits_{x\to x_0}f(x)$ 和 $\lim\limits_{x\to\infty}f(x)$ 为重点,理解了这两种情形,其他四种极限也就容易明白了. 另外,上述六种函数极限的定义,很难从形式上简单地统一起来. 为了表达和论证函数极限的共有性质和运算规则,今后如不特别指出,将用 $\lim f(x)$ 泛指函数极限的任何一种形式. 需要证明时,只对一种情形 (比如 $x\to x_0$) 加以证明,对其他情形将证明过程略加修改也能适用.

§2.3 无穷小量与无穷大量

一、无穷小量的概念

定义 2.5 极限为零的变量称为**无穷小量** (简称**无穷小**).

例如，因为 $\lim\limits_{x\to\infty}\frac{1}{x}=0$，所以当 $x\to\infty$ 时 $\frac{1}{x}$ 是无穷小量；因为 $\lim\limits_{x\to-\infty}e^x=0$，所以 $x\to-\infty$ 时 e^x 是无穷小量. 同理，x^2 是 $x\to0$ 时的无穷小量；$e^{-\frac{1}{x}}$ 是 $x\to0^+$ 时的无穷小量.

注意：(1) 定义 2.5 中所说的极限，包括数列极限和六种形式的函数极限.

(2) 无穷小量是相对于自变量的某一变化过程而言的. 例如，当 $x\to\infty$ 时，$\frac{1}{x}$ 是无穷小量；而当 $x\to1$ 时，$\frac{1}{x}$ 就不是无穷小量了.

(3) 无穷小量不是很小很小的正数，而是在自变量的某个变化过程中，其极限为零的变量.

(4) 数零符合无穷小量的定义（因 $\lim 0=0$），因此数零可视为无穷小量，但无穷小量不一定是零.

下面的定理指出了函数极限与无穷小量之间的关系，这种关系在今后的讨论中常会用到.

定理 2.3　$\lim\limits_{x\to x_0}f(x)=A$ 的充分必要条件是，函数 $f(x)$ 在 x_0 的某空心邻域内可以表示为常数 A 与无穷小量 α 之和，即有

$$\lim_{x\to x_0}f(x)=A \iff f(x)=A+\alpha,$$

其中 α 为 $x\to x_0$ 时的无穷小量.

这个定理说明："$f(x)$ 以 A 为极限"与"$f(x)$ 与 A 之差是无穷小量"是两个等价的说法. 直观上这是显然的，下面给出严格的证明.

***证**　必要性：设 $\lim\limits_{x\to x_0}f(x)=A$，则对任意给定的 $\varepsilon>0$，存在 $\delta>0$，使当 $0<|x-x_0|<\delta$ 时，总有

$$|f(x)-A|<\varepsilon.$$

即有

$$|[f(x)-A]-0|<\varepsilon.$$

于是，由函数极限的定义可知，有

$$\lim_{x\to x_0}[f(x)-A]=0.$$

因此，当 $x\to x_0$ 时，$f(x)-A$ 为无穷小量，记 $\alpha=f(x)-A$，则有

$$f(x)=A+\alpha,$$

其中 α 为 $x\to x_0$ 时的无穷小量.

充分性：设 $f(x)=A+\alpha$，其中 α 为 $x\to x_0$ 时的无穷小量，则由无穷小量的定义可知，对任意给定的 $\varepsilon>0$，存在 $\delta>0$，使当 $0<|x-x_0|<\delta$ 时，总有

$$|\alpha|=|f(x)-A|<\varepsilon.$$

于是，根据函数极限的定义有

$$\lim_{x\to x_0}f(x)=A.$$

注意：在自变量 x 的其他变化过程（$x\to\infty$，$x\to+\infty$，$x\to-\infty$，$x\to x_0^{+}$，$x\to x^{-}$）中，有类似于定理 2.3 的结论.

二、无穷小量的性质

性质 1 有限个无穷小量的和或差仍为无穷小量.

性质 2 有限个无穷小量之积仍为无穷小量.

性质 3 无穷小量与有界变量之积仍为无穷小量.

性质 4 无穷小量除以极限不为零的变量，其商仍为无穷小量.

性质 1 和 2 的证明不难，留给读者去完成. 下面对 $x\to x_0$ 的情形，证明性质 3 和 4.

*__证__ 先证性质 3. 设 $f(x)$ 为有界函数，即存在 $M>0$，使 $|f(x)|<M$；又设 α 为 $x\to x_0$ 时的无穷小量，则对任意给定的 $\varepsilon>0$，存在 $\delta>0$，使当 $0<|x-x_0|<\delta$ 时，总有 $|\alpha|<\frac{\varepsilon}{M}$. 于是，有

$$|\alpha f(x)-0|=|\alpha||f(x)|<\frac{\varepsilon}{M}\cdot M=\varepsilon.$$

根据定义知 $\lim\limits_{x\to x_0}\alpha f(x)=0$，即 $\alpha f(x)$ 是 $x\to x_0$ 时的无穷小量，性质 3 得证.

再证性质 4. 设 $\lim\limits_{x\to x_0}\alpha=0$，$\lim\limits_{x\to x_0}f(x)=A\neq0$. 不妨设 $A>0$. 则对任意给定的 $\varepsilon>0$ $\left(\text{不妨取 }\varepsilon<\frac{A}{2}\right)$，存在 $\delta>0$，使当 $0<|x-x_0|<\delta$ 时，有

$$|f(x)-A|<\varepsilon,\quad \text{即 } A-\varepsilon<f(x)<A+\varepsilon.$$

于是有

$$f(x)>A-\varepsilon>A-\frac{A}{2}=\frac{A}{2}>0. \tag{2.4}$$

且 $$\frac{1}{A+\varepsilon}<\frac{1}{f(x)}<\frac{1}{A-\varepsilon}$$

说明函数$\frac{1}{f(x)}$在$(x_0-\delta,x_0)\cup(x_0,x_0+\delta)$内既有上界又有下界，为有界变量. 根据性质 3，$x\to x_0$ 时

$$\frac{\alpha}{f(x)}=\frac{1}{f(x)}\cdot\alpha$$

为无穷小量. 性质 4 得证.

例 1. 求极限 $\lim\limits_{x\to 0}\left(x\sin\frac{1}{x}\right)$.

解 因为 $x\neq 0$ 时，有 $\left|\sin\frac{1}{x}\right|\leqslant 1$，所以当 $x\neq 0$ 时，$\sin\frac{1}{x}$是有界变量；又因 $x\to 0$时，x 是无穷小量. 于是，由无穷小量的性质 3 可知

$$\lim_{x\to 0}\left(x\sin\frac{1}{x}\right)=0.$$

三、无穷小量的比较

由无穷小量的性质可知，两个无穷小量的和、差及乘积，仍为无穷小量. 但是，两个无穷小量的商则情况比较复杂. 例如，$x\to 0$ 时，x、x^2、$2x$ 和 $x-x^2$ 都是无穷小量，由于它们趋近于零的速度各不相同，所以它们之间的比值的极限也会随之不同. 容易看出

$$\lim_{x\to 0}\frac{2x}{x}=2,\quad \lim_{x\to 0}\frac{x^2}{x}=0,\quad \lim_{x\to 0}\frac{x-x^2}{x}=1.$$

一般地，我们有如下的定义：

定义 2.6 设 α 和 β 是关于自变量同一变化趋势下的两个无穷小量，且

$$\lim\frac{\alpha}{\beta}=A.$$

(1) 如果 $A=0$，则称 α **是比** β **高阶的无穷小量**(或 β 是比 α 低阶的无穷小量).

(2)如果 $A\neq 0$,则称 α 与 β **是同阶的无穷小量**.特别地,如果 $A=1$,则称 α 与 β **是等价的无穷小量**,并记为 $\alpha\sim\beta$.

例如,由上面的讨论可知,当 $x\to 0$ 时,$2x$ 与 x 是同阶无穷小量,x^2 是比 x 高阶的无穷小量,$x-x^2$ 与 x 是等价的无穷小量(即$x-x^2\sim x$).

以后将会看到,利用等价无穷小量,可以简化某些极限的求解过程.

四、无穷大量

在函数极限不存在的情形中,有一种情形应注意.例如,当$x\to 0$时,函数 $f(x)=\dfrac{1}{x}$的绝对值无限增大;函数 $g(x)=\dfrac{1}{x^2}$恒为正,且其值无限增大;函数$h(x)=-\dfrac{1}{x^2}$恒为负值,且其绝对值无限增大.所以,当 $x\to 0$ 时,上述三个函数的极限都不存在.但它们的共同特点是,当 $x\to 0$ 时,函数的绝对值将无限增大.通常,借用函数极限的记法,将上述三种情形分别记为

$$\lim_{x\to 0}\frac{1}{x}=\infty,\ \lim_{x\to 0}\frac{1}{x^2}=+\infty,\ \lim_{x\to 0}\left(-\frac{1}{x^2}\right)=-\infty.$$

一般地,我们有如下的定义:

定义 2.7 在自变量的某一变化趋势下,若函数 $f(x)$的绝对值无限地增大,则称 $f(x)$为**无穷大量**.记为

$$\lim f(x)=\infty \quad 或 \quad f(x)\to\infty.$$

当 $f(x)>0$ 时 也记为 $\lim f(x)=+\infty$ 或 $f(x)\to+\infty$

当 $f(x)<0$ 时 也记为 $\lim f(x)=-\infty$ 或 $f(x)\to-\infty$

例如,因 $\lim\limits_{x\to+\infty}10^x=+\infty$,故当 $x\to+\infty$时,10^x 为无穷大量;因 $\lim\limits_{x\to-\frac{\pi}{2}}\tan x=-\infty$,所以 $x\to-\dfrac{\pi}{2}$时,$\tan x$ 为无穷大量.

注意:(1)关于无穷大量的定义,对数列也适用.例如

$$\lim_{n\to\infty}n^2=+\infty,\ \lim_{n\to\infty}(1-n^3)=-\infty.$$

(2) 无穷大量是相对于自变量的某一变化趋势而言的. 比如，$x\to 0$ 时 $\frac{1}{x}$ 是无穷大量，而 $x\to 1$ 时 $\frac{1}{x}$ 就不是无穷大量.

无穷大量与无穷小量之间有十分密切的关系. 容易证明：在自变量的同一变化趋势下，无穷大量的倒数为无穷小量；无穷小量（如不取零值）的倒数为无穷大量. 即有

(1) 若 $\lim f(x)=\infty$， 则 $\lim \frac{1}{f(x)}=0$.

(2) 若 $\lim f(x)=0$，且 $f(x)\neq 0$， 则 $\lim \frac{1}{f(x)}=\infty$.

由此可知，由 $\lim\limits_{x\to+\infty} 10^x=+\infty$，有 $\lim\limits_{x\to+\infty} 10^{-x}=0$；由 $\lim\limits_{x\to 3}(x^2-9)=0$，有 $\lim\limits_{x\to 3}\frac{1}{x^2-9}=\infty$.

§2.4 极限的性质与运算法则

一、极限的性质

性质 1（唯一性） 若极限 $\lim f(x)$ 存在，则极限值唯一.

用反证法容易证明，留给读者完成.

此性质对数列极限也成立.

以下四条性质只对 $x\to x_0$ 的情形叙述和证明，其他形式的极限也有类似的结果.

性质 2（有界性） 若极限 $\lim\limits_{x\to x_0} f(x)$ 存在，则函数 $f(x)$ 在 x_0 的某空心邻域内有界.

***证** 设 $\lim\limits_{x\to x_0} f(x)=A$. 根据定义，对给定的 $\varepsilon>0$，必存在 $\delta>0$，使当 $0<|x-x_0|<\delta$ 时，总有

$$|f(x)-A|<\varepsilon，即 A-\varepsilon<f(x)<A+\varepsilon.$$

所以，$f(x)$在 x_0 的空心邻域$(x_0-\delta,x_0)\cup(x_0,x_0+\delta)$内有界，性质 2 得证.

性质 3（保号性） 若 $\lim\limits_{x\to x_0}f(x)=A$,且 $A>0$（或 $A<0$），则在 x_0 的某空心邻域内恒有

$$f(x)>0 \quad (\text{或 } f(x)<0).$$

***证** 设 $\lim\limits_{x\to x_0}f(x)=A>0$,则由上节(2.4)式可知,存在 x_0 的某空心邻域,使有

$$f(x)>\frac{A}{2}>0.$$

同理可证 $A<0$ 的情形.

性质 4 若 $\lim\limits_{x\to x_0}f(x)=A$,且在 x_0 的某空心邻域内恒有 $f(x)\geqslant 0$(或 $f(x)\leqslant 0$),则 $A\geqslant 0$(或 $A\leqslant 0$).

性质 5 若 $\lim\limits_{x\to x_0}f(x)=A$, $\lim\limits_{x\to x_0}g(x)=B$,且在 x_0 的某空心邻域内恒有 $f(x)\geqslant g(x)$,则 $A\geqslant B$.

利用反证法和性质 3 不难证明性质 4 和 5,留给读者完成.

二、极限的四则运算法则

利用极限与无穷小量的关系(定理 2.3)和无穷小量的性质,可证明如下的极限四则运算法则:

定理 2.4 如果极限 $\lim f(x)$和 $\lim g(x)$都存在,则极限 $\lim[f(x)\pm g(x)]$和 $\lim[f(x)g(x)]$也都存在,且有

$$\lim[f(x)\pm g(x)]=\lim f(x)\pm\lim g(x),$$
$$\lim[f(x)g(x)]=[\lim f(x)][\lim g(x)].$$

证 设 $\lim f(x)=A$, $\lim g(x)=B$,则由定理 2.3 有

$$f(x)=A+\alpha,\quad g(x)=B+\beta. \tag{2.5}$$

其中 α 和 β 是无穷小量. 于是有

$$f(x)\pm g(x)=(A\pm B)+(\alpha\pm\beta),$$
$$f(x)g(x)=(A+\alpha)(B+\beta)=AB+(A\beta+\alpha B+\alpha\beta).$$

由无穷小量的性质可知,$(\alpha\pm\beta)$和$(A\beta+B\alpha+\alpha\beta)$都是无穷小量. 因此,由定理

2.3 可知

$$\lim[f(x)\pm g(x)]=A\pm B=\lim f(x)\pm\lim g(x),$$

$$\lim[f(x)g(x)]=AB=[\lim f(x)][\lim g(x)].$$

定理得证.

上述运算法则可推广到有限个函数的和、差、积的情形.

推论 1 设 $\lim f(x)$ 存在，C 为常数，则有

$$\lim[Cf(x)]=C\lim f(x).$$

推论 2 设极限 $\lim f_1(x)$、$\lim f_2(x)\cdots\lim f_n(x)$ 都存在，a_1、$a_2\cdots a_n$ 为常数，则有

$$\lim[a_1f_1(x)+a_2f_2(x)+\cdots+a_nf_n(x)]$$
$$=a_1\lim f_1(x)+a_2\lim f_2(x)+\cdots+a_n\lim f_n(x).$$

推论 3 设极限 $\lim f(x)$ 存在，n 为正整数，则有

$$\lim[f(x)]^n=[\lim f(x)]^n.$$

例如，$\lim\limits_{x\to x_0}x^n=x_0^n$，$\lim\limits_{x\to x_0}ax^n=ax_0^n$，其中 a 为常数，n 为正整数.

定理 2.5 设极限 $\lim f(x)$ 和 $\lim g(x)$ 都存在，且 $\lim g(x)\neq 0$，则极限 $\lim\dfrac{f(x)}{g(x)}$ 也存在，且有

$$\lim\frac{f(x)}{g(x)}=\frac{\lim f(x)}{\lim g(x)}.$$

证 由假设和(2.5)式可知

$$\frac{f(x)}{g(x)}=\frac{A}{B}+\left(\frac{A+\alpha}{B+\beta}-\frac{A}{B}\right)$$
$$=\frac{A}{B}+\frac{B\alpha-A\beta}{B(B+\beta)}\quad(B\neq 0).$$

由无穷小量的性质可知，$(B\alpha-A\beta)/[B(B+\beta)]$ 是无穷小量. 于是由定理 2.3 可得

$$\lim\frac{f(x)}{g(x)}=\frac{A}{B}=\frac{\lim f(x)}{\lim g(x)}.$$

推论 4 设 $\lim f(x)$ 存在，且 $\lim f(x)\neq 0$，则

$$\lim[f(x)]^{-n}=[\lim f(x)]^{-n}.$$

例如，$\lim\limits_{x\to x_0}\dfrac{1}{x^n}=\dfrac{1}{x_0^n}\quad(x_0\neq 0)$.

此外，由直观可得

$$\lim_{x\to x_0}\sqrt{x}=\sqrt{x_0}\ (x_0\geqslant 0),\quad \lim_{x\to x_0}\sqrt[3]{x}=\sqrt[3]{x_0}.$$

这说明推论 3 中的 n 不仅能推广到负整数，还可推广到分数以至任何实数.

注意：利用极限四则运算法则求极限时，必须满足定理的条件：参加求极限的函数应为有限个，且每个函数的极限都必须存在；考虑商的极限时，还需要求分母的极限不为 0.

例 1. 求 $\lim\limits_{x\to 4}(x^2+x-2)$.

解　由定理 2.4 及推论 3 有

$$\begin{aligned}\lim_{x\to 4}(x^2+x-2)&=\lim_{x\to 4}x^2+\lim_{x\to 4}x-\lim_{x\to 4}2\\&=(4)^2+4-2=18.\end{aligned}$$

例 2. 设有多项式 $P_n(x)=a_0x^n+a_1x^{n-1}+\cdots+a_n$，求 $\lim\limits_{x\to x_0}P_n(x)$.

解　由定理 2.4 及推论 2 和 3，有

$$\begin{aligned}\lim_{x\to x_0}P_n(x)&=a_0\lim_{x\to x_0}x^n+a_1\lim_{x\to x_0}x^{n-1}+\cdots+\lim_{x\to x_0}a_n\\&=a_0x_0{}^n+a_1x_0{}^{n-1}+\cdots+a_n=P_n(x_0).\end{aligned}$$

例 3. 求 $\lim\limits_{x\to 1}\dfrac{x^2+1}{x^2-2x+a}$，其中 a 为常数.

解　由例 2 可知

$$\lim_{x\to 1}(x^2+1)=2,\qquad \lim_{x\to 1}(x^2-2x+a)=a-1.$$

因此，当 $a\neq 1$ 时，分母的极限不为零，由定理 2.5，可得

$$\lim_{x\to 1}\frac{x^2+1}{x^2-2x+a}=\frac{2}{a-1}\quad(a\neq 1).$$

当 $a=1$ 时，有

$$\lim_{x\to 1}\frac{x^2-2x+1}{x^2+1}=0.$$

于是，由无穷小量与无穷大量的关系可得

$$\lim_{x\to 1}\frac{x^2+1}{x^2-2x+1}=\infty.$$

例 4. 求 $\lim\limits_{x\to 2}\dfrac{x^2+x-6}{x^2-4}$.

分析　由于

$$\lim_{x\to 2}(x^2+x-6)=\lim_{x\to 2}(x^2-4)=0.$$

故不能直接应用定理 2.5. 但此题可通过约分化简，然后再利用定理 2.5 求出极限值.

解　由于

$$x^2+x-6=(x+3)(x-2),\qquad x^2-4=(x+2)(x-2),$$

注意到在函数极限定义中，自变量 $x\to 2$ 的过程中保持 $x\neq 2$，所以有

$$\lim_{x\to 2}\frac{x^2+x-6}{x^2-4}=\lim_{x\to 2}\frac{x+3}{x+2}=\frac{5}{4}.$$

例 5. 求 $\lim\limits_{x\to 0}\dfrac{\sqrt{x^2+4}-2}{\sqrt{x^2+9}-3}$.

分析　由于

$$\lim_{x\to 0}(\sqrt{x^2+4}-2)=\lim_{x\to 0}(\sqrt{x^2+9}-3)=0,$$

不能直接利用定理 2.5. 但此题可通过乘共轭根式转化为可利用定理 2.5 的形式.

解　因为

$$\begin{aligned}&\frac{\sqrt{x^2+4}-2}{\sqrt{x^2+9}-3}\\&\quad=\frac{(\sqrt{x^2+4}-2)(\sqrt{x^2+4}+2)(\sqrt{x^2+9}+3)}{(\sqrt{x^2+9}-3)(\sqrt{x^2+9}+3)(\sqrt{x^2+4}+2)}\\&\quad=\frac{x^2(\sqrt{x^2+9}+3)}{x^2(\sqrt{x^2+4}+2)},\end{aligned}$$

所以有

$$\lim_{x\to 0}\frac{\sqrt{x^2+4}-2}{\sqrt{x^2+9}-3}=\lim_{x\to 0}\frac{x^2(\sqrt{x^2+9}+3)}{x^2(\sqrt{x^2+4}+2)}$$

$$=\lim_{x\to 0}\frac{\sqrt{x^2+9}+3}{\sqrt{x^2+4}+2}=\frac{6}{4}=\frac{3}{2}.$$

例 6. 求 $\lim\limits_{n\to\infty}\frac{2n^3+n^2-3}{n^3+n+2}$.

解 $\lim\limits_{n\to\infty}\frac{2n^3+n^2-3}{n^3+n+2}=\lim\limits_{n\to\infty}\frac{2+\frac{1}{n}-\frac{3}{n^3}}{1+\frac{1}{n^2}+\frac{2}{n^3}}=\frac{2}{1}=2.$

例 7. 求 $\lim\limits_{x\to\infty}\frac{2x^4+x^3-3}{x^3-2x^2+2}$.

解 由于

$$\lim_{x\to\infty}\frac{x^3-2x^2+2}{2x^4+x^3-3}=\lim_{x\to\infty}\frac{\frac{1}{x}-\frac{2}{x^2}+\frac{2}{x^4}}{2+\frac{1}{x}-\frac{3}{x^4}}=\frac{0}{2}=0,$$

所以

$$\lim_{x\to\infty}\frac{2x^4+x^3-3}{x^3-2x^2+2}=\infty.$$

一般地,设

$$P_n(x)=a_0x^n+a_1x^{n-1}+\cdots+a_n,\quad a_0\neq 0,$$
$$Q_m(x)=b_0x^m+b_1x^{m-1}+\cdots+b_m,\quad b_0\neq 0.$$

则有

$$\lim_{x\to\infty}\frac{P_n(x)}{Q_m(x)}=\begin{cases}0, & n<m,\\ \frac{a_0}{b_0}, & n=m,\\ \infty, & n>m.\end{cases}\tag{2.6}$$

例 8. 求 $\lim\limits_{n\to\infty}\left(\frac{1}{n^2}+\frac{2}{n^2}+\cdots+\frac{n}{n^2}\right)$.

分析 式中每一项都是无穷小量,但由于项数随 n 增大而不断增加,故不是有限项,不能直接利用定理 2.4.

解 由于

$$\frac{1}{n^2}+\frac{2}{n^2}+\cdots+\frac{n}{n^2}=\frac{1}{n^2}(1+2+\cdots+n)$$
$$=\frac{n(n+1)}{2n^2}.$$

所以有

$$\lim_{n\to\infty}\left(\frac{1}{n^2}+\frac{2}{n^2}+\cdots+\frac{n}{n^2}\right)=\lim_{n\to\infty}\frac{n(n+1)}{2n^2}$$
$$=\frac{1}{2}\lim_{n\to\infty}\left(1+\frac{1}{n}\right)=\frac{1}{2}.$$

前面三节曾介绍过几种求极限的方法. 在简单情形中，可通过直观分析求极限. 其次，利用左、右极限 $\lim\limits_{x\to x_0^-}f(x)$、$\lim\limits_{x\to x_0^+}f(x)$与极限 $\lim\limits_{x\to x_0}f(x)$的关系，无穷小量与无穷大量的关系，以及无穷小量的性质，也可求出一些极限的值. 本节又介绍了利用极限四则运算法则求极限的方法. 对于无穷小量之比的极限，不能直接利用定理 2.5，本节介绍了利用约分和乘共轭根式进行恒等变换的方法. 此方法的实质是利用等价无穷小量求极限，下一节将进一步发展这一思想，讨论较复杂的极限的求解方法.

§2.5 极限存在性定理与两个重要极限

木节先介绍两个极限存在定理，然后在此基础上证明两个重要极限.

一、极限存在性定理

定理 2.6（夹逼定理） 设在 x_0 的某空心邻域$(x_0-\delta_0,x_0)\cup(x_0,x_0+\delta_0)$（其中 $\delta_0>0$）内恒有

$$g(x)\leqslant f(x)\leqslant h(x), \tag{2.7}$$

且有 $\lim\limits_{x\to x_0}g(x)=\lim\limits_{x\to x_0}h(x)=A.$

则极限 $\lim\limits_{x\to x_0}f(x)$存在，且有

$$\lim_{x\to x_0}f(x)=A.$$

*证 由题设可知,对任意给定的 $\varepsilon>0$,必存在 $\delta_1>0,\delta_2>0$,使得

当 $0<|x-x_0|<\delta_1$ 时,有 $|g(x)-A|<\varepsilon$,

当 $0<|x-x_0|<\delta_2$ 时,有 $|h(x)-A|<\varepsilon$.

取 $\delta=\min(\delta_0,\delta_1,\delta_2)$,则当 $0<|x-x_0|<\delta$ 时,同时有

$$|g(x)-A|<\varepsilon \quad 和 \quad |h(x)-A|<\varepsilon.$$

即同时有

$$A-\varepsilon<g(x)<A+\varepsilon \quad 和 \quad A-\varepsilon<h(x)<A+\varepsilon.$$

于是,由(2.7)式有

$$A-\varepsilon<g(x)\leqslant f(x)\leqslant h(x)<A+\varepsilon.$$

从而当 $0<|x-x_0|<\delta$ 时,有

$$|f(x)-A|<\varepsilon.$$

由定义可知 $\lim\limits_{x\to x_0}f(x)=A$,定理 2.6 得证.

注意:(1)对于 $x\to\infty$ 等其他函数极限的情形,也有类似的结果.读者可仿照定理 2.6,写出 $x\to\infty$ 时的夹逼定理作为练习.

(2)对于数列也有类似的夹逼定理如下:

如果存在正整数 n_0,使当 $n\geqslant n_0$ 时恒有

$$y_n\leqslant x_n\leqslant z_n$$

且 $\lim\limits_{n\to\infty}y_n=\lim\limits_{n\to\infty}z_n=A$,

则 $\lim\limits_{n\to\infty}x_n$ 存在,且

$$\lim_{n\to\infty}x_n=A.$$

例 1. 利用夹逼定理求极限

$$\lim_{n\to\infty}\left(\frac{1}{\sqrt{n^2+1}}+\frac{1}{\sqrt{n^2+2}}+\cdots+\frac{1}{\sqrt{n^2+n}}\right).$$

解 易知对 $n=1,2,\cdots$,恒有

$$\frac{n}{\sqrt{n^2+n}}\leqslant\frac{1}{\sqrt{n^2+1}}+\frac{1}{\sqrt{n^2+2}}+\cdots+\frac{1}{\sqrt{n^2+n}}\leqslant\frac{n}{\sqrt{n^2+1}},$$

且有

$$\lim_{n\to\infty}\frac{n}{\sqrt{n^2+n}}=\lim_{n\to\infty}\frac{1}{\sqrt{1+\frac{1}{n}}}=1,$$

$$\lim_{n\to\infty}\frac{n}{\sqrt{n^2+1}}=\lim_{n\to\infty}\frac{1}{\sqrt{1+\frac{1}{n^2}}}=1.$$

故由夹逼定理可知，所求极限存在，且有

$$\lim_{n\to\infty}\left(\frac{1}{\sqrt{n^2+1}}+\frac{1}{\sqrt{n^2+2}}+\cdots+\frac{1}{\sqrt{n^2+n}}\right)=1.$$

函数有有界性和单调性，数列作为下标函数也有有界性和单调性. 具体定义如下：

定义2.8　设有数列$\{u_n\}$.

(1)如果$|u_n|\leqslant M(n\in N,M>0)$，则称数列$\{u_n\}$是有界的；

(2)如果$u_n\leqslant u_{n+1}(n\in N)$，则称数列$\{u_n\}$是单调增加的；

(3)如果$u_n\geqslant u_{n+1}(n\in N)$，则称数列$\{u_n\}$是单调减少的.

如果(2)中$\leqslant$换成$<$，则称数列严格单调增加. 类似定义数列严格单调减少.

定理 2.7　单调有界数列必有极限.

从数轴上直观分析，定理 2.7 的结论是显然的. 因为u_n作为数轴上的动点，当它保持向右移动(若$\{u_n\}$为单调增加数列)或保持向左移动(若$\{u_n\}$为单调减少数列)，如不趋近数轴上某个定点，则必无限远离原点，从而与$\{u_n\}$的有界性相矛盾.

二、两个重要的极限

1. $\lim\limits_{x\to 0}\frac{\sin x}{x}=1$

在证明此极限之前，先证如下两个不等式：

$$|\sin x|\leqslant|x|,\quad (x\in R),$$

$$|x|\leqslant|\tan x|,\quad \left(|x|<\frac{\pi}{2}\right). \tag{2.8}$$

在如图 2－7 所示的单位圆内，设弧$\overset{\frown}{AB}$所对的圆心角为x(弧度值). 当$0<x<\frac{\pi}{2}$时，有

$\triangle AOB$ 的面积$<$扇形 AOB 的面积$<\triangle AOD$ 的面积

其中 $AO \perp AD$. 而

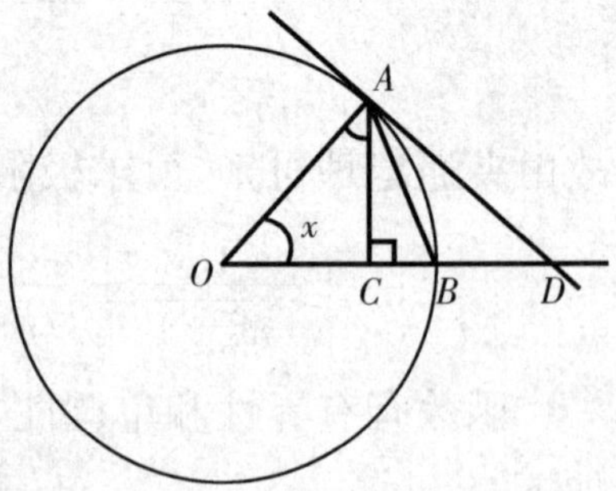

图 2—7

$$\triangle AOB\text{ 的面积}=\frac{1}{2}\sin x,$$

$$\text{扇形 } AOB\text{ 的面积}=\frac{1}{2}x,$$

$$\triangle AOD\text{ 的面积}=\frac{1}{2}\tan x.$$

于是有

$$\frac{1}{2}\sin x<\frac{1}{2}x<\frac{1}{2}\tan x,\quad (0<x<\frac{\pi}{2}),$$

$$\sin x<x<\tan x\quad (0<x<\frac{\pi}{2})$$

即有

$$|\sin x|<|x|<|\tan x|\quad (0<x<\frac{\pi}{2})$$

当 $-\frac{\pi}{2}<x<0$ 时，由于 $0<|x|<\frac{\pi}{2}$，由上式得

$$|\sin|x||<|x|<|\tan|x||\quad (0<|x|<\frac{\pi}{2})$$

即有

$$|\sin x|<|x|<|\tan x|\quad (-\frac{\pi}{2}<x<0)$$

综合上面两个不等式可得

$$|\sin x|<|x|<|\tan x|,\qquad (0<|x|<\frac{\pi}{2}).\tag{2.9}$$

显然，$x=0$ 时，(2.8)式中等号成立.

另外，当 $|x|\geqslant\frac{\pi}{2}$ 时，由于 $|x|>1$，显然有 $|\sin x|<|x|$.

综上所述，可知不等式(2.8)成立.

下面证明极限 $\lim\limits_{x\to 0}\frac{\sin x}{x}=1$.

注意到，除 $x=0$ 外，函数 $\frac{\sin x}{x}$ 处处有定义. 因此，当 $x\neq 0$ 时，由上面得到的不等式(2.9)，可得

$$1<\left|\frac{x}{\sin x}\right|<\left|\frac{\tan x}{\sin x}\right|=\frac{1}{|\cos x|}\qquad (0<|x|<\frac{\pi}{2}),$$

由此可得

$$|\cos x|<\left|\frac{\sin x}{x}\right|<1 \qquad (0<|x|<\frac{\pi}{2}).$$

因当 $0<|x|<\frac{\pi}{2}$ 时，有 $\cos x>0$，$\frac{\sin x}{x}>0$，故由上式有

$$\cos x<\frac{\sin x}{x}<1 \qquad (0<|x|<\frac{\pi}{2}).$$

另一方面，由(2.9)左边的不等式有

$$\cos x=1-2\sin^2\frac{x}{2}>1-\frac{1}{2}x^2 \qquad (x\neq 0)$$

于是有

$$1-\frac{1}{2}x^2<\cos x<\frac{\sin x}{x}<1 \qquad (0<|x|<\frac{\pi}{2}).$$

因为 $\lim\limits_{x\to 0}(1-\frac{1}{2}x^2)=1-\frac{1}{2}\lim\limits_{x\to 0}x^2=1$，　$\lim\limits_{x\to 0}1=1$.

故由夹逼定理可得

$$\lim_{x\to 0}\frac{\sin x}{x}=1,\quad \lim_{x\to 0}\cos x=1.$$

例 2. 求极限 $\lim\limits_{x\to 0}\sin x$.

解　由不等式(2.8)有 $-|x|\leqslant\sin x\leqslant|x|$，而

$$\lim_{x\to 0}|x|=0,$$

于是，由夹逼定理有

$$\lim_{x\to 0}\sin x=0.$$

$\lim\limits_{x\to 0}\frac{\sin x}{x}=1$ 是个很重要的极限. 由此极限和例 2 可知，$x\to 0$ 时，$\sin x$ 与 x 是等价无穷小量，即有

$$x\to 0 \text{ 时}，\quad \sin x\sim x.$$

从而有

$$x\to 0 \text{ 时}，\quad \sin ax\sim ax \quad (a\neq 0).$$

由 $\lim\limits_{x\to 0}\cos x=1$，可得

$$x\to 0\text{ 时，}\quad \tan x\sim x,\quad \tan ax\sim ax\quad (a\neq 0).$$

例 3. 求极限 $\lim\limits_{x\to 0}\dfrac{\sin 2x}{\tan 3x}$.

解 由于 $x\to 0$ 时，$\sin 2x\sim 2x$，$\tan 3x\sim 3x$，所以有

$$\lim_{x\to 0}\frac{\sin 2x}{\tan 3x}=\lim_{x\to 0}\left(\frac{\sin 2x}{2x}\cdot\frac{3x}{\tan 3x}\cdot\frac{2x}{3x}\right)=\lim_{x\to 0}\frac{\sin 2x}{2x}\cdot\lim_{x\to 0}\frac{3x}{\tan 3x}\cdot\lim_{x\to 0}\frac{2x}{3x}$$

$$=\lim_{x\to 0}\frac{2x}{3x}=\frac{2}{3}.$$

例 4. 求极限 $\lim\limits_{n\to\infty}n\sin\dfrac{2}{n}$.

解 由于 $n\to\infty$ 时，$\dfrac{2}{n}\to 0$，$\sin\dfrac{2}{n}\sim\dfrac{2}{n}$，所以有

$$\lim_{n\to\infty}n\sin\frac{2}{n}=\lim_{n\to\infty}\left[\left(n\cdot\frac{2}{n}\right)\cdot\frac{\sin(2/n)}{2/n}\right]=\lim_{n\to\infty}\frac{2n}{n}\cdot\lim_{n\to\infty}\frac{\sin(2/n)}{2/n}$$

$$=\lim_{n\to\infty}\frac{2n}{n}=2.$$

例 3 说明，两个无穷小量之比的极限等于其等价无穷小量之比的极限. 例 4 说明，无穷小量与另一变量的积(或商)的极限，等于其等价无穷小量与该变量的积(或商)的极限. 事实上，我们有如下的一般结果.

定理 2.8 设 α 和 β 都是关于自变量某一变化趋势下的无穷小量，且 $\alpha\sim\beta$. 又设 $\lim\beta u$ 和 $\lim\dfrac{v}{\beta}$ 都存在. 则极限 $\lim\alpha u$ 和 $\lim\dfrac{v}{\alpha}$ 都存在，且

$$\lim\alpha u=\lim\beta u,$$

$$\lim\frac{v}{\alpha}=\lim\frac{v}{\beta}.$$

证 由于在自变量的某变化趋势下 $\alpha\sim\beta$，所以

$$\lim\alpha u=\lim\left(\frac{\alpha}{\beta}\cdot\beta u\right)=\lim\frac{\alpha}{\beta}\cdot\lim\beta u=1\cdot\lim\beta u=\lim\beta u$$

$$\lim\frac{v}{\alpha}=\lim\left(\frac{\beta}{\alpha}\cdot\frac{v}{\beta}\right)=\lim\frac{\beta}{\alpha}\cdot\lim\frac{v}{\beta}=1\cdot\lim\frac{v}{\beta}=\lim\frac{v}{\beta}.$$

定理得证.

必须指出，应用上述定理计算多个无穷小量(例 3 和例 4 中仅有一两个)参

与的乘除所得的积与商的极限十分简便有效. 注意,比较下列与前面两例的解法会有深切的感受.

例 5. 求极限 $\lim\limits_{x\to 0}\dfrac{1-\cos x}{\tan 2x\cdot\sin x}$.

解 由于 $x\to 0$ 时 有 $\sin x\sim x$, $\tan 2x\sim 2x$

$$1-\cos x=2\sin^2\frac{x}{2}=2\sin\frac{x}{2}\sin\frac{x}{2}\sim 2\cdot\frac{x}{2}\cdot\frac{x}{2}=\frac{x^2}{2}$$

所以有

$$\lim_{x\to 0}\frac{1-\cos x}{\tan 2x\sin x}=\lim_{x\to 0}\frac{x^2/2}{2x\cdot x}=\frac{1}{4}.$$

2. $\boldsymbol{\lim\limits_{x\to\infty}\left(1+\dfrac{1}{x}\right)^x=e}$

在证明此极限之前,先证明如下的不等式:

$$[(n+1)a-nb]b^n<a^{n+1},\quad 0<a<b,\quad n\in N \tag{2.10}$$

事实上,由 $0<a<b$,有

$$\begin{aligned}b^{n+1}-a^{n+1}&=(b-a)(b^n+ab^{n-1}+\cdots+a^{n-1}b+a^n)\\&<(n+1)(b-a)b^n.\end{aligned}$$

移项即得(2. 10)式.

下面分三步证明极限 $\lim\limits_{x\to\infty}\left(1+\dfrac{1}{x}\right)^x=e$.

(1)设 $x=n$ 为正整数,令 $u_n=\left(1+\dfrac{1}{n}\right)^n$.

在不等式(2. 10)中令

$$a=1+\frac{1}{n+1},\qquad b=1+\frac{1}{n}.$$

则有 $0<a<b$,且

$$(n+1)a-nb=(n+1)\left(1+\frac{1}{n+1}\right)-n\left(1+\frac{1}{n}\right)=1.$$

于是由(2. 10)有

$$u_{n+1}=\left(1+\frac{1}{n+1}\right)^{n+1}=a^{n+1}$$

$$>[(n+1)a-nb]b^n=\left(1+\frac{1}{n}\right)^n=u_n \qquad (n\in N).$$

这说明$\{u_n\}$为严格单调增加数列.

再在不等式(2.10)中令

$$a=1, \qquad b=1+\frac{1}{2n}.$$

则有

$$(n+1)a-nb=(n+1)-n\left(1+\frac{1}{2n}\right)=\frac{1}{2}.$$

于是由(2.10)有

$$1>\frac{1}{2}\left(1+\frac{1}{2n}\right)^n.$$

由此可得

$$\left(1+\frac{1}{2n}\right)^{2n}<4.$$

于是,由$\{u_n\}$严格单调增加,有

$$0<u_n=\left(1+\frac{1}{n}\right)^n<\left(1+\frac{1}{2n}\right)^{2n}=u_{2n}<4 \qquad (n\in N).$$

这说明$\{u_n\}$为有界数列.

综上所述,由定理 2.7 可知,极限 $\lim\limits_{n\to\infty}u_n=\lim\limits_{n\to\infty}\left(1+\frac{1}{n}\right)^n$ 存在. 记此极限之值为 e,即

$$\lim_{n\to\infty}\left(1+\frac{1}{n}\right)^n=\mathrm{e}.$$

可以证明数 e 为一无理数,其近似值为

$$\mathrm{e}\approx 2.71828.$$

(2)再证 $x\to+\infty$的情形. 令 $n=[x]$,即 n 为不超过 x 的最大整数部分,则 $n\leqslant x<n+1$,且

$$1+\frac{1}{n+1}<1+\frac{1}{x}\leqslant 1+\frac{1}{n}.$$

于是有

$$\left(1+\frac{1}{n+1}\right)^n<\left(1+\frac{1}{x}\right)^x<\left(1+\frac{1}{n}\right)^{n+1}.$$

易知

$$\lim_{n\to\infty}\left(1+\frac{1}{n+1}\right)^n=\mathrm{e},\qquad \lim_{n\to\infty}\left(1+\frac{1}{n}\right)^{n+1}=\mathrm{e}.$$

且当 $x\to+\infty$时， $n=[x]\to+\infty$. 于是由夹逼定理有

$$\lim_{x\to+\infty}\left(1+\frac{1}{x}\right)^x=\mathrm{e}.$$

(3)再证 $x\to-\infty$的情形，令 $u=-(x+1)$，则当 $x\to-\infty$时，$u\to+\infty$，于是有

$$\lim_{x\to-\infty}\left(1+\frac{1}{x}\right)^x=\lim_{u\to+\infty}\left(1-\frac{1}{u+1}\right)^{-(u+1)}$$

$$=\lim_{u\to+\infty}\left(1+\frac{1}{u}\right)^{u+1}=\mathrm{e}.$$

于是，由(2)、(3)可知

$$\lim_{x\to\infty}\left(1+\frac{1}{x}\right)^x=\mathrm{e}.$$

注意：若令 $\alpha=\frac{1}{x}$，则 $x\to\infty$时，$\alpha\to0$. 于是有

$$\lim_{\alpha\to0}(1+\alpha)^{\frac{1}{\alpha}}=\lim_{x\to\infty}\left(1+\frac{1}{x}\right)^x=\mathrm{e}.$$

例 6. 求极限 $\lim\limits_{x\to\infty}\left(1+\frac{2}{x}\right)^x$.

解 令 $u=\frac{x}{2}$，则 $x\to\infty$，$u\to\infty$. 于是有

$$\lim_{x\to\infty}\left(1+\frac{2}{x}\right)^x=\lim_{u\to\infty}\left(1+\frac{1}{u}\right)^{2u}$$

$$=\left[\lim_{u\to\infty}\left(1+\frac{1}{u}\right)^u\right]^2=\mathrm{e}^2.$$

例 7. 求极限 $\lim\limits_{x\to0}\sqrt[x]{1-x}$.

解 令 $u=-x$，则 $x\to0$ 时，$u\to0$. 于是有

$$\lim_{x\to 0}\sqrt[x]{1-x}=\lim_{u\to 0}(1+u)^{-\frac{1}{u}}=[\lim_{u\to 0}(1+u)^{\frac{1}{u}}]^{-1}$$
$$=e^{-1}.$$

例 8. 求极限 $\lim\limits_{x\to\infty}\left(\dfrac{x-2}{x+1}\right)^{x}$.

解 令 $u=-\dfrac{3}{x+1}$，则 $x\to\infty$时，$u\to 0$. 于是有

$$\lim_{x\to\infty}\left(\frac{x-2}{x+1}\right)^{x}=\lim_{u\to 0}(1+u)^{-\frac{3}{u}-1}=\lim_{u\to 0}[(1+u)^{\frac{1}{u}}]^{-3}\cdot\lim_{u\to 0}(1+u)^{-1}$$
$$=e^{-3}\cdot 1=e^{-3}.$$

例 9. 连续复利问题

设有一笔本金 A_0 存入银行，年利率为 r，则一年末结算时，其本利和为

$$A_1=A_0+rA_0=A_0(1+r).$$

如果一年分两期计息，每期利率为$\dfrac{1}{2}r$，且前一期的本利和作为后一期的本金，则一年末的本利和为

$$A_2=A_0\left(1+\frac{r}{2}\right)+A_0\left(1+\frac{r}{2}\right)\frac{r}{2}=A_0\left(1+\frac{r}{2}\right)^{2}.$$

如果一年分 n 期计息，每期利率按$\dfrac{r}{n}$计算，且前一期本利和为后一期的本金，则一年末的本利和为

$$A_n=A_0\left(1+\frac{r}{n}\right)^{n}.$$

于是到 t 年末共计复利 nt 次，其本利和为

$$A_n(t)=A_0\left(1+\frac{r}{n}\right)^{nt}.$$

令 $n\to\infty$，则表示利息随时计入本金. 这样，t 年末的本利和为

$$A(t)=\lim_{n\to\infty}A_n(t)=\lim_{n\to\infty}A_0\left(1+\frac{r}{n}\right)^{nt}$$
$$=A_0\lim_{n\to\infty}\left[\left(1+\frac{r}{n}\right)^{\frac{n}{r}}\right]^{rt}=A_0e^{rt}.$$

这种将利息计入本金重复计算复利的方法称为连续复利. 类似于连续复利问题的数学模型，在研究人口增长、林木增长、细菌繁殖、物体的冷却、放射性元

素的衰变等许多实际问题中都会遇到，因此有很重要的实际意义.

§2.6 函数的连续性

现实世界中观察到的许多变量都是连续变化的. 例如，运动物体的路程、气温、国民收入等，都可看成是与时间有关的变量. 显然，在很短的时间内，这些变量的相应值的变化将是很小的. 这反映在数学上就是函数的连续性，它是与函数极限概念密切相关的另一基本概念.

一、变量的改变量

为便于讨论，我们先引入变量的改变量的概念.

设变量 u 从初值 u_0 改变到终值 u_1，则称终值与初值之差 u_1-u_0 为变量 u 的**改变量**（亦称增量），记为 $\Delta u=u_1-u_0$.

例如，设有函数 $y=f(x)$，当自变量 x 从初值 x_0 变到终值 x_1 时，其改变量为 $\Delta x=x_1-x_0$；相应地，函数 $f(x)$ 从初值 $f(x_0)$ 变到终值 $f(x_1)$，其改变量为 $\Delta y=f(x_1)-f(x_0)$.

注意：改变量可以是正的、负的，也可以是零.

例 1. 给定函数 $y=f(x)=x^2$，当自变量 x 从 x_0 变到 $x_1=x_0+\Delta x$ 时，函数 $y=x^2$ 在 x_0 处的相应改变量为

$$\begin{aligned}\Delta y&=f(x_0+\Delta x)-f(x_0)\\&=(x_0+\Delta x)^2-x_0^2=2x_0\Delta x+(\Delta x)^2.\end{aligned}$$

比如，当 $x_0=2, x_1=2.2$ 时，$\Delta x=0.2$，则

$$\Delta y=2\times2\times0.2+(0.2)^2=0.84.$$

当 $x_0=2, x_1=1.8$ 时，$\Delta x=-0.2$，则

$$\Delta y=2\times2\times(-0.2)+(-0.2)^2=-0.76.$$

二、连续函数的概念

函数 $y=f(x)$ 在 x_0 处连续，是指自变量在 x_0 处取得微小的改变量 Δx（即 $|\Delta x|$ 很小）时，相应的函数值的变化也很微小（即 $|\Delta y|$ 也很小）.

下面给出函数 $y=f(x)$ 在 x_0 处连续的严格定义：

定义 2.9 设函数 $y=f(x)$ 在 x_0 的某邻域内有定义. 如果自变量在 x_0 处的改变量 Δx 趋于零时，函数的相应改变量 Δy 也趋于零，即有

$$\lim_{\Delta x\to 0}\Delta y=\lim_{\Delta x\to 0}[f(x_0+\Delta x)-f(x_0)]=0,$$

则称**函数 $f(x)$ 在点 x_0 处连续**，并称 x_0 为 $f(x)$ 的**连续点**.

函数 $f(x)$ 在点 x_0 处连续，表现在图形上是指，当 $\Delta x\to 0$ 时，曲线 $y=f(x)$ 上的动点 $M(x,f(x))$ 无限趋近于该曲线上的定点 $M_0(x_0,f(x_0))$，如图 2—8所示.

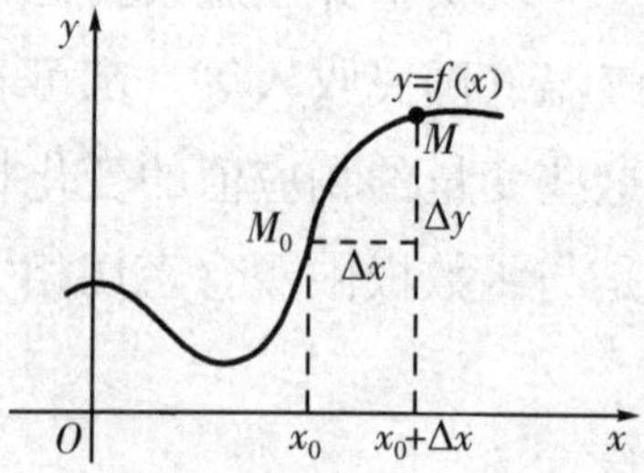

图 2—8

例 2. 证明函数 $y=\sin x$ 在任意点 x 处皆连续.

证明 任意取定一点 x_0，则有

$$\Delta y=\sin(x_0+\Delta x)-\sin x_0=2\sin\frac{\Delta x}{2}\cos\left(x_0+\frac{\Delta x}{2}\right).$$

由 $\left|\cos\left(x_0+\frac{\Delta x}{2}\right)\right|\leqslant 1$ 可知，$\cos\left(x_0+\frac{\Delta x}{2}\right)$ 是有界变量. 又由上节可知，$\Delta x\to 0$ 时，$\sin\frac{\Delta x}{2}$ 是无穷小量. 因此，$\Delta x\to 0$ 时，Δy 也是无穷小量，即有

$$\lim_{\Delta x\to 0}\Delta y=\lim_{\Delta x\to 0}2\sin\frac{\Delta x}{2}\cos\left(x_0+\frac{\Delta x}{2}\right)=0.$$

于是由定义知，$y=\sin x$ 在点 x_0 处连续. 再由 x_0 的任意性可知，$y=\sin x$ 在任意点 x 处连续.

同理可证，$y=\cos x$ 在任意点 x 处连续.

在定义 2.9 中，若令 $x=x_0+\Delta x$，则 $\Delta x\to 0$ 等价于 $x\to x_0$，相应地

$$\Delta y=f(x_0+\Delta x)-f(x_0)=f(x)-f(x_0)\to 0,$$

等价于 $f(x)\to f(x_0)$. 于是，我们得到函数 $f(x)$ 在点 x_0 处连续的等价定义如下：

定义 2.10 设函数 $y=f(x)$ 在 x_0 的某一邻域内有定义. 如果有

$$\lim_{x\to x_0}f(x)=f(x_0)=f(\lim_{x\to x_0}x),$$

则称函数 $f(x)$ 在点 x_0 处连续，称 x_0 为 $f(x)$ 的连续点.

如果只考虑单侧极限，则当$\lim\limits_{x\to x_0^-}f(x)=f(x_0)$时，称函数 $f(x)$在点 x_0 处**左连续**；当 $\lim\limits_{x\to x_0^+}f(x)=f(x_0)$时，称函数 $f(x)$在点 x_0 处**右连续**. 显然，函数 $f(x)$在点 x_0 处连续的充分必要条件是，函数 $f(x)$在点 x_0 处既左连续又右连续.

定义 2.11　如果函数 $f(x)$在开区间 (a,b)内每一点都连续，则称函数$f(x)$**在开区间(a,b)内连续**；如果函数 $f(x)$在开区间(a,b)内连续，并在左端点 a 处右连续，在右端点 b 处左连续，则称函数 $f(x)$**在闭区间$[a,b]$上连续**.

由§2.4 的例 2 和本节的例 2 可知，多项式函数 $P_n(x)$、正弦函数 $\sin x$ 和余弦函数 $\cos x$ 在其定义域R 内都是连续的.

在区间(a,b)内（或$[a,b]$上）连续的函数，其图形是一条连续不断的曲线.

例 3. 试讨论函数

$$f(x)=\begin{cases}1+\dfrac{x}{2}, & x\leqslant 0,\\ 1+x^2, & 0<x\leqslant 1,\\ 4-x, & x>1.\end{cases}$$

在点 $x=0$ 和 $x=1$ 处的连续性.

解　在 $x=0$ 处有

$$f(0)=1+\frac{0}{2}=1;$$

$$\lim_{x\to 0^-}f(x)=\lim_{x\to 0^-}\left(1+\frac{x}{2}\right)=1;$$

$$\lim_{x\to 0^+}f(x)=\lim_{x\to 0^+}(1+x^2)=1.$$

由此可知，$\lim\limits_{x\to 0}f(x)=1=f(0)$. 于是由定义知，$f(x)$在 $x=0$ 处连续.

在 $x=1$ 处有

$$f(1)=1+1^2=2;$$

$$\lim_{x\to 1^-}f(x)=\lim_{x\to 1^-}(1+x^2)=2;$$

$$\lim_{x\to 1^+}f(x)=\lim_{x\to 1^+}(4-x)=3.$$

可见 $\lim\limits_{x\to 1}f(x)$不存在，因而 $f(x)$在 $x=1$ 处不连续. 但由 $\lim\limits_{x\to 1^-}f(x)=2=f(1)$可

知，$f(x)$在 $x=1$ 处左连续. 该函数的图形如图 2—9 所示.

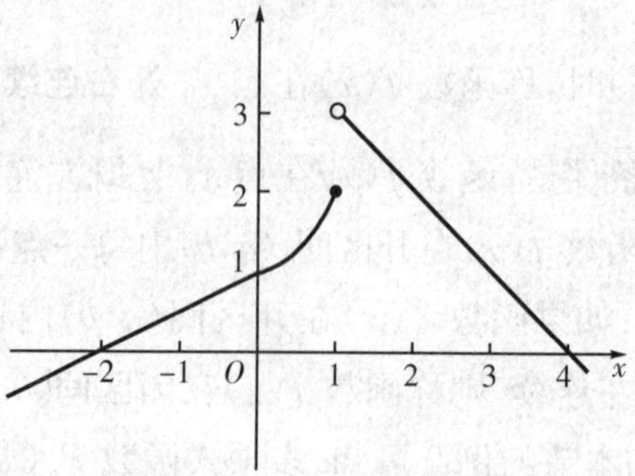

图 2—9

三、函数的间断点

由函数连续性的定义可知，函数 $f(x)$在点 x_0 处连续必须满足三个条件：(1)$f(x)$在 x_0 处有定义，(2)$\lim\limits_{x\to x_0}f(x)$存在，(3)$\lim\limits_{x\to x_0}f(x)=f(x_0)$. 如果三个条件中至少有一个不满足，则 $f(x)$在 x_0 处是不连续的. 如上面例 3 中的函数$f(x)$，在点 $x_0=1$ 处的极限不存在，故此函数在点 1 处不连续，由图 2—9 可以看出，这时曲线 $y=f(x)$在点 1 处是间断的，故称点 1 为 $f(x)$的间断点. 一般地，如果函数 $f(x)$在某点 x_0 不满足上述三个连续性条件中的任何一个条件，我们就称点 x_0 为 $f(x)$的**间断点**.

函数的间断点可分为两类：如果 x_0 是 $f(x)$的间断点，且 $f(x)$在点 x_0 处的左、右极限皆存在，则称 x_0 为 $f(x)$的**第一类间断点**；如果 x_0 为 $f(x)$的间断点，且 $f(x)$在点 x_0 处的左、右极限至少有一个不存在，则称 x_0 为 $f(x)$的**第二类间断点**.

第一类间断点又可分为**可去间断点**和**跳跃间断点**两种情形.

例如，函数

$$f_1(x)=x\sin\frac{1}{x},\quad x\neq 0.$$

$$f_2(x)=\begin{cases}x+1, & x\neq 0,\\ 0, & x=0.\end{cases}$$

易知 $x\to 0$ 时，它们的极限均存在，其极限值分别为 0 和 1；但 $f_1(x)$ 在 $x=0$ 处没有定义，$f_2(x)$ 在 $x=0$ 处的极限值与函数值不相等. 因此，$x=0$ 是这两个函数的第一类间断点. 如果补充定义 $f_1(0)=0$，重新定义 $f_2(0)=1$，则 $f_1(x)$ 与 $f_2(x)$ 在 $x=0$ 处皆连续，故称 $x=0$ 为这两个函数的可去间断点. 一般地，如果 x_0 是 $f(x)$ 的第一类间断点，且 $\lim\limits_{x\to x_0^-}f(x_0)=\lim\limits_{x\to x_0^+}f(x)$，则称 x_0 为 $f(x)$ 的**可去间断点**. 否则，如果 x_0 是 $f(x)$ 的第一类间断点，且 $\lim\limits_{x\to x_0^-}f(x)\neq\lim\limits_{x\to x_0^+}f(x)$，则称 x_0 为 $f(x)$ 的**跳跃间断点**. 如例 3 中的 $x=1$ 就是 $f(x)$ 的跳跃间断点.

第二类间断点也可分为**无穷间断点**和**非无穷第二类间断点**两种情形. 如果 x_0 是 $f(x)$ 的第二类间断点，且 $f(x)$ 在 x_0 处的左、右极限至少有一个是 ∞，则称 x_0 为 $f(x)$ 的无穷间断点；否则，称 x_0 为 $f(x)$ 的非无穷第二类间断点，例如，$x=0$ 是 $f_1(x)=\dfrac{1}{x}$ 和 $f_2(x)=\cot x$ 的无穷间断点；$x=\dfrac{\pi}{2}$ 是 $f_3(x)=\tan x$ 的无穷间断点；而 $x=0$ 是 $f_4(x)=\sin\dfrac{1}{x}$ 的非无穷第二类间断点.

四、连续函数的性质

函数连续性的概念是建立在极限理论基础上的，因而利用函数极限的性质可以证明连续函数的下列性质.

1. 连续函数的四则运算

设函数 $f(x)$ 和 $g(x)$ 在 x_0 处连续，则函数 $f(x)\pm g(x)$，$f(x)g(x)$ 在 x_0 处连续；且当 $g(x_0)\neq 0$ 时，函数 $f(x)/g(x)$ 在 x_0 处也连续.

利用极限的四则运算法则容易证明这条性质.

由本节前面的讨论和本性质可知，有理分式函数、正切函数 $\tan x$、余切函数 $\cot x$、正割函数 $\sec x$、余割函数 $\csc x$ 等，在它们的定义域内皆连续.

2. 复合函数的连续性

设函数 $y=f(u)$ 在 u_0 处连续，$u=\varphi(x)$ 在 x_0 处连续，且 $\varphi(x_0)=u_0$，则复合函数 $y=f[\varphi(x)]$ 在 x_0 处连续.

*证　因函数 $f(u)$ 在 u_0 处连续,即有

$$\lim_{u\to u_0} f(u)=f(u_0).$$

故对任给的 $\varepsilon>0$,存在 $\delta_1>0$,使当 $|u-u_0|<\delta_1$ 时,恒有

$$|f(u)-f(u_0)|<\varepsilon$$

又由函数 $\varphi(x)$ 在 x_0 处连续,即有

$$\lim_{x\to x_0}\varphi(x)=\varphi(x_0).$$

故对上述 $\delta_1>0$,存在 $\delta>0$,使当 $|x-x_0|<\delta$ 时,恒有

$$|\varphi(x)-\varphi(x_0)|=|u-u_0|<\delta_1.$$

于是,对任给的 $\varepsilon>0$,存在 $\delta>0$,使当 $|x-x_0|<\delta$ (从而 $|u-u_0|<\delta_1$)时,恒有

$$|f[\varphi(x)]-f[\varphi(x_0)]|<\varepsilon.$$

所以 $\lim\limits_{x\to x_0} f[\varphi(x)]=f[\varphi(x_0)]$,即 $f[\varphi(x)]$ 在 x_0 处连续.

由 1 和 2 两条性质,可得到如下的重要结论:

连续函数经有限次四则运算和有限次复合而得到的函数,在其定义区间内连续.

3. 反函数的连续性

设函数 $y=f(x)$ 在区间 $[a,b]$ 上单调、连续,且 $f(a)=\alpha, f(b)=\beta$. 则其反函数 $y=f^{-1}(x)$ 在区间 $[\alpha,\beta]$(或 $[\beta,\alpha]$)上单调、连续.

证明超出大纲要求,从略.

我们已经证明 $\sin x$、$\cos x$、$\tan x$、$\cot x$ 在定义域内连续,而且它们分别在 $\left[-\frac{\pi}{2},\frac{\pi}{2}\right]$,$[0,\pi]$,$\left(-\frac{\pi}{2},\frac{\pi}{2}\right)$ 和 $(0,\pi)$ 上是单调的. 因此,它们的反函数 $\arcsin x$、$\arccos x$、$\arctan x$、$\operatorname{arccot} x$ 在它们各自的定义域内连续.

4. 初等函数的连续性

由§2.4 和本节前面的讨论可知,基本初等函数中的幂函数、三角函数和反三角函数在其定义域内连续. 可以证明,其他基本初等函数也都在其定义域内连续. 于是,由 2 中结论可知,**初等函数在其定义区间内连续**.

例 4. 讨论函数

$$f(x)=\begin{cases}1-e^{\frac{1}{x-2}}, & x<2,\\ \sin\dfrac{\pi}{x}, & x\geqslant 2\end{cases}$$

在其定义域内的连续性.

解 $f(x)$在其定义域$(-\infty,+\infty)$内不是初等函数. 但在$(-\infty,2)$内 $f(x)=1-e^{\frac{1}{x-2}}$；在$[2,+\infty)$内 $f(x)=\sin\dfrac{\pi}{x}$，即 $f(x)$在定义域内分段地表示为初等函数. 所以，$f(x)$在$(-\infty,2)\cup(2,+\infty)$内连续.

在 $x=2$ 处，有

$$\lim_{x\to 2^-}f(x)=\lim_{x\to 2^-}(1-e^{\frac{1}{x-2}})=1=f(2),$$

$$\lim_{x\to 2^+}f(x)=\lim_{x\to 2^+}\sin\frac{\pi}{x}=1=f(2).$$

可见 $f(x)$在 $x=2$ 处既左连续又右连续. 从而，$f(x)$在 $x=2$ 处连续.

综上所述，$f(x)$在其定义域$(-\infty,+\infty)$内连续.

上例告诉我们，在讨论分段函数的连续性时，可利用初等函数的连续性，分段说明函数在各分段子区间内的连续性. 但在各分界点处的连续性，要按连续性定义进行专门讨论. 如同例 3 和例 4 所作过的那样

利用函数连续性(主要是初等函数的连续性)求函数极限，是一个简便有效的方法. 下面举例说明之.

例 5. 求 $\lim\limits_{x\to 0}\dfrac{\ln(1+x)}{x}$.

解 由 $\lim\limits_{x\to 0}(1+x)^{\frac{1}{x}}=e$ 和对数函数的连续性，有

$$\begin{aligned}\lim_{x\to 0}\frac{\ln(1+x)}{x}&=\lim_{x\to 0}\ln(1+x)^{\frac{1}{x}}\\&=\ln[\lim_{x\to 0}(1+x)^{\frac{1}{x}}]\\&=\ln e=1.\end{aligned}$$

例 6. 求 $\lim\limits_{x\to 0}\dfrac{e^x-1}{x}$.

解 令 $u=e^x-1$，则 $x=\ln(1+u)$. 由 e^x 的连续性知，$x\to0$ 时 $u\to0$. 于是，由例 5 有

$$\lim_{x\to0}\frac{e^x-1}{x}=\lim_{u\to0}\frac{u}{\ln(1+u)}$$

$$=\lim_{u\to0}[\ln(1+u)^{\frac{1}{u}}]^{-1}=\frac{1}{\ln e}=1.$$

例 7. 求 $\lim\limits_{x\to0}\frac{\arcsin x}{x}$.

解 令 $u=\arcsin x$，则 $x=\sin u$. 由 $\arcsin x$ 的连续性知，$x\to0$ 时 $u\to0$. 于是有

$$\lim_{x\to0}\frac{\arcsin x}{x}=\lim_{u\to0}\frac{u}{\sin u}=1.$$

类似地可得 $\lim\limits_{x\to0}\frac{\arctan x}{x}=1$. 留给读者作练习.

例 8. 求 $\lim\limits_{x\to0}\frac{\sqrt[n]{1+x}-1}{x/n}$.

解 由于 $\sqrt[n]{1+x}-1=(1+x)^{\frac{1}{n}}-1=e^{\frac{1}{n}\ln(1+x)}-1$，由例 5 可知，当 $x\to0$ 时

$$\frac{1}{n}\ln(1+x)\to0 \quad 且 \quad \frac{1}{n}\ln(1+x)\sim\frac{x}{n}.$$

由例 6 可知，　$x\to0$ 时

$$\sqrt[n]{1+x}-1=e^{\frac{1}{n}\ln(1+x)}-1\sim\frac{1}{n}\ln(1+x)\sim\frac{x}{n}.$$

于是，由定理 2.8 可知.

$$\lim_{x\to0}\frac{\sqrt[n]{1+x}-1}{x/n}=\lim_{x\to0}\frac{e^{\frac{1}{n}\ln(1+x)}-1}{x/n}=\lim_{x\to0}\frac{\frac{1}{n}\ln(1+x)}{x/n}=\lim_{x\to0}\frac{x/n}{x/n}=1.$$

类似地可得　$\lim\limits_{x\to0}\frac{(1+x)^\alpha-1}{2x}=1$，其中 $\alpha\neq0$. 留给读者完成.

由上述四例又得到几对等价无穷小量. 连同前面已得结果集中如下，以便查阅.

当 $x\to0$ 时　$\sin x\sim x$，　$\tan x\sim x$，　$1-\cos x\sim\frac{x^2}{2}$，

$\ln(1+x)\sim x$，　$e^x-1\sim x$，

$\arcsin x\sim x$，　$\arctan x\sim x$，

$(1+x)^\alpha-1\sim\alpha x(\alpha\neq0)$.

例 9. 求 $\lim\limits_{x\to 0}(1+2x)^{x+\frac{1}{x}}$.

解　由于

$$(1+2x)^{x+\frac{1}{x}}=\mathrm{e}^{(x+\frac{1}{x})\ln(1+2x)},$$

$$\lim_{x\to 0}(x+\frac{1}{x})\ln(1+2x)=\lim_{x\to 0}\left[(x+\frac{1}{x})\cdot 2x\right]$$

$$=\lim_{x\to 0}(2x^2+2)=2.$$

由对数函数的连续性可知,

$$\lim_{x\to 0}(1+2x)^{x+\frac{1}{x}}=\lim_{x\to 0}\mathrm{e}^{(x+\frac{1}{x})\ln(1+2x)}$$

$$=\mathrm{e}^{\lim\limits_{x\to 0}(x+\frac{1}{x})\ln(1+2x)}=\mathrm{e}^2.$$

五、闭区间上连续函数的性质

闭区间上连续函数的性质,是继续分析和讨论某些数学问题的理论根据. 这些性质的几何意义明显,易于理解. 证明超出大纲要求,故从略.

定理 2.9**(最值定理)**　设函数 $y=f(x)$ 在闭区间 $[a,b]$ 上连续,则 $f(x)$ 在 $[a,b]$ 上必能取得最大值和最小值. 即在 $[a,b]$ 上至少存在两点 ξ_1 和 ξ_2,使对任意的 $x\in[a,b]$,恒有

$$f(\xi_1)\leqslant f(x)\leqslant f(\xi_2).$$

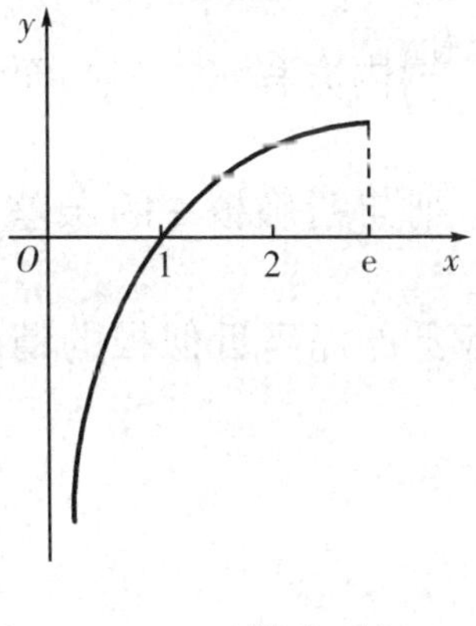

图 2—10

注意:非闭区间上的连续函数,定理的结论不一定成立. 例如,函数 $y=x$ 在开区间 (0, 1) 上既无最大值亦无最小值;又如 $y=\ln x$ 在 (0, e] 内连续,但该函数在 (0, e] 上无最小值,如图 2—10 所示.

由最值定理可知,闭区间上的连续函数一定是有界函数.

定理 2.10 **(介值定理)**　设函数 $f(x)$ 在闭区间 $[a, b]$ 上连续,且 $f(x)$ 在 $[a, b]$ 上的最大值和最小值分别记为 M 和 m,则对介于 m 和 M 之间的任何实数 C (即 $m<C<M$),至少存在一点 $\xi\in(a,b)$,使得

$$f(\xi)=C.$$

推论(零值定理)　设函数 $f(x)$ 在闭区间 $[a,b]$ 上连续,且 $f(a)$ 与 $f(b)$ 异号(即 $f(a)f(b)<0$),则至少存在一点 $\xi\in(a,b)$,使得

$$f(\xi)=0.$$

介值定理和零值定理的几何意义如图 2－11 和图 2－12 所示.

零值定理常用来证明方程的实根存在性和计算实根的近似值.

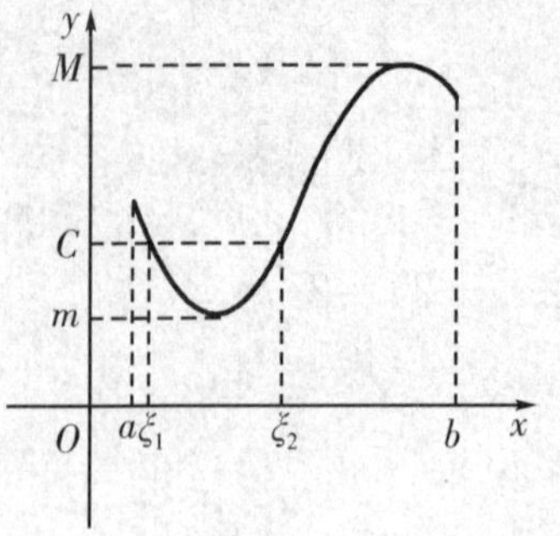

图 2－11

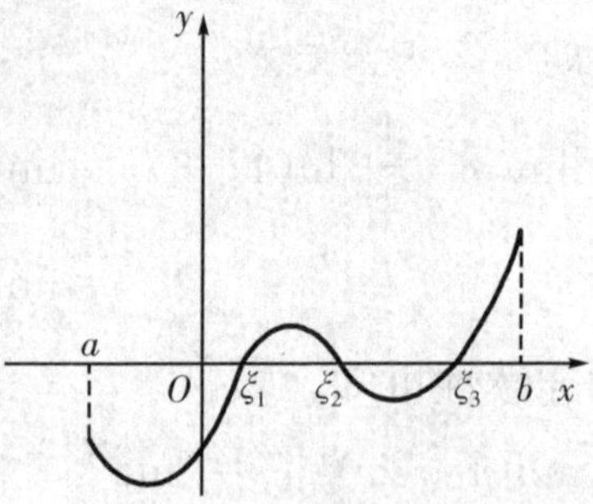

图 2－12

例 10. 证明方程 $e^x-3x=0$ 在（0，1）内至少有一个实根，并求其近似值.

解 设 $f(x)=e^x-3x$,则 $f(x)$ 为初等函数，它在闭区间［0，1］上连续，且有

$$f(0)=1>0,\quad f(1)=e-3<0.$$

于是，由零值定理可知，在（0，1）内方程

$$f(x)=e^x-3x=0 \tag{2.11}$$

至少有一个实根.

又由 $f\left(\frac{1}{2}\right)=\sqrt{e}-\frac{3}{2}\approx 0.149>0$ 可知，在 $\left(\frac{1}{2},1\right)$ 内方程（2.11）至少有一个实根；由 $f\left(\frac{3}{4}\right)=e^{\frac{3}{4}}-\frac{9}{4}\approx -0.13<0$ 可知，在 $\left(\frac{1}{2},\frac{3}{4}\right)$ 内方程（2.11）至少有一个实根. 如果取 $\xi_1=\frac{1}{2}\times\left(\frac{3}{4}+\frac{1}{2}\right)=\frac{5}{8}$ 为近似根，则与精确根 ξ 的误差绝对值(即 $|\xi-\xi_1|$)不会超过 $\frac{1}{2}\times\left(\frac{3}{4}-\frac{1}{2}\right)=\frac{1}{8}$. 如果需要再提高近似根的精确度，可继续上述过程，直到求出满意的近似根为止.

习 题 二

1. 写出下列数列的前五项，并观察哪个数列收敛，其极限是什么；指出哪些数列发散？

   (1) $u_n=\frac{3n-1}{n}$　　(2) $u_n=\frac{1}{n}\cos n\pi$

(3) $u_n=1-\left(-\frac{1}{3}\right)^n$ (4) $u_n=\frac{1}{2}[1-(-1)^n]$

(5) $u_n=\frac{n^2-1}{3n}$ (6) $u_n=a^n$（a 为常数）

2. 写出下列数列的一般项，并通过观察指出其中收敛数列的极限值.

(1) $1, -\frac{1}{2}, \frac{1}{3}, -\frac{1}{4}, \frac{1}{5}, \cdots$

(2) $0, \frac{1}{2}, 0, \frac{1}{4}, 0, \frac{1}{6}, \cdots$

(3) $\frac{1}{2}, \frac{1}{6}, \frac{1}{12}, \frac{1}{20}, \cdots$

(4) $2, \frac{5}{2}, \frac{10}{3}, \frac{17}{4}, \frac{26}{5}, \cdots$

3. 试判断下列论断是否正确（正确则在括号内打√，否则打×）.

(1) 如果 n 越大，$|u_n-A|$ 越接近于零，则有 $\lim\limits_{n\to\infty}u_n=A$（ ）

(2) 如果对任给的 $\varepsilon>0$，存在自然数 N，当 $n>N$ 时，数列 $\{u_n\}$ 中有无穷多项满足不等式 $|u_n-A|<\varepsilon$，则有 $\lim\limits_{n\to\infty}u_n=A$（ ）

(3) 如果对任给的 $\varepsilon>0$，在数列 $\{u_n\}$ 中除有有限项外，都满足不等式 $|u_n-A|<\varepsilon$，则有 $\lim\limits_{n\to\infty}u_n=A$（ ）

(4) 单调数列必定收敛（ ）

(5) 有界数列必定收敛（ ）

(6) 无界数列必定发散（ ）

*4. 试证：数列$\{u_n\}$收敛的充分必要条件是：$\{u_n\}$ 的子数列

$\{u_{2k-1}\}$：$u_1, u_3, \cdots, u_{2k-1}, \cdots$

$\{u_{2k}\}$：$u_2, u_4, \cdots, u_{2k}, \cdots$

都收敛且极限值相等.

5. 指出下列变量当 $x\to$? 时，是无穷小量：

(1) $\frac{x-1}{x^2+1}$ (2) $\ln(1+x)$ (3) $e^{\frac{1}{1-x}}$

(4) $x\sin\frac{1}{x}$ (5) $\frac{1}{\ln(3-x)}$ (6) $\frac{1}{\ln\tan x}$

6. 指出下列变量当 $x \to ?$ 时，是无穷大量：

（1）$\dfrac{x+2}{x^2-1}$　　（2）$\ln(1-x)$　　（3）$e^{\frac{1}{x}}$

（4）$\dfrac{1}{\sqrt{x-2}}$　　（5）$\dfrac{1}{\pi+2\arctan x}$　　（6）$\dfrac{x^2+1}{(\sqrt{x}+1)^2}$

7. 设 $x \to 0$ 时，$f(x) \sim x$. 试证 $f(x)-x$ 是 x 的高阶无穷小量.

8. 填空：当 $x \to 0$ 时

（1）x^3+100x^2 是 x 的(　　)阶无穷小量

（2）$1-\cos x$ 是 x 的(　　)阶无穷小量

（3）$\ln(1+x)$是 x 的(　　)阶无穷小量

（4）$x+\sin x$ 是 x 的(　　)阶无穷小量

（5）$\arctan x - x$ 是 x 的(　　)阶无穷小量

9. 试判断下列结论是否正确（正确则在括号内打√，否则打×）：

（1）无穷小量是非常小的正数（　　）

（2）无穷小量是零（　　）

（3）零是无穷小量（　　）

（4）$\dfrac{1}{x}$是无穷小量（　　）

（5）两个无穷大量之和仍为无穷大量（　　）

（6）两个无穷大量之积仍为无穷大量（　　）

（7）任意两个无穷小量都可比较阶的高低（　　）

（8）无界变量一定是无穷大量（　　）

10. 求下列极限：

（1）$\lim\limits_{n\to\infty}\dfrac{2n+1}{\sqrt{n^2+n}}$　　（2）$\lim\limits_{n\to\infty}(\sqrt{n-1}+\sqrt{n})$

（3）$\lim\limits_{n\to\infty}\dfrac{n\arctan n}{\sqrt{n^2+n}}$　　（4）$\lim\limits_{n\to\infty}\left(1+\dfrac{1}{3}+\dfrac{1}{3^2}+\cdots+\dfrac{1}{3^n}\right)$

（5）$\lim\limits_{x\to 2}(3x^3-5x)$　　（6）$\lim\limits_{x\to 0}\left(2+\dfrac{3}{5-x}\right)$

（7）$\lim\limits_{x\to+\infty}\dfrac{\sqrt{3x-1}}{2x+4}$　　（8）$\lim\limits_{x\to 1}\dfrac{3x^2-3}{2x^3+1}$

（9）$\lim\limits_{x\to+\infty}(\sqrt{x^2-1}-\sqrt{x+1})$　　（10）$\lim\limits_{x\to\infty}\dfrac{(x-3)^{12}\ (2x+1)^8}{(3x-1)^{20}}$

(11) $\lim\limits_{x\to 0}\dfrac{(a+x)^2-a^2}{x}$ $(a\neq 0)$　(12) $\lim\limits_{x\to+\infty}\dfrac{3x^3+5x^2+4}{\sqrt{x^6}+2}$

(13) $\lim\limits_{x\to 9}\dfrac{x-2\sqrt{x}-3}{x-9}$　(14) $\lim\limits_{x\to\infty}(x+\sqrt[3]{1-x^3})$

(15) $\lim\limits_{x\to+\infty}x(\sqrt{4x^2-1}-2x)$　(16) $\lim\limits_{x\to 1}\dfrac{\sqrt{x+3}-2}{\sqrt{x}-1}$

(17) $\lim\limits_{x\to+\infty}(\sqrt{a^x+4}-\sqrt{a^x+1})$（$a>0$ 且 $a\neq 1$，讨论 a 的各种可能情况）

11. 讨论下列函数 $f(x)$ 在给定点处的左、右极限是否存在？如存在，求其值.

(1) $f(x)=\begin{cases}3x-1, & x<0\\ \dfrac{\sin x}{x}, & x>0\end{cases}$　在 $x=0$ 处

(2) $f(x)=\begin{cases}\dfrac{\ln x}{x-1}, & x>1\\ \dfrac{\sqrt{2-x}-\sqrt{x}}{1-x}, & 0<x<1\end{cases}$　在 $x=1$ 处

(3) $f(x)=\begin{cases}2x+1, & x\leqslant 1\\ x^2-x+3, & 1<x\leqslant 2\\ x^3-1, & x>2\end{cases}$　在 $x=1$ 和 $x=2$ 处

12. 设有函数

$$f(x)=\begin{cases}e^{\frac{1}{x}}, & x<0\\ a+x, & x\geqslant 0\end{cases}$$

问常数 a 为何值时，极限 $\lim\limits_{x\to 0}f(x)$ 存在？

13. 求下列极限：

(1) $\lim\limits_{x\to 0}\dfrac{\sin 3x}{\sin\dfrac{x}{2}}$　(2) $\lim\limits_{x\to 0}\dfrac{\tan 2x}{\sin 5x}$

(3) $\lim\limits_{x\to 0}\dfrac{\arctan 5x}{\arcsin x}$　(4) $\lim\limits_{x\to\infty}x\sin\dfrac{1}{x}$

(5) $\lim\limits_{x\to 0}\dfrac{x^2}{\sin^2\left(\dfrac{x}{2}\right)}$　(6) $\lim\limits_{x\to 0}\dfrac{\tan 2x-\sin x}{x}$

(7) $\lim\limits_{x\to\infty}\left(1-\dfrac{3}{x}\right)^x$　(8) $\lim\limits_{x\to 0}\dfrac{5x-\sin 3x}{\tan 2x}$

(9) $\lim\limits_{n\to\infty} 2^n \sin\dfrac{x}{2^n}$　　(10) $\lim\limits_{x\to 0}\dfrac{1-\cos x}{x\sin x}$

(11) $\lim\limits_{x\to 0}(1-\sin x)^{\frac{1}{x}}$　　(12) $\lim\limits_{x\to 0}(1+2x)^{\frac{1}{x}}$

(13) $\lim\limits_{x\to\infty}\left(1-\dfrac{2}{x}\right)^{x-2}$　　(14) $\lim\limits_{x\to 0}\left(\dfrac{2-x}{2}\right)^{\frac{2}{x}}$

(15) $\lim\limits_{x\to\infty}\left(\dfrac{x-2}{x+2}\right)^{x}$　　(16) $\lim\limits_{x\to\infty}\left(1-\dfrac{k}{x}\right)^{-x}$ （k 为常数）

(17) $\lim\limits_{x\to 0}\dfrac{1}{x}\ln(1+x+x^2+x^3)$　　(18) $\lim\limits_{n\to\infty}(1^n+2^n+3^n+4^n)^{\frac{1}{n}}$

14. 求下列极限：

(1) $\lim\limits_{x\to 0}(\cos x)^{\frac{1}{1-\cos x}}$　　(2) $\lim\limits_{x\to 0}(\sec^2 x)^{\cot^2 x}$

(3) $\lim\limits_{x\to\frac{\pi}{2}}(1+\cos x)^{3\sec x}$　　(4) $\lim\limits_{x\to\frac{\pi}{6}}\dfrac{1-2\sin x}{\sin\left(x-\dfrac{\pi}{6}\right)}$

(5) $\lim\limits_{x\to 0}\dfrac{\sin x-\tan x}{e^{x^2}-1}$　　(6) $\lim\limits_{x\to 0}\dfrac{(\sin x^3)\tan x}{1-\cos x^2}$

(7) $\lim\limits_{x\to\frac{\pi}{4}}\tan(2x)(e^x-e^{\frac{\pi}{4}})$　　(8) $\lim\limits_{x\to 0}\dfrac{\ln\sqrt{1+5x}}{\sqrt[3]{(1+x)^2}-1}$

(9) $\lim\limits_{n\to\infty}\sin\left(1-\dfrac{1}{2n}\right)^{n}$　　(10) $\lim\limits_{x\to+\infty}\dfrac{\ln(1+x)-\ln x}{\sqrt[3]{x^3+x}-x}$

15. 试判断下列结论是否正确（正确在括号内打√，否则打×）：

(1) 如果函数 $f(x)$ 和 $g(x)$ 在 x_0 处都不连续，则函数 $f(x)\pm g(x)$ 在 x_0 处必不连续.（　　）

(2) 如果 $f(u)$ 在 u_0 处连续，且 $\lim\limits_{x\to x_0}\varphi(x)=u_0$，则有

$$\lim_{x\to x_0} f[\varphi(x)]=f[\lim_{x\to x_0}\varphi(x)]=f(u_0).$$（　　）

(3) 如果 $f(x)$ 在 x_0 处有定义，且 $\lim\limits_{x\to x_0}f(x)$ 存在，则 $f(x)$ 在 x_0 处连续.

（　　）

(4)如果 $|f(x)|$ 在 x_0 处连续，则 $f(x)$ 在 x_0 处连续.　(　)

(5)如果 $f(x)$ 在 x_0 处连续，则 $|f(x)|$ 在 x_0 处连续.　(　)

(6)如果 $f(x)$ 在闭区间 $[a, b]$ 上有定义，在开区间 (a, b) 内连续，则 $f(x)$ 必在 $[a, b]$ 上取得最大值和最小值.　(　)

(7)初等函数在定义域内连续.　(　)

16. 指出下列函数的间断点及间断点类型；如是可去间断点，将相应函数改为连续函数；作出 (1)、(2)、(5) 的图形.

(1) $f(x)=\begin{cases} \dfrac{1-x^2}{1+x}, & x\neq -1 \\ 0, & x=-1 \end{cases}$　　(2) $f(x)=\begin{cases} x^2, & x\leqslant 0 \\ \ln x, & x>0 \end{cases}$

(3) $f(x)=\dfrac{2^{\frac{1}{x}}-1}{2^{\frac{1}{x}}+1}$　　(4) $f(x)=\dfrac{e^{3x}-1}{x(x-1)}$

(5) $f(x)=\dfrac{x}{|x|}$　　(6) $f(x)=x\sin\dfrac{1}{x}$

17. 讨论下列函数的连续性：

(1) $f(x)=\begin{cases} \dfrac{\arctan x}{x}, & -1<x<0 \\ 2-x, & 0\leqslant x<1 \\ (x-1)\sin x-1, & x\geqslant 1 \end{cases}$

(2) $f(x)=\begin{cases} e^{\frac{1}{x}}, & x<0 \\ 0, & x=0 \\ \dfrac{\ln(1+x^2)}{x}, & x>0 \end{cases}$

(3) $f(x)=\dfrac{\ln(1-x^2)}{x(1-2x)}$　　(4) $f(x)=\arctan\dfrac{1}{x+2}$

18. 研究下列函数在 $x=0$ 处的连续性：

(1) $f(x)=\begin{cases} \dfrac{x}{1-\sqrt{1-x}}, & x<0 \\ x+2, & x\geqslant 0 \end{cases}$

(2) $f(x)=\begin{cases} \dfrac{1-\cos x}{x^2}, & x<0 \\ x+1, & x\geqslant 0 \end{cases}$

(3) $f(x)=\begin{cases}1+\cos x, & x\leqslant 0\\ \dfrac{\ln(1+2x)}{x}, & x>0\end{cases}$

(4) $f(x)=\begin{cases}\dfrac{1}{x}[\sqrt{1+x}-\sqrt{1-x}, & -1\leqslant x<0\\ 0 & x=0\\ \dfrac{1}{x}\ln(1+x), & x>0\end{cases}$

19. 确定下列函数的定义域,并求常数 a 和 b,使函数在各自定义域内连续:

(1) $f(x)=\begin{cases}\dfrac{1}{x}\sin x, & x<0\\ a-1\ , & x=0\\ x\sin\dfrac{1}{x}+b, & x>0\end{cases}$

(2) $f(x)=\begin{cases}ax+1, & |x|\leqslant 1\\ x^2+x+b, & |x|>1\end{cases}$

(3) $f(x)=\begin{cases}\sqrt{1-x^2}, & -\dfrac{4}{5}<x<\dfrac{3}{5}\\ a+bx, & \text{其他}\end{cases}$

20. 证明方程 $x^3-3x=1$ 在(1,2)内至少有一实根.

21. 指出下列各题计算过程中的错误，并给出正确的做法：

(1) $\lim\limits_{x\to 0}x\sin\dfrac{1}{x}=(\lim\limits_{x\to 0}x)\left(\lim\limits_{x\to 0}\sin\dfrac{1}{x}\right)=0$

(2) $\lim\limits_{x\to\infty}\dfrac{x^3+2x+1}{x^2-2}=\lim\limits_{x\to\infty}\dfrac{1+\dfrac{2}{x^2}+\dfrac{1}{x^3}}{\dfrac{1}{x}-\dfrac{2}{x^3}}=\dfrac{1}{0}=\infty$

(3) $\lim\limits_{x\to\pi}\dfrac{\sin 2x}{\sin x}=\lim\limits_{x\to\pi}\dfrac{2x}{x}=2$

(4) $\lim\limits_{x\to 1}\dfrac{3x^{100}+x^{88}+1}{5x^{100}-x^{87}+x}=\dfrac{3}{5}$

(5) $\lim\limits_{x\to 0}\dfrac{\tan x-\sin x}{x^3}=\lim\limits_{x\to 0}\dfrac{x-x}{x^3}=0$

(6) $\lim\limits_{x\to\infty}\left(\dfrac{\sin x}{x}\right)^3=1^3=1$

第三章 导数与微分

导数与微分在自然科学和社会科学领域中有着广泛的应用. 导数与微分以及它们的应用，作为微分学的基本内容，是微积分的重要组成部分. 本章介绍导数与微分这两个概念，以及它们的计算公式与运算法则.

§3.1 导数概念

解决实际问题时，在建立了变量之间的函数关系之后，经常需要进一步回答变量变化的快慢问题. 比如，物体运动的速度，人口增长的速度，国民经济增长的速度，劳动生产率等等. 没有学过微积分的人对变量变化的快慢虽有直观的认识，但对变量变化速度的确切意义和定义，以及它们的计算方法是不清楚的. 回答这些问题正是微分学的任务之一. 为此，我们先从两个具体的实例说起.

一、引 例

1. **变速直线运动的速度**

设某物体作变速直线运动，从某时刻（不妨设为 0）到时刻 t 所通过的路程为 s. 显然，路程 s 是时刻 t 的函数. 如果已知路程函数为

$$s=s(t),$$

求该物体在时刻 t_0 时的速度 $v(t_0)$.

我们知道，当物体作匀速直线运动时，速度为路程与所用时间之比. 对于上述变速直线运动，从时刻 t_0 到时刻 $t_0+\Delta t(\Delta t>0)$，物体所通过的路程为

$$\Delta s=s(t_0+\Delta t)-s(t_0),$$

称比值$\dfrac{\Delta s}{\Delta t}$为物体在时间区间$[t_0, t_0+\Delta t]$内的**平均速度**，记为 $\bar{v}$，即

$$\bar{v}=\frac{\Delta s}{\Delta t}=\frac{s(t_0+\Delta t)-s(t_0)}{\Delta t}.$$

当时间间隔 Δt 很小时，物体的运动来不及有太大的变化，可以认为物体在时间区间 $[t_0,t_0+\Delta t]$ 内近似地作匀速运动. 因此，可以用 $\bar{v}$ 作为 $v(t_0)$ 的近似值，而且 Δt 越小，其近似程度越好. 循此思路，物体在时刻 t_0 的瞬时速度 $v(t_0)$ 的确切意义，应是 $\Delta t\to 0$ 时，平均速度 $\frac{\Delta s}{\Delta t}$ 的极限. 即物体在时刻 t_0 的瞬时速度 $v(t_0)$ 应定义为

$$v(t_0)=\lim_{\Delta t\to 0}\frac{\Delta s}{\Delta t}=\lim_{\Delta t\to 0}\frac{s(t_0+\Delta t)-s(t_0)}{\Delta t}.$$

由此可见，物体在时刻 t_0 的瞬时速度 $v(t_0)$ 是路程函数 $s=s(t)$ 的改变量 Δs 与自变量 t 的改变量 Δt 的比值 $\frac{\Delta s}{\Delta t}$ 当 $\Delta t\to 0$ 时的极限.

例如，自由落体的运动规律为

$$s=\frac{1}{2}gt^2$$

其中 g 为常数(重力加速度). 于是，当落体从时刻 t_0 运动到 $t_0+\Delta t$ 时，路程的改变量为

$$\Delta s=\frac{1}{2}g(t_0+\Delta t)^2-\frac{1}{2}g{t_0}^2$$
$$=gt_0\Delta t+\frac{1}{2}g(\Delta t)^2.$$

平均速度为

$$\bar{v}=\frac{\Delta s}{\Delta t}=gt_0+\frac{1}{2}g\Delta t.$$

落体在时刻 t_0 的瞬时速度为

$$v(t_0)=\lim_{\Delta t\to 0}\frac{\Delta s}{\Delta t}=gt_0.$$

2. **平面曲线的切线斜率**

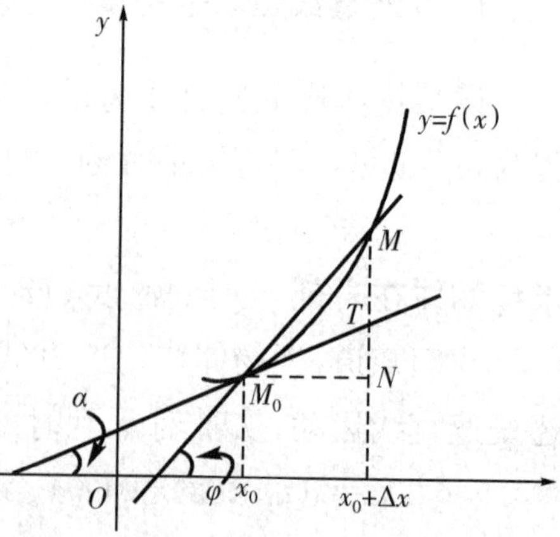

图 3—1

设平面曲线的方程为 $y=f(x)$，求该曲线在点 $M_0(x_0,y_0)$ 处的切线斜率. 其中 $y_0=f(x_0)$.

什么是切线？如图 3－1 所示，设 $M(x_0+\Delta x, y_0+\Delta y)(\Delta x\neq 0)$ 为曲线上另一点. 联接点 M_0 和点 M 的直线 M_0M，称为曲线的割线. 当动点 M 沿曲线趋近点 M_0 时，割线 M_0M 的极限位置 M_0T 就是曲线在点 M_0 处的**切线**.

设割线 M_0M 的倾角为 φ，其斜率为

$$\tan\varphi=\frac{MN}{M_0N}.$$

由 $MN=\Delta y, M_0N=\Delta x$，可得

$$\tan\varphi=\frac{\Delta y}{\Delta x}=\frac{f(x_0+\Delta x)-f(x_0)}{\Delta x}.$$

显然，点 M 趋近于点 M_0 等价于 $\Delta x\to 0$，而当 $\Delta x\to 0$ 时，割线 M_0M 的倾角 φ 趋近切线 M_0T 的倾角 α. 由正切函数的连续性可知，割线 M_0M 的斜率 $\tan\varphi$ 将趋近切线的斜率 $\tan\alpha$. 于是，曲线 $y=f(x)$ 在点 $M_0(x_0, y_0)$ 处的切线斜率为

$$\begin{aligned}\tan\alpha&=\lim_{\Delta x\to 0}\tan\varphi=\lim_{\Delta x\to 0}\frac{\Delta y}{\Delta x}\\&=\lim_{\Delta x\to 0}\frac{f(x_0+\Delta x)-f(x_0)}{\Delta x}.\end{aligned}$$

由此可见，曲线 $y=f(x)$ 在点 $M_0(x_0, y_0)$ 处的切线斜率为函数 $f(x)$ 的改变量 Δy 与其自变量 x 的改变量 Δx 的比值 $\frac{\Delta y}{\Delta x}$（当 $\Delta x\to 0$ 时）的极限.

以上两例的实际意义不同，但解决问题的思路相同，其数学形式都归结为计算函数的改变量(Δy)与其自变量的改变量(Δx)之比值$\left(\frac{\Delta y}{\Delta x}\right)$的极限（当 $\Delta x\to 0$ 时），抽象出它们在数量关系方面的这种共性，就得到函数的变化率——导数的概念.

二、导数的定义

定义 3.1 设函数 $y=f(x)$ 在点 x_0 的某邻域内有定义. 当自变量在 x_0 处取得改变量 $\Delta x(\Delta x\neq 0)$ 时，函数相应地取得改变量

$$\Delta y=f(x_0+\Delta x)-f(x_0),$$

如果极限

$$\lim_{\Delta x\to 0}\frac{\Delta y}{\Delta x}=\lim_{\Delta x\to 0}\frac{f(x_0+\Delta x)-f(x_0)}{\Delta x}$$

存在，则称函数 $f(x)$ 在 x_0 处**可导**，x_0 为 $f(x)$ 的**可导点**，并称此极限值为 $f(x)$ 在 x_0 处的**导数**，记为 $f'(x_0)$. 即

$$f'(x_0)=\lim_{\Delta x\to 0}\frac{f(x_0+\Delta x)-f(x_0)}{\Delta x}.$$

导数 $f'(x_0)$ 也可记为

$$y'\big|_{x=x_0},\quad \frac{\mathrm{d}y}{\mathrm{d}x}\bigg|_{x=x_0},\quad \frac{\mathrm{d}f}{\mathrm{d}x}\bigg|_{x=x_0}.$$

如果令 $x=x_0+\Delta x$，则当 $\Delta x\to 0$ 时，$x\to x_0$，于是，导数 $f'(x_0)$ 的定义又可表示为

$$f'(x_0)=\lim_{x\to x_0}\frac{f(x)-f(x_0)}{x-x_0}.$$

如果上述极限不存在，则称函数 $f(x)$ 在点 x_0 处**不可导或没有导数**，x_0 为 $f(x)$ 的**不可导点**. 特别当上述极限为无穷大时，此时导数不存在，有时也称函数 $f(x)$ 在点 x_0 处的导数为无穷大.

例 1. 求函数 $f(x)=x^2$ 在点 x_0 处的导数.

解 由于

$$\begin{aligned}\Delta y&=f(x_0+\Delta x)-f(x_0)=(x_0+\Delta x)^2-x_0^2\\&=2x_0\Delta x+(\Delta x)^2,\end{aligned}$$

所以

$$f'(x_0)=\lim_{\Delta x\to 0}\frac{\Delta y}{\Delta x}=\lim_{\Delta x\to 0}(2x_0+\Delta x)=2x_0.$$

例 2. 求函数

$$f(x)=\begin{cases}x, & x<0,\\ \sin x, & x\geqslant 0.\end{cases}$$

在 $x=0$ 处的导数.

解 当 $\Delta x<0$ 时，有

$$\Delta y=f(0+\Delta x)-f(0)=\Delta x-\sin 0=\Delta x.$$

故

$$\lim_{\Delta x\to 0^-}\frac{\Delta y}{\Delta x}=\lim_{\Delta x\to 0^-}\frac{\Delta x}{\Delta x}=1;$$

当 $\Delta x>0$ 时，有

$$\Delta y=f(0+\Delta x)-f(0)=\sin\Delta x-\sin 0=\sin\Delta x$$

故

$$\lim_{\Delta x\to 0^+}\frac{\Delta y}{\Delta x}=\lim_{\Delta x\to 0^+}\frac{\sin\Delta x}{\Delta x}=1.$$

于是，由 $\lim\limits_{\Delta x\to 0^-}\frac{\Delta y}{\Delta x}=\lim\limits_{\Delta x\to 0^+}\frac{\Delta y}{\Delta x}=1$，得

$$f'(0)=\lim_{\Delta x\to 0}\frac{\Delta y}{\Delta x}=1$$

此例说明，讨论分段函数在表达式的两个相邻子区间衔接点 x_0 处的导数时，应先分别计算左极限 $\lim\limits_{\Delta x\to 0^-}\frac{\Delta y}{\Delta x}$和右极限 $\lim\limits_{\Delta x\to 0^+}\frac{\Delta y}{\Delta x}$，如果这两个极限皆存在，则分别称为 $f(x)$在 x_0 处的**左导数**和**右导数**，并分别记为 $f'_-(x_0)$和 $f'_+(x_0)$，即

$$f'_-(x_0)=\lim_{\Delta x\to 0^-}\frac{\Delta y}{\Delta x}=\lim_{\Delta x\to 0^-}\frac{f(x_0+\Delta x)-f(x_0)}{\Delta x},$$

$$f'_+(x_0)=\lim_{\Delta x\to 0^+}\frac{\Delta y}{\Delta x}=\lim_{\Delta x\to 0^+}\frac{f(x_0+\Delta x)-f(x_0)}{\Delta x}.$$

根据函数极限与其左、右极限的关系可知，导数 $f'(x_0)$与其左、右导数 $f'_-(x_0)$、$f'_+(x_0)$的关系为

$$f'(x_0)=A\Leftrightarrow f'_-(x_0)=f'_+(x_0)=A.$$

如果函数 $y=f(x)$在开区间(a,b)内每一点处都可导，则称 **$f(x)$在(a,b)内可导**. 如果函数 $f(x)$在开区间(a,b)内可导，且在点 a 有右导数 $f'_+(a)$，在点 b 有左导数 $f'_-(b)$，则称 **$f(x)$在闭区间$[a,b]$上可导**.

设 $f(x)$在(a,b)内可导，则对于任意的 $x\in(a,b)$，都存在唯一确定的导数值 $f'(x)$与之对应. 因此，$f'(x)$是 x 的函数，称为 $f(x)$的**导函数**，简称为**导数**. 导函数 $f'(x)$也可记为

$$y',\quad \frac{\mathrm{d}y}{\mathrm{d}x},\quad \frac{\mathrm{d}f}{\mathrm{d}x}.$$

上面例 1 中的 x_0 为函数 $y=x^2$ 定义域中的任意一点，可见 x^2 在$(-\infty,+\infty)$内可导，且其导数为

$$f'(x)=(x^2)'=2x.$$

根据导数的定义和引例中所作的讨论可知，瞬时速度 $v(t)$是路程函数 $s(t)$关于时间 t 的导数，即 $v(t)=s'(t)$；曲线 $y=f(x)$在点(x,y)处的切线斜率 $\tan\alpha$

是 y 关于 x 的导数，即 $\tan\alpha=\frac{dy}{dx}$.

三、导数的几何意义

由前面的讨论可知，如果函数 $y=f(x)$ 在点 x_0 处可导，则其导数 $f'(x_0)$ 的几何意义是，$f'(x_0)$ 为曲线 $y=f(x)$ 在点 $(x_0, f(x_0))$ 处的切线斜率. 特别地，若 $f'(x_0)=0$，则曲线 $y=f(x)$ 在点 $(x_0, f(x_0))$ 的切线平行于 OX 轴；若 $f'(x_0)$ 不存在，且 $f'(x_0)=\infty$，则曲线 $y=f(x)$ 在点 $(x_0, f(x_0))$ 的切线垂直于 OX 轴. 于是，曲线 $y=f(x)$ 在点 (x_0, y_0) 处的**切线方程**为

$$y-y_0=f'(x_0)(x-x_0).$$

特别当 $f'(x_0)=0$ 时，切线方程为

$$y-y_0=0.$$

当 $f'(x_0)=\infty$ 时，切线方程为

$$x-x_0=0.$$

而曲线 $y=f(x)$ 在点 (x_0, y_0) 处的**法线方程**为

$$y-y_0=-\frac{1}{f'(x_0)}(x-x_0) \quad (f'(x_0)\neq 0).$$

例 3. 求抛物线 $y=x^2$ 在点 $(-1,1)$ 处的切线方程和法线方程.

解 由例 1 知 $y'=2x$，$y'|_{x=-1}=-2$. 即曲线 $y=x^2$ 在点 $(-1,1)$ 处的切线斜率为 -2. 于是，切线方程为

$$y-1=(-2)[x-(-1)]，即 y+2x+1=0,$$

法线方程为

$$y-1=\frac{1}{2}[x-(-1)]，即 2y-x-3=0.$$

四、函数的可导性与连续性的关系

函数可导必连续，反之不真.

定理 3.1 函数 $y=f(x)$ 在 x_0 处可导，则必在 x_0 处连续.

证 设自变量 x 在 x_0 处取得改变量 $\Delta x\neq 0$，相应地函数取得改变量 $\Delta y=f(x_0+\Delta x)-f(x_0)$. 于是，由定理条件（$f'(x_0)$ 存在）有

$$\lim_{\Delta x\to 0}\Delta y=\lim_{\Delta x\to 0}\left(\frac{\Delta y}{\Delta x}\cdot\Delta x\right)=\lim_{\Delta x\to 0}\frac{\Delta y}{\Delta x}\cdot\lim_{\Delta x\to 0}\Delta x$$
$$=f'(x_0)\cdot 0=0.$$

这表明函数 $f(x)$在 x_0 处连续.

显然,如果函数 $f(x)$有右导数 $f'_+(a)$和左导数 $f'_-(b)$,则函数 $f(x)$分别在点 a 右连续,在点 b 左连续.

下面的例子说明,函数连续未必可导.

例 4. 证明函数

$$y=|x|=\begin{cases}x, & x\geqslant 0\\ -x, & x<0\end{cases}$$

在 $x=0$ 处连续但不可导.

证 在 $x=0$ 处,函数的改变量为

$$\Delta y=|\Delta x|=\begin{cases}\Delta x, & \Delta x\geqslant 0\\ -\Delta x, & \Delta x<0.\end{cases}$$

显然有

$$\lim_{\Delta x\to 0}\Delta y=\lim_{\Delta x\to 0}|\Delta x|=0,$$

即 $y=|x|$在 $x=0$ 处连续. 由于

$$\frac{\Delta y}{\Delta x}=\frac{|\Delta x|}{\Delta x}=\begin{cases}1, & \Delta x>0\\ -1, & \Delta x<0.\end{cases}$$

所以

$$\lim_{\Delta x\to 0^+}\frac{\Delta y}{\Delta x}=1,$$

$$\lim_{\Delta x\to 0^-}\frac{\Delta y}{\Delta x}=-1.$$

即 $f'_+(0)\neq f'_-(0)$,故 $y=|x|$在 $x=0$ 处的导数不存在.

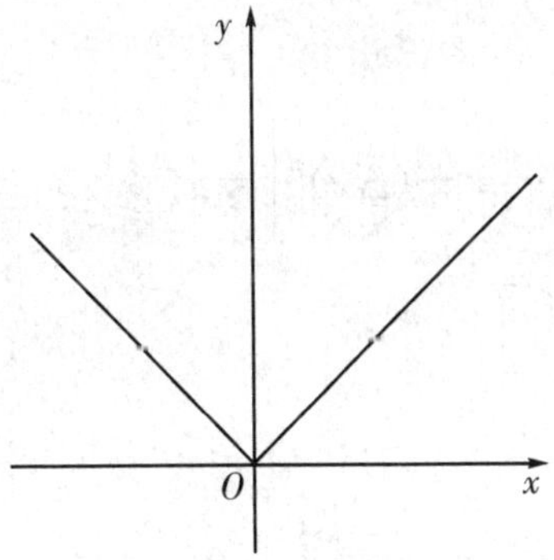

图 3－2

上述结果容易从图 3－2 中看出. 曲线 $y=|x|$在 $x=0$ 处是连续不间断的,但在 $x=0$ 处出现“尖点”,切线不存在,从而切线斜率(即导数)不存在.

综上所述,函数连续只是函数可导的必要条件,而不是充分条件.

五、例　题

依据定义计算函数 $y=f(x)$ 在点 x 处的导数，可按以下三个步骤进行：

(1)计算函数在点 x 处的改变量

$$\Delta y=f(x+\Delta x)-f(x);$$

(2)计算比值 $\dfrac{\Delta y}{\Delta x}$(称为函数的平均变化率)

$$\frac{\Delta y}{\Delta x}=\frac{f(x+\Delta x)-f(x)}{\Delta x};$$

(3)求极限 $\lim\limits_{\Delta x\to 0}\dfrac{\Delta y}{\Delta x}$，得 $f'(x)$(称为函数的瞬时变化率，简称变化率)，即得

$$f'(x)=\lim_{\Delta x\to 0}\frac{\Delta y}{\Delta x}=\lim_{\Delta x\to 0}\frac{f(x+\Delta x)-f(x)}{\Delta x}.$$

例 5. 求常量函数 $y=C$(C 为常数)的导数.

解　由于 $\Delta y=0$，所以 $\lim\limits_{\Delta x\to 0}\dfrac{\Delta y}{\Delta x}=\lim 0=0$，于是，**常量函数的导数为**

$$(C)'=0.$$

例 6. 求 $y=x^n$(n 为正整数)的导数.

解

$$\begin{aligned}\Delta y&=(x+\Delta x)^n-x^n\\&=\left[x^n+nx^{n-1}\Delta x+\frac{n(n-1)}{2}x^{n-2}(\Delta x)^2+\cdots\quad+(\Delta x)^n\right]-x^n\\&=\left[nx^{n-1}+\frac{n(n-1)}{2}x^{n-2}\Delta x+\cdots+(\Delta x)^{n-1}\right]\Delta x,\end{aligned}$$

所以

$$\begin{aligned}y'=(x^n)'&=\lim_{\Delta x\to 0}\frac{\Delta y}{\Delta x}\\&=\lim_{\Delta x\to 0}\left[nx^{n-1}+\frac{n(n-1)}{2}x^{n-2}\Delta x+\cdots+(\Delta x)^{n-1}\right]\\&=nx^{n-1}.\end{aligned}$$

后面将会证明，上式中的正整数 n 换为任意实数 α，其结果仍然成立. 即有**幂函数的导数公式**

$$(x^{\alpha})'=\alpha x^{\alpha-1}.$$

例如

$$\left(\frac{1}{x}\right)'=(x^{-1})'=-x^{-2}=-\frac{1}{x^2}.$$

$$(\sqrt{x})'=(x^{\frac{1}{2}})'=\frac{1}{2}x^{-\frac{1}{2}}=\frac{1}{2\sqrt{x}}.$$

$$(x)'=x^0=1.$$

例 7. 求函数 $y=\sin x$ 的导数.

解 $\Delta y=\sin(x+\Delta x)-\sin x$

$$=2\cos\left(x+\frac{\Delta x}{2}\right)\cdot\sin\frac{\Delta x}{2},$$

所以

$$y'=(\sin x)'=\lim_{\Delta x\to 0}\frac{\Delta y}{\Delta x}$$

$$=\lim_{\Delta x\to 0}\cos\left(x+\frac{\Delta x}{2}\right)\cdot\frac{\sin\frac{\Delta x}{2}}{\frac{\Delta x}{2}}=\cos x.$$

于是，**正弦函数的导数公式**为

$$(\sin x)'=\cos x.$$

类似地，可得**余弦函数的导数公式**为

$$(\cos x)'=-\sin x.$$

例 8. 求函数 $y=\ln x$ 的导数.

解 $\Delta y=\ln(x+\Delta x)-\ln x=\ln\left(1+\frac{\Delta x}{x}\right),$

所以

$$y'=(\ln x)'=\lim_{\Delta x\to 0}\frac{\Delta y}{\Delta x}$$

$$=\lim_{\Delta x\to 0}\frac{1}{\Delta x}\ln\left(1+\frac{\Delta x}{x}\right)$$

$$=\frac{1}{x}\lim_{\Delta x\to 0}\ln\left(1+\frac{\Delta x}{x}\right)^{\frac{x}{\Delta x}}.$$

令 $t=\frac{\Delta x}{x}$，当 $\Delta x\to 0$ 时，$t\to 0$. 于是，由对数函数的连续性，有

$$y'=\frac{1}{x}\lim_{t\to 0}\ln(1+t)^{\frac{1}{t}}$$

$$=\frac{1}{x}\ln[\lim_{t\to 0}(1+t)^{\frac{1}{t}}]=\frac{1}{x}\ln e=\frac{1}{x}.$$

于是，**对数函数的导数公式为**

$$(\ln x)'=\frac{1}{x}.$$

§3.2 求导法则

按照导数的定义，我们可以而且已经求出一些函数的导数. 但是，对于一些比较复杂的函数，直接按定义求它们的导数将是很繁琐的. 因此，需要建立一些求导的法则，以便简化求导的过程.

一、函数线性组合的导数

定理 3.2 设函数 $u(x)$和 $v(x)$在点 x 处可导，a 和 b 为常数，则 $u(x)$和 $v(x)$的线性组合函数 $y=au(x)+bv(x)$在点 x 也可导，且有

$$y'=[au(x)+bv(x)]'=au'(x)+bv'(x).$$

证 设自变量在 x 处取得改变量Δx，则函数 u 和 v 相应地取得改变量

$$\Delta u=u(x+\Delta x)-u(x), \qquad \Delta v=v(x+\Delta x)-v(x).$$

于是，函数 y 取得改变量

$$\Delta y=[au(x+\Delta x)+bv(x+\Delta x)]-[au(x)+bv(x)]$$

$$=a[u(x+\Delta x)-u(x)]+b[v(x+\Delta x)-v(x)]$$

$$=a\Delta u+b\Delta v,$$

所以，得

$$y'=\lim_{\Delta x\to 0}\frac{\Delta y}{\Delta x}=\lim_{\Delta x\to 0}\left[a\frac{\Delta u}{\Delta x}+b\frac{\Delta v}{\Delta x}\right]$$

$$=au'(x)+bv'(x).$$

定理得证.

特别地，当 $a=b=1$ 时，得函数和的求导公式

$$[u(x)+v(x)]'=u'(x)+v'(x).$$

当 $a=1,b=-1$ 时，得函数差的求导公式

$$[u(x)-v(x)]'=u'(x)-v'(x).$$

当 $b=0$ 时，得常数与函数之积的求导公式

$$[au(x)]'=au'(x), \qquad a \text{ 为常数}. \tag{3.1}$$

定理 3.2 表明，函数线性组合的导数等于各函数导数的线性组合，这个结论可以推广到有限个函数线性组合的情形：

设函数 $u_1(x),\cdots,u_n(x)$ 皆可导，则有

$$[a_1u_1(x)+\cdots+a_nu_n(x)]'=a_1u_1'(x)+\cdots+a_nu_n'(x),$$

其中 $a_1, \cdots, a_n$ 为常数.

例 1. 求函数 $y=3x^2+4\ln x-5\cos x$ 的导数.

解
$$\begin{aligned} y'&=(3x^2)'+(4\ln x)'-(5\cos x)'\\ &=3(x^2)'+4(\ln x)'-5(\cos x)'\\ &=6x+\frac{4}{x}+5\sin x. \end{aligned}$$

例 2. 求函数 $y=\log_a x$ $(a>0, a\neq 1)$ 的导数.

解 因为 $y=\log_a x=\dfrac{1}{\ln a}\ln x$，所以有

$$y'=(\log_a x)'=\frac{1}{\ln a}(\ln x)'=\frac{1}{x\ln a}, \qquad x>0.$$

即对数函数的导数公式为

$$(\log_a x)'=\frac{1}{x\ln a} \qquad (a>0, a\neq 1).$$

二、函数积的导数

定理 3.3 设函数 $u(x)$ 和 $v(x)$ 在点 x 处可导，则函数 $y=u(x)v(x)$ 在点 x 处也可导，且有

$$y'=[u(x)v(x)]'=u'(x)v(x)+u(x)v'(x).$$

证 设自变量在 x 处取得改变量 Δx，则相应地有

$$\begin{aligned} \Delta y&=u(x+\Delta x)v(x+\Delta x)-u(x)v(x)\\ &=[u(x)+\Delta u][v(x)+\Delta v]-u(x)v(x)\\ &=(\Delta u)v(x)+u(x)(\Delta v)+(\Delta u)(\Delta v). \end{aligned}$$

$$\frac{\Delta y}{\Delta x}=\left(\frac{\Delta u}{\Delta x}\right)v(x)+u(x)\left(\frac{\Delta v}{\Delta x}\right)+(\Delta u)\left(\frac{\Delta v}{\Delta x}\right).$$

由 $u(x)$ 在 x 处可导知，$u(x)$ 在 x 处连续，即有 $\lim\limits_{\Delta x\to 0}\Delta u=0$. 于是，由 $u(x)$ 和 $v(x)$ 可导，可得

$$\begin{aligned}y'=[u(x)v(x)]'&=\lim_{\Delta x\to 0}\frac{\Delta y}{\Delta x}\\&=\left(\lim_{\Delta x\to 0}\frac{\Delta u}{\Delta x}\right)v(x)+u(x)\left(\lim_{\Delta x\to 0}\frac{\Delta v}{\Delta x}\right)+\left(\lim_{\Delta x\to 0}\Delta u\right)\left(\lim_{\Delta x\to 0}\frac{\Delta v}{\Delta x}\right)\\&=u'(x)v(x)+u(x)v'(x).\end{aligned}$$

定理得证.

如果 $v(x)\equiv a$（a 为常数），则由 $a'=0$ 可得

$$[au(x)]'=au'(x).$$

此即前面已证的(3.1)式.

函数积的求导法则，也可推广到有限多个函数乘积的情形.

例如

$$\begin{aligned}[uvw]'&=u'(vw)+u(vw)'\\&=u'vw+uv'w+uvw'.\end{aligned}$$

例 3. 求函数 $y=\sin 2x$ 的导数.

解 由 $\sin 2x=2\sin x\cos x$，可得

$$\begin{aligned}y'&=(2\sin x\cos x)'\\&=2[(\sin x)'\cos x+\sin x(\cos x)']\\&=2(\cos^2 x-\sin^2 x)=2\cos 2x.\end{aligned}$$

三、函数商的导数

定理 3.4 设函数 $u(x)$、$v(x)$ 在点 x 处可导，且 $v(x)\neq 0$，则函数 $y=\dfrac{u(x)}{v(x)}$ 在点 x 处也可导，且有

$$y'=\left[\frac{u(x)}{v(x)}\right]'=\frac{u'(x)v(x)-u(x)v'(x)}{v^2(x)}.$$

证 设自变量在点 x 处取得改变量 Δx，相应地有

$$\Delta y=\frac{u(x+\Delta x)}{v(x+\Delta x)}-\frac{u(x)}{v(x)}$$

$$=\frac{u(x+\Delta x)v(x)-u(x)v(x+\Delta x)}{v(x+\Delta x)v(x)}$$

$$=\frac{[u(x)+\Delta u]v(x)-u(x)[v(x)+\Delta v]}{v(x+\Delta x)v(x)}$$

$$=\frac{v(x)\Delta u-u(x)\Delta v}{v(x+\Delta x)v(x)},$$

所以

$$\frac{\Delta y}{\Delta x}=\frac{\frac{\Delta u}{\Delta x}v(x)-u(x)\frac{\Delta v}{\Delta x}}{v(x+\Delta x)v(x)}.$$

于是，由 $u(x)$ 和 $v(x)$ 在 x 处可导（从而 $v(x)$ 在 x 处连续），可得

$$y'=\lim_{\Delta x\to 0}\frac{\Delta y}{\Delta x}$$

$$=\lim_{\Delta x\to 0}\left[\frac{\Delta u}{\Delta x}v(x)-u(x)\frac{\Delta v}{\Delta x}\right]\lim_{\Delta x\to 0}\frac{1}{v(x+\Delta x)v(x)}$$

$$=\frac{u'(x)v(x)-u(x)v'(x)}{v^2(x)}.$$

定理得证.

特别地，如果 $u(x)\equiv 1$，则有

$$\left[\frac{1}{v(x)}\right]'=-\frac{v'(x)}{v^2(x)}.$$

例 4. 求 $y=\tan x$ 的导数.

解 $y'=(\tan x)'=\left(\frac{\sin x}{\cos x}\right)'$

$$=\frac{(\sin x)'\cos x-\sin x(\cos x)'}{\cos^2 x}$$

$$=\frac{\cos^2 x+\sin^2 x}{\cos^2 x}=\frac{1}{\cos^2 x}=\sec^2 x.$$

即**正切函数的导数公式**为

$$(\tan x)'=\frac{1}{\cos^2 x}=\sec^2 x.$$

同理可证，**余切函数、正割函数**和**余割函数的导数公式**为

$$(\cot x)'=-\frac{1}{\sin^2 x}=-\csc^2 x.$$

$$(\sec x)'=\sec x\tan x.$$

$$(\csc x)'=-\csc x\cot x.$$

四、反函数的导数

定理 3.5　设函数 $x=\varphi(y)$ 在某区间内单调且连续，又在该区间内某点 y_0 处有导数 $\varphi'(y_0)\neq 0$，则其反函数 $y=f(x)$ 在 y_0 的对应点 x_0（$x_0=\varphi(y_0)$）处有导数，且

$$f'(x_0)=\frac{1}{\varphi'(y_0)}.$$

***证**　由于函数 $\varphi(y)$ 在某区间内单调且连续，由反函数的连续性可知，其反函数 $f(x)$ 在相应区间内单调且连续. 如果反函数 $y=f(x)$ 在 x_0 处取得改变量 $\Delta x\neq 0$，则由 $f(x)$ 的单调性可知

$$\Delta y=f(x_0+\Delta x)-f(x_0)\neq 0.$$

又由 $f(x)$ 的连续性可知，$\Delta x\to 0$ 时，$\Delta y\to 0$. 于是

$$f'(x_0)=\lim_{\Delta x\to 0}\frac{\Delta y}{\Delta x}=\frac{1}{\lim\limits_{\Delta y\to 0}\frac{\Delta x}{\Delta y}}=\frac{1}{\varphi'(y_0)}.$$

定理 3.5 得证.

例 5. 求函数 $y=a^x\quad(a>0, a\neq 1)$ 的导数.

解　函数 $x=\log_a y$ 在其定义域 $(0,+\infty)$ 内单调且连续，值域为 $(-\infty,+\infty)$，由对数函数的导数公式可知，其导数为

$$(\log_a y)'=\frac{1}{y\ln a},\qquad y\in(0,+\infty).$$

于是，由定理 3.5 可知，其反函数 $y=a^x$ 在 $(-\infty,+\infty)$ 内可导，且

$$y'=(a^x)'=\frac{1}{(\log_a y)'}=y\ln a=a^x\ln a.$$

即指数函数的导数公式为

$$(a^x)'=a^x\ln a,\ (a>0,\ a\neq 1).$$

特别地，当 $a=\mathrm{e}$ 时，有

$$(\mathrm{e}^x)'=\mathrm{e}^x.$$

例 6. 求 $y=\arcsin x$ 的导数.

解　函数 $x=\sin y$ 在$\left(-\frac{\pi}{2}, \frac{\pi}{2}\right)$内单调增加且连续，值域为（−1，1），其导数为

$$(\sin y)'=\cos y>0,\ y\in\left(-\frac{\pi}{2}, \frac{\pi}{2}\right).$$

根据定理 3.5，反函数 $y=\arcsin x$ 在（−1，1）内可导，且

$$y'=(\arcsin x)'=\frac{1}{(\sin y)'}$$

$$=\frac{1}{\cos y}=\frac{1}{\sqrt{1-\sin^2 y}}=\frac{1}{\sqrt{1-x^2}}.$$

即**反正弦函数的导数公式**为

$$(\arcsin x)'=\frac{1}{\sqrt{1-x^2}},\quad |x|<1.$$

类似地，**反余弦函数的导数公式**为

$$(\arccos x)'=-\frac{1}{\sqrt{1-x^2}},\quad |x|<1.$$

例 7. 求 $y=\arctan x$ 的导数.

解　函数 $x=\tan y$ 在区间$\left(-\frac{\pi}{2}, \frac{\pi}{2}\right)$内单调增加且连续，值域为（$-\infty$，$+\infty$），其导数为

$$(\tan y)'=\sec^2 y>0,\ y\in\left(-\frac{\pi}{2}, \frac{\pi}{2}\right).$$

根据定理 3.5，其反函数 $y=\arctan x$ 在$(-\infty,+\infty)$内可导，且

$$y'=(\arctan x)'=\frac{1}{(\tan y)'}$$

$$=\frac{1}{\sec^2 y}=\frac{1}{1+\tan^2 y}=\frac{1}{1+x^2}.$$

即**反正切函数的导数公式**为

$$(\arctan x)'=\frac{1}{1+x^2},\qquad x\in(-\infty,+\infty).$$

类似地，**反余切函数的导数公式**为

$$(\operatorname{arccot} x)'=-\frac{1}{1+x^2},\qquad x\in(-\infty,+\infty).$$

五、复合函数求导法则

定理 3.6 设函数 $u=\varphi(x)$ 在点 x_0 处有导数 $\varphi'(x_0)$，函数 $y=f(u)$ 在点 $u_0=\varphi(x_0)$ 处有导数 $f'(u_0)$. 则复合函数 $y=f[\varphi(x)]$ 在点 x_0 处可导，且

$$\left\{f[\varphi(x)]\right\}'\Big|_{x=x_0}=f'(u_0)\varphi'(x_0).$$

*证 设自变量 x 在点 x_0 处取得改变量 Δx，相应地中间变量 u 在 $u_0=\varphi(x_0)$ 处取得改变量 $\Delta u=\varphi(x_0+\Delta x)-\varphi(x_0)$，从而函数 $y=f[\varphi(x)]$ 在 x_0 处取得改变量 $\Delta y=f[\varphi(x_0+\Delta x)]-f[\varphi(x_0)]=f(u_0+\Delta u)-f(u_0)$. 由于 $y=f(u)$ 在点 $u_0=\varphi(x_0)$ 有导数 $f'(u_0)$，所以

$$\lim_{\Delta u\to 0}\frac{\Delta y}{\Delta u}=f'(u_0).$$

由极限与无穷小量的关系可知

$$\frac{\Delta y}{\Delta u}=f'(u_0)+\alpha(\Delta u),\quad \Delta u\neq 0.$$

其中 $\alpha(\Delta u)\to 0$（当 $\Delta u\to 0$ 时）. 如果补充定义 $\alpha(0)=0$，则作为 Δu 的函数，$\alpha(\Delta u)$ 在 $\Delta u=0$ 处连续，而且

$$\Delta y=[f'(u_0)+\alpha(\Delta u)]\Delta u$$

对 Δu 是否为零均成立. 于是，对于复合函数 $y=f[\varphi(x)]$ 有

$$\frac{\Delta y}{\Delta x}=[f'(u_0)+\alpha(\Delta u)]\frac{\Delta u}{\Delta x},\quad \Delta x\neq 0.$$

由 $\alpha(\Delta u)$ 在 $\Delta u=0$ 处连续和 $u=\varphi(x)$ 在 x_0 处可导，有

$$\begin{aligned}\left\{f[\varphi(x)]\right\}'\Big|_{x=x_0}&=\lim_{\Delta x\to 0}\frac{\Delta y}{\Delta x}\\&=\lim_{\Delta x\to 0}[f'(u_0)+\alpha(\Delta u)]\frac{\Delta u}{\Delta x}\\&=[f'(u_0)+\lim_{\Delta u\to 0}\alpha(\Delta u)]\lim_{\Delta x\to 0}\frac{\Delta u}{\Delta x}\\&=f'(u_0)\varphi'(x_0).\end{aligned}$$

定理 3.6 得证.

由 x_0 的任意性可知，只要 $\varphi'(x)$、$f'(u)$（$u=\varphi(x)$）存在，则复合函数 $y=f[\varphi(x)]$

的导数必存在，且有$\{f[\varphi(x)]\}'=f'(u)\varphi'(x)$，即

$$\frac{dy}{dx}=\frac{dy}{du}\cdot\frac{du}{dx} \quad 或 \quad y_x'=y_u'\cdot u_x'.$$

称上式为求复合函数导数的**链式规则**. 它表明，**复合函数对自变量的导数等于函数对中间变量的导数乘以中间变量对自变量的导数.**

例 8. 设 $y=x^\alpha$，$x>0$，α 为实数，求 y'.

解 $y=x^\alpha=e^{\alpha\ln x}$，令 $y=e^u$，$u=\alpha\ln x$，

则由链式规则有

$$y'=(x^\alpha)'=(e^u)'_u\cdot(\alpha\ln x)'_x$$

$$=e^u\cdot\frac{\alpha}{x}=x^\alpha\cdot\frac{\alpha}{x}=\alpha x^{\alpha-1}.$$

即幂函数的导数公式为

$$(x^\alpha)'=\alpha x^{\alpha-1}.$$

例 9. 求 $y=e^{\sqrt{x}}$ 的导数 y'.

解 设 $y=e^u$，$u=\sqrt{x}=x^{\frac{1}{2}}$，则由链式规则得

$$y'=(e^u)'_u\cdot(x^{\frac{1}{2}})'_x$$

$$=e^u\cdot\frac{1}{2\sqrt{x}}=\frac{e^{\sqrt{x}}}{2\sqrt{x}}.$$

例 10. 求 $y=\ln\arctan\frac{x}{2}$ 的导数 y'.

解 令 $y=\ln u$，$u=\arctan v$，$v=\frac{x}{2}$，则由链式规则得

$$y'=(\ln u)'_u\cdot(\arctan v)'_v\cdot\left(\frac{x}{2}\right)'_x$$

$$=\frac{1}{u}\cdot\frac{1}{1+v^2}\cdot\frac{1}{2}=\frac{2}{(4+x^2)\arctan\frac{x}{2}}.$$

链式规则在导数计算中非常重要，读者务必熟练掌握. 由例 10 可知，链式规则对多重复合函数同样适用，这时应搞清函数的复合层次，求导时，从最外层开始，逐层依次求导，并注意不要遗漏.

在熟练掌握链式规则后，不写出中间变量会更简便些.

例 11. 证明对数函数求导公式

$$(\log_a|x|)'=\frac{1}{x\ln a},\ (x\neq0,\ a>0,\ a\neq1)$$

证 前面已经证明，$x>0$ 时，有

$$(\log_a|x|)'=(\log_a x)'=\frac{1}{x\ln a}.$$

当 $x<0$ 时，$\log_a|x|=\log_a(-x)$，所以

$$\begin{aligned}(\log_a|x|)'&=[\log_a(-x)]'\\&=\frac{1}{(-x)\ln a}\cdot(-x)'=\frac{1}{x\ln a}.\end{aligned}$$

例 12. 设 $y=e^{-x}\sin\sqrt{2x}$，求 y'.

解 所设函数是两个函数之积，所以先用函数积的求导法则，然后再利用链式规则：

$$\begin{aligned}y'&=(e^{-x})'\sin\sqrt{2x}+e^{-x}(\sin\sqrt{2x})'\\&=e^{-x}(-x)'\sin\sqrt{2x}+e^{-x}\cos\sqrt{2x}\cdot(\sqrt{2x})'\\&=-e^{-x}\sin\sqrt{2x}+e^{-x}\cos\sqrt{2x}\cdot\frac{2}{2\sqrt{2x}}\\&=e^{-x}\left(\frac{\cos\sqrt{2x}}{\sqrt{2x}}-\sin\sqrt{2x}\right).\end{aligned}$$

六、基本导数公式

到目前为止，我们已将各种求导法则作了介绍，并在此基础上导出了基本初等函数的导数公式. 为查找方便，现将基本初等函数的导数公式汇集如下（其中 c、α、a 为常数，且 $a>0$，$a\neq1$）：

(1) $C'=0$.　　(2) $(x^\alpha)'=\alpha x^{\alpha-1}$.

(3) $(a^x)'=a^x\ln a$.　　(4) $(\log_a|x|)'=\dfrac{1}{x\ln a}$，

$(e^x)'=e^x$.　　$(\ln|x|)'=\dfrac{1}{x}$.

(5) $(\sin x)'=\cos x$.　　(6) $(\cos x)'=-\sin x$.

(7) $(\tan x)'=\sec^2 x$.　　(8) $(\cot x)'=-\csc^2 x$.

(9) $(\sec x)'=\sec x\cdot\tan x$. (10) $(\csc x)'=-\csc x\cdot\cot x$.

(11) $(\arcsin x)'=\dfrac{1}{\sqrt{1-x^2}}$. (12) $(\arccos x)'=-\dfrac{1}{\sqrt{1-x^2}}$.

(13) $(\arctan x)'=\dfrac{1}{1+x^2}$. (14) $(\text{arccot}\,x)'=-\dfrac{1}{1+x^2}$.

上述导数基本公式是计算一般初等函数导数的基础. 因此，要求读者熟记这些基本公式.

七、对数求导法

形如 $y=[f(x)]^{g(x)}$ 的函数，称为**幂指函数**. 直接使用前面介绍过的求导法则，不能求出幂指函数的导数. 这时可采用先取对数，然后再用复合函数链式规则求导的方法，称为**对数求导法**. 对数求导法除用来求幂指函数的导数外，用来求多个函数乘积的导数也是比较方便的.

例 13. 设 $y=(\cot x)^{\cos x}$，求 y'.

解 对 $y=(\cot x)^{\cos x}$ 两边取对数，得

$$\ln y=\cos x\cdot\ln\cot x.$$

因 y 是 x 的函数，故 $\ln y$ 是 x 的复合函数. 将上式两边对 x 求导，得

$$\begin{aligned}\frac{1}{y}y'&=-\sin x\cdot\ln\cot x+\cos x\cdot\frac{-\csc^2 x}{\cot x}\\&=-\sin x\cdot\ln\cot x-\csc x.\end{aligned}$$

于是得

$$\begin{aligned}y'&=-y(\sin x\cdot\ln\cot x+\csc x)\\&=-(\cot x)^{\cos x}(\sin x\cdot\ln\cot x+\csc x).\end{aligned}$$

例 14. 设 $y=\sqrt{\dfrac{(x-1)(x-2)}{(x-3)(x-4)}}$，求 y'.

解 先取对数，得

$$\begin{aligned}\ln y&=\frac{1}{2}\ln\left|\frac{(x-1)(x-2)}{(x-3)(x-4)}\right|\\&=\frac{1}{2}(\ln|x-1|+\ln|x-2|-\ln|x-3|-\ln|x-4|).\end{aligned}$$

等式两边分别求导，得

$$\frac{1}{y}y'=\frac{1}{2}\left(\frac{(x-1)'}{x-1}+\frac{(x-2)'}{x-2}-\frac{(x-3)'}{x-3}-\frac{(x-4)'}{x-4}\right)$$

$$=\frac{1}{2}\left(\frac{1}{x-1}+\frac{1}{x-2}-\frac{1}{x-3}-\frac{1}{x-4}\right).$$

于是有

$$y'=\frac{y}{2}\left(\frac{1}{x-1}+\frac{1}{x-2}-\frac{1}{x-3}-\frac{1}{x-4}\right)$$

$$=\frac{1}{2}\sqrt{\frac{(x-1)(x-2)}{(x-3)(x-4)}}\left(\frac{1}{x-1}+\frac{1}{x-2}-\frac{1}{x-3}-\frac{1}{x-4}\right).$$

§ 3.3　隐函数的导数、高阶导数

一、隐函数的导数

前面我们遇到的函数，都明显地表示成 $y=f(x)$的形式，可称之为**显函数**. 但是，有些函数可以不以这种显函数的形式给出. 例如，方程$\sqrt{y}+x^2-1=0$，对于区间$[-1,1]$上的任一 x 值，都由方程唯一确定一个 y 值与之对应，即 $y=(1-x^2)^2$. 事实上，将 $y=(1-x^2)^2$，$x\in[-1,1]$，代入方程$\sqrt{y}+x^2-1=0$，则方程式将变为恒等式：

$$\sqrt{(1-x^2)^2}+x^2-1\equiv 0,\quad x\in[-1,1].$$

这时，我们说方程$\sqrt{y}+x^2-1=0$ 确定了一个函数 $y=f(x)$，称之为隐函数. 在这个具体例子中，隐函数可以用显函数形式表示出来：

$$y=(1-x^2)^2,\quad x\in[-1,1].$$

一般地，设

$$\Phi(x,y)=0$$

为含有两个未知数 x 和 y 的方程. 如果存在函数 $y=f(x)$（不论这个函数是否能表示成显函数），将其代入所设方程，使方程变为恒等式：

$$\Phi(x,f(x))\equiv 0,\quad x\in D_f.$$

其中 D_f 为非空实数集. 则称函数 $y=f(x)$是由方程 $\Phi(x,y)=0$ 所确定的一个

隐函数.

注意：一个方程可能确定一个或多个隐函数，也可能不存在任何隐函数.

本节只讨论隐函数存在且可导的情形，并通过举例说明隐函数的求导方法.

例 1. 求由方程 $e^{x+y}-xy=0$ 所确定的隐函数 $y=y(x)$ 的导数.

解 将方程中的 y 看成 x 的函数 $y=y(x)$，利用复合函数链式规则，对方程两端求导

$$e^{x+y}(1+y')-xy'-y=0,$$

解出 y' 得

$$y'=\frac{y-e^{x+y}}{e^{x+y}-x}=\frac{y-xy}{xy-x}.$$

例 2. 求曲线 $xy-e^x+e^y=0$ 在点（0，0）处的切线方程.

解 设方程 $xy-e^x+e^y=0$ 所确定的隐函数为 $y=y(x)$，对方程两端求导，得

$$y+xy'-e^x+e^y y'=0,$$

解出 y' 得

$$y'=\frac{e^x-y}{e^y+x}.$$

于是，曲线在点（0，0）处的切线斜率为

$$y'\big|_{(0,0)}=\frac{e^0-0}{e^0+0}=1.$$

从而，曲线过点（0，0）的切线方程为

$$y=x.$$

求隐函数导数的要领是:将方程 $\Phi(x,y)=0$ 看成恒等式 $\Phi(x,y(x))\equiv 0$,然后对等式两端求关于 x 的导数,并将 y' 通过 x 和 y 表达出来.由例 2 可知,尽管 y 是 x 的什么样函数并未明确表示出来,但通过隐函数求导,却可计算出曲线上任何一点 (x,y) 处的切线斜率.

二、高阶导数

在变速直线运动中，路程 $s=s(t)$ 关于时间 t 的导数 $\frac{ds}{dt}$ 是物体的瞬时速度，

即 $v=\frac{\mathrm{d}s}{\mathrm{d}t}$. 速度 v 仍为时间 t 的函数，其关于时间 t 的导数是物体的加速度，即 $a=\frac{\mathrm{d}v}{\mathrm{d}t}$. 于是，加速度 a 是路程 s 关于时间 t 的导数的导数，称为路程 s 关于时间 t 的二阶导数.

一般地，如果函数 $y=f(x)$ 的导函数 $f'(x)$ 在点 x 处可导，则称导函数 $f'(x)$ 在点 x 处的导数为函数 $y=f(x)$ 的**二阶导数**，记为

$$y'' \quad \text{或} \quad f''(x) \quad \text{或} \quad \frac{\mathrm{d}^2 y}{\mathrm{d}x^2} \quad \text{或} \quad \frac{\mathrm{d}^2 f(x)}{\mathrm{d}x^2}.$$

类似地定义 $y=f(x)$ 的**三阶导数**为二阶导数的导数，记为

$$y''' \quad \text{或} \quad f'''(x) \quad \text{或} \quad \frac{\mathrm{d}^3 y}{\mathrm{d}x^3} \quad \text{或} \quad \frac{\mathrm{d}^3 f(x)}{\mathrm{d}x^3}.$$

如果函数 $y=f(x)$ 的 $n-1$ 阶导函数存在且可导，则称 y 的 $n-1$ 阶导数的导数为函数 $y=f(x)$ 的 **n 阶导数**，记为

$$y^{(n)} \quad \text{或} \quad f^{(n)}(x) \quad \text{或} \quad \frac{\mathrm{d}^n y}{\mathrm{d}x^n} \quad \text{或} \quad \frac{\mathrm{d}^n f(x)}{\mathrm{d}x^n}.$$

n 阶导数在 x_0 处的值记为

$$y^{(n)}\Big|_{x=x_0} \quad \text{或} \quad f^{(n)}(x_0) \quad \text{或} \quad \frac{\mathrm{d}^n y}{\mathrm{d}x^n}\Big|_{x=x_0} \quad \text{或} \quad \frac{\mathrm{d}^n f(x_0)}{\mathrm{d}x^n}.$$

二阶和二阶以上的导数统称为**高阶导数**. 如果函数 $y=f(x)$ 的 n 阶导数存在，则称 $f(x)$ 为 **n 阶可导**.

由上述可知，高阶导数的计算是求导数方法的反复运用.

例 3. 设 $y=ax^2+bx+c$， a、b、c 为常数，求 y'''.

解 因 $y'=2ax+b$，$y''=2a$，所以 $y'''=0$.

例 4. 设 $y=\mathrm{e}^x\sin x$，试证 $y''-2y'+2y=0$.

证 因为

$$y'=\mathrm{e}^x\sin x+\mathrm{e}^x\cos x=\mathrm{e}^x(\sin x+\cos x),$$

$$\begin{aligned}y''&=(y')'=\mathrm{e}^x(\sin x+\cos x)+\mathrm{e}^x(\cos x-\sin x)\\&=2\mathrm{e}^x\cos x,\end{aligned}$$

所以

$$\begin{aligned}y''-2y'+2y&=2\mathrm{e}^x\cos x-2\mathrm{e}^x(\sin x+\cos x)+2\mathrm{e}^x\sin x\\&=0.\end{aligned}$$

例 5. 求 $y=e^{ax}$ $(a\neq 0)$ 的各阶导数.

解　$y'=ac^{ax}$，$y''=a^2e^{ax}$，$y'''=a^3e^{ax}$，…

一般地，有

$$y^{(n)}=(e^{ax})^{(n)}=a^ne^{ax},\quad n=1,2,3\cdots$$

特别当 $a=1$ 时，有

$$y^{(n)}=(e^x)^{(n)}=e^x,\quad n=1,2,3,\cdots$$

例 6. 求 $y=\sin x$ 的各阶导数.

解　$y'=\cos x=\sin\left(x+\frac{\pi}{2}\right)$,

$$y''=\cos\left(x+\frac{\pi}{2}\right)=\sin\left(x+2\cdot\frac{\pi}{2}\right),$$

一般地，有

$$y^{(n)}=(\sin x)^{(n)}=\sin\left(x+\frac{n\pi}{2}\right),\quad n=1,2,3,\cdots$$

例 7. 求 $y=\ln(1+x)$的各阶导数.

解　$y'=\frac{1}{1+x}$,　$y''=-\frac{1}{(1+x)^2}$,

$$y'''=(-1)^2\frac{2!}{(1+x)^3},$$

一般地,有

$$y^{(n)}=[\ln(1+x)]^{(n)}=(-1)^{n-1}\frac{(n-1)!}{(1+x)^n},\quad n=1,2,3\cdots$$

§3.4 微　分

一、微分的概念

先看一例,正方形的面积 S 是其边长 x 的函数:

$$S=x^2$$

如图 3－3 所示,当边长由 x_0 变到 $x_0+\Delta x$ 时,其面积的改变量为

$$\Delta S=(x_0+\Delta x)^2-x_0^2$$
$$=2x_0\Delta x+(\Delta x)^2,$$

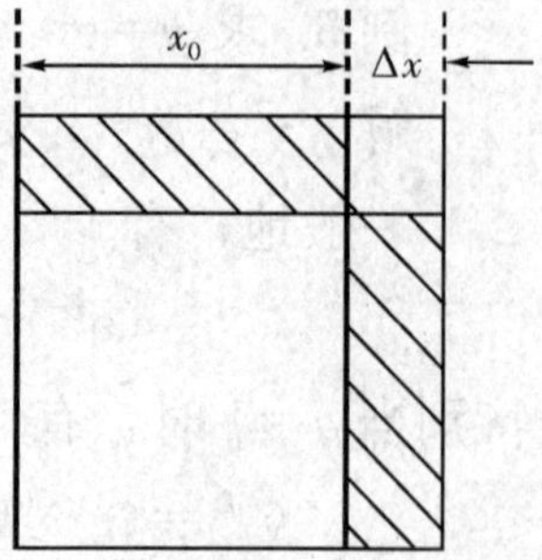

图 3-3

即 ΔS 由两部分组成，一部分为 $2x_0\Delta x$（即图中两阴影部分的面积之和），是 Δx 的线性函数，当 $|\Delta x|$ 很微小时，是 ΔS 的主要部分，称为 ΔS 的线性主部；另一部分是 $(\Delta x)^2$（即图中右上方小正方形的面积），当 $\Delta x\to 0$时，它是较 Δx 高阶的无穷小量.

由此可见，当 $|\Delta x|$ 很微小时，面积的改变量 ΔS 可由它的线性主部 $2x_0\Delta x$ 近似代替，即

$$\Delta S\approx 2x_0\Delta x.$$

对于一般的函数 $y=f(x)$，如果存在形如上述线性主部的近似公式，则无论在理论分析上还是在实际应用中，都有十分重要的意义.

定义 3.2　设有函数 $y=f(x)$. 如果对自变量在点 x 的改变量Δx，函数的改变量 $\Delta y=f(x+\Delta x)-f(x)$可以表示成

$$\Delta y=A\Delta x+\alpha\Delta x$$

其中 A 与Δx 无关,α 是$\Delta x\to 0$ 时的无穷小量. 则称函数 $y=f(x)$在点 x **可微**，并称 Δy 的线性主部 $A\Delta x$ 为函数 $y=f(x)$在点 x 处的**微分**,记为 $\mathrm{d}y$ 或 $\mathrm{d}f(x)$，即

$$\mathrm{d}y=A\Delta x \quad 或 \quad \mathrm{d}f(x)=A\Delta x.$$

由定义可知,当函数 $y=f(x)$在点 x 处可微时,只要$|\Delta x|$充分小,就有$\Delta y\approx\mathrm{d}y$. 如果 $A\neq 0$,则有

$$\frac{\Delta y}{\mathrm{d}y}=1+\frac{\alpha}{A}\to 1 \qquad (\Delta x\to 0),$$

即当 $\Delta x\to 0$ 时,只要 $A\neq 0$,Δy 与 $\mathrm{d}y$ 是等价无穷小量.

如果改变量Δy 不能表示成$\Delta y=A\Delta x+\alpha\Delta x$ 的形式,则称函数 $y=f(x)$在点 x 不可微或微分不存在.

我们约定,自变量的改变量 Δx 为自变量的微分 $\mathrm{d}x$,即 $\Delta x=\mathrm{d}x$. 于是,函数的微分可写成

$$\mathrm{d}y=\mathrm{d}f(x)=A\mathrm{d}x.$$

如前例中的面积的改变量 $\Delta S\approx\mathrm{d}S=2x_0\,\mathrm{d}x$.

下面讨论函数 $y=f(x)$ 可微的条件.

定理 3.7 (1)若函数 $f(x)$ 在点 x 可导,则 $f(x)$ 在点 x 可微,且

$$df(x)=f'(x)dx.$$

(2)若函数 $f(x)$ 在点 x 可微($df(x)=Adx$),则 $f(x)$ 在点 x 可导,且

$$f'(x)=A.$$

证 (1) 因函数 $f(x)$ 在点 x 可导，故由导数定义有

$$f'(x)=\lim_{\Delta x\to 0}\frac{\Delta y}{\Delta x}.$$

于是，由极限与无穷小量的关系可知

$$\frac{\Delta y}{\Delta x}=f'(x)+\alpha,$$

其中 $\alpha\to 0$（当 $\Delta x\to 0$ 时）. 因此，Δy 可表示为

$$\Delta y=f'(x)\Delta x+\alpha\Delta x.$$

其中第一项 $f'(x)\Delta x$ 是 Δx 的线性函数(因 $f'(x)$ 与 Δx 无关),第二项 $\alpha\Delta x$ 是 Δx 的高阶无穷小量(当 $\Delta x\to 0$ 时). 由微分定义可知,$f(x)$ 在点 x 可微,且 $f'(x)\Delta x$ 为函数 $f(x)$ 的微分,即有

$$df(x)=f'(x)\Delta x=f'(x)dx.$$

(2) 因为函数 $f(x)$ 在点 x 可微，故由微分定义有等式

$$\Delta y=A\Delta x+\alpha\Delta x,$$

其中 A 与 Δx 无关，且 $\alpha\to 0$（当 $\Delta x\to 0$ 时）. 于是

$$\lim_{\Delta x\to 0}\frac{\Delta y}{\Delta x}=\lim_{\Delta x\to 0}(A+\alpha)=A.$$

这说明 $f(x)$ 在点 x 可导，且 $f'(x)=A$，定理证毕.

由定理 3.7 可知，函数 $y=f(x)$ 在点 x 可微的充分必要条件是 $f(x)$ 在点 x 可导；函数的微分 dy 必能表示成 $dy=df(x)=f'(x)dx$；而导数 $f'(x)$ 可表示成函数微分 dy 与自变量微分 dx 的商，即 $f'(x)=\frac{dy}{dx}$. 因此，导数又称为**微商**.

例 1. 求函数 $y=x^2$ 当 $x=1$ 和 $\Delta x=0.2$ 时的微分.

解 先求函数在任意点 x 的微分

$$dy=(x^2)'dx=2xdx.$$

再将 $x=1$，$dx=\Delta x=0.2$ 代入上式，可得

$$dy|_{x=1,\Delta x=0.2}=2\times1\times0.2=0.4.$$

二、微分的几何意义

设可微函数 $y=f(x)$ 的图形如图 3－4 所示．曲线 $y=f(x)$ 在点 $M(x_0,y_0)$ 的切线 MT 的斜率为 $f'(x_0)$．当自变量在 x_0 处取得改变量 Δx 时，得到曲线上的另一点 $N(x_0+\Delta x,y_0+\Delta y)$．由图可知，$\Delta x$ 由线段 MP 表示，纵坐标改变量 Δy 由 NP 表示，而切线 MT 上点的相应纵坐标改变量为 TP，则有

$$\begin{aligned}TP&=f'(x_0)\cdot MP\\&=f'(x_0)\Delta x\\&=dy|_{x=x_0}.\end{aligned}$$

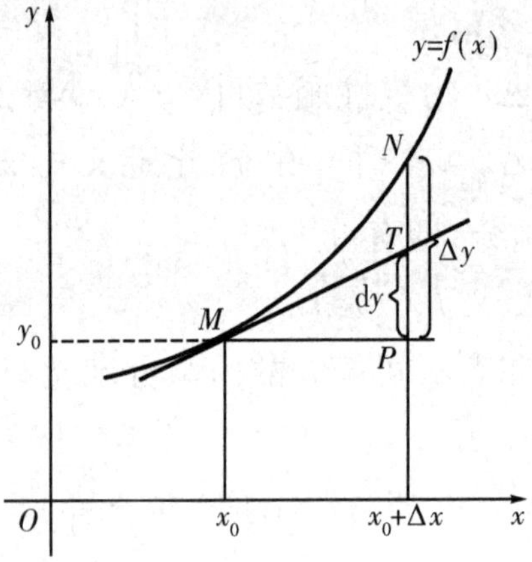

图 3－4

这说明，TP 表示函数 $y=f(x)$ 在点 x_0 的微分．当 $|\Delta x|$ 很小时，$\Delta y\approx dy$，表现在图 3－4 中，就是 NP 可用 TP 近似代替，在点 M 附近的曲线弧段 $\overset{\frown}{MN}$ 可用切线段 $\overline{MT}$ 近似代替．

三、微分的基本公式与运算法则

由微分表达式 $dy=f'(x)dx$ 可知，求微分 dy，只要求出导数 $f'(x)$，再乘以 dx 即可．因此，利用导数的基本公式与运算法则，可直接导出微分的基本公式与运算法则．

1. **微分基本公式**

(1) $dC=0$.　(2) $dx^{\alpha}=\alpha x^{\alpha-1}dx$.

(3) $da^{x}=a^{x}\ln a dx$.　(4) $d\log_{a}x=\frac{1}{x\ln a}dx$.

$de^{x}=e^{x}dx$.　$d\ln x=\frac{1}{x}dx$.

(5) $d\sin x=\cos x dx$.　(6) $d\cos x=-\sin x dx$.

(7) $d\tan x=\sec^{2}x dx$.　(8) $d\cot x=-\csc^{2}x dx$.

(9) $d\sec x=\sec x\tan x dx$.　(10) $d\csc x=-\csc x\cot x dx$.

(11) $d\arcsin x=\frac{1}{\sqrt{1-x^{2}}}dx$.　(12) $d\arccos x=-\frac{1}{\sqrt{1-x^{2}}}dx$.

(13) $d\arctan x=\frac{1}{1+x^{2}}dx$.　(14) $d\operatorname{arccot} x=-\frac{1}{1+x^{2}}dx$.

2. **微分运算法则**

设函数 $u=u(x)$，$v=v(x)$ 皆可微，则有

(1) $d(u\pm v)=du\pm dv$.

(2) $d(uv)=vdu+udv$.

(3) $d\left(\frac{u}{v}\right)=\frac{vdu-udv}{v^{2}}\quad(v\neq 0)$.

证
$$\begin{aligned}d(uv)&=(uv)'dx\\&=(u'v+uv')dx\\&=v(u'dx)+u(v'dx)\\&=vdu+udv.\end{aligned}$$

法则(2)得证. 类似地可证法则(1)与(3).

四、微分形式不变性

设函数 $y=f(u)$ 与 $u=\varphi(x)$ 分别关于 u 和 x 可导. 由复合函数链式求导规则可知

$$\left\{f[\varphi(x)]\right\}'=f'[\varphi(x)]\varphi'(x)=f'(u)u'.$$

于是

$$dy=\left\{f[\varphi(x)]\right\}'dx=f'[\varphi(x)]\varphi'(x)dx$$
$$=f'(u)u'dx=f'(u)du,$$

即有

$$dy=f'(u)du.$$

由此可见,对于函数 $y=f(u)$,不论 u 是自变量还是另一变量 x 的函数 $u=\varphi(x)$,$f(u)$的微分形式 $dy=f'(u)du$ 总保持不变.我们称微分的这一性质为**微分形式的不变性**.

例 2. 设 $y=e^{1-3x}$,求 dy.

解 令 $u=1-3x$,则 $y=e^u$,根据微分形式不变性有

$$dy=de^u=e^u du$$
$$=e^{1-3x}d(1-3x)=-3e^{1-3x}dx.$$

例 3. 设 $y=e^{1-3x}\sin 2x$, 求 dy.

解 Ⅰ. 由 $y'=(2\cos 2x-3\sin 2x)e^{1-3x}$ 可得

$$dy=y'dx=(2\cos 2x-3\sin 2x)e^{1-3x}dx.$$

解 Ⅱ. 由函数积的微分法则可得

$$dy=d(e^{1-3x}\sin 2x)$$
$$=\sin 2x\,d(e^{1-3x})+e^{1-3x}d(\sin 2x)$$
$$=\sin 2x(-3e^{1-3x}dx)+e^{1-3x}(2\cos 2x\,dx)$$
$$=(2\cos 2x-3\sin 2x)e^{1-3x}dx.$$

*五、微分在近似计算中的应用

设函数 $y=f(x)$在点 x_0 可微,则由微分定义可知,当$|\Delta x|$很小时,可用 dy 近似代替Δy,从而得到如下两个近似计算公式:

(1)$\Delta y=f(x_0+\Delta x)-f(x_0)\approx f'(x_0)\Delta x$,

(2)$f(x_0+\Delta x)\approx f(x_0)+f'(x_0)\Delta x$.

近似公式(1)可用来计算 Δy 的近似值,常用于误差估计;近似公式(2)则用来计算 $f(x_0+\Delta x)$的近似值.

例 4. 当$|x|$很小时,证明近似公式

$$\sqrt[n]{1+x}\approx 1+\frac{1}{n}x.$$

证 令 $f(x)=\sqrt[n]{1+x}=(1+x)^{\frac{1}{n}}$,则有

$$f(0)=1,\quad f'(x)=\frac{1}{n}(1+x)^{\frac{1}{n}-1},\quad f'(0)=\frac{1}{n}.$$

取 $x_0=0,\Delta x=x$,则当$|x|$很小时,由近似公式(2)可得

$$\sqrt[n]{1+x}=f(x)\approx f(0)+f'(0)x=1+\frac{1}{n}x.$$

类似地,可以证明当$|x|$很小时,有近似公式:

$$\sin x\approx x;\qquad \tan x\approx x;$$
$$e^x\approx 1+x;\qquad \ln(1+x)\approx x.$$

例 5. 求$\sqrt[4]{0.99}$的近似值.

解 由$\sqrt[4]{0.99}=\sqrt[4]{1+(-0.01)}$可知,在例 4 的近似公式中,若令 $n=4$,$x=-0.01$,则可以认为$|x|=0.01$很小,由例 4 的近似公式有

$$\begin{aligned}\sqrt[4]{0.99}&=\sqrt[4]{1+(-0.01)}\\&\approx 1+\frac{1}{4}\times(-0.01)=0.9975.\end{aligned}$$

对于可微函数 $y=f(x)$,当根据测量值 x 计算 y 的值时,如果已知测量值 x 的绝对误差限为 $\delta_x>0$,即

$$|\Delta x|<\delta_x,$$

则根据近似公式$|\Delta y|\approx|dy|$,可求得 y 的绝对误差限 δ_y 与相对误差限 $\frac{\delta_y}{|y|}(y\neq 0)$的近似值. 它们分别为

$$\delta_y\approx|y'|\delta_x \quad 和 \quad \frac{\delta_y}{|y|}\approx\left|\frac{y'}{y}\right|\delta_x\quad(y\neq 0).$$

通常将绝对误差限与相对误差限分别简称为**绝对误差**和**相对误差**.

例 6. 设圆半径 r 的测量值为 100±0.5mm,求圆面积的绝对误差和相对误差.

解 由题意可知,圆面积 $S=\pi r^2$,$r=100$,$\delta_r=0.5$. 于是,

S 的绝对误差为

$$\begin{aligned}\delta_s&\approx|S'|\delta_r=2\pi r\delta_r\\&=2\pi\times 100\times 0.5\approx 314.16(\text{mm}^2),\end{aligned}$$

S 的相对误差为

$$\frac{\delta_s}{S}\approx\frac{S'}{S}\delta_r=\frac{2\pi r}{\pi r^2}\delta_r=\frac{2\delta_r}{r}=\frac{2\times 0.5}{100}=1\%.$$

§3.5 导数概念在经济学中的应用

本节介绍导数概念在经济学中的两个应用——边际分析和弹性分析.

一、边际与边际分析

边际概念是经济学中的一个重要概念,通常指经济变量的变化率.利用导数研究经济变量的边际变化的方法,即边际分析方法,是经济理论中的一个重要分析方法.

1. 边际成本

在经济学中,边际成本定义为产量增加一个单位时所增加的总成本.

设某产品产量为 x 单位时所需的总成本为 $C=C(x)$,称 $C(x)$ 为**总成本函数**,简称**成本函数**.当产量由 x 变为 $x+\Delta x$ 时,总成本函数的改变量为

$$\Delta C=C(x+\Delta x)-C(x),$$

这时,总成本函数的平均变化率为

$$\frac{\Delta C}{\Delta x}=\frac{C(x+\Delta x)-C(x)}{\Delta x}$$

它表示产量由 x 变到 $x+\Delta x$ 时,在平均意义下的边际成本.

当总成本函数 $C(x)$ 可导时,其变化率

$$C'(x)=\lim_{\Delta x\to 0}\frac{\Delta C}{\Delta x}=\lim_{\Delta x\to 0}\frac{C(x+\Delta x)-C(x)}{\Delta x}$$

表示该产品产量为 x 时的**边际成本**,即边际成本是总成本函数关于产量的导数.其经济意义是:$C'(x)$ 近似等于产量为 x 时再生产一个单位产品所需增加的成本,这是因为

$$C(x+1)-C(x)=\Delta C(x)\approx C'(x).$$

2. 边际收入

在经济学中,边际收入定义为多销售一个单位产品所增加的销售总收入.

设某产品的销售量为 x 时的总收入为 $R=R(x)$.称 $R(x)$ 为**总收入函数**,简称**收入函数**.当 $R(x)$ 可导时,收入函数的变化率

$$R'(x)=\lim_{\Delta x\to 0}\frac{R(x+\Delta x)-R(x)}{\Delta x}$$

称为销售量为 x 时该产品的**边际收入**. 它近似等于销售量为 x 时再销售一个单位产品所增加(或减少)的收入.

3. **边际利润**

设某产品销售量为 x 时的总利润为 $L=L(x)$，称 $L(x)$ 为(总)**利润函数**. 当 $L(x)$ 可导时，称 $L'(x)$ 为销售量为 x 时的**边际利润**，它近似等于销售量为 x 时再多销售一个单位产品所增加(或减少)的利润.

由于总利润为总收入与总成本之差. 即有

$$L(x)=R(x)-C(x).$$

由导数运算法则可知

$$L'(x)=R'(x)-C'(x).$$

即边际利润为边际收入与边际成本之差.

例 1. 设某厂每月生产产品的固定成本为 1000(元). 生产 x 单位产品的可变成本为 $0.01x^2+10x$(元). 如果每单位产品的售价为 30 元. 试求：边际成本，利润函数，边际利润为零时的产量.

解　总成本为可变成本与固定成本之和，依题设，总成本函数为

$$C(x)=0.01x^2+10x+1000.$$

于是，边际成本函数为

$$C'(x)=0.02x+10.$$

总收入函数为 $R(x)=px=30x$，故总利润函数为

$$L(x)=R(x)-C(x)=-0.01x^2+20x-1000,$$

于是，边际利润函数为

$$L'(x)=0.02(1000-x).$$

可见，当月产量为 1000 个单位时，边际利润为零. 说明当月产量达 1000 个单位时，再多生产一个单位产品也不会增加利润.

例 2. 设某产品的需求函数为 $x=100-5p$，其中 p 为价格，x 为需求量. 求边际收入函数，以及 $x=20$、50 和 70 时的边际收入，并解释所得结果的经济意义.

解　总收入函数为 $R(x)=px$，而由题设的需求函数有 $p=\frac{1}{5}(100-x)$. 于

是，总收入函数为

$$R(x)=px=\frac{1}{5}(100-x)x.$$

所以，边际收入函数为

$$R'(x)=\frac{1}{5}(100-2x).$$

$$R'(20)=12,\quad R'(50)=0,\quad R'(70)=-8.$$

由所得结果可知，当销售量即需求量为 20 个单位时，再增加销售可使总收入增加，再多销售一个单位产品，总收入约增加 12 个单位；当销售量为 50 个单位时，总收入达到最大值(下章将证明此结论)，再扩大销售总收入不会再增加；当销售量为 70 个单位时，再多销售一个单位产品，反而使总收入约减少 8 个单位，或者说，再少销售一个单位产品，将使总收入少损失 8 个单位.

二、弹性与弹性分析

弹性概念是经济学中的另一个重要概念，用来定量地描述一个经济变量对另一个经济变量变化的反应程度. 或者说，一个经济变量变动百分之一会使另一经济变量变动百分之几.

我们先给出一般函数的弹性定义如下：

定义 3.3 设函数 $y=f(x)$ 在点 $x_0(x_0\neq 0)$ 的某邻域内有定义，且 $f(x_0)\neq 0$. 如果极限

$$\lim_{\Delta x\to 0}\frac{\Delta y/f(x_0)}{\Delta x/x_0}=\lim_{\Delta x\to 0}\frac{[f(x_0+\Delta x)-f(x_0)]/f(x_0)}{\Delta x/x_0}$$

存在，则称此极限值为函数 $y=f(x)$ 在点 x_0 处的**点弹性**，记为 $\left.\frac{Ey}{Ex}\right|_{x=x_0}$；而称比值

$$\frac{\Delta y/f(x_0)}{\Delta x/x_0}=\frac{f(x_0+\Delta x)-f(x_0)}{\Delta x}\cdot\frac{x_0}{f(x_0)}$$

为函数 $y=f(x)$ 在点 x_0 与点 $x_0+\Delta x$ 之间的**弧弹性**.

由定义可知

$$\left.\frac{Ey}{Ex}\right|_{x=x_0}=\frac{x_0}{f(x_0)}\left.\frac{\mathrm{d}y}{\mathrm{d}x}\right|_{x=x_0},$$

且当$|\Delta x|$很小时,有

$$\left.\frac{Ey}{Ex}\right|_{x=x_0}\approx\frac{\Delta y/f(x_0)}{\Delta x/x_0}=\text{弧弹性}.$$

如果函数 $y=f(x)$在区间(a,b)内可导且 $f(x)\neq0$,则称

$$\frac{Ey}{Ex}=\frac{x}{f(x)}f'(x)$$

为函数 $y=f(x)$在区间(a,b)内的点弹性函数,简称为**弹性函数**.

由定义可知,函数的弹性(点弹性与弧弹性)与量纲无关,即与各有关变量所用的计量单位无关.这使弹性概念在经济学中得到广泛的应用,这是因为经济中各种商品的计量单位是不尽相同的,比较不同商品的弹性时,可不受计量单位的限制.

下面介绍需求对价格的弹性.

定义 3.4 设某商品的市场需求量为Q,价格为 p,需求函数$Q=Q(p)$可导,则称

$$\frac{EQ}{Ep}=\frac{p}{Q(p)}\frac{\mathrm{d}Q}{\mathrm{d}p}$$

为该商品的需求价格弹性,简称为需求弹性,常记为 ε_p.

需求弹性 ε_p 表示某商品需求量Q 对价格 p 变动的反应程度.由于需求函数为价格的减函数,故需求函数的弧弹性为负值,从而当 $\Delta x\to0$ 时,需求弧弹性的极限一般也为负值,即需求价格弹性 ε_p 一般为负值.这表明,当某商品的价格上涨(或下跌)1%时,其需求量将减少(或增加)约$|\varepsilon_p|$%.因此,在经济学中,比较商品需求弹性的大小时,是指弹性的绝对值$|\varepsilon_p|$.当我们说某商品的需求价格弹性大时,是指其绝对值大.

当 $\varepsilon_p=-1$(即$|\varepsilon_p|=1$)时,称为**单位弹性**,此时商品需求量变动的百分比与价格变动的百分比相等;当 $\varepsilon<-1$(即$|\varepsilon|>1$)时,称为**高弹性**,此时商品需求量变动的百分比高于价格变动的百分比,价格的变动对需求量的影响较大;当$-1<\varepsilon_p<0$(即$|\varepsilon_p|<1$)时,称为**低弹性**,此时商品需求量变动的百分比低于价格变动的百分比,价格的变动对需求量的影响不大.

在商品经济中,商品经营者关心的是提价($\Delta p>0$)或降价($\Delta p<0$)对总收益

的影响.利用需求弹性的概念,可以得出价格变动如何影响销售收益的结论.事实上,由于

$$\varepsilon_p=\frac{p}{Q}\frac{\mathrm{d}Q}{\mathrm{d}p} \quad 或 \quad p\mathrm{d}Q=\varepsilon_p Q\mathrm{d}p.$$

可见,由价格 p 的微小变化($|\Delta p|$很小时)而引起的销售收益 $R=Qp$ 的改变量为

$$\begin{aligned}\Delta R&=\Delta(Qp)\approx\mathrm{d}(Qp)\\&=Q\mathrm{d}p+p\mathrm{d}Q=(1+\varepsilon_p)Q\mathrm{d}p.\end{aligned}$$

由 $\varepsilon_p<0$ 知,$\varepsilon_p=-|\varepsilon_p|$,于是有

$$\Delta R\approx(1-|\varepsilon_p|)Q\mathrm{d}p=(1-|\varepsilon_p|)Q\Delta p.$$

由此可知,当$|\varepsilon_p|>1$(高弹性)时,降价($\Delta p<0$)可使总收益增加($\Delta R>0$),薄利多销多收益,提价($\Delta p>0$)将使总收益减少($\Delta R<0$);当 $|\varepsilon_p|<1$(低弹性)时,降价使总收益减少,提价使总收益增加;当$|\varepsilon_p|=1$(单位弹性)时,总收益的改变量 ΔR 是较价格改变量 Δp 高阶的无穷小量,提价或降价对总收益没有明显的影响.

例 3. 设某商品的需求函数为

$$Q=400-100p.$$

求 $p=1,2,3$ 时的需求价格弹性,并给以适当的经济解释.

解 由$\frac{\mathrm{d}Q}{\mathrm{d}p}=-100$,可得

$$\varepsilon_p=\frac{p}{Q}\frac{\mathrm{d}Q}{\mathrm{d}p}=\frac{-100p}{400-100p}.$$

当 $p=1$ 时,$|\varepsilon_p|=\frac{1}{3}<1$,为低弹性,此时降价将使总收益减少,提价使总收益增加.

当 $p=2$ 时,$|\varepsilon_p|=1$,为单位弹性,此时提价或降价对总收益没有明显影响.

当 $p=3$ 时,$|\varepsilon_p|=3>1$,为高弹性,此时降价将使总收益增加,提价使总收益减少.

例 4. 已知某企业某种产品的需求弹性在 1.3~2.1 之间,如果该企业准备明年将价格降低 10%,问这种商品的销售量预期会增加多少?总收益预期会增加多少?

解 由前面的分析可知

$$\frac{\Delta Q}{Q}\approx\varepsilon_p\frac{\Delta p}{p},$$

$$\frac{\Delta R}{R}\approx\frac{(1-|\varepsilon_p|)Q\Delta p}{Qp}=(1-|\varepsilon_p|)\frac{\Delta p}{p}.$$

于是有：

当$|\varepsilon_p|=1.3$时，$\frac{\Delta Q}{Q}\approx(-1.3)\times(-0.1)=13\%$，

$$\frac{\Delta R}{R}\approx(1-1.3)\times(-0.1)=3\%.$$

当$|\varepsilon_p|=2.1$时，$\frac{\Delta Q}{Q}\approx(-2.1)\times(-0.1)=21\%$，

$$\frac{\Delta R}{R}\approx(1-2.1)\times(-0.1)=11\%.$$

可见，明年降价10%时，企业销售量预期将增加约13%～21%；总收益预期将增加3%～11%.

在经济学中，除研究需求价格弹性外，还要研究需求的收入弹性(因需求量与消费者收入有关)，供给弹性，生产量关于资本、劳力的弹性等弹性概念. 读者不妨根据上面介绍的需求弹性，对其他经济变量的弹性进行类似的讨论.

习 题 三

1. 将一物体垂直上抛，物体上升高度 s 与时间 t 的关系为 $s=5t-\frac{1}{2}gt^2$. 求

(1)物体在1秒到$1+\Delta t$秒这段时间内的平均速度.

(2)物体在1秒时的瞬时速度.

(3)物体在t_0秒到$t_0+\Delta t$秒这段时间内的平均速度.

(4)物体在t_0秒时的瞬时速度.

2. 利用导数定义求下列导数：

(1)$y=1-\sqrt{2}x^2$，求y'　　(2)$y=\frac{1}{x}$，求y'

(3) $y=\dfrac{1}{x^2}$，求 y'，$y'|_{x=1}$　　(4) $f(x)=\sqrt{x}$，求 $f'(x)$，$f'(2)$

3. 设函数 $f(x)$在 x_0 处可导,求

(1) $\lim\limits_{\Delta x\to 0}\dfrac{f(x_0-\Delta x)-f(x_0)}{\Delta x}$

(2) $\lim\limits_{\Delta x\to 0}\dfrac{f(x_0+\Delta x)-f(x_0-\Delta x)}{\Delta x}$

(3) $\lim\limits_{\Delta x\to 0}\dfrac{f(x_0+2\Delta x)-f(x_0)}{\Delta x}$

(4) $\lim\limits_{\Delta x\to 0}\dfrac{f(x_0+3\Delta x)-f(x_0+\Delta x)}{\Delta x}$

4. 设函数 $f(x)$在 $x=0$ 处可导,且 $f(0)=0$,求

(1) $\lim\limits_{x\to 0}\dfrac{f(x)}{x}$　　(2) $\lim\limits_{x\to 0}\dfrac{f(tx)}{x}$　$(t\neq 0)$

(3) $\lim\limits_{x\to 0}\dfrac{f(tx)}{t}$　$(t\neq 0)$　　(4) $\lim\limits_{x\to 0}\dfrac{f(tx)-f(-tx)}{x}$　$(t\neq 0)$

5. 求抛物线 $y=x^2$ 上点(3,9)处的切线方程.

6. 当 x 取何值时,曲线 $y=x^2$ 与 $y=x^3$ 的切线平行.

7. 试作下列函数的图形,并根据图形直观判断所给函数在给定点 $x=0$ 处是否可导?

(1) $f(x)=\sqrt[3]{x^2}$　　(2) $f(x)=\dfrac{1}{x}$

(3) $f(x)=\begin{cases}x^2, & x<0\\ 3x, & x\geqslant 0\end{cases}$　　(4) $f(x)=|\sin x|$

8. 讨论下列函数在给定点 $x=0$ 处的连续性与可导性;若可导,求出 $f'(0)$:

(1) $f(x)=\begin{cases}1+x, & x<0\\ 1-x, & x\geqslant 0\end{cases}$

(2) $f(x)=\begin{cases}\dfrac{1}{3}x^3, & x\leqslant 0\\ x, & x>0\end{cases}$

(3) $f(x)=\begin{cases}x^2\sin\dfrac{1}{x}, & x\neq 0\\ 0, & x=0\end{cases}$

(4) $f(x)=\begin{cases} x\sin\dfrac{1}{x}, & x\neq 0 \\ 0, & x=0 \end{cases}$

9. 确定常数 a、b,使函数

$$f(x)=\begin{cases} ax+b\sqrt{x}, & x>1 \\ x^2, & x\leqslant 1 \end{cases}$$

有连续的导数.

10. 设 $f(x)=(x-a)\varphi(x)$. 如果 $\varphi(x)$ 在 $x=a$ 处连续,问 $f(x)$ 在 $x=a$ 处是否可导? 如果 $\varphi(x)$ 在 $x=a$ 处有定义,但不连续,又有怎样的结果?

11. 设 $f(x)$ 是可导的奇函数,试证 $f'(x)$ 为偶函数.

12. 若 $f(x)$ 为偶函数,且 $f'(0)$ 存在,证明 $f'(0)=0$.

13. 若 $f(x)$ 是奇函数,且 $f'_+(0)$ 存在,试问:$f'_-(0)$ 是否存在? 若存在,$f'_+(0)$ 与 $f'_-(0)$ 有何关系?

14. 设 $\varphi(x)$ 和 $\psi(x)$ 在 $x=a$ 处可导,且 $\varphi(a)=\psi(a)$,令

$f(x)=\begin{cases} \varphi(x), & x\leqslant a \\ \psi(x), & x>a \end{cases}$,试回答下列问题:

(1)若 $\varphi'(a)=\psi'(a)$,问 $f'(a)$ 是否存在?

(2)若 $f'(a)$ 存在,$\varphi'(a)$ 与 $\psi'(a)$ 是否相等?

15. 求下列函数的导数(其中 a、b、c、n 为常量):

(1) $y=3x^2-x+5$

(2) $y=(\mathrm{e}x)^{a+b}$

(3) $y=2\sqrt{x}-\dfrac{1}{x}+4\sqrt{3}$

(4) $y=\dfrac{1}{2}x^2-\dfrac{1}{x^2}+x\sqrt{x\sqrt{x}}$

(5) $y=\dfrac{\pi-x^3}{\sqrt{x}}$

(6) $y=(\sqrt{x}+1)\left(\dfrac{1}{\sqrt{x}}-1\right)$

(7) $y=\dfrac{1}{1+\sqrt{x}}+\dfrac{1}{1-\sqrt{x}}$

(8) $y=(1+ax^b)(1+bx^a)$

(9) $y=\dfrac{1}{ax^2+bx+c}$

(10) $y=\dfrac{1-\sin t}{1+\cos t}$

(11) $y=x\ln x$

(12) $y=\dfrac{a}{b+cx^n}$

(13) $y=\varphi\sin\varphi+\dfrac{1}{2}\cos\varphi$

(14) $y=\log_a\sqrt{x}$

(15) $y=x^2\cos x\ln\sqrt{x}$　　(16) $y=x\sin x\ln x$

(17) $y=\dfrac{1}{\csc t+\cot t}$　　(18) $y=x\sec x+\csc x$

(19) $y=x\sec^2 x-\tan x$　　(20) $y=\dfrac{2\tan x-1}{\tan x+1}$

(21) $y=\dfrac{2}{x^3-1}$　　(22) $y=\dfrac{1}{\sqrt{\pi}}(1-2x^3)+\sin\dfrac{\pi}{3}$

(23) $y=\dfrac{x^2+1}{3(x^2-1)}$　　(24) $y=\dfrac{x+\ln x}{x+e^x}$

16. 求下列函数的导数：

(1) $y=\dfrac{e^x-e^{-x}}{e^x+e^{-x}}$　　(2) $y=\dfrac{1}{\arcsin x}$

(3) $y=(\cos x+\sin x)e^x$　　(4) $y=e^x\operatorname{arccot} x$

(5) $y=xe^{-x}\cos x$　　(6) $y=\dfrac{x}{4^x}$

17. 证明双曲线 $xy=a^2$ 上任意一点的切线与两坐标轴形成的三角形的面积等于常数 $2a^2$.

18. 利用复合函数求导法求下列函数的导数：

(1) $y=(x^3-x)^5$　　(2) $s=\dfrac{t^3}{(1-t)^2}$

(3) $y=\dfrac{1}{\sqrt{1-x^2}}$　　(4) $y=\left(\dfrac{1+x^2}{1+x}\right)^3$

(5) $y=\left(\dfrac{x}{1+x}\right)^{10}$　　(6) $y=\ln\ln\ln x$

(7) $y=\ln\tan x$　　(8) $y=\ln\dfrac{a+x}{a-x}$

(9) $y=\sqrt{1+\ln^2 x}$　　(10) $y=2^{\frac{x}{\ln x}}$

(11) $y=e^{-x^2}$　　(12) $y=5\tan\dfrac{x}{5}+\tan\dfrac{\pi}{8}$

(13) $y=\csc^2(e^{3x})$　　(14) $y=x\arccos x-\sqrt{1-x^2}$

(15) $y=x\arctan\sqrt{x}$　　(16) $y=\ln[\ln^2(\ln^3 x)]$

(17) $y=\dfrac{\sin^2 x}{\sin x^2}$　　(18) $y=\arctan\dfrac{x+1}{x-1}$

(19) $y=\sqrt{4x-x^2}+4\arcsin\frac{\sqrt{x}}{2}$　　(20) $y=\frac{1}{4}\ln\frac{1+x}{1-x}$

(21) $y=\frac{1}{2}x\sqrt{x^2+a^2}+\frac{a^2}{2}\ln(x+\sqrt{x^2+a^2})$

(22) $y=\frac{1}{2}\ln\tan\frac{x}{2}-\frac{\cos x}{2\sin^2 x}$

(23) $y=\ln\frac{\sqrt{1-x}}{\sqrt{1+x}}$　　(24) $y=\arcsin\sqrt{1-x^2}$

(25) $y=\frac{1}{2}\tan^2 x+\ln\cos x$　　(26) $y=\frac{\sin x^2}{1+\cos^2 2x}$

(27) $y=\ln(1+x+\sqrt{2x+x^2})$　　(28) $y=\sec^2(e^{1+x^2})$

(29) $y=e^{\tan\frac{1}{x}}\sin\frac{1}{x}$　　(30) $y=x\arcsin(\ln x)$

(31) $y=\ln(\operatorname{arccot}\frac{1}{1+x})$　　(32) $y=\ln[\cos(\arctan\sin x)]$

19. 利用对数求导法求下列函数的导数：

(1) $y=\sqrt{\frac{x-1}{x(x+3)}}$　　(2) $y=\frac{(2x+3)^4\sqrt{x-6}}{\sqrt[3]{x+1}}$

(3) $y=(\sin x)^{\cos x}$　　(4) $y=x^{\frac{1}{x}}$

(5) $y=(1+\frac{1}{x})^x$　　(6) $y=x^{\sqrt{x}}$

20. 设函数 $f(x)$可导，求解下列各题：

(1) $y=f(x^2)$，求$\frac{dy}{dx}$

(2) $y=[xf(x^2)]^2$，求$\frac{dy}{dx}$

(3) $y=f(\sin^2 x)+f(\cos^2 x)$，求$\left.\frac{dy}{dx}\right|_{x=\frac{\pi}{4}}$

(4) $y=f(a+t)-f(a-t)$，求$\left.\frac{dy}{dt}\right|_{t=0}$

21. 求由下列方程确定的隐函数 $y=y(x)$的导数：

(1) $\sqrt{x}+\sqrt{y}=a$，求$\frac{dy}{dx}$

(2) $\cos(xy)=x$，求$\dfrac{\mathrm{d}y}{\mathrm{d}x}$

(3) $y^5+2y-x-3x^7=0$，求$\left.\dfrac{\mathrm{d}y}{\mathrm{d}x}\right|_{x=0}$

(4) $\arctan\dfrac{y}{x}=\ln\sqrt{x^2+y^2}$，求$\dfrac{\mathrm{d}y}{\mathrm{d}x}$

22. 求曲线 $xy+\ln y=1$ 在点$(1,1)$处的切线方程.

23. 求下列函数的二阶导数 y''：

(1) $y=\ln(1-x^2)$　(2) $y=\mathrm{e}^{2x-1}$

(3) $y=x\mathrm{e}^{x^2}$　(4) $y=\dfrac{1}{1+x^2}$

(5) $y=\mathrm{e}^{-\sin x}$　(6) $y=\sin(x+y)$

24. 已知 $x^2+2y^2=2$，求$y''|_{(1,\frac{\sqrt{2}}{2})}$

25. 已知 $xy-\sin(\pi y^2)=0$，求 $y'|_{(0,-1)}$，$y''|_{(0,-1)}$.

26. 求下列函数的 n 阶导数：

(1) $y=\cos x$　(2) $y=\ln(1+x)$

(3) $y=x\mathrm{e}^x$　(4) $y=\sin^2 x$

27. 求下列函数的微分 $\mathrm{d}y$：

(1) $y=\dfrac{m+n}{\sqrt{x}}$　(2) $y=\dfrac{x^3-1}{x^3+1}$

(3) $y=\ln\sqrt{1-x^2}$　(4) $y=x^2\mathrm{e}^{2x}$

(5) $y=\mathrm{e}^x\sin^2 x$　(6) $y=\arctan\mathrm{e}^x$

(7) $y=\arcsin\sqrt{x}$　(8) $y=\tan^2 x$

28. 求由下列方程确定的隐函数 $y=y(x)$的微分 $\mathrm{d}y$：

(1) $y=1+x\mathrm{e}^y$　(2) $\dfrac{x^2}{a^2}+\dfrac{y^2}{b^2}=1$

(3) $y=x+\dfrac{1}{2}\sin y$　(4) $y^2=x+\arccos y$

29. 利用微分求下列各数的近似值：

(1) $\mathrm{e}^{1.01}$　(2) $\ln 0.998$

(3) $\sin 29^0$　(4) $\sqrt[3]{8.1}$

30. 已知正方形的边长为 2.4±0.05 米，求正方形面积的近似值，并估计其绝对误差和相对误差.

31. 已知一圆柱的高为 25cm，底面半径为 20 ± 0.05cm，求：

（1）圆柱体体积的绝对误差与相对误差；

（2）圆柱体侧面积的绝对误差与相对误差.

32. 设 $a>0$，且 $|b|$ 与 a^n 相比是很小的量，证明

$$\sqrt[n]{a^n+b}\approx a+\frac{b}{na^{n-1}}$$

并计算 $\sqrt[10]{1000}$ 的近似值.

33. 设某产品的总成本函数和总收入函数分别为

$$C(x)=3+2\sqrt{x}\qquad R(x)=\frac{5x}{x+1}$$

其中 x 为该产品的销售量，求该产品的边际成本、边际收入和边际利润.

34. 设某产品的需求方程和总成本函数分别为

$$p+0.1x=80\qquad C(x)=5000+20x$$

其中 x 为销售量，p 为价格，求边际利润函数，并计算 $x=150$ 和 $x=400$ 时的边际利润，解释所得结果的经济意义.

35. 指出下列需求关系中，价格 p 取何值时，需求是高弹性或低弹性的：

(1) $x=100(2-\sqrt{p})$　　(2) $p=\sqrt{a-bx}$　$(a,b>0)$

36. 求下列函数的弹性(其中 a,k 为常数)：

（1）$y=kx^a$　　（2）$y=e^{kx}$

（3）$y=4-\sqrt{x}$　　（4）$y=10\sqrt{9-x}$

第四章 中值定理与导数的应用

第三章介绍了导数与微分的概念和计算方法，以及导数的一些简单应用. 本章介绍微分学重要内容之一的“微分中值定理”，以及导数对求未定式极限、函数性态研究、函数作图以及经济极值问题等的应用.

§4.1 中值定理

一、罗尔（*Rolle*）定理

定理 4.1(罗尔定理) 设函数 $f(x)$在闭区间$[a,b]$上连续，在开区间(a,b)内可导，且在两端点的函数值相等，即 $f(a)=f(b)$. 则在开区间(a,b)内至少存在一点 ξ，使得

$$f'(\xi)=0. \tag{4.1}$$

证 由于函数 $f(x)$在闭区间$[a,b]$上连续，故由连续函数性质可知，$f(x)$在$[a,b]$上取得最大值 M 和最小值 m. 若 $M=m$，则在开区间(a,b)内恒有 $f(x)=M=m$，于是 $f'(x)=0$，$x\in(a,b)$，这表明(a,b)内的每一点都可取为 ξ，使(4.1)式成立. 故当 $M=m$ 时，定理的结论成立. 下面证 $M>m$ 时，定理结论也成立.

由 $M>m$ 和 $f(a)=f(b)$可知，最大值 M 和最小值 m 至少有一个在开区间(a,b)内部取得. 不妨设最大值 M 在点 $\xi\in(a,b)$取得，即设

$$M=f(\xi)\geqslant f(x), \qquad x\in[a,b]. \tag{4.2}$$

现证明 $f'(\xi)=0$. 由(4.2)可知，当 $\xi+\Delta x\in[a,b]$时，总有 $f(\xi+\Delta x)-f(\xi)\leqslant 0$. 于是有

$$\frac{\Delta y}{\Delta x}=\frac{f(\xi+\Delta x)-f(\xi)}{\Delta x}\leqslant 0, \quad \Delta x>0,$$

$$\frac{\Delta y}{\Delta x}=\frac{f(\xi+\Delta x)-f(\xi)}{\Delta x}\geqslant 0,\quad \Delta x<0.$$

从而由 $f(x)$在(a,b)内可导,有

$$f'(\xi)=\lim_{\Delta x\to 0^+}\frac{\Delta y}{\Delta x}\leqslant 0,$$

$$f'(\xi)=\lim_{\Delta x\to 0^-}\frac{\Delta y}{\Delta x}\geqslant 0,$$

因而 $f'(\xi)=0$. 定理 4.1 得证.

罗尔定理的几何意义:如果连续曲线弧$\overset{\frown}{AB}$上每一点都有不垂直于 x 轴的切线,并且两端点处纵坐标相等,则在弧$\overset{\frown}{AB}$上至少有一条切线与 x 轴平行. 如图 4－1中有两条切线与 x 轴平行.

注意:罗尔定理的结论仅告诉我们,至少存在一点 $\xi\in(a,b)$,使 $f'(\xi)=0$. 至于 ξ 位于(a,b)内的具体位置,定理并未说明. 但这并不影响罗尔定理的应用. 后面将会看到,罗尔定理在微分学中起着重要的作用.

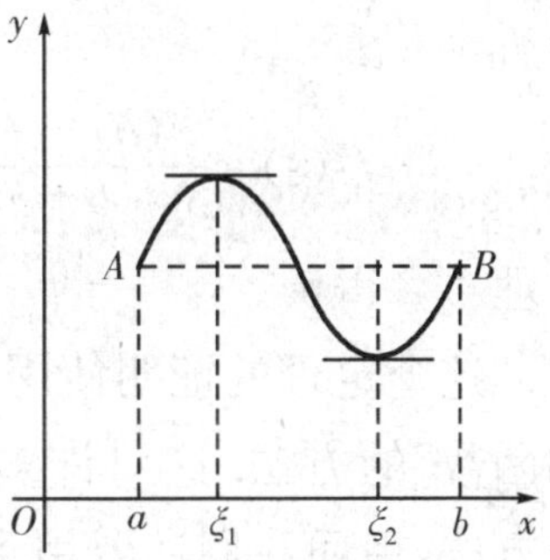

图 4－1

例 1. 函数 $f(x)=\sin x$ 在闭区间 $[0,\ 2\pi]$ 上满足罗尔定理的全部条件,故在$(0,2\pi)$内至少存在一点 ξ,使 $f'(\xi)=\cos\xi=0$. 事实上,$(0,2\pi)$内的点 $\xi_1=\frac{\pi}{2}$和 $\xi_2=\frac{3\pi}{2}$都可取作 ξ.

例 2. 试证明方程 $x^3+x+c=0$ 至多有一个实根,其中 C 为任意常数.

证　用反证法. 假设方程有两个不同的实根 α 和β,且 $\alpha<\beta$. 则函数 $f(x)=x^3+x+c$ 在闭区间$[\alpha,\beta]$上满足罗尔定理的全部条件. 于是,在(α,β)内至少存在一点 ξ,使得 $f'(\xi)=3\xi^2+1=0$,这显然是不可能的. 由此可见,方程$x^3+x+c=0$ 不可能有两个不同的实根. 不难看出方程也不可能有重实根.

二、拉格朗日（*Lagrange*）中值定理

定理 4.2(**拉格朗日中值定理**)　设函数 $f(x)$在闭区间$[a,b]$上连续,在开区间(a,b)内可导. 则在开区间(a,b)内至少存在一点 ξ,使得

$$f'(\xi)=\frac{f(b)-f(a)}{b-a}.\tag{4.3}$$

证　将(4.3)式改写为如下的等价形式

$$\frac{\mathrm{d}}{\mathrm{d}x}\left[f(x)-\frac{f(b)-f(a)}{b-a}x\right]\bigg|_{x=\xi}=0.$$

将此式与罗尔定理中的公式(4.1)相比较，可引入辅助函数

$$F(x)=f(x)-\frac{f(b)-f(a)}{b-a}x.$$

则 $F(x)$ 在 $[a,b]$ 上连续，在 (a,b) 内可导，且有

$$F(a)=F(b)=\frac{bf(a)-af(b)}{b-a}.$$

于是，由罗尔定理可知，至少存在一点 $\xi\in(a,b)$，使得

$$F'(\xi)=f'(\xi)-\frac{f(b)-f(a)}{b-a}=0.$$

即有

$$f'(\xi)=\frac{f(b)-f(a)}{b-a},\qquad \xi\in(a,b).$$

定理 4.2 得证.

这个定理的证明使用了“根据待证结论构造辅助函数”的方法. 这对许多证明题都是一种很有效的方法，后面我们还要用到这个方法.

拉格朗日中值定理的几何意义：如果连续曲线弧 $\overset{\frown}{AB}$ 上每一点都有不垂直于 x 轴的切线，则至少有一条切线平行于弦 AB，如图 4－2 所示.

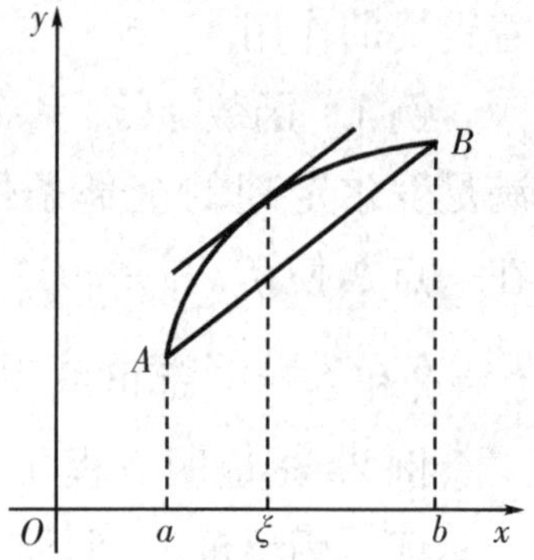

图 4－2

通常，称拉格朗日中值定理为**微分中值定理**，称(4.3)式为**拉格朗日中值公式**. (4.3)式常写成如下的等价形式：

$$f(b)-f(a)=f'(\xi)(b-a)\qquad(\xi\text{在}a,b\text{之间})\qquad(4.4)$$

$$f(b)-f(a)=f'(a+\theta(b-a))(b-a)\qquad(0<\theta<1)\qquad(4.5)$$

$$f(x+\Delta x)-f(x)=f'(x+\theta\Delta x)\Delta x\qquad 0<\theta<1.\qquad(4.6)$$

值得指出，(4.4)和(4.5)式中，$b>a$ 或 $b\leqslant a$，等式都成立；(4.6)式中的 Δx 可正，可负，$|\Delta x|$ 可大，可小，也可为零. 凡需估计可导函数 $f(x)$ 在两点函数值的差，利用上述各式常可得到有趣的结果.

推论 1　如果函数 $f(x)$ 在区间 Ⅰ 上可导，则 $f(x)\equiv C(x\in$ Ⅰ$)$ 的充分必要

条件是 $f'(x)\equiv 0\quad (x\in \mathrm{I})$，即

$$f(x)\equiv C\quad (x\in \mathrm{I})\iff f'(x)\equiv 0\quad (x\in \mathrm{I})\tag{4.7}$$

其中 C 为常数.

证　必要性显然. 下面证充分性.

设 $f'(x)\equiv 0(x\in \mathrm{I})$. 在区间 I 中任取两点 x_1,x_2. 不妨设 $x_1<x_2$. 由假设可知，$f(x)$ 在闭区间 $[x_1,x_2]$ 上连续，在开区间 (a,b) 内可导. 于是由拉格朗日中值公式(4.4)可知，存在 $\xi\in(x_1,x_2)$ 使

$$f(x_2)-f(x_1)=f'(\xi)(x_2-x_1)=0\cdot(x_2-x_1)=0.$$

由 x_1,x_2 的任意性可知，$f(x)$ 在区间 I 上恒为常数. 充分性得证.

推论 2. 如果函数 $f(x)$ 与 $g(x)$ 在区间 I 上可导，且恒有

$$f'(x)=g'(x)\qquad x\in \mathrm{I}$$

则 $f(x)$ 与 $g(x)$ 仅相差一个常数，即有

$$f(x)=g(x)+C\qquad x\in \mathrm{I},\tag{4.8}$$

其中 C 为常数.

证　设 $F(x)=f(x)-g(x)$，则由假设有

$$F'(x)=f'(x)-g'(x)=0\qquad x\in \mathrm{I}.$$

于是，由推论 1 可知，$F(x)=f(x)-g(x)=C,\quad x\in \mathrm{I}$，即(4.8)式成立，其中 C 为常数.

拉格朗日中值定理是微分学中一个非常重要的定理，有很多应用，下面举例说明之.

例 3. 试证明：对任何实数 x_1 和 x_2，恒有

$$|\sin x_1-\sin x_2|\leqslant|x_1-x_2|$$

证　显然，在任何有限区间上，函数 $f(x)=\sin x$ 满足拉格朗日中值定理的条件. 于是，由公式(4.4)有

$$\sin x_1-\sin x_2=\cos\xi\cdot(x_2-x_1),\quad (\xi \text{ 在 } x_1 \text{ 与 } x_2 \text{ 之间}),$$

所以，由 $|\cos\xi|\leqslant 1$，可得

$$|\sin x_1-\sin x_2|=|\cos\xi|\cdot|x_2-x_1|\leqslant|x_1-x_2|.$$

例 4. 试证明：$\arcsin x+\arccos x=\dfrac{\pi}{2},\quad x\in[-1,1]$.

证　由

$$(\arcsin x+\arccos x)'=0,\quad x\in[-1,1]$$

和推论 1 可知，在$[-1,1]$上恒有

$$\arcsin x+\arccos x=C,\quad x\in[-1,1].$$

令 $x=0$，得 $C=\frac{\pi}{2}$，从而

$$\arcsin x+\arccos x=\frac{\pi}{2},\quad x\in[-1,1].$$

三、柯西（*Cauchy*）中值定理

定理 4.3（柯西中值定理） 设函数 $f(x)$与 $g(x)$在闭区间$[a,b]$上连续，在开区间(a,b)内可导，且 $g'(x)\neq 0$，$x\in(a,b)$. 则在开区间(a,b)内至少存在一点 ξ，使得

$$\frac{f'(\xi)}{g'(\xi)}=\frac{f(b)-f(a)}{g(b)-g(a)}. \tag{4.9}$$

***证** 由"根据待证结论构造辅助函数"的方法，易得辅助函数

$$F(x)=f(x)-\frac{f(b)-f(a)}{g(b)-g(a)}g(x).$$

容易验证，$F(x)$在$[a,b]$上满足罗尔定理的全部条件．于是，至少存在一点 $\xi\in(a,b)$，使得

$$F'(\xi)=f'(\xi)-\frac{f(b)-f(a)}{g(b)-g(a)}g'(\xi)=0.$$

再由 $g'(x)\neq 0(x\in(a,b))$可知，$g'(\xi)\neq 0$ 且 $g(b)\neq g(a)$. 从而，由上式可得(4.9)式，定理 4.3 得证.

显然，当 $g(x)=x$ 时，柯西中值定理就转化为拉格朗日中值定理. 可见，柯西中值定理是拉格朗日中值定理的推广.

为了进一步体会上述构造辅助函数方法（以便应用本节三定理）的有效性，下面再介绍几个例子.

例 5. 已知函数 $f(x)$在闭区间$[0,1]$上连续，在开区间$(0,1)$内可导，且 $f(1)=0$. 试证：在开区间$(0,1)$内至少存在一点 ξ，使得

$$f'(\xi)=-\frac{1}{\xi}f(\xi).$$

证 将待证结果改写为

$$\xi f'(\xi)+f(\xi)=[xf(x)]'|_{x=\xi}=0.$$

可见，若令 $F(x)=xf(x)$，则 $F(x)$ 在 $[0,1]$ 上满足罗尔定理的全部条件. 于是，至少存在一点 $\xi\in(0,1)$，使得

$$F'(\xi)=\xi f'(\xi)+f(\xi)=0,$$

即

$$f'(\xi)=-\frac{1}{\xi}f(\xi),\quad \xi\in(0,1).$$

例 6. 已知函数 $f(x)$ 在 $[a,b]$ 上连续，在 (a,b) 内可导，且 $f(a)=f(b)=0$. 试证：在 (a,b) 内至少存在一点 ξ，使得

$$f(\xi)+f'(\xi)=0.$$

证　将待证等式两端同乘以 e^{ξ}，可得

$$[f(\xi)+f'(\xi)]e^{\xi}=[f(x)e^{x}]'|_{x=\xi}=0,$$

可见，若令 $F(x)=f(x)e^{x}$，则 $F(x)$ 在 $[a,b]$ 上连续，在 (a,b) 内可导，且 $F(a)=F(b)=0$，罗尔定理的条件全满足. 于是，至少存在一点 $\xi\in(a,b)$，使得

$$F'(\xi)=[f(\xi)+f'(\xi)]e^{\xi}=0.$$

因 $e^{\xi}>0$，故有

$$f(\xi)+f'(\xi)=0,\quad \xi\in(a,b).$$

***例** 7. 设 $0<a<b$，函数 $f(x)$ 在 $[a,b]$ 上连续，在 (a,b) 内可导. 试证：至少存在一点 $\xi\in(a,b)$，使得

$$f(\xi)-\xi f'(\xi)=\frac{bf(a)-af(b)}{b-a}.$$

证　将待证等式右端改写为

$$\frac{bf(a)-af(b)}{b-a}=\frac{\dfrac{f(b)}{b}-\dfrac{f(a)}{a}}{\dfrac{1}{b}-\dfrac{1}{a}}.$$

于是，由上式右端可见，若令

$$F(x)=\frac{f(x)}{x},\qquad G(x)=\frac{1}{x},$$

则 $F(x)$ 和 $G(x)$ 在 $[a,b]$ 上满足柯西中值定理的条件. 于是，至少存在一点 $\xi\in(a,b)$，使得

$$\frac{F'(\xi)}{G'(\xi)}=\frac{F(b)-F(a)}{G(b)-G(a)}=\frac{bf(a)-af(b)}{b-a}.$$

将

$$F'(x)=\frac{xf'(x)-f(x)}{x^2},\qquad G'(x)=-\frac{1}{x^2}$$

代入上式，即得

$$f(\xi)-\xi f'(\xi)=\frac{F'(\xi)}{G'(\xi)}=\frac{bf(a)-af(b)}{b-a}.$$

§4.2 洛必达($L'Hospital$)法则

当$x\to a$(或$x\to\infty$)时，如果函数$f(x)$和$g(x)$的极限都为零或都趋于无穷大，则极限$\lim\frac{f(x)}{g(x)}$可能存在也可能不存在. 通常，称这种类型的极限为未定式，简记为$\frac{0}{0}$型或$\frac{\infty}{\infty}$型. 对这种未定式的计算，有一个重要而又简便的方法，即本节将要介绍的**洛必达法则**.

一、$\frac{0}{0}$型未定式

定理 4.4 设函数$f(x)$和$g(x)$满足条件：

(1)$\lim\limits_{x\to a}f(x)=\lim\limits_{x\to a}g(x)=0$,

(2)在点a的某空心邻域内可导，且$g'(x)\neq0$,

(3)$\lim\limits_{x\to a}\frac{f'(x)}{g'(x)}=A$(或$\infty$).

则有

$$\lim_{x\to a}\frac{f(x)}{g(x)}=\lim_{x\to a}\frac{f'(x)}{g'(x)}=A(\text{或}\infty).\tag{4.10}$$

证 由于极限$\lim\limits_{x\to a}\frac{f(x)}{g(x)}$存在与否，与函数值$f(a)$和$g(a)$取何值无关，故不妨补充定义

$$f(a)=g(a)=0.$$

于是，由定理条件可知，函数$f(x)$和$g(x)$在点a的某邻域内连续，设x为该邻域

内的一点($x\neq a$)，则由定理的条件(2)可知，$f(x)$和$g(x)$在以点a与点x为端点的区间$[a,x]$(或$[x,a]$)上，满足柯西定理的条件. 于是，在(a,x)(或(x,a))内至少存在一点ξ，使得

$$\frac{f(x)}{g(x)}=\frac{f(x)-f(a)}{g(x)-g(a)}=\frac{f'(\xi)}{g'(\xi)}.$$

注意到$x\to a$时，必有$\xi\to a$，将上式两端取极限，由定理的条件(3)可得

$$\lim_{x\to a}\frac{f(x)}{g(x)}=\lim_{\zeta\to a}\frac{f'(\xi)}{g'(\xi)}=\lim_{x\to a}\frac{f'(x)}{g'(x)}=A(\text{或}\infty).$$

定理得证.

定理 4.4 表明，当$x\to a$时，若$\frac{f'(x)}{g'(x)}\to A$，则$\frac{f(x)}{g(x)}\to A$；若$\frac{f'(x)}{g'(x)}\to\infty$，则$\frac{f(x)}{g(x)}\to\infty$.

例 1. 求$\lim\limits_{x\to 1}\frac{\sqrt{x}-1}{\sqrt[3]{x}-1}\left(\frac{0}{0}\text{型}\right)$.

解

$$\lim_{x\to 1}\frac{\sqrt{x}-1}{\sqrt[3]{x}-1}=\lim_{x\to 1}\frac{(\sqrt{x}-1)'}{(\sqrt[3]{x}-1)'}$$

$$=\lim_{x\to 1}\left(\frac{1}{2}x^{-\frac{1}{2}}\right)\Big/\left(\frac{1}{3}x^{-\frac{2}{3}}\right)$$

$$=\frac{3}{2}\lim_{x\to 1}x^{\frac{1}{6}}=\frac{3}{2}.$$

如果$\lim\limits_{x\to a}\frac{f'(x)}{g'(x)}$仍为$\frac{0}{0}$型未定式，且导函数$f'(x)$和$g'(x)$能满足定理 4.4 的条件，则再次使用洛必达法则，先确定$\lim\limits_{x\to a}\frac{f'(x)}{g'(x)}$，从而确定$\lim\limits_{x\to a}\frac{f(x)}{g(x)}$. 这表明，有些未定式可能要重复使用洛必达法则，才能确定待求极限之值.

例 2. 求$\lim\limits_{x\to 1}\frac{x^3-3x+2}{x^3-x^2-x+1}$.

解

$$\lim_{x\to 1}\frac{x^3-3x+2}{x^3-x^2-x+1}\left(\frac{0}{0}\text{型}\right)$$

$$=\lim_{x\to 1}\frac{3x^2-3}{3x^2-2x-1}\left(\frac{0}{0}\text{型}\right)$$

$$=\lim_{x\to 1}\frac{6x}{6x-2}=\frac{3}{2}.$$

求解未定式极限问题时，应注意将洛必达法则与其他求极限的方法结合起来. 这将使求解过程大为简化.

例 3. 求 $\lim\limits_{x\to0}\dfrac{(x-\arctan x)\ln(1-x)}{e^{x^4}-1}$ $\left(\dfrac{0}{0}\text{型}\right)$

解 由于 $x\to0$ 时

$$\ln(1-x)\sim-x,\quad e^{x^4}-1\sim x^4,$$

所以由定理 2.8 和洛必达法则可得

$$\begin{aligned}\lim_{x\to0}\frac{(x-\arctan x)\ln(1-x)}{e^{x^4}-1}&=\lim_{x\to0}\frac{(x-\arctan x)\cdot(-x)}{x^4}\\&=\lim_{x\to0}\frac{x-\arctan x}{-x^3}=\lim_{x\to0}\frac{1-\dfrac{1}{1+x^2}}{-3x^2}\\&=\lim_{x\to0}\frac{-1}{3(1+x^2)}=-\frac{1}{3}.\end{aligned}$$

上例充分说明，使用洛必达法则之前作必要的整理、化简，恰当地运用等价无穷小等，对有效运用洛必达法则十分必要.

对于 $x\to\infty$ 时的 $\dfrac{0}{0}$ 型未定式，由定理 4.4 易得如下推论：

推论 设函数 $f(x)$ 和 $g(x)$ 满足条件：

(1) $\lim\limits_{x\to\infty}f(x)=\lim\limits_{x\to\infty}g(x)=0$，

(2) 存在正数 M，使当 $|x|>M$ 时，$f(x)$ 和 $g(x)$ 可导，且 $g'(x)\neq0$，

(3) $\lim\limits_{x\to\infty}\dfrac{f'(x)}{g'(x)}=A$（或 ∞）.

则有

$$\lim_{x\to\infty}\frac{f(x)}{g(x)}=\lim_{x\to\infty}\frac{f'(x)}{g'(x)}=A\text{（或}\infty\text{）}.$$

例 4. 求 $\lim\limits_{x\to+\infty}\dfrac{\pi-2\arctan x}{\ln(1+x)-\ln x}$

解 由于 $\ln(1+x)-\ln x=\ln\left(1+\dfrac{1}{x}\right)$，当 $x\to+\infty$ 时

$$\ln\left(1+\frac{1}{x}\right)\to0,\quad\text{且}\quad\ln\left(1+\frac{1}{x}\right)\sim\frac{1}{x}$$

所以，由定理 2.8 和洛必达法则可得

$$\lim_{x\to+\infty}\frac{\pi-2\arctan x}{\ln(1+x)-\ln x}=\lim_{x\to+\infty}\frac{\pi-2\arctan x}{\ln\left(1+\frac{1}{x}\right)}\quad\left(\frac{0}{0}\text{型}\right)$$

$$=\lim_{x\to+\infty}\frac{\pi-2\arctan x}{\frac{1}{x}}=\lim_{x\to+\infty}\frac{-1/(1+x^2)}{-1/x^2}$$

$$=\lim_{x\to+\infty}\frac{x^2}{1+x^2}=1.$$

二、$\frac{\infty}{\infty}$型未定式

定理 4.5　设函数 $f(x)$和 $g(x)$满足条件：

(1)$\lim\limits_{x\to a}f(x)=\lim\limits_{x\to a}g(x)=\infty$，

(2)在点 a 的某空心邻域内可导，且 $g'(x)\neq0$，

(3)$\lim\limits_{x\to a}\frac{f'(x)}{g'(x)}=A$(或$\infty$).

则有

$$\lim_{x\to a}\frac{f(x)}{g(x)}=\lim_{x\to a}\frac{f'(x)}{g'(x)}=A(\text{或}\infty).\tag{4.11}$$

证明略.

对于 $x\to\infty$时的$\frac{\infty}{\infty}$型未定式，只需将定理 4.4 的推论作相应的修改，即可得到相应的洛必达法则.

例 5. 求 $\lim\limits_{x\to+\infty}\frac{\ln x}{x^a}\quad(a>0)$.

解 $\lim\limits_{x\to+\infty}\frac{\ln x}{x^a}\left(\frac{\infty}{\infty}\text{型}\right)$

$=\lim\limits_{x\to+\infty}\left(\frac{1}{x}\right)\Big/(ax^{a-1})$

$=\frac{1}{a}\lim\limits_{x\to+\infty}\frac{1}{x^a}=0.$

例 6. 求 $\lim\limits_{x\to+\infty}\frac{x^2}{e^x}$.

解 $\lim\limits_{x\to+\infty}\frac{x^2}{e^x}=\lim\limits_{x\to+\infty}\frac{2x}{e^x}\quad\left(\frac{\infty}{\infty}\text{型}\right)$

$$=\lim_{x\to+\infty}\frac{2}{e^x}=0.$$

注意：如果极限 $\lim\frac{f'(x)}{g'(x)}$ 不存在，也不为∞，则洛必达法则失效. 这时，极限 $\lim\frac{f(x)}{g(x)}$ 是否存在，需用别的方法判断或求解.

例 7. 求 $\lim\limits_{x\to\infty}\frac{x+\sin x}{x+\cos x}$.

解 此题是$\frac{\infty}{\infty}$型未定式. 由于极限

$$\lim_{x\to\infty}\frac{(x+\sin x)'}{(x+\cos x)'}=\lim_{x\to\infty}\frac{1+\cos x}{1-\sin x}$$

不存在，也不为∞，故不能用洛必达法则.

注意到 $x\to\infty$ 时，$\frac{1}{x}$ 为无穷小量，$\sin x$ 和 $\cos x$ 是有界变量. 于是，有

$$\lim_{x\to\infty}\frac{x+\sin x}{x+\cos x}=\lim_{x\to\infty}\frac{1+\frac{1}{x}\sin x}{1+\frac{1}{x}\cos x}=1.$$

三、其他型的未定式

除了$\frac{0}{0}$型和$\frac{\infty}{\infty}$型未定式外，还有 $0\cdot\infty$型、$\infty-\infty$型、0^0 型、1^∞型和∞^0 型等类型的未定式. 求解这些类型未定式极限的关键是，先将它们化为$\frac{0}{0}$型或$\frac{\infty}{\infty}$型未定式，然后再利用洛必达法则或其他方法求解. 下面通过例题说明之.

例 8. 求 $\lim\limits_{x\to0^+}x\ln x$ （$0\cdot\infty$型）.

解
$$\lim_{x\to0^+}x\ln x=\lim_{x\to0^+}(\ln x)\Big/\left(\frac{1}{x}\right)\left(\frac{\infty}{\infty}\text{型}\right)$$
$$=\lim_{x\to0^+}\left(\frac{1}{x}\right)\Big/\left(-\frac{1}{x^2}\right)=-\lim_{x\to0^+}x=0.$$

例 9. 求 $\lim\limits_{x\to0}\left(\frac{1}{x}-\frac{1}{e^x-1}\right)$ （$\infty-\infty$型）.

解 $\lim\limits_{x\to 0}\left(\frac{1}{x}-\frac{1}{e^x-1}\right)=\lim\limits_{x\to 0}\frac{e^x-1-x}{x(e^x-1)}$ $\left(\frac{0}{0}\text{型}\right)$

$$=\lim_{x\to 0}\frac{e^x-1}{e^x-1+xe^x}\left(\frac{0}{0}\text{型}\right)$$

$$=\lim_{x\to 0}\frac{e^x}{(2+x)e^x}=\frac{1}{2}.$$

例 10. 求 $\lim\limits_{x\to 0^+}x^x$ （0^0 型）.

解 由 $x^x=e^{x\ln x}$ 和例 8 的结果，可得

$$\lim_{x\to 0^+}x^x=\lim_{x\to 0^+}e^{x\ln x}=e^{\lim\limits_{x\to 0^+}x\ln x}$$

$$=e^0=1.$$

例 11. 求 $\lim\limits_{x\to\frac{\pi}{4}}(\tan x)^{\tan 2x}$ （1^∞ 型）.

解 $\lim\limits_{x\to\frac{\pi}{4}}(\tan x)^{\tan 2x}=e^{\lim\limits_{x\to\frac{\pi}{4}}(\tan 2x)\ln\tan x}$，而

$$\lim_{x\to\frac{\pi}{4}}(\tan 2x)\ln\tan x=\lim_{x\to\frac{\pi}{4}}\frac{\ln\tan x}{\cot 2x}\left(\frac{0}{0}\text{型}\right)$$

$$=\lim_{x\to\frac{\pi}{4}}\left(\frac{\sec^2 x}{\tan x}\right)\Big/(-2\csc^2 2x)$$

$$=-\lim_{x\to\frac{\pi}{4}}\sin 2x=-1,$$

所以

$$\lim_{x\to\frac{\pi}{4}}(\tan x)^{\tan 2x}=e^{-1}.$$

例 12. 求 $\lim\limits_{x\to+\infty}x^{\frac{1}{x}}$ （∞^0 型）.

解 $\lim\limits_{x\to+\infty}x^{\frac{1}{x}}=e^{\lim\limits_{x\to+\infty}\frac{1}{x}\ln x}$， 而

$$\lim_{x\to+\infty}\frac{1}{x}\ln x\left(\frac{\infty}{\infty}\text{型}\right)$$

$$=\lim_{x\to+\infty}\frac{1}{x}=0,$$

所以

$$\lim_{x\to+\infty} x^{\frac{1}{x}}=e^{0}=1.$$

由以上各例可知，洛必达法则是确定未定式极限值的一个有效方法，但不是万能的. 必须注意，只有$\frac{0}{0}$型和$\frac{\infty}{\infty}$型未定式才可考虑使用洛必达法则；当极限$\lim\frac{f'(x)}{g'(x)}$不存在且不为∞时，不能使用洛必达法则. 此外，使用洛必达法则时，应注意与其他方法相结合，以便简化运算过程.

§4.3 函数单调性判别法

函数单调性的定义，已在第一章给出. 一般地说，直接按定义判别函数的单调性并不容易. 本节将介绍一种利用导数判别函数单调性的简便而又有效的方法.

函数 $y=f(x)$的单调增减性表现在其图形上是曲线沿 x 轴正方向的上升或下降，如图 4—3 所示.

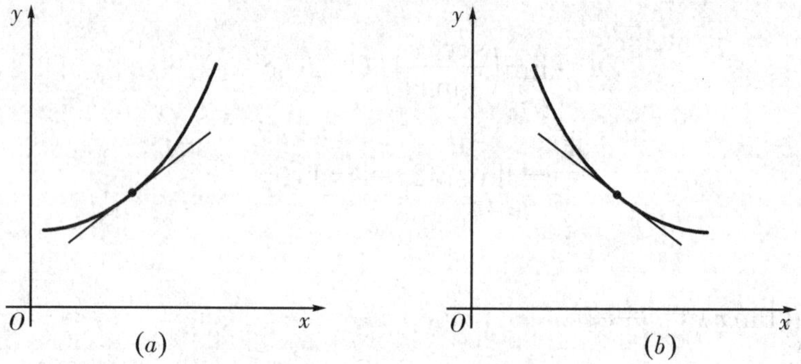

图 4—3

在图 4—3(a)中，曲线为上升曲线，曲线上各点处切线的斜率为正；在图 4—3(b)中，曲线为下降曲线，曲线上各点处切线斜率为负. 由此可见，函数的单调性与其导数的符号有着密切的联系. 这启示我们，可否利用导数的符号判别函数的单调性呢？对此，下面定理给出了肯定的回答.

定理 4.6(**函数单调性判别定理**)　设函数 $y=f(x)$在$[a,b]$上连续，在(a,b)内可导.

(1)如果在(a,b)内恒有 $f'(x)>0$，则 $f(x)$在$[a,b]$上单调增加；

(2)如果在(a,b)内恒有 $f'(x)<0$,则 $f(x)$在$[a,b]$上单调减少.

证　在$[a,b]$上任取两点 x_1 和 x_2,且 $x_1<x_2$.显然,函数 $f(x)$在$[x_1,x_2]$上满足拉格朗日中值定理的条件.于是,至少存在一点 $\xi\in(x_1,x_2)$,使得

$$f(x_2)-f(x_1)=f'(\xi)(x_2-x_1),\quad (x_1<\xi<x_2).$$

由 $x_2-x_1>0$ 可知,$f(x_2)-f(x_1)$的符号与 $f'(\xi)$的符号一致.因此,由(1)中条件有 $f'(\xi)>0$,从而 $f(x_2)>f(x_1)$,再由 x_1 和 x_2 的任意性可知,$f(x)$在$[a,b]$上单调增加.同理可证(2).定理得证.

显然,如果将定理中的闭区间换成其他各种区间(包括无穷区间),定理结论仍成立.

例 1. 确定函数 $f(x)=2x^3-9x^2+12x-3$ 的单调区间.

解　$f'(x)=6x^2-18x+12x=6(x-1)(x-2)$

令 $f'(x)=0$,得 $x_1=1$ 和 $x_2=2$.以 x_1,x_2 为分点,将函数的定义域$(-\infty,+\infty)$分为三个子区间:

$$(-\infty,1),\quad (1,2),\quad (2,+\infty).$$

然后,在这些子区间内分别讨论 $f'(x)$的符号和函数 $f(x)$的增减性,其结果列于表 4—1.

表 4—1

区　间	$(-\infty,1)$	$(1,2)$	$(2,+\infty)$
$f'(x)$	+	−	+
$f(x)$	↑	↓	↑

由表 4—1 可知,$(-\infty,1]$和$[2,+\infty)$为函数 $f(x)$的单调增加区间,$[1,2]$为 $f(x)$的单调减少区间.$f(x)$的图形如图 4—4 所示.

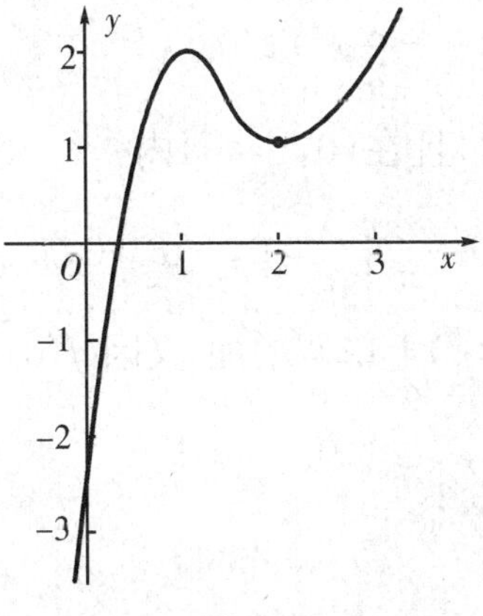

图 4—4

例 2. 确定函数

$f(x)=\frac{3}{5}x^{\frac{5}{3}}-\frac{3}{2}x^{\frac{2}{3}}+1$ 的单调区间.

解 $f'(x)=x^{\frac{2}{3}}-x^{-\frac{1}{3}}$

$$=\frac{x-1}{\sqrt[3]{x}}.$$

可见，$x_1=0$ 处导数不存在，$x_2=1$ 处导数为零. 以 x_1 和 x_2 为分点，将函数定义域$(-\infty,+\infty)$分为三个子区间，并讨论$f'(x)$的符号和 $f(x)$的增减性，其结果列于表 4－2.

表 4－2

区　间	$(-\infty,0)$	$(0,1)$	$(1,+\infty)$
$f'(x)$	+	−	+
$f(x)$	↑	↓	↑

由表 4－2 可知，$f(x)$的单调增加区间为$(-\infty,0]$和$[1,+\infty)$，单调减少区间为$(0,1]$.

在使用定理 4.6 时，条件可以适当放宽. 换言之，如果 $f(x)$在$[a,b]$上连续、在(a,b)内可导，且除有限个点处 $f'(x)=0$ 外，$f'(x)$均为正(为负)，则$f(x)$在$[a,b]$仍然单调增加(单调减少).

函数的单调性常用于不等式的证明.

例 3. 试证：当 $x>0$ 时，恒有

$$\ln(1+x)>x-\frac{1}{2}x^2.$$

证 只需证明当 $x>0$ 时，有

$$f(x)=\ln(1+x)-(x-\frac{1}{2}x^2)>0.$$

由于 $f(x)$在$[0,+\infty)$上连续，且在$(0,+\infty)$内

$$f'(x)=\frac{1}{1+x}-1+x=\frac{x^2}{1+x}>0,\quad x>0,$$

由定理 4.6 可知，$f(x)$在$[0,+\infty)$上单调增加，又因 $f(0)=0$，故 $x>0$ 时，$f(x)>0$，即

$$\ln(1+x)>x-\frac{1}{2}x^2,\quad x>0.$$

§4.4 函数的极值与最值

一、函数的极值及其求法

在上节的例 1 中，$x_1=1$ 和 $x_2=2$ 是函数 $f(x)$ 单调区间的分界点. 从点 $x_1=1$的左侧到右侧，曲线 $y=f(x)$(见图 4—4)先升后降，点$(1,f(1))$处于曲线的“峰顶”. 这说明在 $x_1=1$ 处存在一个空心邻域，对该邻域内的任意一点 x，均有 $f(x)<f(1)$. 通常称函数值 $f(1)$为 $f(x)$的极大值，点 $x_1=1$ 为 $f(x)$的极大值点. 通过类似的讨论可知，点$(2,f(2))$处于曲线 $y=f(x)$的“谷底”. 通常称函数值 $f(2)$为 $f(x)$的极小值，点 $x_2=2$ 为 $f(x)$的极小值点.

一般地，有如下的定义：

定义 4.1　设函数 $f(x)$在点 x_0 的某邻域内有定义. 如果对该邻域内的任意点 $x(x\neq x_0)$，均有 $f(x)<f(x_0)$(或 $f(x)>f(x_0)$)，则称 $f(x_0)$是 $f(x)$的**极大值**(或**极小值**)，称 x_0 是 $f(x)$的**极大值点**(或**极小值点**).

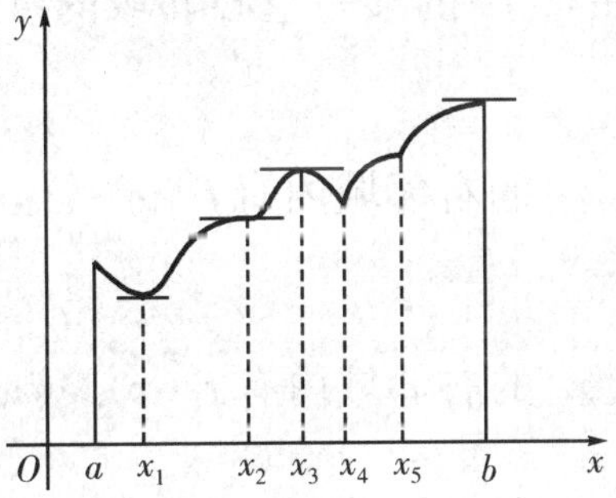

图 4—5

函数的极大值与极小值统称为函数的**极值**，极大值点与极小值点统称为**极值点**.

函数极值问题在微分学的理论与应用中都极为重要. 下面，我们将系统地介绍函数极值的求法.

由图 4—5 所示的曲线中可以看出，在极值点处，曲线或者有水平切线(如点 x_1 和点 x_3 处)，或者切线不存在(如点 x_4 处). 于是我们得到如下结论.

定理 4.7**(极值点的必要条件)**　点 x_0 是函数 $f(x)$的极值点的必要条件是：

$$f'(x_0)=0 \quad 或者 \quad f'(x_0)不存在.$$

证　如果 $f(x)$在点 x_0 处不可导，则定理的结论自然成立.

现设 $f(x)$在点 x_0 处可导，且 x_0 为 $f(x)$的极大值点. 由定义可知，$f(x)$在 x_0 的某邻域内有定义. 且当$|\Delta x|$很小时，总有

$$\Delta y=f(x_0+\Delta x)-f(x_0)<0.$$

于是有

$$f'_{+}(x_0)=\lim_{\Delta x\to 0^+}\frac{\Delta y}{\Delta x}\leqslant 0,$$

$$f'_{-}(x_0)=\lim_{\Delta x\to 0^-}\frac{\Delta y}{\Delta x}\geqslant 0.$$

又因 $f(x)$在点 x_0 处可导，故有

$$f'(x_0)=f'_{+}(x_0)=f'_{-}(x_0),$$

从而有

$$f'(x_0)=0.$$

类似地可证，当 x_0 为 $f(x)$的极小值点时，也必定有 $f'(x_0)=0$，定理得证.

使 $f'(x)=0$ 的点，称为函数 $f(x)$的**驻点**.

定理 4.7 说明，函数的极值点必是它的驻点或导数不存在的点. 因此，函数极值点应在其驻点和导数不存在的点中去寻找. 但是，驻点和导数不存在的点不一定都是极值点(如图 4－5 中的点 x_2 和点 x_5). 因此，如何判定一个函数的驻点和导数不存在的点是否为极值点，就是一个需要进一步解决的问题，即需要建立判定极值点的充分条件.

定理 4.8**(极值点第一判别法)** 设函数 $f(x)$在点 x_0 的某一空心邻域内可导，且在点 x_0 连续.

(1)如果在点 x_0 的左邻域内有 $f'(x)>0$，在点 x_0 的右邻域内有 $f'(x)<0$，则 x_0 是 $f(x)$的极大值点；

(2)如果在点 x_0 的左邻域内有 $f'(x)<0$，在点 x_0 的右邻域内有 $f'(x)>0$，则 x_0 是 $f(x)$的极小值点；

(3)如果在点 x_0 的空心邻域内 $f'(x)$恒为正或恒为负，则 x_0 不是 $f(x)$的极值点.

证 根据函数单调性判别法(定理 4.6)，由(1)中条件可知，函数 $f(x)$在点 x_0 的左邻域内单调增加，在点 x_0 的右邻域内单调减少，而 $f(x)$在点 x_0 处又是连续的，故由极大值的定义可知，$f(x_0)$是 $f(x)$的极大值，即 x_0 是 $f(x)$的极大值点. 同理可证(2)与(3). 定理得证.

定理 4.8 也可扼要地叙述为：设 x_0 是 $f(x)$的连续点. 若当 x 从 x_0 的左侧变到右侧时，$f'(x)$变号，则 x_0 为 $f(x)$的极值点；若 $f'(x)$符号保持不变，则 x_0

不是 $f(x)$ 的极值点.

例 1. 求函数 $f(x)=(x-1)^2(x+1)^3$ 的极值.

解 根据定理 4.7 和定理 4.8,可按以下步骤求解:

(1)求 $f(x)$ 的导数 $f'(x)=(x+1)^2(5x-1)(x-1)$;

(2)令 $f'(x)=0$,得驻点 $x_1=-1, x_2=\frac{1}{5}, x_3=1$;

(此例 $f(x)$ 没有导数不存在的点)

(3)分别讨论 $f'(x)$ 在驻点 x_1、x_2、x_3 的左右邻域内的符号变化情况.讨论结果列于表 4-3:

表 4-3

x	$(-\infty,-1)$	-1	$\left(-1,\frac{1}{5}\right)$	$\frac{1}{5}$	$\left(\frac{1}{5},1\right)$	1	$(1,+\infty)$
$f'(x)$	+	0	+	0	−	0	+
$f(x)$	↗	非极值	↗	极大值	↘	极小值	↗

由表 4-3 可知,$x_2=\frac{1}{5}$ 和 $x_3=1$ 分别为 $f(x)$ 的极大值点和极小值点,而驻点 $x_1=-1$ 不是极值点.函数 $f(x)$ 的极大值和极小值分别为

$$f\left(\frac{1}{5}\right)-\frac{3456}{3125}\approx 1.1 \text{ 和 } f(1)=0.$$

当函数 $f(x)$ 在其驻点处有不等于零的二阶导数时,有更为简便的判别极值点的充分条件.

定理 4.9**(极值点的第二判别法)** 设 x_0 是函数 $f(x)$ 的驻点(即 $f'(x_0)=0$),且有二阶导数 $f''(x_0)\neq 0$.则

(1)当 $f''(x_0)>0$ 时,x_0 是 $f(x)$ 的极小值点;

(2)当 $f''(x_0)<0$ 时,x_0 是 $f(x)$ 的极大值点.

证 由 $f'(x_0)=0$ 和二阶导数定义可知

$$f''(x_0)=\lim_{x\to x_0}\frac{f'(x)-f'(x_0)}{x-x_0}=\lim_{x\to x_0}\frac{f'(x)}{x-x_0}$$

在(1)的条件下,$f''(x_0)>0$.由极限性质可知,在 x_0 的某空心邻域内,有

$$\frac{f'(x)}{x-x_0}>0.$$

于是，在该空心邻域内，$f'(x)$与$x-x_0$的符号相同. 即在x_0的左邻域内，由于$x-x_0<0$，从而有$f'(x)<0$；在x_0的右邻域内，由于$x-x_0>0$，从而有$f'(x)>0$. 由此，由定理4.8可知，x_0是$f(x)$的极小值点. 从而定理中的(1)得证. 同理可证定理中的(2). 定理得证.

例 2. 求函数$f(x)=x^3-3x$的极值.

解 (1)$f'(x)=3x^2-3=3(x+1)(x-1)$；

(2)令$f'(x)=0$，得驻点$x_1=-1, x_2=1$；

(3)$f''(x)=6x$.

因为$f''(-1)=-6<0$，故$f(-1)=2$为$f(x)$的极大值；因为$f''(1)=6>0$，故$f(1)=-2$为$f(x)$的极小值.

二、函数的最值及其求法

在许多理论和应用问题中. 需要求函数在某区间上的最大值和最小值(统称为最值).

一般地说，函数的最值与极值是两个不同的概念，最值是对整个区间而言的，是全局性的；极值是对极值点的某个邻域而言的，是局部性的. 另外，最值可以在区间的端点取得，而极值则只能在区间的内点取得.

由于在闭区间上连续的函数必能在该区间上取得最大值和最小值，故由前面的分析讨论可知，求连续函数$f(x)$在闭区间$[a,b]$上的最值时，只需分别计算$f(x)$在其驻点、导数不存在点、以及端点a和b处的函数值，然后再加以比较，其中最大者为$f(x)$在$[a,b]$上的最大值，最小者为$f(x)$在$[a,b]$上的最小值.

例 3. 求函数$f(x)=x(x-1)^{\frac{1}{3}}$在区间$[-2,2]$上的最值.

解 (1)$f'(x)=(x-1)^{\frac{1}{3}}+\frac{1}{3}x(x-1)^{-\frac{2}{3}}$

$$=\frac{4x-3}{3\sqrt[3]{(x-1)^2}};$$

(2)令$f'(x)=0$，得驻点$x_1=\frac{3}{4}$，

显然，导数不存在的点为$x_2=1$；

(3)计算$f(x)$在区间$[-2,2]$的端点及点x_1、x_2处的函数值：

$f(-2)=2.88$，　　$f(2)=2$，

$$f\left(\frac{3}{4}\right)=-0.47,\qquad f(1)=0.$$

比较以上各值可得，$f(x)$在$[-2,2]$上的最大值为 2.88，最小值为-0.47.

定理 4.10　设函数 $f(x)$在闭区间$[a,b]$上连续，在开区间(a,b)内可导，且 x_0 是 $f(x)$在(a,b)内的唯一驻点. 则当 x_0 为 $f(x)$的极大值点（或极小值点）时，x_0 必同时为 $f(x)$在$[a,b]$上的最大值点（或最小值点）.

将定理中的闭区间$[a,b]$改为其他形式的区间时，定理的结论仍成立.

定理 4.10 的结论从直观上看是明显的，其证明从略. 这个定理的结论在解决实际问题时经常用到.

例 4. 要制造一个容积为 V（单位：立方米）的圆柱形密闭容器. 问容器的高和底圆半径各为多少时，用料最省？

解　依题意，用料最省就是要求表面积最小. 设该容器的高为 h，底圆半径为 r，则表面积为

$$S=2\pi r^2+2\pi rh.$$

依题设有 $V=\pi r^2h$，于是 $h=\dfrac{V}{\pi r^2}$，代入上式得

$$S=S(r)=2\pi r^2+2\pi r\cdot\frac{V}{\pi r^2}=2\pi r^2+\frac{2V}{r}.$$

由

$$S'=4\pi r-\frac{2V}{r^2}=0$$

得唯一的驻点：

$$r_0=\left(\frac{V}{2\pi}\right)^{\frac{1}{3}}.$$

又由 $S''=4\pi+\dfrac{4V}{r^3}>0$ 可知，r_0 为 $S(r)$的极小值点，于是由定理 4.10 可知，r_0 也是 $S(r)$的最小值点. 此时，容器的高为：

$$h_0=\frac{V}{\pi {r_0}^2}=\frac{Vr_0}{\pi {r_0}^3}=2r_0\quad\left(\text{因}\pi {r_0}^3=\frac{V}{2}\right).$$

这说明，当圆柱形容器的高与底圆直径相等时，用料最省.

例 5. 已知某商品的需求函数为 $Q=1000-100p$，总成本函数为 $C=1000+3Q$. 求使总利润最大的价格 p.

解　销售量为 Q 时，总收入为

$$R(p)=Qp=(1000-100p)p.$$

于是,总利润为

$$\begin{aligned}L(p)&=R(p)-C(Q)\\&=(1000-100p)p-[1000+3(1000-100p)]\\&=1300p-100p^2-4000.\end{aligned}$$

由 $L'(p)=1300-200p=0$,得唯一驻点 $p_0=6.5$. 又由

$$L''(p)=-200<0$$

可知,驻点 p_0 是极大值点,同时也是最大值点. 因此,当价格为 6.5 个价格单位时,总利润最大.

例 6. 设某厂每批生产某种产品 x 个单位的总成本为

$$C(x)=ax^3-bx^2+cx \quad (a>0,b>0,c>0),$$

问每批生产多少个单位的产品,其平均成本最小? 并求其最小平均成本和相应的边际成本.

解 平均成本为

$$\overline{C}(x)=\frac{C(x)}{x}=ax^2-bx+c.$$

由$\overline{C}'(x)=2ax-b=0$,得唯一驻点 $x_0=\dfrac{b}{2a}$. 又由$\overline{C}''(x)=2a>0$可知,驻点 $x_0=\dfrac{b}{2a}$为极小值点,同时也是最小值点. 可见,每批产量为$\dfrac{b}{2a}$个单位时,平均成本最小,最小平均成本为

$$\overline{C}\left(\frac{b}{2a}\right)=a\left(\frac{b}{2a}\right)^2-b\left(\frac{b}{2a}\right)+c=\frac{4ac-b^2}{4a},$$

因边际成本为

$$C'(x)=3ax^2-2bx+c,$$

故相应的边际成本为

$$C'\left(\frac{b}{2a}\right)=3a\left(\frac{b}{2a}\right)^2-2b\left(\frac{b}{2a}\right)+c=\frac{4ac-b^2}{4a}.$$

可见,最小平均成本等于其相应的边际成本.

一般地,如果平均成本 $\overline{C}(x)=\dfrac{C(x)}{x}$可导,则当 $\overline{C}(x)$取得极小值时,必有

$$\overline{C}'(x)=\frac{xC'(x)-C(x)}{x^2}=\frac{1}{x}(C'(x)-\overline{C}(x))=0,$$

即

$$C'(x)=\overline{C}(x).$$

可见，对于一般的成本函数，都有最小平均成本等于其相应边际成本的结论.

例 7. 某厂生产的产品年销售量为 100 万件. 假设(1)这些产品分成若干批生产，每批需生产准备费 1000 元(与批量大小无关)；(2)产品均匀销售(即产品的平均库存量为批量的一半)，且每件产品库存一年需库存费 0.05 元.

试求使每年生产所需的生产准备费与库存费之和为最小的最佳批量(称为经济批量).

解 设每年的生产准备费与库存费之和为 C，批量为 x，则

$$C=C(x)=1000\left(\frac{1000000}{x}\right)+0.05\left(\frac{x}{2}\right)$$

$$=\frac{10^9}{x}+\frac{x}{40}.$$

由 $C'(x)=\frac{1}{40}-\frac{10^9}{x^2}$，得驻点 $x_0=2\times10^5$.

由 $C''(x)=\frac{2\times10^9}{x^3}>0$，知驻点为最小值点. 因此，最佳批量为 20 万件.

库存在正常生产经营活动中是不可避免的，但库存太多会使资金积压，库存变质会造成浪费. 因此，确定最优(或最适当)的库存量是很重要的.

§4.5 曲线的凸性、拐点与渐近线

一、曲线的凸性与拐点

研究了函数 $f(x)$ 的单调性，可知曲线 $y=f(x)$ 的升降情况. 但是，如果不知道曲线的弯曲方向，仍不能准确地描绘曲线变化的特点. 如图 4－6 中的曲线，$\overset{\frown}{AB}$ 和 $\overset{\frown}{BC}$ 两段曲线弧都是上升的，但它们的图形却有明显的差别，$\overset{\frown}{AB}$ 是向下凸的弧(也称为凹弧)，而 $\overset{\frown}{BC}$ 是向上凸的弧(也称为凸弧). 如果曲线处处有切线，则向上凸(或向下凸)的曲线弧的基本特征是，弧上的切线总在曲线弧的上方(或下方)，如图 4－6 所示.

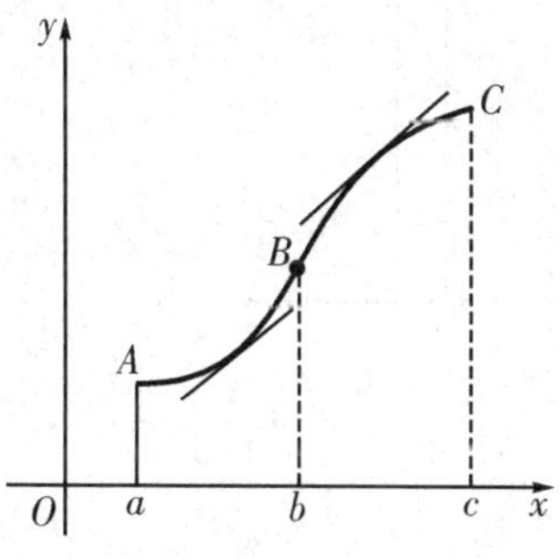

图 4—6

定义 4.2 设函数 $f(x)$ 在区间 (a,b) 内可导，如

果曲线 $y=f(x)$ 上任意一点处的切线都在曲线的上方,则称该曲线为**向上凸**的(亦称为**凸弧**),称区间 (a,b) 为该曲线的**上凸区间**或**凸区间**;如果曲线 $y=f(x)$ 上任意一点处的切线都在曲线的下方,则称该曲线为**向下凸**的(亦称为**凹弧**),称区间 (a,b) 为该曲线的**下凸区间**或**凹区间**.

例如,图 4-6 中的 $\overset{\frown}{AB}$ 为曲线的凹弧,(a,b) 为曲线的凹区间;$\overset{\frown}{BC}$ 为曲线的凸弧,(b,c) 为曲线的凸区间.

曲线的向上凸或向下凸,统称为曲线的**凸性**.如何判别曲线的凸性呢?如图 4-6 所示,当凹弧 $\overset{\frown}{AB}$ 上的切点由 A 向 B 运动时,其切线的斜率 $f'(x)$ 将单调增加;当凸弧 $\overset{\frown}{BC}$ 上的切点由 B 向 C 运动时,其切线的斜率 $f'(x)$ 将单调减少.于是,当 $f''(x)$ 存在时,我们有判别曲线凸性的充分条件如下:

定理 4.11 设函数 $f(x)$ 在区间 (a,b) 内二阶可导,则有

(1)若在 (a,b) 内有 $f''(x)>0$,则曲线 $y=f(x)$ 在 (a,b) 内向下凸(用符号 $\smile$ 表示);

(2)若在 (a,b) 内有 $f''(x)<0$,则曲线 $y=f(x)$ 在 (a,b) 内向上凸(用符号 $\frown$ 表示).

证 因为函数 $f(x)$ 在 (a,b) 内二阶可导,故 $f(x)$ 在 (a,b) 内必(一阶)可导.于是,在曲线 $y=f(x)$ 上的任意点 $(x_0,f(x_0))$ 处有切线,其切线方程为

$$y=f(x_0)+f'(x_0)(x-x_0)$$

对于曲线上的另一任意点 $M(x_1,f(x_1))$,依拉格朗日中值定理有

$$f(x_1)=f(x_0)+f'(x_0+\theta\Delta x)\Delta x,\qquad 0<\theta<1,$$

其中 $\Delta x=x_1-x_0$.

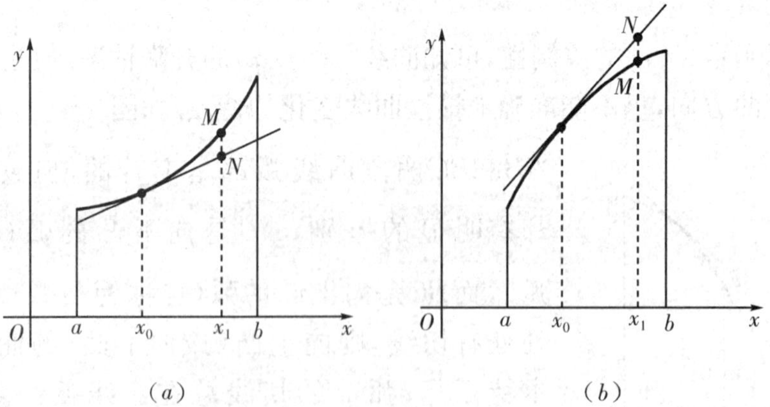

图 4-7

如图 4-7 所示,对于切线上的相应点 $N(x_1,y_1)$,有

$$y_1=f(x_0)+f'(x_0)\Delta x.$$

于是有

$$f(x_1)-y_1=[f'(x_0+\theta\Delta x)-f'(x_0)]\Delta x,\quad 0<\theta<1.$$

对于情形(1)，由 $f''(x)>0$ 可知，$f'(x)$ 在 (a,b) 内单调增加(如图 4－7(a)所示)．于是

$$f'(x_0+\theta\Delta x)-f'(x_0)>0,\qquad \Delta x>0 \text{ 时},$$

$$f'(x_0+\theta\Delta x)-f'(x_0)<0,\qquad \Delta x<0 \text{ 时}.$$

由此可知，对于任意的 $\Delta x\neq 0$，当 $x_0+\Delta x\in(a,b)$ 时，恒有

$$f(x_1)-y_1=[f'(x_0+\theta\Delta x)-f'(x_0)]\Delta x>0$$

这说明点 N 总在点 M 的下方，即过点 $(x_0,f(x_0))$ 的切线在曲线弧的下方．由点 $(x_0,f(x_0))$ 的任意性和定义可知，曲线 $y=f(x)$ 在 (a,b) 内向下凸，情形(1)得证．同理可证情形(2)．定理得证．

例 1. 求曲线 $y=2x^3+3x^2+12x+14$ 的上凸区间和下凸区间．

解 $y'=6x^2+6x+12$，

$y''=12x+6=6(2x+1)$．

令 $y''=0$，得 $x_0=-\frac{1}{2}$．以 x_0 为分点，将函数的定义域 $(-\infty,+\infty)$ 分为 $\left(-\infty,-\frac{1}{2}\right)$ 和 $\left(-\frac{1}{2},+\infty\right)$ 两个子区间，按 y'' 的符号分别讨论曲线在这两个子区间内的凸性，其结果列于表 4－4 中．

由表 4－4 可知，曲线的上凸区间为 $\left(-\infty,-\frac{1}{2}\right)$，下凸区间为 $\left(-\frac{1}{2},+\infty\right)$．

表 4　4

区　　间	$\left(-\infty,-\frac{1}{2}\right)$	$\left(-\frac{1}{2},+\infty\right)$
$f''(x)$	－	＋
$y=f(x)$	$\frown$	$\smile$

定义 4.3　连续曲线上凸弧与凹弧的分界点称为该曲线的**拐点**．

如例 1 中的曲线，其拐点为 $\left(-\frac{1}{2},8\frac{1}{2}\right)$．

例 2. 求曲线 $y=\frac{3}{5}x^{\frac{5}{3}}-\frac{3}{2}x^{\frac{2}{3}}+1$ 的上凸区间、下凸区间及拐点.

解 $y'=x^{\frac{2}{3}}-x^{-\frac{1}{3}}$,

$$y''=\frac{2}{3}x^{-\frac{1}{3}}+\frac{1}{3}x^{-\frac{4}{3}}=\frac{1}{3}(2x+1)x^{-\frac{4}{3}}.$$

令 $y''=0$,得 $x_1=-\frac{1}{2}$;在点 $x_2=0$ 处,二阶导数 y''不存在. 以 $x_1=-\frac{1}{2}$ 和 $x_2=0$ 为分点,划分函数的定义域$(-\infty,+\infty)$为三个子区间,并讨论函数在各子区间的凸性,结果列于表 4—5.

表 4—5

区　间	$\left(-\infty,-\frac{1}{2}\right)$	$\left(-\frac{1}{2},0\right)$	$(0,+\infty)$
$f''(x)$	−	+	+
$y=f(x)$	⌒	⌣	⌣

由表 4－5 可知,曲线的上凸区间为$\left(-\infty,-\frac{1}{2}\right)$,下凸区间为$\left(-\frac{1}{2},0\right)$和$(0,+\infty)$;拐点为$(-0.5,-0.123)$.

由例 2 可以看出,判定连续曲线 $y=f(x)$的凸性与拐点的一般步骤是:(1)求出使 $y''(x)=0$ 及 $f''(x)$不存在的点,并以这些点为分点,将函数 $f(x)$的定义域划分为若干个子区间;(2)按照定理 4.11 确定曲线 $y=f(x)$在这些子区间上的凸性;(3)讨论拐点,如果 $f''(x)$在点 x_0 的左、右两侧异号,则点$(x_0,f(x_0))$为曲线 $y=f(x)$的拐点,若同号则不是拐点.

二、曲线的渐近线

为了确定曲线的渐近趋向和函数的变化趋势,有必要讨论曲线的渐近线.

定义 4.4　如果曲线 $y=f(x)$上一动点沿曲线无限远离原点时，无限接近某直线（即该动点与直线的距离趋于零），则称此直线为曲线 $y=f(x)$的**渐近线**.

渐近线可分为水平渐近线、垂直渐近线和斜渐近线三种情形,下面分别讨论之.

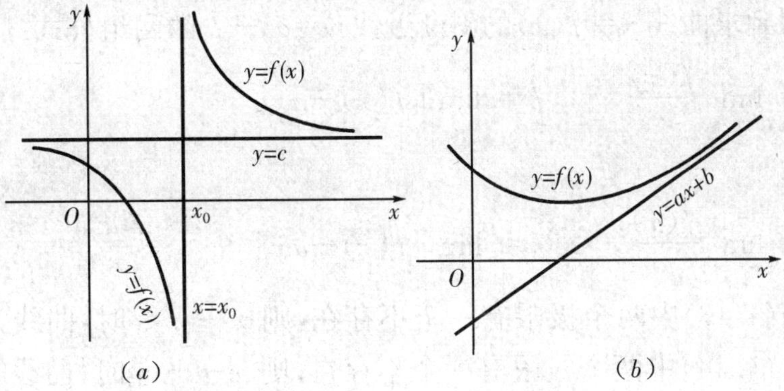

图 4—8

如图 4—8（a）所示，如果

$$\lim_{x\to+\infty} f(x)=C \quad 或 \quad \lim_{x\to-\infty} f(x)=C$$

则称直线 $y=C$ 为曲线 $y=f(x)$的水平渐近线.

例如，由于 $\lim\limits_{x\to\infty}\dfrac{1}{x}=0$，所以直线 $y=0$（即 x 轴）为双曲线 $y=\dfrac{1}{x}$的水平渐近线.

如图 4—8(a)所示，如果

$$\lim_{x\to x_0^-} f(x)=\infty \text{ 或 } \lim_{x\to x_0^+} f(x)=\infty$$

则称直线 $x=x_0$ 为曲线 $y=f(x)$的**垂直渐近线**.

例如，由于 $\lim\limits_{x\to 0}\dfrac{1}{x}=\infty$，所以直线 $x=0$（即 y 轴）为双曲线 $y=\dfrac{1}{x}$的垂直渐近线.

如图 4—8(b)所示，如果

$$\lim_{x\to+\infty}[f(x)-(ax+b)]=0 \text{ 或 } \lim_{x\to-\infty}[f(x)-(ax+b)]=0 \qquad (4.12)$$

其中 a 和 b 为常数，且 $a\neq0$，则称直线 $y=ax+b$ 为曲线 $y=f(x)$的**斜渐近线**.

如果曲线 $y=f(x)$有斜渐近线 $y=ax+b$，则由(4.12)可知，必有

$$\lim_{x\to+\infty}[f(x)-ax]=b \quad 或 \quad \lim_{x\to-\infty}[f(x)-ax]=b,$$

以及

$$\lim_{x\to+\infty}\left[\frac{f(x)}{x}-a\right]=0 \quad 或 \quad \lim_{x\to-\infty}\left[\frac{f(x)}{x}-a\right]=0.$$

即

$$\lim_{x\to+\infty}\frac{f(x)}{x}=a \quad 或 \quad \lim_{x\to-\infty}\frac{f(x)}{x}=a.$$

于是，我们得到求曲线 $y=f(x)$ 的斜渐近线 $y=ax+b$ 的两组公式：

$$a=\lim_{x\to+\infty}\frac{f(x)}{x},\qquad b=\lim_{x\to+\infty}[f(x)-ax] \tag{4.13}$$

或

$$a=\lim_{x\to-\infty}\frac{f(x)}{x},\qquad b=\lim_{x\to-\infty}[f(x)-ax] \tag{4.14}$$

注意：若(4.13)中两个极限有一个不存在，则 $x\to+\infty$ 时，曲线 $y=f(x)$ 无斜渐近线；若(4.14)中两个极限有一个不存在，则 $x\to-\infty$ 时，曲线 $y=f(x)$ 无斜渐近线.

例 3. 求曲线 $y=\dfrac{x^2}{2x-1}$ 的渐近线.

解 由于

$$\lim_{x\to\frac{1}{2}}\frac{x^2}{2x-1}=\infty,\qquad \lim_{x\to\infty}\frac{x^2}{2x-1}=\infty,$$

可见该曲线有垂直渐近线 $x=\dfrac{1}{2}$，而无水平渐近线. 又由于

$$\lim_{x\to\infty}\frac{f(x)}{x}=\lim_{x\to\infty}\frac{x^2}{x(2x-1)}=\frac{1}{2}=a,$$

$$\lim_{x\to\infty}\left[f(x)-\frac{1}{2}x\right]=\lim_{x\to\infty}\frac{x}{2(2x-1)}=\frac{1}{4}=b,$$

故该曲线有斜渐近线

$$y=\frac{1}{2}x+\frac{1}{4}.$$

§ 4.6 函数作图

利用导数作函数的图形是微分学实际应用的一个重要方面.

作函数 $y=f(x)$ **的图形的基本步骤如下**：

(1)确定函数 $f(x)$ 的定义域，讨论其奇偶性与周期性；

(2)求出使 $f'(x)=0$ 与 $f''(x)=0$ 的点，以及 $f'(x)$ 与 $f''(x)$ 不存在的点；

(3)以(2)中所得各点为分点，将函数 $f(x)$ 的定义域划分为若干个子区间，并列表讨论 $f'(x)$ 与 $f''(x)$ 在各子区间内的符号，从而确定出曲线 $y=f(x)$ 在各子区间内的升降、凸性和拐点以及函数 $f(x)$ 的极值；

(4)讨论曲线 $y=f(x)$ 的渐近线；

(5)描出曲线 $y=f(x)$ 上的几个特殊点，并作图.

例 1. 作函数 $f(x)=\dfrac{1}{\sqrt{2\pi}}e^{-\frac{x^2}{2}}$ 的图形.

解　(1)函数的定义域为 $(-\infty,+\infty)$，且该函数为偶函数，其图形关于 y 轴对称. 因此，可先研究 $x\geqslant 0$ 时的函数图形.

(2) $f'(x)=-\dfrac{x}{\sqrt{2\pi}}e^{-\frac{x^2}{2}}<0,\quad (x>0),\quad f'(0)=0.$

$$f''(x)=\frac{x^2-1}{\sqrt{2\pi}}e^{-\frac{x^2}{2}}=0,\ 得\ x_0=1\quad (x>0).$$

(3)以 $x_0=1$ 为分点，将 $(0,+\infty)$ 划分为 $(0,1)$ 和 $(1,+\infty)$ 两个子区间，并讨论 $f'(x)$ 和 $f''(x)$ 在这两个子区间的符号. 将结果列于表 4－6.

拐点为 $\left(1,\dfrac{1}{\sqrt{2\pi e}}\right)$，　$x=0$ 为极大值点.

(4)由于

$$\lim_{x\to\infty}f(x)=\lim_{x\to\infty}\frac{1}{\sqrt{2\pi}}e^{-\frac{x^2}{2}}=0,$$

所以，$y=0$ 为曲线的水平渐近线.

(5)描出点 $\left(0,\dfrac{1}{\sqrt{2\pi}}\right)$、$\left(1,\dfrac{1}{\sqrt{2\pi e}}\right)$，其中 $\dfrac{1}{\sqrt{2\pi}}\approx 0.4$，$\dfrac{1}{\sqrt{2\pi e}}\approx 0.24$，并画出曲线在 y 轴右侧的图形，然后按 y 轴对称，画出 y 轴左侧的图形. 如图 4－9 所示.

表 4－6

x	0	$(0,1)$	1	$(1,\infty)$
$f'(x)$	0	－	－	－
$f''(x)$	－	－	0	＋
$y=f(x)$	$\dfrac{1}{\sqrt{2\pi}}$	↘	拐点	↘

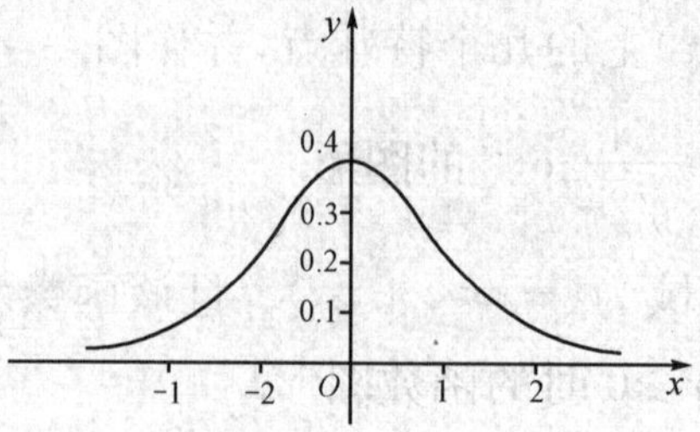

图 4—9

例 2. 作函数 $y=f(x)=\dfrac{x^2}{2x-1}$的图形.

解 (1)函数的定义域为$\left(-\infty,\dfrac{1}{2}\right)\cup\left(\dfrac{1}{2},+\infty\right)$.

$x_1=\dfrac{1}{2}$为无穷间断点.

(2)$y'=\dfrac{2x(x-1)}{(2x-1)^2}$，　　令 $y'=0$,得驻点

$x_2=0$，$x_3=1$.

$y''=\dfrac{2}{(2x-1)^3}\neq 0\quad\left(x\neq\dfrac{1}{2}\right)$.

(3)以 x_1、x_2、x_3 为分点,将函数定义域划分为四个子区间,并讨论 y'和 y''在各子区间内的符号,将其结果列于表 4—7.

表 4—7

x	$(-\infty,0)$	0	$\left(0,\frac{1}{2}\right)$	$\frac{1}{2}$	$\left(\frac{1}{2},1\right)$	1	$(1,+\infty)$
y'	+	0	−		−	0	+
y''	−	−	−		+	+	+
$y=f(x)$	↗	极大值 0	↘	无定义	↘	极小值 1	↗

(4)由§4.5 的例 3 可知,有

垂直渐近线 $x=\dfrac{1}{2}$

斜渐近线 $y=\dfrac{1}{2}x+\dfrac{1}{4}$

(5)画出两条渐近线,并描出点(0,0)与(1,1),然后按表 4－7 列出的函数的单调性和曲线的凸性以及曲线的渐近趋向作图,如图 4－10 所示.

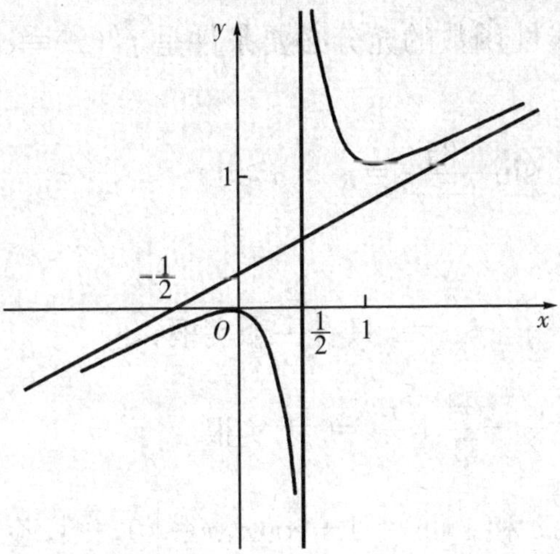

图 4－10

习　题　四

1. 验证下列函数在指定区间上是否满足罗尔定理的条件:

(1) $f(x)=\frac{1}{x^2}$, $[-1,1]$　　(2) $f(x)=|x|$, $[-1,1]$

(3) $f(x)=\frac{1+x^2}{x}$, $[-2,2]$　　(4) $f(x)=x^4$, $[-2,2]$

(5) $f(x)=x^2$, $[-1,1]$　　(6) $f(x)=|x|\sin|x|$, $[-\pi,\pi]$

2. 不用求出函数 $f(x)=x(x-1)(x-2)(x-3)$ 的导数,说明 $f'(x)=0$ 有几个实根,并指出各根所在的区间.

3. 证明方程 $x^3+x+c=0$(c 为非零常数)在区间 $(-|c|,|c|)$ 内有且仅有一个实根(提示:利用闭区间上连续函数的零值定理).

4. 利用拉格朗日中值定理证明下列不等式:

(1) $\frac{b-a}{b}\leqslant\ln\frac{b}{a}\leqslant\frac{b-a}{a}$　$(0<a<b)$

(2) $\arctan x_2-\arctan x_1\leqslant x_2-x_1\quad(x_1<x_2)$

(3) $e^x\geqslant ex\quad(x\geqslant 1)$

(4) $x\leqslant\tan x\quad\left(0\leqslant x<\frac{\pi}{2}\right)$

5. 试证：$f(x)$为 x 的线性函数的充分必要条件是 $f'(x)\equiv c$($x\in R$，c为常数).

6. 证明恒等式：

$$2\arctan x+\arcsin\frac{2x}{1+x^2}=\pi\quad(x\geqslant 1)$$

7. 证明：

(1)方程 $1-x+\frac{x^2}{2}-\frac{x^3}{3}=0$ 只有一个实根；

(2)方程 $1-x+\frac{x^2}{2}-\frac{x^3}{3}+\frac{x^4}{4}=0$ 无实根.

8. 已知函数 $f(x)=\sin x$ 和 $g(x)=1+\cos x$，$x\in\left[0,\frac{\pi}{2}\right]$，验证柯西中值定理的正确性.

9. 设函数 $f(x)$在$[a,b]$上连续，在(a,b)内可导，且 $f(a)=f(b)=0$. 试证：在(a,b)内至少存在一点 ξ，使得 $f'(\xi)-f(\xi)=0$.

10. 设函数 $f(x)$在$[a,b]$上连续，在(a,b)内有二阶导数，且 $f(a)=f(b)=0$，$f(c)>0(a<c<b)$. 试证：在(a,b)内至少存在一点 ξ，使得 $f''(\xi)<0$.

*11. 已知函数 $f(x)$在$[0,1]$上连续，在$(0,1)$内可导，且 $f(0)=0$，$f(1)=1$，$f(x)$是 x 的非线性函数. 试证：在$(0,1)$内至少存在一点 ξ，使得 $f'(\xi)>1$.

12. 设可导函数 $f(x)$与 $g(x)$满足：$|f'(x)|\leqslant g'(x)$. 试证：当 $x\geqslant a$ 时，有 $f(x)-f(a)\leqslant g(x)-g(a)$.

13. 求下列极限：

(1) $\lim\limits_{x\to x_0}\frac{x^\alpha-x_0^\alpha}{x^\beta-x_0^\beta}\quad(\beta\neq 0)$

(2) $\lim\limits_{x\to 0}\frac{\tan x-x}{x-\sin x}$

(3) $\lim\limits_{x\to 0}\frac{\cos x-\sqrt{1+x}}{x^3}$

(4) $\lim\limits_{x\to 0}\frac{a^x-b^x}{x}\quad(a、b>0)$

(5) $\lim\limits_{x\to 0}\frac{\tan x}{\tan 3x}$

(6) $\lim\limits_{x\to\infty}(1+x^2)^{\frac{1}{x}}$

(7) $\lim\limits_{x\to 0^+}(\tan x)^{\sin x}$

(8) $\lim\limits_{x\to 1}\left(\frac{x}{x-1}-\frac{1}{\ln x}\right)$

(9) $\lim\limits_{x\to\infty}x(e^{\frac{1}{x}}-1)$

(10) $\lim\limits_{x\to 0}\left[\frac{1}{e}(1+x)^{\frac{1}{x}}\right]^{\frac{1}{x}}$

(11) $\lim\limits_{x\to\infty}\frac{x-\sin x}{x+\sin x}$

(12) $\lim\limits_{x\to+\infty}\frac{e^x-e^{-x}}{e^x+e^{-x}}$

(13) $\lim\limits_{x\to 1}(1-x)\tan\frac{\pi x}{2}$

(14) $\lim\limits_{x\to 0}\left(\frac{1}{x}-\frac{1}{e^x-1}\right)$

(15) $\lim\limits_{x\to 0}\frac{x}{\ln\cos x}$

(16) $\lim\limits_{x\to+\infty}\left(\frac{\pi}{2}-\arctan x\right)^{\frac{1}{\ln x}}$

(17) $\lim\limits_{x\to 0}\frac{x+\sin x}{2x-\ln(1-2x)}$

(18) $\lim\limits_{x\to 0}\left(\cot x-\frac{1}{x}\right)$

14. 设函数 $f(x)$ 在 $[a,b]$ 上连续，在 (a,b) 内可导，且 $\lim\limits_{x\to a^+}f'(x)=A$. 试证：$f'_+(a)=A$.

15. 确定下列函数的单调区间：

(1) $y=x^3-3x^2-9x+5$　　(2) $y=x+\frac{4}{x}$

(3) $y=(x-1)x^{\frac{2}{3}}$　　(4) $y=x-e^x$

(5) $y=2x^2-\ln x$　　(6) $y=x+\cos x$

16. 利用函数的增减性，证明下列不等式：

(1) $3-\frac{1}{x}<2\sqrt{x}\quad(x>1)$　　(2) $\frac{x-1}{x+1}<\frac{1}{2}\ln x\quad(x>1)$

(3) $\frac{2}{\pi}x<\sin x<x\quad\left(0<x<\frac{\pi}{2}\right)$　　(4) $x-\frac{1}{3}x^3<\arctan x<x\quad(x>0)$

17. 证明方程 $\sin x=x$ 有且仅有一个实根.

18. 函数的导函数为单调函数，问此函数是否也是单调函数？试举例说明之.

19. 设函数 $f(x)$ 在闭区间 $[0,A]$ 上连续，且 $f(0)=0$. 如果 $f'(x)$ 存在且为增函数 $(x\in(0,A))$. 试证：函数 $F(x)=\frac{1}{x}f(x)$ 也是增函数.

20. 求下列函数的极值：

(1) $y=x^3-3x^2-9x+1$　　(2) $y=x-\ln(1+x)$

(3) $y=x+\sqrt{1-x}$　　(4) $y=x^2e^{-x}$

(5) $y=\frac{x}{1+x^2}$　　(6) $y=x-(x-2)^{\frac{2}{3}}$

21. 求下列函数在所给区间上的最值.

(1) $y=2x^3-6x^2-18x+7,\quad x\in[1,4]$

(2) $y=x^{\frac{1}{x}}$，　$x\in(0,+\infty)$

(3) $y=x^2-\dfrac{54}{x}$，　$x\in(-\infty,0)$

(4) $y=\sqrt{x}\ln x$，　$x\in\left[\dfrac{1}{2},1\right]$

(5) $y=\mathrm{e}^{|x-3|}$，　$x\in[-5,5]$

(6) $y=|x^2-3x+2|$，　$x\in[-10,10]$

22. 利用函数的最值证明下列不等式：

(1) $|3x-x^3|\leqslant 2$，　$x\in[-2,2]$

(2) $x^{\alpha}\leqslant 1-\alpha+\alpha x$，　$x\in(0,+\infty)$，$0<\alpha<1$

23. 一正方形的纸板边长为 $2a$，将其四角各剪去一个边长相等的小正方形，做成一个无盖的纸盒. 问剪去的小正方形边长等于多少时，纸盒的容积最大？

24. 做一个容积为 V 的圆柱形容器，已知其两个端面的材料价格为每单位面积 a 元，侧面材料价格为每单位面积 b 元. 问底面直径与高的比例为多少时，造价最省？

25. 用一块半径为 R 的圆形铁皮，剪去一圆心角为 α 的扇形后，做成一个漏斗形容器，问 α 为何值时，容器的容积最大？

26. 在半径为 R 的半圆内，内接一矩形，问矩形的边长为何值时，矩形的周长最大？

27. 设某企业的总利润函数为

$$L(x)=10+2x-0.1x^2$$

求使总利润最大的产量 x.

28. 设某厂每天生产某种产品 x 单位时的总成本函数为

$$C(x)=0.5x^2+36x+9800\text{(元)}$$

问每天生产多少个单位的产品时，其平均成本最低？

29. 某个体户以每条 10 元的进价购进一批牛仔裤，设此牛仔裤的需求函数为

$$Q=40-2p$$

问该个体户应将销售价定为多少时，才能获得最大利润？

30. 设某厂生产某种产品 x 个单位时，其销售收入为 $R(x)=3\sqrt{x}$，成本函数为

$C(x)=\frac{1}{4}x^2+1$. 求使总利润达到最大的产量 x.

31. 由方程 $x^3+2y^3-6axy=0(a\neq 0)$ 确定的隐函数 $y=y(x)$，满足条件 $y(2a)=2a$，试证：$x=2a$ 为驻点，并判定 $x=2a$ 是否为极值点？是怎样的极值点？

32. 当 a 为何值时，函数 $f(x)=a\sin x+\frac{1}{3}\sin 3x$ 在 $x=\frac{\pi}{3}$ 处有极值？是怎样的极值？并求此极值.

33. 设函数 $f(x)$ 满足条件：$af(x)+bf\left(\frac{1}{x}\right)=\frac{c}{x}$，其中 a、b、c 为常数，且 $|a|>|b|$，$c>0$. 试问：a，b 满足什么条件时，$f(x)$ 有极值？并求出相应的极值点.

34. 确定下列曲线的凸性区间及拐点：

(1) $y=x^3$　　(2) $y=(x-1)^{\frac{5}{3}}$

(3) $y=xe^{-x}$　　(4) $y=e^{\arctan x}$

(5) $y=3x^{\frac{1}{3}}-\frac{3}{4}x^{\frac{4}{3}}$　　(6) $y=\frac{x}{(x+3)^2}$

35. 当 a、b 为何值时，点 $(1,3)$ 为曲线 $y=ax^3+bx^2$ 的拐点？

36. 求下列曲线的渐近线：

(1) $y=1+\frac{1}{x^2}$　　(2) $y=x+\ln x$

(3) $y=\frac{\ln x}{x-1}$　　(4) $y=(1+x)e^{1-\frac{1}{x}}$

37. 作下列函数的图形：

(1) $y=x^3-3x^2+1$　　(2) $y=(2+x)e^{\frac{1}{x}}$

(3) $y=e^{\frac{1}{x}}$　　(4) $y=\frac{8}{4-x^2}$

(5) $y=\frac{x^2}{x+1}$　　(6) $y=\frac{3}{5}x^{\frac{5}{3}}$

第五章 不定积分

对于给定的函数 $F(x)$，求其导数 $F'(x)$ 或微分 $\mathrm{d}F(x)$，这是微分学的任务. 在实际问题中，还会遇到与此相反的问题，即对于给定的函数 $f(x)$，求函数 $F(x)$，使得 $F'(x) = f(x)$ 或 $\mathrm{d}F(x) = f(x)\mathrm{d}x$，这是积分学要完成的任务.

本章介绍不定积分的基本概念和性质，以及求不定积分的基本方法.

§5.1 不定积分的概念与性质

一、原函数与不定积分的概念

定义 5.1 设 $f(x)$ 是定义在区间Ⅰ上的已知函数. 如果存在函数 $F(x)$，使得

$$F'(x) = f(x) \quad 或 \quad \mathrm{d}F(x) = f(x)\mathrm{d}x$$

在区间Ⅰ上恒成立，则称 $F(x)$ 是 $f(x)$ 在区间Ⅰ上的一个**原函数**.

例如，因 $(\sin x)' = \cos x$ 在区间 $(-\infty, +\infty)$ 内恒成立，故 $\sin x$ 是 $\cos x$ 在 $(-\infty, +\infty)$ 内的一个原函数；因 $(x^3)' = (x^3 + \sqrt{5})' = 3x^2$ 在 $(-\infty, +\infty)$ 内恒成立，故 x^3 和 $x^3 + \sqrt{5}$ 都是 $3x^2$ 在 $(-\infty, +\infty)$ 内的原函数.

定理 5.1 如果 $F(x)$ 是 $f(x)$ 在区间Ⅰ上的一个原函数，则 $F(x)+C$ 也是 $f(x)$ 在区间Ⅰ上的原函数，其中 C 为任意常数.

证 因 $F(x)$ 是 $f(x)$ 的原函数，故有 $F'(x) = f(x)$，从而有 $[F(x)+C]' = F'(x) = f(x)$. 于是，由定义可知，$F(x)+C$ 也是 $f(x)$ 的原函数.

此定理告诉我们，只需知道函数 $f(x)$ 的一个原函数 $F(x)$，就可求出 $f(x)$ 的无穷多个形如 $F(x)+C$ 的原函数，其中 C 是可以取任意实数值的常数. 问题是，函数 $f(x)$ 除了形如 $F(x)+C$ 的原函数外，是否还有其他形式的原函数？下面的定理将能回答这个问题.

定理 5.2　如果 $F(x)$ 和 $G(x)$ 都是 $f(x)$ 在区间 Ⅰ 上的原函数，则在区间 Ⅰ 上它们的差 $F(x)-G(x)$ 恒为常数.

证　由定理假设知

$$F'(x)=f(x),\qquad G'(x)=f(x),\qquad x\in \mathrm{I}.$$

于是

$$F'(x)=G'(x),\qquad x\in \mathrm{I}.$$

从而，根据第四章拉格朗日中值定理的推论 2 可知

$$F(x)-G(x)\equiv C,\qquad x\in \mathrm{I},$$

其中 C 为某个常数.

定理 5.2 告诉我们，若 $F(x)$ 是 $f(x)$ 在区间 Ⅰ 上的一个原函数，则 $f(x)$ 在区间 Ⅰ 上的其他任何原函数均可表示为 $F(x)$ 与某个常数之和. 换言之，知道 $f(x)$ 的一个原函数 $F(x)$ 之后，$F(x)+C$ 便包含了 $f(x)$ 的所有原函数，其中 C 为任意常数.

定义 5.2　设 $F(x)$ 为 $f(x)$ 在区间 Ⅰ 上的一个原函数，则 $f(x)$ 的全体原函数 $F(x)+C$ （C 为任意常数）称为 $f(x)$ 在区间 Ⅰ 上的**不定积分**，记为 $\int f(x)\mathrm{d}x$，即

$$\int f(x)\mathrm{d}x=F(x)+C.$$

其中“$\int$”称为**积分号**，$f(x)$ 称为**被积函数**，x 称为**积分变量**，$f(x)\mathrm{d}x$ 称为**被积表达式**，C 称为**积分常数**. 求已知函数 $f(x)$ 的不定积分称为**积分** $f(x)$.

例 1. 求函数 $f(x)=\dfrac{1}{x}$ 的不定积分.

解　由 § 3.2 的例 11 可知，当 $x\neq 0$ 时，有

$$(\ln|x|)'=\frac{1}{x},$$

于是

$$\int \frac{1}{x}\mathrm{d}x=\ln|x|+C.$$

例 2. 求函数 $f(x)=x^{\alpha}$ 的不定积分，其中 $\alpha\neq -1$ 为常数.

解　因为 $\left(\dfrac{1}{\alpha+1}x^{\alpha+1}\right)'=x^{\alpha}$，所以

$$\int x^{\alpha}\mathrm{d}x=\frac{1}{\alpha+1}x^{\alpha+1}+C.$$

例 3. 求函数 $f(x)=\sin x$ 的不定积分.

解 因为$(-\cos x)'=\sin x$,所以

$$\int \sin x\mathrm{d}x=-\cos x+C.$$

二、不定积分的几何意义

设 $F(x)$ 为函数 $f(x)$ 的一个原函数,则方程 $y=F(x)$ 的图形为坐标平面上的一条曲线,称为函数 $f(x)$ 的一条积分曲线.将这条积分曲线沿 y 轴向上或向下平移长度为$|C|$的距离,将得到 $f(x)$ 的另一条积分曲线 $y=F(x)+C$.由于C可取任意实数,故可得到 $f(x)$ 的无穷多条积分曲线,它们构成一曲线族,称为积分曲线族.不定积分就表示这积分曲线族.由于不论常数 C 取何值,恒有

$$[F(x)+C]'=F'(x)=f(x)$$

故当横坐标相同时,各积分曲线的切线斜率相等,即各切线相互平行,如图 5－1 所示.

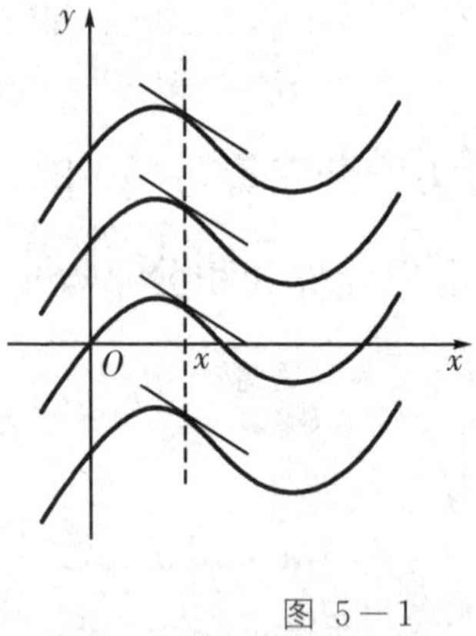

图 5－1

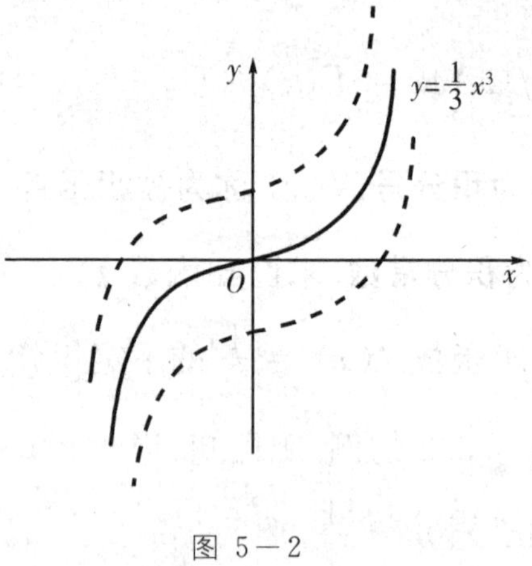

图 5－2

例 4. 求过点$\left(1,\frac{1}{3}\right)$且切线斜率为 x^2 的曲线方程.

解 因 $y'=x^2$,故由例 2 可知(取 $\alpha=2$)

$$y=\int x^2\mathrm{d}x=\frac{1}{3}x^3+C$$

因所求曲线过点$\left(1,\frac{1}{3}\right)$，将 $x=1$ 时 $y=\frac{1}{3}$ 代入上式，可得 $C=0$. 于是，所求曲线为

$$y=\frac{1}{3}x^3.$$

其图形如图 5－2 中实线所示.

三、不定积分的基本性质

性质 1　求不定积分与求导互为逆运算：

$$(i)\left[\int f(x)\mathrm{d}x\right]'=f(x)\quad\text{或}\quad \mathrm{d}\left[\int f(x)\mathrm{d}x\right]=f(x)\mathrm{d}x.$$

$$(ii)\int F'(x)\mathrm{d}x=F(x)+C\quad\text{或}\quad \int \mathrm{d}F(x)=F(x)+C.$$

由此可见，微分运算（以记号 d 表示）与求不定积分的运算（简称积分运算，以记号$\int$表示）是互逆的. 当记号$\int$与 d 连在一起时，或者抵消，或者抵消后差一常数.

性质 2　非零常数因子可提到积分号之前：

$$\int af(x)\mathrm{d}x=a\int f(x)\mathrm{d}x.$$

其中 a 为非零常数.

证　因为

$$\left[a\int f(x)\mathrm{d}x\right]'=a\left[\int f(x)\mathrm{d}x\right]'=af(x)$$

而 $af(x)$ 恰好是$\int af(x)\mathrm{d}x$ 的被积函数，故由定义可知，$a\int f(x)\mathrm{d}x$ 为 $af(x)$ 的不定积分.

性质 3　函数之和（或差）的不定积分等于函数不定积分之和（或差）：

$$\int[f(x)\pm g(x)]\mathrm{d}x=\int f(x)\mathrm{d}x\pm\int g(x)\mathrm{d}x.$$

证明与性质 2 类似，留给读者去完成.

性质 4　有限个函数线性组合的不定积分等于各函数不定积分的线性组合：

$$\int[a_1f_1(x)+a_2f_2(x)+\cdots+a_nf_n(x)]\mathrm{d}x$$

$$=a_1\int f_1(x)\mathrm{d}x+a_2\int f_2(x)\mathrm{d}x+\cdots+a_n\int f_n(x)\mathrm{d}x.$$

其中常数 $a_1,\cdots,a_n$ 全不为零.

由性质 2 和性质 3 不难证明此性质.

§5.2　基本积分表

由于求不定积分与求导互为逆运算,故由第三章的基本导数公式,不难验证下列**基本积分公式**(式中 C 为任意常数):

(1) $\int O\mathrm{d}x=C$

(2) $\int x^\alpha\mathrm{d}x=\dfrac{1}{\alpha+1}x^{\alpha+1}+C,\quad \alpha\neq-1$

(3) $\int\dfrac{1}{x}\mathrm{d}x=\ln|x|+C$

(4) $\int a^x\mathrm{d}x=\dfrac{1}{\ln a}a^x+C,\quad a>0、a\neq1$

(5) $\int \mathrm{e}^x\mathrm{d}x=\mathrm{e}^x+C$

(6) $\int\sin x\mathrm{d}x=-\cos x+C$

(7) $\int\cos x\mathrm{d}x=\sin x+C$

(8) $\int\sec^2x\mathrm{d}x=\tan x+C$

(9) $\int\csc^2x\mathrm{d}x=-\cot x+C$

(10) $\int\dfrac{1}{\sqrt{1-x^2}}\mathrm{d}x=\arcsin x+C(=-\arccos x+\widetilde{C})$

(11) $\int\dfrac{1}{1+x^2}\mathrm{d}x=\arctan x+C(=-\mathrm{arccot}x+\widetilde{C})$

要验证这些公式的正确性,只需利用基本导数公式,验证公式右端函数的导数等于左端不定积分的被积函数.

上述基本不定积分公式是求其他不定积分时经常要用到的. 因此,要求读者熟记这些公式.

利用不定积分的性质和基本积分表,可求出一些简单函数的不定积分. 这称为**直接积分法**.

例 1. 求不定积分$\int(1-\sqrt{x})^2\mathrm{d}x$.

解 原式$=\int(1-2\sqrt{x}+x)\mathrm{d}x$.

$$=\int\mathrm{d}x-2\int x^{\frac{1}{2}}\mathrm{d}x+\int x\mathrm{d}x$$

$$=x-\frac{4}{3}x^{\frac{3}{2}}+\frac{1}{2}x^2+C.$$

注意,中间等式右端有三个不定积分,每个不定积分都应有一个积分常数. 但因任意常数之和仍为任意常数,故最后结果只需写出一个任意常数 C.

例 2. 求不定积分$\int\frac{\cos 2x}{\sin x+\cos x}\mathrm{d}x$.

解 原式$=\int\frac{\cos^2 x-\sin^2 x}{\cos x+\sin x}\mathrm{d}x$

$$=\int(\cos x-\sin x)\mathrm{d}x$$

$$=\int\cos x\mathrm{d}x-\int\sin x\mathrm{d}x$$

$$=\sin x+\cos x+C$$

例 3. 求不定积分$\int\cot^2 x\mathrm{d}x$.

解 原式$=\int(\csc^2 x-1)\mathrm{d}x$

$$=\int\csc^2 x\mathrm{d}x-\int\mathrm{d}x$$

$$=-\cot x-x+C$$

类似地,可得

$$\int\tan^2 x\mathrm{d}x=\tan x-x+C$$

例 4. 已知某产品的产量Q是时间t的函数,其变化率为$Q'(t)=2t+10$,且$Q(0)=0$. 求此产品的产量函数$Q(t)$.

解 因 $Q(t)$ 是其变化率的原函数,故依题设有

$$Q(t)=\int(2t+10)\mathrm{d}t=t^2+10t+C$$

由 $Q(0)=0$,得 $C=0$. 因此,该产品的产量函数为

$$Q(t)=t^2+10t$$

例 5. 已知生产某产品的总成本 $F(x)$ 是其产量 x 的函数,且边际成本函数为

$$F'(x)=0.03x^2-x+90(\text{元}/\text{单位产量})$$

又知生产 10 单位产品的总成本为 1000 元. 求该产品的总成本函数 $F(x)$.

解 因 $F(x)$ 是其边际成本 $F'(x)$ 的原函数,故由题设有

$$F(x)=\int(0.03x^2-x+90)\mathrm{d}x$$

$$=0.01x^3-0.5x^2+90x+C.$$

由 $F(10)=1000$,有 $C=140$. 因此,总成本函数为

$$F(x)=0.01x^3-0.5x^2+90x+140.$$

§5.3 换元积分法

利用直接积分法能计算的不定积分是很有限的. 因此,有必要寻求其他更有效的积分方法. 将复合函数求导法则反过来用于求不定积分,可得到两个非常有效的积分方法. 通常称之为第一换元法和第二换元法,统称为换元积分法. 换元积分法的基本思想是,通过适当的变量变换将某些较难计算的不定积分化为容易计算的积分.

一、第一换元法(凑微分法)

设 $f(u)$、$\varphi(x)$、$\varphi'(x)$ 都是连续函数,$F(u)$ 为 $f(u)$ 的一个原函数,则有**第一换元积分公式**:

$$\int f[\varphi(x)]\varphi'(x)\mathrm{d}x=f[\varphi(x)]+C \tag{5.1}$$

证 因 $F(u)$ 是 $f(u)$ 的原函数,故有 $F'(u)=f(u)$,于是由复合函数求导公式,有

$$\{F[\varphi(x)]\}' = F'(u)\frac{\mathrm{d}u}{\mathrm{d}x} \quad (\text{令 } \varphi(x) = u)$$

$$= f(u)\frac{\mathrm{d}u}{\mathrm{d}x}$$

$$= f[\varphi(x)]\varphi'(x).$$

这表明 $F[\varphi(x)]$ 是 $f[\varphi(x)]\varphi'(x)$ 的一个原函数,故由定义有

$$\int f[\varphi(x)]\varphi'(x)\mathrm{d}x = F[\varphi(x)] + C.$$

利用第一换元积分公式(5.1)的关键在于,将待求不定积分的被积表达式凑成两部分的乘积,一部分是某已知函数 $\varphi(x)$ 的复合函数 $f[\varphi(x)]$,另一部分是 $\varphi(x)$ 的微分 $\mathrm{d}\varphi(x) = \varphi'(x)\mathrm{d}x$.

第一换元法的具体求解过程,可用下列等式表示:

$$\int f[\varphi(x)]\varphi'(x)\mathrm{d}x = \int f[\varphi(x)]\mathrm{d}\varphi(x) \quad (\text{令 } \varphi(x) = u)$$

$$= \int f(u)\mathrm{d}u = F(u) + C$$

$$= F[\varphi(x)] + C \quad (\text{代回 } u = \varphi(x)).$$

例 1. 求 $\int (5x+7)^9 \mathrm{d}x$.

解 因 $\mathrm{d}x = \frac{1}{5}\mathrm{d}(5x+7)$,故有

$$\text{原式} = \frac{1}{5}\int (5x+7)^9 \mathrm{d}(5x+7) \quad (\text{令 } 5x+7 = u)$$

$$= \frac{1}{5}\int u^9 \mathrm{d}u = \frac{1}{50}u^{10} + C$$

$$= \frac{1}{50}(5x+7)^{10} + C \quad (\text{代回原变量}).$$

例 2. 求 $\int \frac{\ln x}{x}\mathrm{d}x$.

解 因 $\frac{1}{x}\mathrm{d}x = \mathrm{d}\ln x$,故有

$$\text{原式} = \int \ln x \mathrm{d}\ln x \quad (\text{令 } \ln x = u)$$

$$= \int u\mathrm{d}u = \frac{1}{2}u^2 + C$$

$$= \frac{1}{2}(\ln x)^2 + C.$$

例 3. 求$\int \tan x \mathrm{d}x$.

解 原式$= \int \frac{\sin x}{\cos x}\mathrm{d}x$

$$= -\int \frac{1}{\cos x}\mathrm{d}\cos x \quad (令\ \cos x = u)$$

$$= -\int \frac{1}{u}\mathrm{d}u = -\ln|u| + C$$

$$= -\ln|\cos x| + C,$$

即

$$\int \tan x \mathrm{d}x = -\ln|\cos x| + C, \tag{5.2}$$

类似地,可得

$$\int \cot x \mathrm{d}x = \ln|\sin x| + C. \tag{5.3}$$

例 4. 求$\int \frac{1}{a^2 - x^2}\mathrm{d}x$, $a > 0$.

解 原式$= \frac{1}{2a}\int \left(\frac{1}{a+x} + \frac{1}{a-x}\right)\mathrm{d}x$

$$= \frac{1}{2a}\left[\int \frac{1}{a+x}\mathrm{d}(a+x) - \int \frac{1}{a-x}\mathrm{d}(a-x)\right]$$

$$= \frac{1}{2a}\ln\left|\frac{a+x}{a-x}\right| + C.$$

即

$$\int \frac{1}{a^2 - x^2}\mathrm{d}x = \frac{1}{2a}\ln\left|\frac{a+x}{a-x}\right| + C, \quad a > 0 \tag{5.4}$$

由(5.4)可得

$$\int \frac{1}{x^2 - a^2}\mathrm{d}x = \frac{1}{2a}\ln\left|\frac{x-a}{x+a}\right| + C, \quad a > 0. \tag{5.5}$$

例 5. 求$\int \sec x \mathrm{d}x$.

解 原式$= \int \frac{\cos x}{\cos^2 x}\mathrm{d}x = \int \frac{1}{1 - \sin^2 x}\mathrm{d}\sin x$

$$=\int\frac{1}{1-u^2}du\quad(令\ u=\sin x)$$

$$=\frac{1}{2}\ln\left|\frac{1+u}{1-u}\right|+C\quad(由(5.4)式)$$

$$=\frac{1}{2}\ln\left|\frac{1+\sin x}{1-\sin x}\right|+C.$$

因为

$$\frac{1+\sin x}{1-\sin x}=\frac{(1+\sin x)^2}{\cos^2 x}=(\sec x+\tan x)^2$$

所以有

$$\int\sec x\mathrm{d}x=\ln|\sec x+\tan x|+C. \tag{5.6}$$

类似地,可得

$$\int\csc x\mathrm{d}x=\ln|\csc x-\cot x|+C. \tag{5.7}$$

例 6. 求$\int\frac{1}{\sqrt{a^2-x^2}}\mathrm{d}x$,　$a>0$.

解 原式$=\int\frac{1}{\sqrt{1-\left(\frac{x}{a}\right)^2}}\mathrm{d}\left(\frac{x}{a}\right)\quad\left(令\ u=\frac{x}{a}\right)$

$$=\int\frac{1}{\sqrt{1-u^2}}du=\arcsin u+C=\arcsin\frac{x}{a}+C.$$

即

$$\int\frac{1}{\sqrt{a^2-x^2}}\mathrm{d}x=\arcsin\frac{x}{a}+C,\quad(a>0).$$

类似地,可得

$$\int\frac{1}{a^2+x^2}\mathrm{d}x=\frac{1}{a}\arctan\frac{x}{a}+C,\quad(a\neq 0).$$

注意:初学时应将换元这一步明确标出来,这样不易出错.但运算熟练之后,可以不用写出新变量,而在将待求不定积分凑成公式(5.1)形式后,直接求出结果.

例 7. 求$\int\frac{\sin\sqrt{x}}{\sqrt{x}}\mathrm{d}x$.

解 原式$=2\int \sin\sqrt{x}\cdot\dfrac{1}{2\sqrt{x}}\mathrm{d}x$

$$=2\int \sin\sqrt{x}\,\mathrm{d}\sqrt{x}=-2\cos\sqrt{x}+C.$$

例 8. 求$\int \sin^3 x\cos^5 x\mathrm{d}x$.

解Ⅰ 原式$=-\int \sin^2 x\cos^5 x\mathrm{d}\cos x$

$$=\int(\cos^2 x-1)\cos^5 x\mathrm{d}\cos x$$

$$=\int \cos^7 x\mathrm{d}\cos x-\int \cos^5 x\mathrm{d}\cos x$$

$$=\frac{1}{8}\cos^8 x-\frac{1}{6}\cos^6 x+C_1.$$

解Ⅱ 原式$=\int \sin^3 x\cos^4 x\mathrm{d}\sin x$

$$=\int \sin^3 x(1-\sin^2 x)^2\mathrm{d}\sin x$$

$$=\int(\sin^3 x-2\sin^5 x+\sin^7 x)\mathrm{d}\sin x$$

$$=\frac{1}{4}\sin^4 x-\frac{1}{3}\sin^6 x+\frac{1}{8}\sin^8 x+C_2.$$

（请读者证明，解Ⅰ与解Ⅱ的原函数只差一常数，并求出此常数来.）

利用第一换元积分法求不定积分时，常见的凑微分类型有：

(1) $\int f(ax+b)\mathrm{d}x=\dfrac{1}{a}\int f(ax+b)\mathrm{d}(ax+b)$， $a\neq 0$

(2) $\int f(ax^b)x^{b-1}\mathrm{d}x=\dfrac{1}{ab}\int f(ax^b)\mathrm{d}(ax^b)$， $ab\neq 0$

(3) $\int f(\mathrm{e}^x)\mathrm{e}^x\mathrm{d}x=\int f(\mathrm{e}^x)\mathrm{d}\mathrm{e}^x$

(4) $\int f(\ln x)\dfrac{1}{x}\mathrm{d}x=\int f(\ln x)\mathrm{d}\ln x$

(5) $\int f(\sin x)\cos x\mathrm{d}x=\int f(\sin x)\mathrm{d}\sin x$

(6) $\int f(\cos x)\sin x\mathrm{d}x=-\int f(\cos x)\mathrm{d}\cos x$

(7) $\int f(\arctan x)\frac{1}{1+x^2}\mathrm{d}x=\int f(\arctan x)\mathrm{d}\arctan x$

(8) $\int f(\tan x)\sec^2 x\mathrm{d}x=\int f(\tan x)\mathrm{d}\tan x$

(9) $\int f(\cot x)\csc^2 x\mathrm{d}x=-\int f(\cot x)\mathrm{d}\cot x$

(10) $\int f(\arcsin x)\frac{1}{\sqrt{1-x^2}}\mathrm{d}x=\int f(\arcsin x)\mathrm{d}\arcsin x$

二、第二换元法

设 $f(x)$、$\varphi(t)$、$\varphi'(t)$ 均为连续函数，$x=\varphi(t)$ 的反函数 $t=\varphi^{-1}(x)$ 存在且可导，并且 $F(t)$ 为函数 $f[\varphi(t)]\varphi'(t)$ 的一个原函数，则有**第二换元积分公式**：

$$\int f(x)\mathrm{d}x=F[\varphi^{-1}(x)]+C. \tag{5.8}$$

证 因 $F(t)$ 为 $f[\varphi(t)]\varphi'(t)$ 的原函数，故由复合函数与反函数求导公式，有

$$\begin{aligned}\{F[\varphi^{-1}(x)]\}'&=F'(t)[\varphi^{-1}(x)]' \quad (\text{令 } t=\varphi^{-1}(x))\\&=\{f[\varphi(t)]\varphi'(t)\}\cdot\frac{1}{\varphi'(t)}\\&=f[\varphi(t)]=f(x)\quad(\text{代回 } x=\varphi(t))\end{aligned}$$

即 $F[\varphi^{-1}(x)]$ 是 $f(x)$ 的一个原函数，故由定义可知，(5.8) 式成立.

第二换元法的具体求解过程，可用下列等式表示：

$$\begin{aligned}\int f(x)\mathrm{d}x&=\int f[\varphi(t)]\varphi'(t)\mathrm{d}t\quad(\text{令 } x=\varphi(t))\\&=F(t)+C\\&=F[\varphi^{-1}(x)]+C\qquad(\text{代回原变量}).\end{aligned}$$

例 9. 求 $\int\frac{1}{1+\sqrt{x}}\mathrm{d}x$.

解 令 $x=t^2(t\geqslant 0)$，则 $t=\sqrt{x}$，$\mathrm{d}x=2t\mathrm{d}t$. 于是有

$$\begin{aligned}\text{原式}&=\int\frac{2t}{1+t}\mathrm{d}t=2\int\left(1-\frac{1}{1+t}\right)\mathrm{d}t\\&=2(t-\ln|1+t|)+C\\&=2(\sqrt{x}-\ln|1+\sqrt{x}|)+C.\end{aligned}$$

一般地，遇到被积函数为无理函数时，总是先利用变量变换将无理函数化为有理函数，然后再计算有理函数的积分，从而求出待求的不定积分.

例 10. 求$\int \frac{1}{\sqrt{x}}\sqrt[3]{1+\sqrt[4]{x}}\,dx$.

解 令 $x=t^4(t>0)$，则 $t=\sqrt[4]{x}$，$dx=4t^3dt$

于是有

$$\begin{aligned}
\text{原式} &= \int \frac{1}{t^2}(1+t)^{\frac{1}{3}}\cdot 4t^3dt \\
&= 4\int t(1+t)^{\frac{1}{3}}dt \\
&= 4\int[(t+1)-1](1+t)^{\frac{1}{3}}d(t+1) \\
&= 4[\int(t+1)^{\frac{4}{3}}d(t+1)-\int(t+1)^{\frac{1}{3}}d(t+1)] \\
&= 4\left[\frac{3}{7}(t+1)^{\frac{7}{3}}-\frac{3}{4}(t+1)^{\frac{4}{3}}\right]+C \\
&= \frac{12}{7}(1+\sqrt[4]{x})^{\frac{7}{3}}-3(1+\sqrt[4]{x})^{\frac{4}{3}}+C \\
&= \frac{3}{7}(1+\sqrt[4]{x})^{\frac{4}{3}}(4\sqrt[4]{x}-3)+C.
\end{aligned}$$

例 11. 求$\int\sqrt{a^2-x^2}\,dx$，$a>0$.

解 令 $x=a\sin t$，则

$$dx=a\cos t dt,\ t=\arcsin\frac{x}{a},\quad |t|<\frac{\pi}{2}.$$

于是有

$$\begin{aligned}
\text{原式} &= \int\sqrt{a^2(1-\sin^2 t)}\,a\cos t dt \\
&= a^2\int\cos^2 t dt=\frac{a^2}{2}\int(1+\cos 2t)dt \\
&= \frac{a^2}{2}\left(t+\frac{1}{2}\sin 2t\right)+C \\
&= \frac{a^2}{2}(t+\sin t\cos t)+C
\end{aligned}$$

$$= \frac{a^2}{2}\arcsin\frac{x}{a} + \frac{a^2}{2}\cdot\frac{x}{a}\cdot\frac{\sqrt{a^2-x^2}}{a} + C \qquad (由图 5-3)$$

$$= \frac{1}{2}a^2\arcsin\frac{x}{a} + \frac{1}{2}x\sqrt{a^2-x^2} + C.$$

即有

$$\int\sqrt{a^2-x^2}\,dx = \frac{1}{2}x\sqrt{a^2-x^2} + \frac{a^2}{2}\arcsin\frac{x}{a} + C, (a>0). \qquad (5.9)$$

注意:在此例计算过程中,为了将 t 代回 x,利用了图 5－3 所示的直角三角形,今后遇到应用“三角代换”求不定积分时,将会经常用到这种直角三角形.

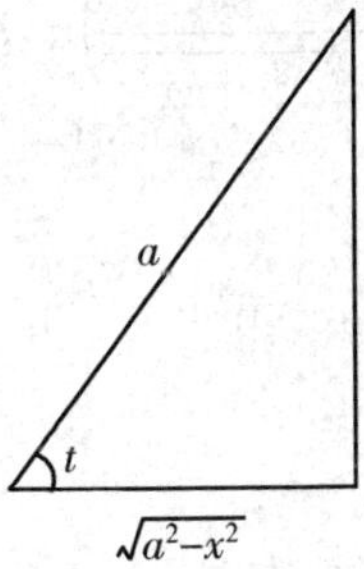

图 5－3

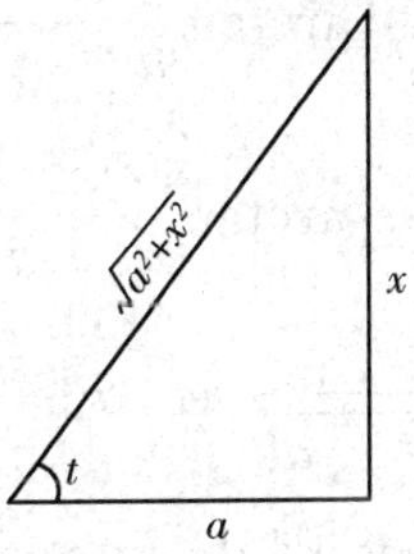

图 5－4

例 12. 求 $\int\frac{1}{\sqrt{a^2+x^2}}dx, a>0$.

解 令 $x = a\tan t$,则 $dx = a\sec^2 t\,dt$,于是,由图 5－4 可得

$$原式 = \int\sec t\,dt = \ln|\sec t+\tan t| + C_1 \qquad (由(5.6)式)$$

$$= \ln\left|\frac{\sqrt{a^2+x^2}}{a} + \frac{x}{a}\right| + C_1 \qquad (由图 5-4)$$

$$= \ln\left|x+\sqrt{a^2+x^2}\right| + C, \qquad (C = C_1 - \ln a)$$

即

$$\int\frac{1}{\sqrt{a^2+x^2}}dx = \ln\left|x+\sqrt{a^2+x^2}\right| + C. \qquad (5.10)$$

例 13. 求 $\int\frac{1}{(a^2+x^2)^2}dx, a>0$.

解 令 $x = a\tan t$,则

$$dx = a\sec^2 t\,dt, \quad t = \arctan\frac{x}{a},$$

于是

$$原式=\int\frac{a\sec^2t}{(a^2+a^2\tan^2t)^2}\mathrm{d}t=\frac{1}{a^3}\int\frac{1}{\sec^2t}\mathrm{d}t$$

$$=\frac{1}{a^3}\int\cos^2t\mathrm{d}t=\frac{1}{2a^3}\int(1+\cos2t)\mathrm{d}t$$

$$=\frac{1}{2a^3}\left(t+\frac{1}{2}\sin2t\right)+C$$

$$=\frac{1}{2a^3}(t+\sin t\cos t)+C$$

$$=\frac{1}{2a^3}\left(\arctan\frac{x}{a}+\frac{x}{\sqrt{a^2+x^2}}\cdot\frac{a}{\sqrt{a^2+x^2}}\right)+C \qquad (由图 5-4)$$

$$=\frac{1}{2a^3}\left(\arctan\frac{x}{a}+\frac{ax}{a^2+x^2}\right)+C.$$

例 14. 求$\int\frac{1}{\sqrt{x^2-a^2}}\mathrm{d}x, a>0$.

解 令 $x=a\sec t$，则 $\mathrm{d}x=a\sec t\cdot\tan t\mathrm{d}t$，于是

$$原式=\int\frac{a\sec t\cdot\tan t}{\sqrt{a^2\sec^2t-a^2}}\mathrm{d}t=\int\sec t\mathrm{d}t$$

$$=\ln|\sec t+\tan t|+C_1$$

$$=\ln\left|x+\sqrt{x^2-a^2}\right|+C. \qquad (由图 5-5)$$

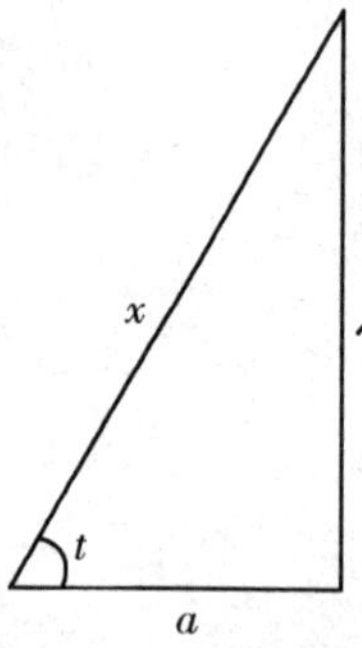

图 5—5

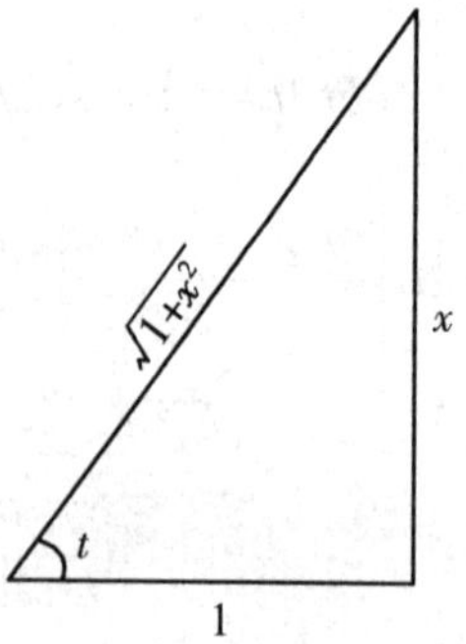

图 5—6

例 15. 求$\int\frac{1}{x^2\sqrt{1+x^2}}\mathrm{d}x(x>0)$.

解 Ⅰ 令 $x=\tan t$，则 $\mathrm{d}x=\sec^2t\mathrm{d}t$，于是

$$原式=\int\frac{\sec^2t}{\tan^2t\cdot\sec t}\mathrm{d}t=\int\frac{\sec t}{\tan^2t}\mathrm{d}t$$

$$=\int\frac{\cos t}{\sin^2 t}\mathrm{d}t=\int\frac{\mathrm{d}\sin t}{\sin^2 t}$$

$$=-\frac{1}{\sin t}+C$$

$$=-\frac{\sqrt{1+x^2}}{x}+C. \qquad \text{(由图 5－6)}$$

解 Ⅱ 令 $x=\dfrac{1}{u}$，则 $\mathrm{d}x=-\dfrac{1}{u^2}\mathrm{d}u$，于是

$$\text{原式}=-\int\frac{u}{\sqrt{1+u^2}}\mathrm{d}u=-\frac{1}{2}\int(1+u^2)^{-\frac{1}{2}}\mathrm{d}(1+u^2)$$

$$=-\sqrt{1+u^2}+C=-\frac{\sqrt{1+x^2}}{x}+C.$$

第二换元法是一种十分有效的积分方法，但又是一种十分难以掌握的方法．主要困难在于，变换 $x=\varphi(t)$ 要选择恰当，否则很可能使变换后的不定积分更复杂、更难以计算．怎样选取变换 $x=\varphi(t)$ 呢？没有一般的原则，只能根据具体不定积分被积函数的特点来确定．但通过前面介绍的几个例子，可以总结出以下几点规律：

(1) 被积函数中含有无理因子时，应选取变换 $x=\varphi(t)$ 消去被积函数中的无理因子．例如，被积函数中含 $(ax+b)^{\frac{1}{n}}$（$a\neq 0$，n 为正整数）因子时，令 $t=(ax+b)^{\frac{1}{n}}$，即 $x=\dfrac{1}{a}(t^n-b)$，就可去掉被积函数中的根式．

(2) 若被积函数中含有 $\sqrt{a^2+x^2}$，则令 $x=a\tan t$，可去掉根式．

(3) 若被积函数中含有 $\sqrt{x^2-a^2}$，则令 $x=a\sec t$，可去掉根式．

(4) 若被积函数中含有 $\sqrt{a^2-x^2}$，则令 $x=a\sin t$，可去掉根式．

对于情形(2)－(4)，积分过程中，在将 t 代回 x 时，利用图 5－3 至图 5－5 的直角三角形，将会带来方便．

通过上面的各例题可以看出，第一和第二换元法是两种很有效的积分方法，但它们之间是否有联系呢？比较公式(5.1)和(5.8)，不难看出两种方法的实质是同一公式的两种不同使用方法，其区别在于，第一换元法是先分解被积函数，再作变换并求不定积分，第二换元法是先作变换后求不定积分．换言之，由公式

$$\int f[\varphi(x)]\varphi'(x)\mathrm{d}x=\int f(u)\mathrm{d}u \quad \text{(先分解)}$$

得到的是第一换元积分公式，这时$\int f(u)\mathrm{d}u$ 比$\int f[\varphi(x)]\varphi'(x)\mathrm{d}x$ 容易计算；由公式

$$\int f(x)\mathrm{d}x=\int f[\varphi(t)]\varphi'(t)\mathrm{d}t \quad (\text{先变换})$$

得到的是第二换元积分公式，这时$\int f[\varphi(t)]\varphi'(t)\mathrm{d}t$ 比$\int f(x)\mathrm{d}x$ 容易计算.

最后，为了以后引用方便，这里将例题中计算过的几个常用不定积分补充到基本积分表(见第 155 页“基本积分公式”)中：

(12) $\int \tan x\mathrm{d}x=-\ln|\cos x|+C$

(13) $\int \cot x\mathrm{d}x=\ln|\sin x|+C$

(14) $\int \sec x\mathrm{d}x=\ln|\sec x+\tan x|+C$

(15) $\int \csc x\mathrm{d}x=\ln|\csc x-\cot x|+C$

(16) $\int \frac{1}{a^2-x^2}\mathrm{d}x=\frac{1}{2a}\ln\left|\frac{a+x}{a-x}\right|+C,\quad a>0$

(17) $\int \sqrt{a^2-x^2}\,\mathrm{d}x=\frac{1}{2}x\sqrt{a^2-x^2}+\frac{a^2}{2}\arcsin\frac{x}{a}+C,\quad a>0$

(18) $\int \frac{1}{\sqrt{x^2\pm a^2}}\mathrm{d}x=\ln|x+\sqrt{x^2\pm a^2}|+C,\quad a>0$

§5.4 分部积分法

换元积分法可以求出大量的不定积分，但对形如$\int \ln x\mathrm{d}x$、$\int x\sin x\mathrm{d}x$ 等类型的不定积分，却不适用. 本节介绍计算这类不定积分的另一有效方法 —— 分部积分法.

设 $u=u(x)$ 和 $v=v(x)$ 均为可导函数，则有**分部积分公式**：

$$\int uv'\mathrm{d}x=uv-\int u'v\mathrm{d}x, \tag{5.11}$$

或者

$$\int u\mathrm{d}v=uv-\int v\mathrm{d}u. \tag{5.11'}$$

证　由乘积的导数公式,有

$$\int (uv)'\mathrm{d}x = \int (uv' + u'v)\mathrm{d}x$$
$$= \int uv'\mathrm{d}x + \int u'v\mathrm{d}x,$$

移项可得

$$\int uv'\mathrm{d}x = \int (uv)'\mathrm{d}x - \int u'v\mathrm{d}x$$
$$= uv - \int u'v\mathrm{d}x.$$

即(5.11)成立.

分部积分公式(5.11)的意义在于:当不定积分$\int uv'\mathrm{d}x$不易求出而不定积分$\int u'v\mathrm{d}x$容易求出时,公式(5.11)将起到化难为易的作用.但是,如何利用公式(5.11)呢?其关键在于,如何选取函数$u(x)$和$v(x)$,使待求不定积分$\int f(x)\mathrm{d}x$的被积表达式凑成$f(x)\mathrm{d}x = u(x)\mathrm{d}v(x)$的形式,而不定积分$\int v(x)\mathrm{d}u(x) = \int u'(x)v(x)\mathrm{d}x$又不难求出.下面通过例题说明之.

例 1.　求$\int x\cos x\mathrm{d}x$.

解　因$(\sin x)' = \cos x$,故可设$u(x) = x$,$v(x) = \sin x$,则由(5.11′)式,可得

$$\int x\cos x\mathrm{d}x = \int x\mathrm{d}\sin x = x\sin x - \int \sin x\mathrm{d}x$$
$$= x\sin x + \cos x + C.$$

此题若由$x\cos x = \left(\frac{1}{2}x^2\right)'\cos x$,而改设$u(x) = \cos x$,$v(x) = \frac{1}{2}x^2$,则有

$$\int x\cos x\mathrm{d}x = \int \cos x\mathrm{d}\left(\frac{1}{2}x^2\right)$$
$$= \frac{1}{2}x^2\cos x + \frac{1}{2}\int x^2\sin x\mathrm{d}x.$$

显然,上式右端不定积分$\int x^2\sin x\mathrm{d}x$比原来的不定积分更难求出.由此可见,如何

正确地选取 u 和 v，是利用分部积分公式成功与否的关键．

例 2. 求$\int(\ln x)^2\mathrm{d}x$.

解 设 $u(x)=(\ln x)^2, v(x)=x$，则有

$$\int(\ln x)^2\mathrm{d}x=x(\ln x)^2-\int x\mathrm{d}(\ln x)^2$$
$$=x(\ln x)^2-2\int\ln x\mathrm{d}x.$$

其中

$$\int\ln x\mathrm{d}x=x\ln x-\int x\mathrm{d}\ln x$$
$$=x\ln x-\int\mathrm{d}x=x\ln x-x+C_1.$$

于是

$$\int(\ln x)^2\mathrm{d}x=x(\ln x)^2-2x\ln x+2x+C.$$

例 3. 求$\int\cos x\cdot\ln\tan x\mathrm{d}x$.

解 设 $u(x)=\ln\tan x,\ v(x)=\sin x$，则有

$$\int\cos x\cdot\ln\tan x\mathrm{d}x=\int\ln\tan x\mathrm{d}\sin x$$
$$=\sin x\cdot\ln\tan x-\int\sin x\mathrm{d}\ln\tan x$$
$$=\sin x\cdot\ln\tan x-\int\sin x\cdot\frac{1}{\tan x}\sec^2x\mathrm{d}x$$
$$=\sin x\cdot\ln\tan x-\int\sec x\mathrm{d}x$$
$$=\sin x\cdot\ln\tan x-\ln|\sec x+\tan x|+C.$$

顺便指出，由 $\ln\tan x=-\ln\cot x$，可得另一不定积分的结果

$$\int\cos x\ln\cot x\mathrm{d}x=-\int\cos x\ln\tan x\mathrm{d}x$$
$$=-\sin x\ln\tan x+\ln|\sec x+\tan x|+C'$$
$$=\sin x\ln\cot x+\ln|\sec x+\tan x|+C'.$$

例 4. 求$\int x\arctan x\mathrm{d}x$.

解 $\int x\arctan x\mathrm{d}x=\int\arctan x\mathrm{d}\left(\frac{1}{2}x^2\right)$

$$=\frac{1}{2}x^2\arctan x-\frac{1}{2}\int\frac{x^2}{1+x^2}\mathrm{d}x$$

$$=\frac{1}{2}x^2\arctan x-\frac{1}{2}\int\mathrm{d}x+\frac{1}{2}\int\frac{1}{1+x^2}\mathrm{d}x$$

$$=\frac{1}{2}x^2\arctan x-\frac{1}{2}x+\frac{1}{2}\arctan x+C$$

$$=\frac{1}{2}(1+x^2)\arctan x-\frac{1}{2}x+C.$$

例 5. 求$\int\sin x\cdot\mathrm{e}^x\mathrm{d}x$.

解 $\int\sin x\cdot\mathrm{e}^x\mathrm{d}x=\int\sin x\mathrm{d}\mathrm{e}^x$

$$=\mathrm{e}^x\sin x-\int\mathrm{e}^x\cos x\mathrm{d}x$$

$$=\mathrm{e}^x\sin x-\int\cos x\mathrm{d}\mathrm{e}^x$$

$$=\mathrm{e}^x\sin x-\mathrm{e}^x\cos x-\int\sin x\mathrm{e}^x\mathrm{d}x,$$

移项可得

$$\int\mathrm{e}^x\sin x\mathrm{d}x=\frac{1}{2}(\sin x-\cos x)\mathrm{e}^x+C.$$

例 6. 求$\int\sqrt{a^2-x^2}\mathrm{d}x$，　$a>0$.

解 此题已在上节例11中用换元积分法求过，现用分部积分法求．由分部积分公式有

$$\int\sqrt{a^2-x^2}\mathrm{d}x$$

$$=x\sqrt{a^2-x^2}-\int x\mathrm{d}\sqrt{a^2-x^2}$$

$$=x\sqrt{a^2-x^2}+\int\frac{x^2}{\sqrt{a^2-x^2}}\mathrm{d}x$$

$$=x\sqrt{a^2-x^2}+\int\frac{a^2}{\sqrt{a^2-x^2}}\mathrm{d}x-\int\sqrt{a^2-x^2}\mathrm{d}x$$

$$= x\sqrt{a^2 - x^2} + a^2 \arcsin\frac{x}{a} - \int\sqrt{a^2 - x^2}\,dx,$$

移项可得

$$\int\sqrt{a^2 - x^2}\,dx = \frac{1}{2}x\sqrt{a^2 - x^2} + \frac{a^2}{2}\arcsin\frac{x}{a} + C.$$

例 7. 求$\int x^n \ln x dx$，n 为正整数.

解 $\int x^n \ln x dx = \int \ln x d\left(\frac{1}{n+1}x^{n+1}\right)$

$$= \frac{1}{n+1}x^{n+1}\ln x - \int \frac{1}{n+1}x^{n+1} d\ln x$$

$$= \frac{1}{n+1}x^{n+1}\ln x - \frac{1}{n+1}\int x^n dx$$

$$= \frac{1}{n+1}x^{n+1}\ln x - \frac{1}{(n+1)^2}x^{n+1} + C$$

$$= \frac{1}{n+1}x^{n+1}\left(\ln x - \frac{1}{n+1}\right) + C.$$

此题也可设 $u(x) = x^n \ln x$，$v(x) = x$,结果相同.

例 8. 求 $I_n = \int x^n e^x dx$ 的递推公式,其中 n 为非负整数;并求出 I_2.

解 $I_n = \int x^n de^x = x^n e^x - \int e^x dx^n$

$$= x^n e^x - n\int x^{n-1} e^x dx$$

$$= x^n e^x - nI_{n-1},$$

其中 $I_{n-1} = \int x^{n-1} e^x dx$. 因为

$$I_0 = \int e^x dx = e^x + C$$

$$I_1 = \int x e^x dx = (x-1)e^x + C,$$

所以

$$I_2 = \int x^2 e^x dx = x^2 e^x - 2I_1 = (x^2 - 2x + 2)e^x + C.$$

到目前为止,我们已经介绍了求不定积分的三种基本方法:(1) 直接积分法——利用不定积分的性质和基本积分表,直接求一些简单的不定积分;(2) 换元积分法;(3) 分部积分法. 至于一个具体的不定积分应使用哪种方法,没有统一的原则.

§5.5　有理函数的积分

所谓有理函数,是指由两个多项式函数相除而得到的函数,其一般形式为

$$f(x)=\frac{P_n(x)}{Q_m(x)}=\frac{a_0x^n+a_1x^{n-1}+\cdots+a_{n-1}x+a_n}{b_0x^m+b_1x^{m-1}+\cdots+b_{m-1}x+b_m},\tag{5.12}$$

其中 n,m 为非负整数;$a_0,a_1,\cdots,a_{n-1},a_n$ 和 $b_0,b_1,\cdots,b_{m-1},b_m$ 为常数,且 $a_0\neq 0,b_0\neq 0$.

在(5.12) 式中,总假定分子与分母没有公因子. 若 $n\geqslant m$,则称(5.12) 为假分式;若 $n<m$,则称(5.12) 为真分式. 一个假分式总可用多项式除法化为一个多项式与一个真分式之和. 由于多项式的不定积分可用直接积分法求出,故求有理函数不定积分的关键在于,如何求真分式的不定积分. 因此,本节只讨论真分式的不定积分求解问题.

一、真分式的分解

根据代数学理论,任一真分式总可分解为若干个部分分式之和. 所谓部分分式是指如下四种"最简真分式":

(1) $\dfrac{A}{x-a}$

(2) $\dfrac{A}{(x-a)^n}$,　　$n=2,3,\cdots$

(3) $\dfrac{Ax+B}{x^2+px+q}$,　　$p^2-4q<0$

(4) $\dfrac{Ax+B}{(x^2+px+q)^n}$,　　$p^2-4q<0$,　　$n=2,3,\cdots$

那么,如何将一个真分式分解为部分分式之和呢? 这里不作一般性讨论,只通过举例说明如何将真分式分解为部分分式之和的一种常用方法 —— 待定系数法.

例 1. 将真分式 $\dfrac{2x-1}{x^2-3x+2}$ 分解为部分分式之和.

解 因分母 $x^2-3x+2=(x-1)(x-2)$,故设

$$\frac{2x-1}{x^2-3x+2}=\frac{2x-1}{(x-1)(x-2)}=\frac{A}{x-1}+\frac{B}{x-2},$$

其中 A、B 为待定常数(称为待定系数).

将上式去分母,可得

$$\begin{aligned}2x-1&=A(x-2)+B(x-1)\\&=(A+B)x-(2A+B)\end{aligned}\tag{5.13}$$

比较(5.13)式两端 x 同次幂的系数,可得

$$A+B=2,\qquad 2A+B=1$$

解此方程组.得 $A=-1$,$B=3$.于是,分解式为

$$\frac{2x-1}{x^2-3x+2}=\frac{3}{x-2}-\frac{1}{x-1}.$$

也可在恒等式(5.13)中,逐次代入 x 的某些特殊值,直接确定出 A 和 B.例如,在(5.13)中令 $x=1$,得 $A=-1$;令 $x=2$,得 $B=3$.从而得到与上面相同的结果.

例 2. 将 $\dfrac{3x}{1-x^3}$ 分解为部分分式之和.

解 因分母 $1-x^3=(1-x)(1+x+x^2)$,故设

$$\frac{3x}{1-x^3}=\frac{A}{1-x}+\frac{Bx+C}{1+x+x^2},$$

其中 A、B、C 为待定系数.将上式两端去分母,得

$$\begin{aligned}3x&=A(1+x+x^2)+(1-x)(Bx+C)\\&=(A-B)x^2+(A+B-C)x+(A+C).\end{aligned}$$

比较上式两端 x 同次幂的系数,可得

$$A-B=0,A+B-C=3,A+C=0.$$

解此方程组,可得 $A=B=1$,$C=-1$.于是,分解式为

$$\frac{3x}{1-x^3}=\frac{1}{1-x}+\frac{x-1}{1+x+x^2}.$$

例 3. 将 $\dfrac{1}{x(1+x)^2}$ 分解为部分分式之和.

解 因分母已被分解为一个一次式与一个完全平方式之积,

故设

$$\frac{1}{x(1+x)^2}=\frac{A}{x}+\frac{B}{1+x}+\frac{C}{(1+x)^2},$$

两端去分母,得

$$1=A(1+x)^2+Bx(1+x)+Cx.$$

在上式中分别令 $x=0$ 和 $x=-1$,可得

$$A=1,\qquad C=-1.$$

于是,有

$$1=(x+1)^2+Bx(1+x)-x.$$

再在上式中令 $x=1$,可得 $B=-1$,于是,分解式为

$$\frac{1}{x(1+x)^2}=\frac{1}{x}-\frac{1}{1+x}-\frac{1}{(1+x)^2}.$$

例 4. 将 $\frac{2x^3+x-1}{(x^2+1)^2}$ 分解为部分分式之和.

解 设

$$\frac{2x^3+x-1}{(x^2+1)^2}=\frac{Ax+B}{x^2+1}+\frac{Cx+D}{(x^2+1)^2},$$

消去分母,得

$$\begin{aligned}2x^3+x-1&=(Ax+B)(x^2+1)+(Cx+D)\\&=Ax^3+Bx^2+(A+C)x+(B+D).\end{aligned}$$

比较同类项系数,可得

$$A=2,\quad B=0,\quad A+C=1,\quad B+D=-1.$$

解得

$$A=2,\quad B=0,\quad C=-1,\quad D=-1.$$

因此,分解式为

$$\frac{2x^3+x-1}{(x^2+1)^2}=\frac{2x}{x^2+1}-\frac{x+1}{(x^2+1)^2}.$$

二、部分分式的积分

因真分式总可分解为若干个部分分式之和,故真分式的不定积分可归结为若干个部分分式的不定积分之和. 类型(1) 和(2) 的部分分式的不定积分是容易

求出的，难求的是类型(3) 和(4) 的部分分式的积分. 下面分别举例说明求解方法.

例 5. 求$\int \frac{2x-1}{x^2-3x+2}\mathrm{d}x$.

解 由例 1 有

$$\int \frac{2x-1}{x^2-3x+2}\mathrm{d}x = 3\int \frac{1}{x-2}\mathrm{d}x - \int \frac{1}{x-1}\mathrm{d}x$$
$$= 3\ln|x-2| - \ln|x-1| + C$$
$$= \ln\left|\frac{(x-2)^3}{x-1}\right| + C.$$

例 6. 求$\int \frac{1}{x(x+1)^2}\mathrm{d}x$.

解 由例 3 有

$$\int \frac{1}{x(x+1)^2}\mathrm{d}x = \int \frac{1}{x}\mathrm{d}x - \int \frac{1}{x+1}\mathrm{d}x - \int \frac{1}{(x+1)^2}\mathrm{d}x$$
$$= \ln|x| - \ln|x+1| + \frac{1}{x+1} + C$$
$$= \ln\left|\frac{x}{x+1}\right| + \frac{1}{x+1} + C.$$

例 7. 求$\int \frac{x+1}{x^2-2x+2}\mathrm{d}x$.

解 被积函数已是类型(3) 的部分分式.

$$\int \frac{x+1}{x^2-2x+2}\mathrm{d}x$$
$$= \frac{1}{2}\int \frac{2x-2+4}{x^2-2x+2}\mathrm{d}x$$
$$= \frac{1}{2}\int \frac{\mathrm{d}(x^2-2x+2)}{x^2-2x+2} + 2\int \frac{\mathrm{d}(x-1)}{1+(x-1)^2}$$
$$= \frac{1}{2}\ln(x^2-2x+2) + 2\arctan(x-1) + C.$$

例 8. 求$\int \frac{2x^3+x-1}{(1+x^2)^2}\mathrm{d}x$.

解 由例 4 有

$$\int \frac{2x^3+x-1}{(1+x^2)^2}\mathrm{d}x$$

$$=\int\left(\frac{2x}{1+x^2}-\frac{x+1}{(1+x^2)^2}\right)dx$$

$$=\int\frac{d(1+x^2)}{1+x^2}-\frac{1}{2}\int\frac{d(1+x^2)}{(1+x^2)^2}-\int\frac{dx}{(1+x^2)^2}$$

$$=\ln(1+x^2)+\frac{1}{2(1+x^2)}-\int\frac{dx}{(1+x^2)^2},$$

其中

$$\int\frac{dx}{(1+x^2)^2}=\int\cos^2 u du \quad (令\ x=\tan u)$$

$$=\frac{1}{2}\arctan x+\frac{x}{2(1+x^2)}+C \qquad (详见\ \S 5.3\ 例\ 13).$$

因此

$$\int\frac{2x^3+x-1}{(1+x^2)^2}dx=\ln(1+x^2)+\frac{1}{2}\left(\frac{1-x}{1+x^2}-\arctan x\right)+C.$$

综上所述,求有理函数不定积分的一般步骤是:

(1) 将有理函数分解为多项式与真分式之和;

(2) 将真分式分解为部分分式之和;

(3) 求多项式与部分分式的不定积分.

上面对四种类型部分分式的积分各举了一例,说明它们一定是能积出来的.实际上,理论上可严格证明,一般的四类部分分式的不定积分都是可以积出来的.因而,有理函数的不定积分总是可以积出来的;换言之,有理函数的原函数一定是初等函数.

习　题　五

1. 求下列不定积分:

(1) $\int 3^{2x}dx$　　(2) $\int 3^x\cdot 5^{2x}dx$

(3) $\int 2^{2x}\cdot e^x dx$　　(4) $\int (1+x^3)^2 dx$

(5) $\int\frac{2^x+5^x}{10^x}dx$　　(6) $\int\frac{1}{\sqrt{9-9x^2}}dx$

(7) $\int\sin^2\frac{x}{2}dx$　　(8) $\int\frac{\cos 2x}{\sin^2 x\cdot\cos^2 x}dx$

2. 已知一曲线在横坐标为x的点处,切线斜率为$(x+1)^2$,且曲线过点(3,24). 求此曲线的方程.

3. 用换元法求下列不定积分:

(1)$\int \frac{1}{x+a}dx$ (2)$\int (3x-10)^{99}dx$

(3)$\int \frac{1}{\sqrt{x}}e^{\sqrt{x}}dx$ (4)$\int \frac{\sqrt{1+x^2}+2\sqrt{1-x^2}}{\sqrt{1-x^4}}dx$

(5)$\int (x-1)e^{x^2-2x}dx$ (6)$\int e^{\cos x}\sin x dx$

(7)$\int \frac{1}{x^2+2x+5}dx$ (8)$\int \frac{1}{x^2+4x+3}dx$

(9)$\int \frac{1}{1+\cos x}dx$ (10)$\int \frac{x+3}{6x-x^2}dx$

(11)$\int \frac{x+x^3}{1+x^4}dx$ (12)$\int \frac{1}{x\sqrt{1+x^2}}dx$

(13)$\int \frac{1+\ln x}{x}dx$ (14)$\int \frac{x^2+\ln x^2}{x}dx$

(15)$\int \frac{(\arcsin x)^3-1}{\sqrt{1-x^2}}dx$ (16)$\int \frac{\tan(x+3)}{\cos^2(x+3)}dx$

(17)$\int \frac{1-\cos x}{(x-\sin x)^2}dx$ (18)$\int \frac{\sin x-\cos x}{(\cos x+\sin x)^5}dx$

(19)$\int \frac{x\cos x+\sin x}{(x\sin x)^2}dx$ (20)$\int \frac{x+\cos x}{x^2+2\sin x}dx$

(21)$\int \tan x \cdot \ln\cos x dx$ (22)$\int \frac{x^2+1}{(x^3+3x+1)^5}dx$

(23)$\int \frac{4\arctan x-x}{1+x^2}dx$ (24)$\int \frac{1}{\sin^2 x+2\cos^2 x}dx$

(25)$\int \frac{1+x^2}{x\sqrt{1+x^2}}dx$ (26)$\int \frac{x^2}{\sqrt{1-x^2}}dx$

(27)$\int \frac{\sqrt{x^2-4}}{x}dx$ (28)$\int \frac{1}{\sqrt{1+e^{2x}}}dx$

(29)$\int \frac{1+2\sqrt{x}}{\sqrt{x}(x+\sqrt{x})}dx$ (30)$\int \frac{\sqrt{1+\sqrt{x}}}{\sqrt[4]{x^3}\,x}dx$

4. 用分部积分法求下列不定积分：

(1) $\int \ln x \mathrm{d}x$ (2) $\int \ln(4+x^2)\mathrm{d}x$

(3) $\int (4x-2)\cos 2x \mathrm{d}x$ (4) $\int (4-2x)\sin 2x \mathrm{d}x$

(5) $\int \frac{x}{\sin^2 x}\mathrm{d}x$ (6) $\int \frac{x}{\cos^2 x}\mathrm{d}x$

(7) $\int \frac{x\cos x}{\sin^3 x}\mathrm{d}x$ (8) $\int x\sin^2 x \mathrm{d}x$

(9) $\int (3x+4)\mathrm{e}^{3x}\mathrm{d}x$ (10) $\int \mathrm{e}^{x+\ln x}\mathrm{d}x$

(11) $\int \mathrm{e}^{\sqrt{x}}\mathrm{d}x$ (12) $\int \sin(\ln x)\mathrm{d}x$

(13) $\int \arcsin x \mathrm{d}x$ (14) $\int \arctan\sqrt{4x-1}\mathrm{d}x$

(15) $\int \sec^3 x \mathrm{d}x$ (16) $\int \ln(1-\sqrt{x})\mathrm{d}x$

(17) $\int \frac{1}{x^2}\arctan x \mathrm{d}x$ (18) $\int \frac{x}{(1+x)^2}\mathrm{e}^x \mathrm{d}x$

(19) $\int \ln(\sqrt{1+x}+\sqrt{1-x})\mathrm{d}x$ (20) $\int \frac{1}{x^2}(x\cos x-\sin x)\mathrm{d}x$

(21) $\int (1+x^2)\ln x \mathrm{d}x$ (22) $\int \frac{1}{\sqrt{x}}\ln x \mathrm{d}x$

(23) $\int \frac{1}{x}\ln\ln x \mathrm{d}x$ (24) $\int x\ln\frac{1-x}{1+x}\mathrm{d}x$

(25) $\int \ln(x+\sqrt{1+x^2})\mathrm{d}x$ (26) $\int \frac{x}{\sqrt{1+x^2}}\ln(x+\sqrt{1+x^2})\mathrm{d}x$

(27) $\int \arctan(1+\sqrt{x})\mathrm{d}x$ (28) $\int \frac{1+\sin x}{1+\cos x}\mathrm{e}^x \mathrm{d}x$

(29) $\int x(1+x^2)\mathrm{e}^{x^2}\mathrm{d}x$ (30) $\int \frac{x}{\sqrt{(1+x^2)^3}}\mathrm{e}^{\arctan x}\mathrm{d}x$

5. 求下列有理函数的不定积分：

(1) $\int \frac{x^3+1}{x^2-1}\mathrm{d}x$ (2) $\int \frac{3x^3+1}{x^2-1}\mathrm{d}x$

(3) $\int \frac{1}{4x^2-x^4}\mathrm{d}x$ (4) $\int \frac{2x+3}{x^2+3x-10}\mathrm{d}x$

(5) $\int \frac{x}{x^4-16}\mathrm{d}x$　　(6) $\int \frac{x^7}{1+x^{16}}\mathrm{d}x$

(7) $\int \frac{x^{2n-1}}{1+x^n}\mathrm{d}x$　　(8) $\int \frac{1}{x(1+x^{10})^2}\mathrm{d}x$

6. 求下列不定积分(n,m 为正整数)：

(1) 求 $I_n=\int(\ln x)^n\mathrm{d}x$ 的递推公式；

(2) 求 $I_n=\int(\arcsin x)^n\mathrm{d}x$ 的递推公式；

(3) 求 $I_{n,m}=\int x^n(\ln x)^m\mathrm{d}x$ 的递推公式.

第六章　定积分

本章介绍定积分的概念与基本性质，定积分与不定积分的关系，定积分的计算方法，定积分的应用，以及反常积分初步等内容.

§6.1　定积分的概念与性质

一、曲边梯形的面积

在初等数学中，我们已学会计算矩形与圆等平面图形的面积，而一般的平面图形的面积就不会计算了. 那么，如何计算一般的平面图形的面积呢？基本思想是：先将要计算面积的曲边图形放在一个适当的坐标系内，并将曲边图形化为曲边梯形考虑，然后专门解决曲边梯形面积的计算问题.

所谓**曲边梯形**是指，由连续曲线 $y=f(x)$，直线 $x=a$、$x=b$ 及 $y=0$（x 轴）所围成的图形 $AabB$（见图 6－1）.

由图 6－1 不难看出，曲边梯形与矩形的区别在于，曲边梯形的高是要变的，

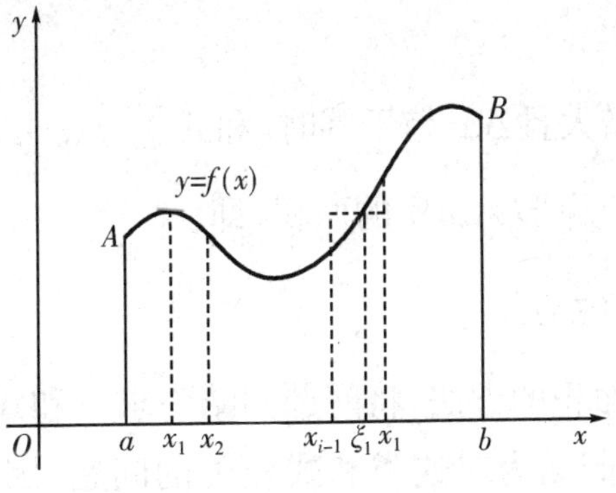

图 6－1

而矩形的高是不变的. 因此，不能用底乘高计算矩形面积的方法直接计算曲边梯

形的面积. 但是,曲边梯形与矩形也有部分相似之处,我们可采用"以直代曲"的方法,通过计算矩形面积而间接计算出曲边梯形的面积.

设连续函数 $f(x)\geqslant 0$,求图 6－1 所示的曲边梯形 $AabB$ 的面积 S.

第一步　分割

用分点 $a=x_0<x_1<x_2<\cdots<x_{n-1}<x_n=b$,将区间 $[a,b]$ 分为 n 个小区间 $[x_0,x_1]$, $[x_1,x_2]$,…, $[x_{n-1},x_n]$. 这些小区间的长为 $\Delta x_i=x_i-x_{i-1}$ $(i=1,2,\cdots,n)$. 过各分点分别作 x 轴的垂线,将曲边梯形 $AabB$ 分成 n 个小的曲边梯形(见图 6－1). 设第 i 个小曲边梯形的面积为 $\Delta S_i(i=1,2,\cdots,n)$ 则有

$$S=\Delta S_1+\Delta S_2+\cdots+\Delta S_n=\sum_{i=1}^{n}\Delta S_i$$

第二步　取近似

在第 i 个小区间 $[x_{i-1},x_i]$ 上任取一点 ξ_i,以 $f(\xi_i)$ 为高、小区间 $[x_{i-1},x_i]$ 为底. 作一小矩形(见图 6－1),则这个小矩形的面积为 $f(\xi_i)\Delta x_i$. 记 $\Delta x=\max\limits_{i}\{\Delta x_i\}$,表示所有小区间中最大区间的长度. 则当 Δx 充分小时,可以 $f(\xi_i)\Delta x_i$ 作为 ΔS_i 的近似值,即

$$\Delta S_i\approx f(\xi_i)\Delta x_i,\quad i=1,2,\cdots,n$$

第三步　求和

当 Δx 充分小时,S 的近似值为 n 个小矩形面积之和,即

$$S=\sum_{i=1}^{n}\Delta S_i\approx\sum_{i=1}^{n}f(\xi_i)\Delta x_i$$

显然,上式右端的和式之值与区间 $[a,b]$ 的分法和点 ξ_i 的取法有关.

第四步　取极限

当分点数 n 无限增大且 Δx 趋于零时,和式 $\sum\limits_{i=1}^{n}f(\xi_i)\Delta x_i$ 的极限若存在,则将这个极限值定义为曲边梯形 $AabB$ 的面积,即

$$S=\lim_{\Delta x\to 0}\sum_{i=1}^{n}f(\xi_i)\Delta x_i$$

上述求曲边梯形面积的方法,将问题归结为求一和式极限的问题. 还有很多实际问题的解决,也可归结为求这类和式极限的问题. 因此,数学家们将这类和式极限进行深入的研究就抽象出定积分的概念.

二、定积分的定义

为了便于叙述，先引入分划与分划的模的概念.

用一组(例如 $n+1$ 个) 分点：

$$a = x_0 < x_1 < x_2, < \cdots < x_{n-1} < x_n = b$$

将区间$[a,b]$分为 n 个小区间，这组分点就称为区间$[a,b]$的一个**分划**，记为 $\Delta = \{x_0, x_1, \cdots, x_n\}$；将所有小区间中最大区间的长度称为分划 Δ 的模，记为 $\|\Delta\|$，即

$$\|\Delta\| = \max_{1 \leqslant i \leqslant n} \{\Delta x_i\},$$

其中 $\Delta x_i = x_i - x_{i-1} (i = 1, 2, \cdots, n)$ 为第 i 个小区间的长度.

一般地说，$\|\Delta\|$ 愈小意味着分点愈多，分划愈细密.

定义 6.1　设 $f(x)$ 是定义在区间$[a,b]$上的已知函数，$\Delta = \{x_0, x_1, \cdots, x_n\}$ 是$[a,b]$的任一分划，任取 $\xi_i \in [x_{i-1}, x_i] (i = 1, 2, \cdots, n)$，作和

$$S_n = \sum_{i=1}^{n} f(\xi_i) \Delta x_i.$$

若此和式的极限存在，即极限

$$\lim_{\|\Delta\| \to 0} S_n = \lim_{\|\Delta\| \to 0} \sum_{i=1}^{n} f(\xi_i) \Delta x_i$$

存在，且极限值与$[a,b]$的分划方法及点 ξ_i 的取法无关. 则称函数 $f(x)$ 在区间$[a,b]$上是**可积**的，并称此极限值为函数 $f(x)$ 在区间$[a,b]$上的定积分，记为 $\int_a^b f(x) \mathrm{d}x$，即

$$\int_a^b f(x) \mathrm{d}x = \lim_{\|\Delta\| \to 0} \sum_{i=1}^{n} f(\xi_i) \Delta x_i.$$

其中 $f(x)$ 称为**被积函数**，$[a,b]$ 称为**积分区间**，a 称为**积分下限**，b 称为**积分上限**，x 称为**积分变量**，和式 $S_n = \sum\limits_{i=1}^{n} f(\xi_i) \Delta x_i$ 称为**积分和**.

几点注意：

(1) 如果函数 $f(x)$ 在区间$[a,b]$上可积，则定积分$\int_a^b f(x) \mathrm{d}x$ 为一常数，它仅与被积函数 $f(x)$ 和积分区间$[a,b]$有关，而与$[a,b]$的分划方法和点 ξ_i 的取法无

关;与积分变量用什么字母表示也无关,即有

$$\int_a^b f(x)\mathrm{d}x=\int_a^b f(t)\mathrm{d}t.$$

(2) 当被积函数在积分区间上无界时,我们总可以选取点 ξ_i,使积分和的绝对值无限增大,于是积分和的极限不存在.因此,无界函数是不可积的.换言之,函数 $f(x)$ 有界是 $f(x)$ 可积的必要条件.至于对已给函数 $f(x)$,其可积的充分条件,要用到"定积分存在性定理":有限区间上的连续函数是可积的,有限区间上只有有限个间断点的有界函数也是可积的(证明超出本书范围,故从略).

(3) 在定积分定义中,实际上假定了 $a<b$.如果 $b<a$,则规定

$$\int_a^b f(x)\mathrm{d}x=-\int_b^a f(x)\mathrm{d}x.$$

这表明,定积分的上限与下限互换时,定积分的值变号.

特别地,当 $a=b$ 时,规定

$$\int_a^a f(x)\mathrm{d}x=0.$$

三、定积分的几何意义

由定积分定义可知,如果连续函数 $f(x)\geqslant 0$,$a<b$,则由曲线 $y=f(x)$,直线 $x=a$、$x=b$ 及 x 轴所围成的曲边梯形的面积 S 就是函数 $y=f(x)$ 在区间 $[a,b]$ 上的定积分,即

$$S=\int_a^b f(x)\mathrm{d}x\quad (f(x)\geqslant 0).$$

例 1. 计算抛物线 $y=x^2$,直线 $x=a$、$x=b$ 及 x 轴所围成的图形的面积 $S(0\leqslant a<b)$,见图6－2.

解 $S=\int_a^b x^2\mathrm{d}x$,

因 $y=x^2$ 在$[a,b]$上连续故可积.因此,不论对区间$[a,b]$如何分法及点 ξ_i 如何取法,所得积分和 $\sum\limits_{i=1}^{n} f(\xi_i)\Delta x_i$ 的极限值均应等于定积分$\int_a^b f(x)\mathrm{d}x$ 之值.因此,不妨取$[a,b]$的一特殊分划和特殊的点 ξ_i,进行计算.

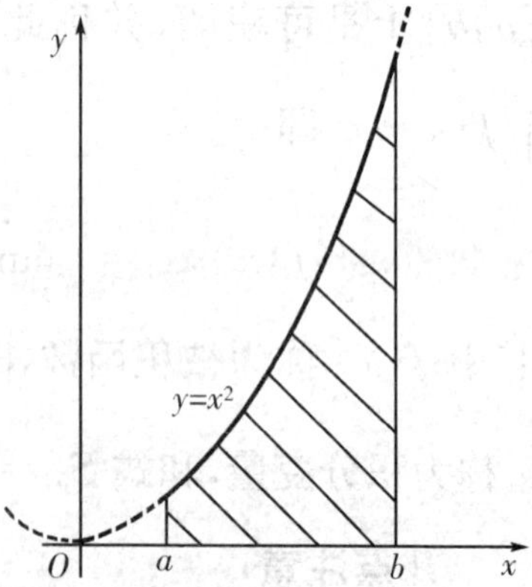

图 6－2

将区间$[a,b]$ n等分，分点为

$$x_i = a+\frac{i}{n}(b-a),\quad i=0,1,\cdots,n.$$

再取$\xi_i = x_i = a+\frac{i}{n}(b-a)(i=1,2,\cdots,n)$，作积分和

$$\begin{aligned}S_n &= \sum_{i=1}^{n} f(\xi_i)\Delta x_i = \sum_{i=1}^{n}\left[a+\frac{i}{n}(b-a)\right]^2\frac{b-a}{n}\\&=\frac{b-a}{n^3}\sum_{i=1}^{n}[an+(b-a)i]^2\\&=\frac{b-a}{n^3}\sum_{i=1}^{n}[n^2a^2+2na(b-a)i+(b-a)^2i^2]\\&=\frac{b-a}{n^3}\left[n^3a^2+2na(b-a)\frac{n(n+1)}{2}+(b-a)^2\frac{n(n+1)(2n+1)}{6}\right]\\&=(b-a)a^2+a(b-a)^2\left(1+\frac{1}{n}\right)+\frac{1}{6}(b-a)^3\left(2+\frac{3}{n}+\frac{1}{n^2}\right),\end{aligned}$$

所以

$$\begin{aligned}\lim_{x\to\infty}S_n &= (b-a)a^2+a(b-a)^2+\frac{1}{3}(b-a)^3\\&=\frac{1}{3}(b^3-a^3),\end{aligned}$$

即有

$$S=\int_a^b x^2\mathrm{d}x=\frac{1}{3}(b^3-a^3).$$

四、定积分的基本性质

假设下面涉及到的函数均是可积的.

性质 1 $\int_a^b \mathrm{d}x = b-a.$

由定义可直接得出.

性质 2 设α,β为常数，则有

$$\int_a^b[\alpha f(x)+\beta g(x)]\mathrm{d}x=\alpha\int_a^b f(x)\mathrm{d}x+\beta\int_a^b g(x)\mathrm{d}x.$$

证 由定积分定义和极限性质，有

$$\int_a^b[\alpha f(x)+\beta g(x)]\mathrm{d}x$$

$$=\lim_{\|\Delta\|\to 0}\sum_{i=1}^{n}[\alpha f(\xi_i)+\beta g(\xi_i)]\Delta x_i$$

$$=\alpha\lim_{\|\Delta\|\to 0}\sum_{i=1}^{n}f(\xi_i)\Delta x_i+\beta\lim_{\|\Delta\|\to 0}\sum_{i=1}^{n}g(\xi_i)\Delta x_i$$

$$=\alpha\int_a^b f(x)\mathrm{d}x+\beta\int_a^b g(x)\mathrm{d}x.$$

一般地，设 $\alpha_1,\cdots,\alpha_n$ 为常数，则有

$$\int_a^b[\alpha_1 f_1(x)+\cdots+\alpha_n f_n(x)]\mathrm{d}x$$

$$=\alpha_1\int_a^b f_1(x)\mathrm{d}x+\cdots+\alpha_n\int_a^b f_n(x)\mathrm{d}x.$$

性质 3　设 a、b、c 为不相同的常数，则有

$$\int_a^b f(x)\mathrm{d}x=\int_a^c f(x)\mathrm{d}x+\int_c^b f(x)\mathrm{d}x.$$

证　(1) 若 $a<c<b$，则由 $f(x)$ 在 $[a,b]$ 上可积可知，积分和 $S_n=\sum\limits_{i=1}^{n}f(\xi_i)\Delta x_i$ 的极限存在（当 $\|\Delta\|\to 0$ 时），且此极限之值与 $[a,b]$ 的分划方法无关，因此，在分划 $[a,b]$ 时，总可取 c 为一个分点，于是有

$$S_n=S_n'+S_n'',$$

其中 S_n 为 $f(x)$ 在 $[a,b]$ 上的积分和，S_n' 和 S_n'' 分别为 $f(x)$ 在 $[a,c]$ 和 $[c,b]$ 上的积分和. 于是，由定积分定义和极限性质可得

$$\int_a^b f(x)\mathrm{d}x=\int_a^c f(x)\mathrm{d}x+\int_c^b f(x)\mathrm{d}x.$$

(2) 若 $c<a<b$，则由(1) 有

$$\int_c^b f(x)\mathrm{d}x=\int_c^a f(x)\mathrm{d}x+\int_a^b f(x)\mathrm{d}x,$$

移项得

$$\int_a^b f(x)\mathrm{d}x=\int_c^b f(x)\mathrm{d}x-\int_c^a f(x)\mathrm{d}x$$

$$=\int_a^c f(x)\mathrm{d}x+\int_c^b f(x)\mathrm{d}x.$$

至于 a,b,c 三数大小关系的其他情形，可与(2) 类似地讨论.

性质 4　设 $a<b$，对任意 $x\in[a,b]$，恒有

$$f(x) \leqslant g(x).$$

则有

$$\int_a^b f(x)\mathrm{d}x \leqslant \int_a^b g(x)\mathrm{d}x.$$

证 由假设和极 s 限性质，有

$$\int_a^b [f(x)-g(x)]\mathrm{d}x = \lim_{\|\Delta\|\to 0}\sum_{i=1}^{n}[f(\xi_i)-g(\xi_i)]\Delta x_i \leqslant 0,$$

又由性质 2，有

$$\int_a^b [f(x)-g(x)]\mathrm{d}x = \int_a^b f(x)\mathrm{d}x - \int_a^b g(x)\mathrm{d}x \leqslant 0,$$

所以有

$$\int_a^b f(x)\mathrm{d}x \leqslant \int_a^b g(x)\mathrm{d}x.$$

性质 5 设 $f(x)$ 在 $[a,b]$ 上连续，$f(x)\geqslant 0$，且 $f(x)$ 不恒为零，则有

$$\int_a^b f(x)\mathrm{d}x > 0.$$

***证** 由性质 4 有 $\int_a^b f(x)\mathrm{d}x \geqslant 0$，下面要进一步证明此不等式中的等号不成立.

因 $f(x)$ 在 $[a,b]$ 上不恒为零，故至少存在一点 $x_0\in[a,b]$，使 $f(x_0)>0$，不妨设 $x_0\in(a,b)$. 于是，由 $f(x)$ 的连续性可知，一定存在 x_0 的某一邻域 $(x_0-\delta,x_0+\delta)\subset[a,b](\delta>0)$，使在该邻域内有

$$f(x) > \frac{1}{2}f(x_0) > 0,$$

因此，由性质 3 和 4，有

$$\begin{aligned}\int_a^b f(x)\mathrm{d}x &= \int_a^{x_0-\delta} f(x)\mathrm{d}x + \int_{x_0-\delta}^{x_0+\delta} f(x)\mathrm{d}x + \int_{x_0+\delta}^{b} f(x)\mathrm{d}x \\ &\geqslant \int_{x_0-\delta}^{x_0+\delta} f(x)\mathrm{d}x \\ &\geqslant \int_{x_0-\delta}^{x_0+\delta} \frac{1}{2}f(x_0)\mathrm{d}x \\ &= \frac{1}{2}f(x_0)\int_{x_0-\delta}^{x_0+\delta}\mathrm{d}x \\ &= \frac{1}{2}f(x_0)(x_0+\delta-x_0+\delta) \\ &= f(x_0)\delta > 0.\end{aligned}$$

性质 6 若对任意 $x\in[a,b]$，恒有

$$A \leqslant f(x) \leqslant B,$$

则有

$$A(b-a) \leqslant \int_a^b f(x)\mathrm{d}x \leqslant B(b-a).$$

证 由性质 2 和性质 1,有

$$\int_a^b A\mathrm{d}x = A\int_a^b \mathrm{d}x = A(b-a);$$

$$\int_a^b B\mathrm{d}x = B\int_a^b \mathrm{d}x = B(b-a).$$

再由性质 4,有

$$A(b-a) = \int_a^b A\mathrm{d}x \leqslant \int_a^b f(x)\mathrm{d}x \leqslant \int_a^b B\mathrm{d}x = B(b-a).$$

性质 7(积分中值定理) 若 $f(x)$ 在 $[a,b]$ 上连续,则至少存在一点 $\xi \in [a,b]$,使得

$$\int_a^b f(x)\mathrm{d}x = f(\xi)(b-a).$$

证 因 $f(x)$ 在 $[a,b]$ 上连续,故 $f(x)$ 在 $[a,b]$ 上可取得最大值 M 和最小值 m,于是,由性质 6 有

$$m(b-a) \leqslant \int_a^b f(x)\mathrm{d}x \leqslant M(b-a),$$

即有

$$m \leqslant \frac{1}{b-a}\int_a^b f(x)\mathrm{d}x \leqslant M.$$

于是,由闭区间上连续函数的介值定理可知,至少存在一点 $\xi \in [a,b]$,使得

$$f(\xi) = \frac{1}{b-a}\int_a^b f(x)\mathrm{d}x,$$ 即

$$\int_a^b f(x)\mathrm{d}x = f(\xi)(b-a).$$

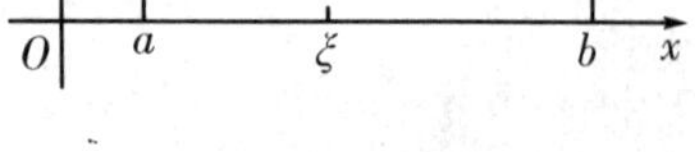

图 6－3

性质 7 的几何意义如图 6－3 所示. 图中曲边梯形 $AabB$ 的面积等于矩形 $A'abB'$ 的面积. 通常,称

$$f(\xi) = \frac{1}{b-a}\int_a^b f(x)\mathrm{d}x$$

为函数 $f(x)$ 在区间 $[a,b]$ 上的平均值.

例 2. 比较下列定积分的大小:

$$\int_3^4 \ln x \mathrm{d}x, \qquad \int_3^4 (\ln x)^2 \mathrm{d}x.$$

解 因在区间[3,4]上有

$$\ln x \geqslant \ln 3 > \ln e = 1,$$

故当 $x \in [3,4]$ 时，有 $\ln x < (\ln x)^2$. 于是，由性质 5 有

$$\int_3^4 \ln x \mathrm{d}x < \int_3^4 (\ln x)^2 \mathrm{d}x.$$

例 3. 估计定积分 $\int_0^2 e^{x^2-x} \mathrm{d}x$ 的值.

解 令 $f(x) = e^{x^2-x}$，则不难求得 $f(x)$ 在区间[0,2]上的最大值 M 和最小值 m 分别为

$$M = e^2, \qquad m = e^{-\frac{1}{4}},$$

而且 $f(x)$ 不恒等于 M，也不恒等于 m，于是由性质 5 可知

$$2e^{-\frac{1}{4}} < \int_0^2 e^{x^2-x} \mathrm{d}x < 2e^2.$$

§6.2 微积分基本定理

我们知道，原函数与定积分是从两个完全不同的角度引进来的概念，它们之间是否有一定的关系呢？本节将讨论这个问题，并得出由原函数计算定积分的基本公式.

设函数 $f(x)$ 在闭区间[a,b]上连续，x 是区间[a,b]上的任意一点，则 $f(x)$ 在区间[a,x]上也连续，从而定积分 $\int_a^x f(x)\mathrm{d}x$ 存在. 为了不致引起混淆，通常改用字母 t 表示积分变量(这不会改变积分的值). 于是，上面的定积分可以写成

$$\int_a^x f(t)\mathrm{d}t. \tag{6.1}$$

在(6.1)中，令上限 x 在区间[a,b]上任意取值，则对应于每一个确定的 $x \in [a,b]$，(6.1)都有一个确定的值与之对应. 因此，定积分(6.1)是定义在区间[a,b]上的函数，称为**积分上限函数或变上限积分**，记为 $\Phi(x)$，即

$$\Phi(x) = \int_a^x f(t)\mathrm{d}t, \quad x \in [a,b]. \tag{6.2}$$

定理 6.1(原函数存在性定理) 若函数 $f(x)$ 在区间[a,b]上连续，则由

(6.2) 式定义的积分上限函数 $\Phi(x)$ 为 $f(x)$ 在 $[a,b]$ 上的一个原函数，即有

$$\Phi'(x)=\left(\int_a^x f(t)\mathrm{d}t\right)'=f(x),\quad x\in[a,b]. \tag{6.3}$$

证 由原函数定义可知，只须证明(6.3) 式成立即可.

设 $x,x+\Delta x\in[a,b]$，由(6.2) 式有

$$\begin{aligned}\Delta\Phi&=\Phi(x+\Delta x)-\Phi(x)\\&=\int_a^{x+\Delta x}f(t)\mathrm{d}t-\int_a^x f(t)\mathrm{d}t=\int_x^{x+\Delta x}f(t)\mathrm{d}t.\end{aligned}$$

因 $f(x)$ 在 $[a,b]$ 上连续，故在 $[x,x+\Delta x]$ 或 $[x+\Delta x,x]$ 上连续，于是，由积分中值定理. 得

$$\Delta\Phi=\int_x^{x+\Delta x}f(t)\mathrm{d}t=f(\xi)\Delta x.$$

其中 $\xi\in[x,x+\Delta x]$ 或 $\xi\in[x+\Delta x,x]$. 因此，当 $\Delta x\to0$ 时，$\xi\to x$. 于是，有

$$\Phi'(x)=\lim_{\Delta x\to0}\frac{\Delta\Phi}{\Delta x}=\lim_{\xi\to x}f(\xi)=f(x).$$

定理得证.

注：设 $c\in(a,b)$，则不论 x 是否大于 c，由定积分性质 3 可知，

$$\int_c^x f(t)\mathrm{d}t=\int_c^a f(t)\mathrm{d}t+\int_a^x f(t)\mathrm{d}t=\int_a^x f(t)\mathrm{d}t-\int_a^c f(t)\mathrm{d}t.$$

于是由定理 6.1 可得

$$\left(\int_c^x f(t)\mathrm{d}t\right)'=\left(\int_a^x f(t)\mathrm{d}t\right)'-\left(\int_a^c f(t)\mathrm{d}t\right)'=f(x)-0=f(x),$$

即得 $$\left(\int_c^x f(t)\mathrm{d}t\right)'=f(x).$$

这说明应用定理 6.1 的结果(6.3) 式时不必限定 $x>c$，积分上限 x 可以不大于积分下限 c. 即对于 $x\leqslant c$ 的情形(6.3) 式仍成立.

例 1. 求下列函数的导数 $f'(x)$：

(1) $f(x)=\displaystyle\int_x^{10}\sqrt{1+t^4}\,\mathrm{d}t$；

(2) $f(x)=\displaystyle\int_a^{\mathrm{e}^x}\frac{\ln t}{t}\mathrm{d}t,\quad(a>0)$；

(3) $f(x)=\displaystyle\int_{3x}^{x^2}\sin t\,\mathrm{d}t$.

解 (1) 因为

$$f(x)=\int_x^{10}\sqrt{1+t^4}\,\mathrm{d}t=-\int_{10}^x\sqrt{1+t^4}\,\mathrm{d}t,$$

所以由定理 6.1 及其注可知,

$$f'(x)=-\left(\int_{10}^x\sqrt{1+t^4}\,\mathrm{d}t\right)'=-\sqrt{1+x^4}.$$

(2) 将 $f(x)$ 视为 $g(u)=\int_a^u\frac{\ln t}{t}\mathrm{d}t$ 与 $u=\mathrm{e}^x$ 的复合函数,则由复合函数求导法则和定理 6.1 及其注可知,

$$\begin{aligned}f'(x)&=g'(u)\frac{\mathrm{d}u}{\mathrm{d}x}=\frac{\ln u}{u}\cdot\frac{\mathrm{d}u}{\mathrm{d}x}\\&=\frac{\ln\mathrm{e}^x}{\mathrm{e}^x}\cdot(\mathrm{e}^x)'=\ln\mathrm{e}^x=x.\end{aligned}$$

(3) 将 $f(x)$ 改写为

$$\begin{aligned}f(x)&=\int_{3x}^a\sin t\mathrm{d}t+\int_a^{x^2}\sin t\mathrm{d}t\quad(a\text{ 为 }\sin t\text{ 定义域中任意一点})\\&=\int_a^{x^2}\sin t\mathrm{d}t-\int_a^{3x}\sin t\mathrm{d}t,\end{aligned}$$

于是有

$$\begin{aligned}f'(x)&=\left(\int_a^{x^2}\sin t\mathrm{d}t\right)'-\left(\int_a^{3x}\sin t\mathrm{d}t\right)'\\&=\sin x^2\cdot(x^2)'-\sin 3x\cdot(3x)'=2x\sin x^2-3\sin 3x.\end{aligned}$$

通过例 1 的讨论,读者不难得出如下一般性结论:

设函数 $f(x)$ 连续,$u(x)$ 和 $v(x)$ 可导,则 $\int_{v(x)}^{u(x)}f(t)\mathrm{d}t$ 可导,且

$$\left(\int_{v(x)}^{u(x)}f(t)\mathrm{d}t\right)'=f(u(x))u'(x)-f(v(x))v'(x).\tag{6.4}$$

特别地

$$\left(\int_a^{u(x)}f(t)\mathrm{d}t\right)'=f(u(x))u'(x),$$

$$\left(\int_{v(x)}^{b}f(t)\mathrm{d}t\right)'=-f(v(x))v'(x).$$

例 2. 求极限 $\lim\limits_{x\to0}\dfrac{\int_a^x\sin t^3\mathrm{d}t}{x^4}$.

解 所求极限为 $\frac{0}{0}$ 型未定式.由洛必达法则,可得

$$\lim_{x\to 0}\frac{\int_0^x \sin t^3\,\mathrm{d}t}{x^4}=\lim_{x\to 0}\frac{\sin x^3}{4x^3}=\frac{1}{4}.$$

例 3. 求函数 $f(x)=\int_0^x t\mathrm{e}^{-t^2}\,\mathrm{d}t$ 的极值.

解 $f'(x)=x\mathrm{e}^{-x^2}, f''(x)=(1-2x^2)\mathrm{e}^{-x^2}$,

令 $f'(x)=0$,得唯一驻点 $x=0$,且 $f''(0)=1>0$,故 $f(x)$ 在 $x=0$ 处取得极小值 $f(0)=0$.

例 4. 试证:若 $f(x)$ 是周期为 T 的连续函数,a 为任意常数,则有

$$\int_a^{a+T} f(x)\mathrm{d}x=\int_0^T f(x)\mathrm{d}x. \tag{6.5}$$

证 设 $F(a)=\int_a^{a+T} f(x)\mathrm{d}x$,将 a 看作变量,$F(a)$ 是变量 a 的函数. 则由(6.4)可得

$$F'(a)=f(a+T)-f(a)=0.$$

于是,由定理 4.2 的推论 1 可知,$F(a)=C$ (C 为常数). 令 $a=0$,得 $F(a)=F(0)$,即

$$\int_a^{a+T} f(x)\mathrm{d}x=\int_0^T f(x)\mathrm{d}x.$$

当被积函数为周期函数时,可直接引用例 4 的公式(6.5).

定理 6.2(微积分学基本定理) 设函数 $f(x)$ 在区间$[a,b]$上连续,而 $F(x)$ 是 $f(x)$ 在区间$[a,b]$上的任一原函数,则有

$$\int_a^b f(x)\mathrm{d}x=F(b)-F(a). \tag{6.6}$$

证 因 $F(x)$ 和 $\Phi(x)=\int_a^x f(t)\mathrm{d}t$ 都是 $f(x)$ 在区间$[a,b]$上的原函数,故由定理 5.2 可知,它们在区间$[a,b]$上只相差一个常数,即有

$$\Phi(x)=F(x)+C \quad (C\text{ 为待定常数}),$$

由 $\Phi(a)=\int_a^a f(t)\mathrm{d}t=0$,可得 $C=-F(a)$. 于是,有

$$\Phi(x)=F(x)-F(a),$$

令 $x=b$,即得

$$\Phi(b)=\int_a^b f(t)\mathrm{d}t=F(b)-F(a),$$

即

$$\int_a^b f(x)\mathrm{d}x = F(b) - F(a).$$

定理得证.

通常,记 $F(b) - F(a) = F(x)\Big|_a^b$, 即有

$$\int_a^b f(x)\mathrm{d}x = F(b) - F(a) = F(x)\Big|_a^b. \tag{6.6'}$$

公式(6.6)是积分学中的一个基本公式,称为**牛顿一莱布尼兹**(*Newton — Leibniz*)**公式**.

公式(6.6)表明,求已知函数 $f(x)$ 在区间$[a,b]$上的定积分$\int_a^b f(x)\mathrm{d}x$,只需求出 $f(x)$ 在$[a,b]$上的一个原函数 $F(x)$,然后计算 $F(x)$ 由下限 a 到上限 b 的差值 $F(b) - F(a)$ 即可.

例 5. 求$\int_a^b x^2\mathrm{d}x$.

解 因 $F(x) = \frac{1}{3}x^3$ 是 $f(x) = x^2$ 的一个原函数,故有

$$\int_a^b x^2\mathrm{d}x = \frac{1}{3}x^3\Big|_a^b = \frac{1}{3}(b^3 - a^3).$$

此例在上节例 1 中已按定积分定义计算过,结果完全一样,但现在计算起来就简单多了.

例 6. 求定积分:

$$(1)\int_a^b \frac{1}{x}\mathrm{d}x, \qquad ab > 0;$$

$$(2)\int_{-3}^3 |x^2 + x - 2|\mathrm{d}x.$$

解 $(1)\int_a^b \frac{1}{x}\mathrm{d}x = \ln|x|\Big|_a^b$

$$= \ln|b| - \ln|a| = \ln\frac{b}{a}.$$

(2) 因 $x^2 + x - 2 = (x-1)(x+2)$,所以

$$|x^2+x-2|=\begin{cases}-(x^2+x-2), & -2\leqslant x\leqslant 1\\ x^2+x-2, & x\leqslant -2\text{ 或 }x\geqslant 1\end{cases}$$

于是有

$$\begin{aligned}&\int_{-3}^{3}|x^2+x-2|\mathrm{d}x\\&=\int_{-3}^{-2}(x^2+x-2)\mathrm{d}x+\int_{-2}^{1}[-(x^2+x-2)]\mathrm{d}x+\int_{1}^{3}(x^2+x-2)\mathrm{d}x\\&=\left(\frac{1}{3}x^3+\frac{1}{2}x^2-2x\right)\Big|_{-3}^{-2}-\left(\frac{1}{3}x^3+\frac{1}{2}x^2-2x\right)\Big|_{-2}^{1}+\left(\frac{1}{3}x^3+\frac{1}{2}x^2-2x\right)\Big|_{1}^{3}\\&=\frac{11}{6}+\frac{9}{2}+\frac{52}{6}=15\end{aligned}$$

§6.3 定积分的计算方法

一、定积分的换元积分法

定理 6.3 设函数 $f(x)$ 在区间 $[a,b]$ 上连续，而函数 $x=\varphi(t)$ 满足下列条件：

(1) $\varphi(t)$ 是定义在区间 $[\alpha,\beta]$ 上的单调连续函数；

(2) $\varphi(\alpha)=a$，$\varphi(\beta)=b$；

(3) $\varphi'(t)$ 在 $[\alpha,\beta]$ 上连续.

则有换元积分公式：

$$\int_a^b f(x)\mathrm{d}x=\int_\alpha^\beta f[\varphi(t)]\varphi'(t)\mathrm{d}t. \tag{6.7}$$

证 设 $F(x)$ 是 $f(x)$ 的一个原函数，则

$$\int_a^b f(x)\mathrm{d}x=F(b)-F(a),$$

另一方面，$f[\varphi(t)]$ 是 $f[\varphi(t)]\varphi'(t)$ 的一个原函数，故

$$\begin{aligned}\int_\alpha^\beta f[\varphi(t)]\varphi'(t)\mathrm{d}t&=f[\varphi(\beta)]-f[\varphi(\alpha)]\\&=F(b)-F(a),\end{aligned}$$

从而有

$$\int_a^b f(x)\mathrm{d}x = \int_\alpha^\beta f[\varphi(t)]\varphi'(t)\mathrm{d}t.$$

定理得证.

必须指出,如果 $\alpha > \beta$,相应地 $\varphi(t)$ 与 $\varphi'(t)$ 在区间 $[\beta,\alpha]$ 上连续,此时(6.7)式仍然成立.

例 1. 求 $\int_0^r \sqrt{r^2 - x^2}\,\mathrm{d}x \quad (r > 0)$.

解 设 $x = r\sin t$,则 $x = 0$ 时,$t = 0$;$x = r$ 时,$t = \frac{\pi}{2}$. 于是

$$\int_0^r \sqrt{r^2 - x^2}\,\mathrm{d}x = r^2\int_0^{\frac{\pi}{2}} \cos^2 t\mathrm{d}t = \frac{r^2}{2}\int_0^{\frac{\pi}{2}} (1 + \cos 2t)\mathrm{d}t$$

$$= \frac{r^2}{2}\left(t + \frac{1}{2}\sin 2t\right)\Big|_0^{\frac{\pi}{2}} = \frac{1}{4}\pi r^2.$$

从几何上看,此例所得积分之值是圆 $x^2 + y^2 = r^2$ 的面积的 1/4,如图 6—4 所示.

例 2. 求 $\int_0^3 x\sqrt{1 + x}\,\mathrm{d}x$.

解 令 $x = t^2 - 1(t > 0)$,则 $x = 0$ 时,$t = 1$;$x = 3$ 时,$t = 2$. 于是

$$\int_0^3 x\sqrt{1 + x}\,\mathrm{d}x = \int_1^2 (t^2 - 1)t \cdot 2t\mathrm{d}t$$

$$= 2\int_1^2 (t^4 - t^2)\mathrm{d}t$$

$$= 2\left(\frac{1}{5}t^5 - \frac{1}{3}t^3\right)\Big|_1^2$$

$$= 7\frac{11}{15}.$$

图 6—4

例 3. 试证:若 $f(x)$ 在 $[-a,a]$ 上连续. 则有

$$(1)\int_{-a}^a f(x)\mathrm{d}x = \int_0^a [f(x) + f(-x)]\mathrm{d}x; \tag{6.8}$$

$$(2)\int_{-a}^a f(x)\mathrm{d}x = \begin{cases} 2\int_0^a f(x)\mathrm{d}x, & \text{若 } f(x) \text{ 为偶函数}, \\ 0, & \text{若 } f(x) \text{ 为奇函数}. \end{cases} \tag{6.9}$$

证 (1) 由定积分性质 3,有

$$\int_{-a}^{a}f(x)\mathrm{d}x=\int_{-a}^{0}f(x)\mathrm{d}x+\int_{0}^{a}f(x)\mathrm{d}x,$$

令 $x=-t$,则

$$\int_{-a}^{0}f(x)\mathrm{d}x=-\int_{a}^{0}f(-t)\mathrm{d}t=\int_{0}^{a}f(-t)\mathrm{d}t=\int_{0}^{a}f(-x)\mathrm{d}x,$$

于是有

$$\int_{-a}^{a}f(x)\mathrm{d}x=\int_{0}^{a}[f(x)+f(-x)]\mathrm{d}x.$$

(2) 若 $f(x)$ 为偶函数,则 $f(-x)=f(x)$,于是由(1) 有

$$\int_{-a}^{a}f(x)\mathrm{d}x=\int_{0}^{a}[f(x)+f(-x)]\mathrm{d}x=2\int_{0}^{a}f(x)\mathrm{d}x,$$

若 $f(x)$ 为奇函数,则 $f(-x)=-f(x)$,于是有

$$\int_{-a}^{a}f(x)\mathrm{d}x=\int_{0}^{a}[f(x)+f(-x)]\mathrm{d}x=\int_{0}^{a}0\,\mathrm{d}x=0.$$

例 4. 求$\int_{-1}^{1}\frac{1}{(1+x^2)^2}\mathrm{d}x$.

解 因被积函数为偶函数,故有

$$\int_{-1}^{1}\frac{1}{(1+x^2)^2}\mathrm{d}x=2\int_{0}^{1}\frac{1}{(1+x^2)^2}\mathrm{d}x.$$

令 $x=\tan t$,则 $x=0$ 时,$t=0$; $x=1$ 时,$t=\frac{\pi}{4}$.

于是

$$\int_{0}^{1}\frac{1}{(1+x^2)^2}\mathrm{d}x=\int_{0}^{\frac{\pi}{4}}\frac{1}{\sec^4 t}\cdot\sec^2 t\mathrm{d}t=\int_{0}^{\frac{\pi}{4}}\frac{1}{\sec^2 t}\mathrm{d}t$$

$$=\int_{0}^{\frac{\pi}{4}}\cos^2 t\mathrm{d}t=\frac{1}{2}\int_{0}^{\frac{\pi}{4}}(1+\cos 2t)\mathrm{d}t.$$

$$=\frac{1}{2}\left(t+\frac{1}{2}\sin 2t\right)\Big|_{0}^{\frac{\pi}{4}}=\frac{1}{2}\left(\frac{\pi}{4}+\frac{1}{2}\right),$$

从而

$$\int_{-1}^{1}\frac{1}{(1+x^2)^2}\mathrm{d}x=\frac{\pi}{4}+\frac{1}{2}.$$

几点注意:

(1) 利用代换 $x=\varphi(t)$ 进行换元时,积分限也要相应地变换,即**换元的同时也要换限**;求出 $f[\varphi(t)]\varphi'(t)$ 的一个原函数后,直接按牛顿 — 莱布尼兹公式计

算出待求定积分之值，而不必将换元后的变量再代回原变量，这与不定积分的换元法是不相同的.

(2) 与不定积分换元法一样，定积分换元公式(6.7) 也可作两种理解. 从右到左使用(6.7) 式，相当于不定积分的第一换元法；从左到右使用(6.7) 式，相当于不定积分的第二换元法.

(3) 计算定积分时，也可以用不定积分的换元法(或其他方法)，先求出不定积分，从而得到待求定积分被积函数的一个原函数，然后再利用牛顿 — 莱布尼兹公式计算出待求的定积分. 一般地说，采用这种方法比用定积分换元公式(或其他方法) 计算，难度更大些.

(4) 当被积函数为偶函数或奇函数时，可直接引用上面例 3 的结论.

二、定积分的分部积分法

定理 6.4 若函数 $u'(x)$ 和 $v'(x)$ 均在区间 $[a,b]$ 上连续，则有定积分分部积分公式：

$$\int_a^b u(x)v'(x)\mathrm{d}x = u(x)v(x)\Big|_a^b - \int_a^b u'(x)v(x)\mathrm{d}x. \tag{6.10}$$

证 由 $[u(x)v(x)]' = u'(x)v(x) + u(x)v'(x)$，可得

$$\int_a^b [u'(x)v(x) + u(x)v'(x)]\mathrm{d}x = \int_a^b [u(x)v(x)]'\mathrm{d}x = u(x)v(x)\Big|_a^b,$$

移项即得

$$\int_a^b u(x)v'(x)\mathrm{d}x = u(x)v(x)\Big|_a^b - \int_a^b u'(x)v(x)\mathrm{d}x.$$

定理得证.

例 5. 求 $\int_0^1 \ln(1+x^2)\mathrm{d}x$.

解
$$\begin{aligned}\int_0^1 \ln(1+x^2)\mathrm{d}x &= x\ln(1+x^2)\Big|_0^1 - \int_0^1 x\mathrm{d}\ln(1+x^2)\\ &= \ln 2 - 2\int_0^1 \frac{x^2}{1+x^2}\mathrm{d}x = \ln 2 - 2\int_0^1 \left(1-\frac{1}{1+x^2}\right)\mathrm{d}x\\ &= \ln 2 - 2(x-\arctan x)\Big|_0^1 = \ln 2 - 2 + \frac{\pi}{2}.\end{aligned}$$

例 6. 求$\int_0^{\frac{\pi}{2}} e^x \sin x dx$.

解 $\int_0^{\frac{\pi}{2}} e^x \sin x dx = \int_0^{\frac{\pi}{2}} \sin x de^x$

$$= e^x \sin x \Big|_0^{\frac{\pi}{2}} - \int_0^{\frac{\pi}{2}} e^x \cos x dx = e^{\frac{\pi}{2}} - \int_0^{\frac{\pi}{2}} \cos x de^x$$

$$= e^{\frac{\pi}{2}} - \left(e^x \cos x \Big|_0^{\frac{\pi}{2}} + \int_0^{\frac{\pi}{2}} e^x \sin x dx\right)$$

$$= e^{\frac{\pi}{2}} + 1 - \int_0^{\frac{\pi}{2}} e^x \sin x dx,$$

于是,移项可得

$$\int_0^{\frac{\pi}{2}} e^x \sin x dx = \frac{1}{2}(e^{\frac{\pi}{2}} + 1).$$

例 7. 设 $f'(x)$ 在$[0,1]$上连续,求

$$\int_0^1 [1 + xf'(x)] e^{f(x)} dx.$$

解 由

$$\int_0^1 xf'(x) e^{f(x)} dx = \int_0^1 x e^{f(x)} df(x) = \int_0^1 x de^{f(x)}$$

$$= x e^{f(x)} \Big|_0^1 - \int_0^1 e^{f(x)} dx$$

$$= e^{f(1)} - \int_0^1 e^{f(x)} dx,$$

移项可得

$$\int_0^1 [1 + xf'(x)] e^{f(x)} dx = e^{f(1)}.$$

§6.4 定积分的应用

前三节我们介绍了定积分的概念、性质和计算方法,这一节介绍定积分的实际应用.

一、平面图形的面积

在引入定积分概念时，我们已介绍过，如果函数 $y=f(x)(\geqslant 0)$ 在区间 $[a,b]$ 上连续，则定积分 $\int_a^b f(x)\mathrm{d}x$ 的几何意义是：由曲线 $y=f(x)$，直线 $x=a$、$x=b$ 与 x 轴所围成的曲边梯形的面积. 至于一般的平面图形面积的计算，总可以归结为计算若干个曲边梯形的面积. 下面分四种情形分别讨论：

1. 由曲线 $y=f(x)$，直线 $x=a$、$x=b$ 与 x 轴所围成的平面图形的面积(见图 6－5）为

$$S=\int_a^b |f(x)|\mathrm{d}x. \tag{6.11}$$

在图 6－5(a) 中：$S=\int_a^b f(x)\mathrm{d}x$.

在图 6－5(b) 中：$S=\int_a^c f(x)\mathrm{d}x-\int_c^d f(x)\mathrm{d}x+\int_d^b f(x)\mathrm{d}x$.

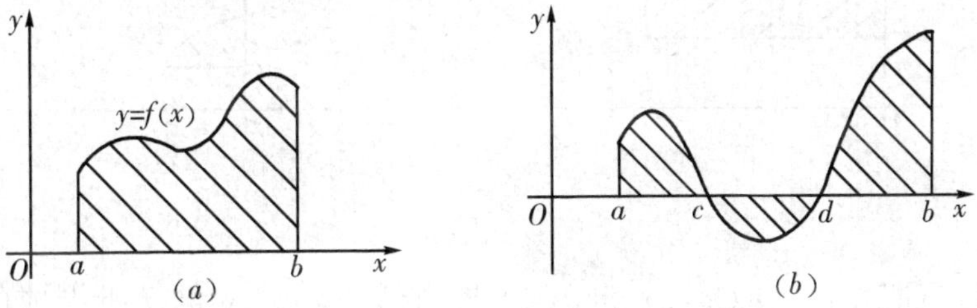

图 6－5

2. 由两条曲线 $y=f(x)$、$y=g(x)$ 与直线 $x=a$、$x=b$ 所围成的平面图形的面积(见图 6－6）为

$$S=\int_a^b |f(x)-g(x)|\mathrm{d}x. \tag{6.12}$$

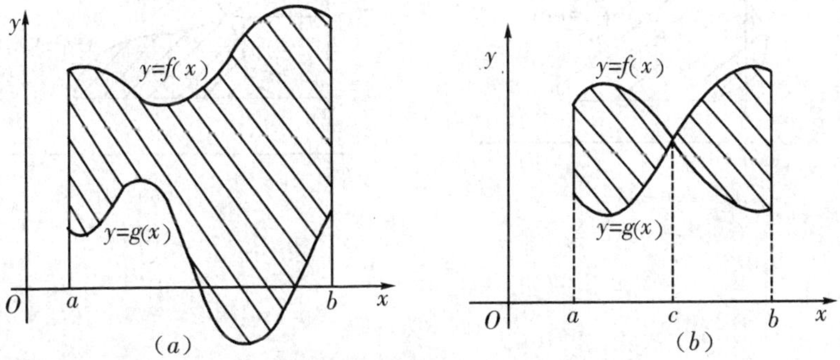

图 6－6

在图 6－6(a) 中：$S=\int_a^b[f(x)-g(x)]\mathrm{d}x$.

在图 6－6(b) 中：$S=\int_a^c[f(x)-g(x)]\mathrm{d}x+\int_c^b[g(x)-f(x)]\mathrm{d}x$.

3. 由曲线 $x=\varphi(y)$，直线 $y=c$、$y=d$ 与 y 轴所围成的平面图形的面积(见图 6－7) 为

$$S=\int_c^d|\varphi(y)|\mathrm{d}y. \tag{6.13}$$

在图 6－7(a) 中：$S=\int_c^d\varphi(y)\mathrm{d}y$.

在图 6－7(b) 中：$S=\int_c^e\varphi(y)\mathrm{d}y-\int_e^d\varphi(y)\mathrm{d}y$.

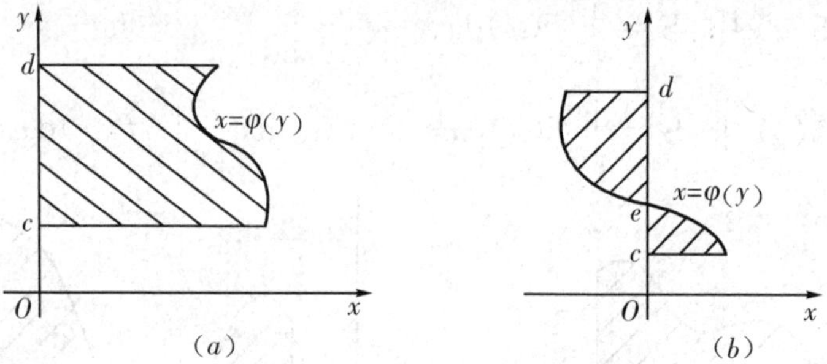

图 6－7

4. 由两条曲线 $x=\varphi(y)$、$x=\psi(y)$ 与直线 $y=c$、$y=d$ 所围成的平面图形的面积(见图 6－8) 为

$$S=\int_c^d|\varphi(y)-\psi(y)|\mathrm{d}y. \tag{6.14}$$

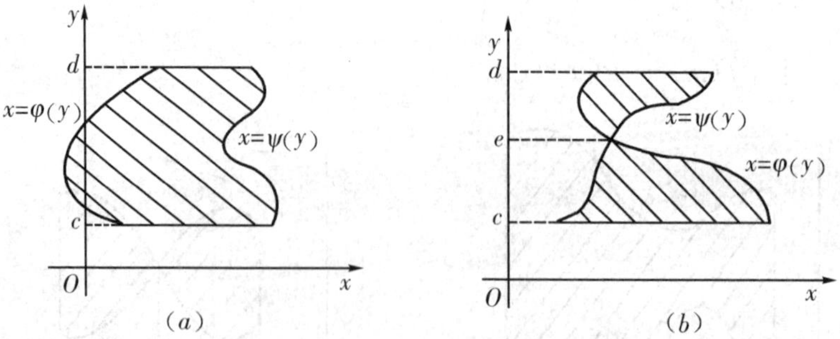

图 6－8

在图 6－8(a) 中：$S=\int_c^d[\psi(y)-\varphi(y)]\mathrm{d}y$.

在图 6－8(b) 中：$S=\int_c^e[\varphi(y)-\psi(y)]\mathrm{d}y+\int_e^d[\psi(y)-\varphi(y)]\mathrm{d}y.$

例 1. 求由曲线 $y=4-x^2$ 与 $y=x^2-4x-2$ 所围成的平面图形的面积.

解 待求面积的图形如图 6－9 所示. 由图可知，此题应选 x 为积分变量. 为确定积分区间，应先求出二曲线的交点. 为此，解方程

$$4-x^2=x^2-4x-2,$$

得 $x=-1$ 和 $x=3$. 于是，所求面积为

$$\begin{aligned}S&=\int_{-1}^3[(4-x^2)-(x^2-4x-2)]\mathrm{d}x\\&=\int_{-1}^3(6+4x-2x^2)\mathrm{d}x\\&=\left(6x+2x^2-\frac{2}{3}x^3\right)\Big|_{-1}^3=21\frac{1}{3}\approx 21.33.\end{aligned}$$

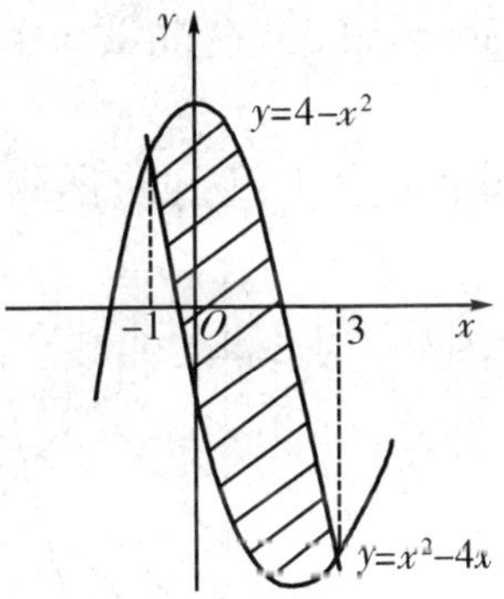

图 6－9

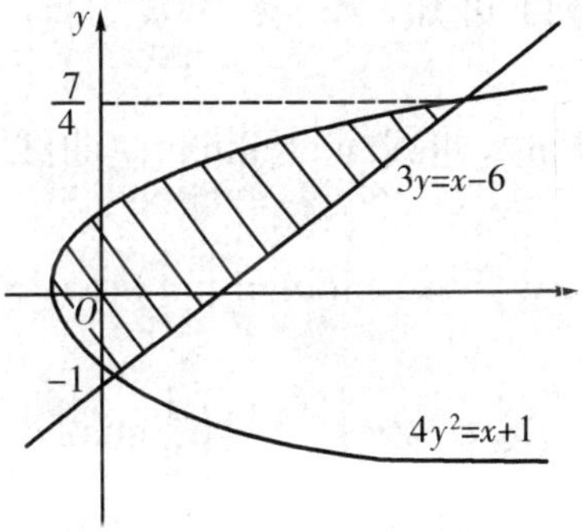

图 6－10

例 2. 求由曲线 $4y^2=x+1$ 与 $3y=x-6$ 所围成的平面图形的面积.

解 图形如图 6－10 所示.

由图可知，此题应取 y 为积分变量. 为确定积分区间，应求二曲线交点. 为此，解方程

$$4y^2-1=3y+6,$$

可得 $y=-1$ 和 $y=\frac{7}{4}$. 于是，所求图形面积为

$$\begin{aligned}S&=\int_{-1}^{\frac{7}{4}}[(3y+6)-(4y^2-1)]\mathrm{d}y\\&=\int_{-1}^{\frac{7}{4}}(7+3y-4y^2)\mathrm{d}y\end{aligned}$$

$$= \left(7y+\frac{3}{2}y^2-\frac{4}{3}y^3\right)\Big|_{-1}^{\frac{7}{4}} = 13\frac{83}{96} \approx 13.86.$$

例 3. 求曲线 $y=\sin x$ 与 $y=\sin 2x$ 在 $x=0$ 与 $x=\pi$ 之间所围成的平面图形的面积.

解 图形如图 6－11 所示.

为确定积分区间,先求二曲线交点的横坐标. 为此,由方程

$$\sin x-\sin 2x = \sin x(1-2\cos x) = 0,\quad 0\leqslant x\leqslant \pi,$$

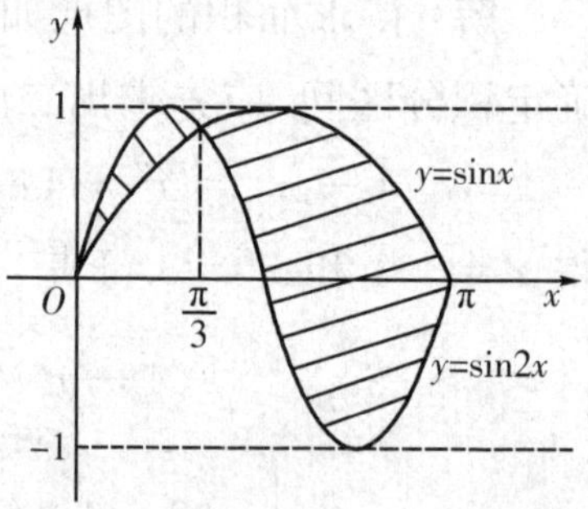

图 6－11

解得 $x=0,\frac{\pi}{3},\pi$.

由图 6－11 可知,当 $x\in\left[0,\frac{\pi}{3}\right]$时,曲线 $y=\sin 2x$ 在曲线 $y=\sin x$ 之上;当 $x\in\left[\frac{\pi}{3},\pi\right]$时,曲线 $y=\sin x$ 在曲线 $y=\sin 2x$ 之上. 因此,所求面积为

$$S=\int_0^{\frac{\pi}{3}}[\sin 2x-\sin x]\mathrm{d}x+\int_{\frac{\pi}{3}}^{\pi}[\sin x-\sin 2x]\mathrm{d}x$$

$$=\left(\cos x-\frac{1}{2}\cos 2x\right)\Big|_0^{\frac{\pi}{3}}+\left(\frac{1}{2}\cos 2x-\cos x\right)\Big|_{\frac{\pi}{3}}^{\pi}$$

$$=2.5.$$

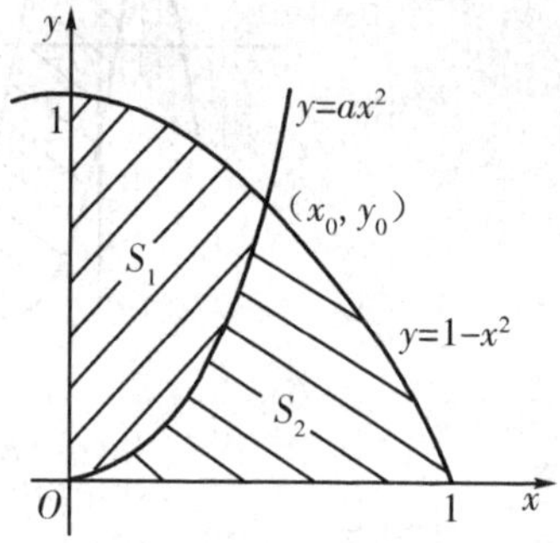

图 6－12

例 4. 假设曲线 $y=1-x^2$、x 轴与 y 轴在第一象限所围成的图形被曲线 $y=ax^2$ 分为面积相等的两部分,其中 a 为大于零的常数. 试确定常数 a 的值.

解 依题设有图 6－12. 先求二曲线的交点:由 $1-x^2=ax^2$,$(0<x\leqslant 1, a>0)$,解得

$$x_0=\frac{1}{\sqrt{1+a}},\qquad y_0=\frac{a}{1+a},$$

于是有

$$S_1=\int_0^{x_0}[(1-x^2)-ax^2]\mathrm{d}x=\int_0^{x_0}[1-(1+a)x^2]\mathrm{d}x$$

$$=\left[x-\frac{1}{3}(1+a)x^3\right]\Big|_0^{x_0}=x_0-\frac{1}{3}(1+a)x_0^3$$

$$=\frac{2}{3\sqrt{1+a}}, \qquad \left(\because \quad x_0=\frac{1}{\sqrt{1+a}}\right).$$

另一方面,依题设有

$$2S_1=S_1+S_2=\int_0^1(1-x^2)\mathrm{d}x=\frac{2}{3}.$$

从而有

$$S_1=\frac{1}{3}=\frac{2}{3\sqrt{1+a}},$$

由此得 $a=3$.

二、立体的体积

用定积分计算立体的体积,主要讨论下面两种简单情形,更一般的立体体积计算将在多元微积分中再讨论.

1. 平行截面面积为已知的立体的体积

设有一空间立体位于垂直于 x 轴的两平面 $x=a$ 与 $x=b(a<b)$ 之间,如图 6—13 所示.如果该立体被垂直于 x 轴的平面所截的截面面积为 x 的已知函数 $S(x)(a\leqslant x\leqslant b)$,则该立体的体积为

$$V=\int_a^b S(x)\mathrm{d}x \tag{6.15}$$

证 在区间 $[a,b]$ 内任取一个小区间 $[x,x+\Delta x]$,过点 x 与 $x+\Delta x$ 分别作垂直于 x 轴的平面,它们在立体中截出一个小薄片的立体.当 Δx 很小时,这个小薄片立体的体积,可用以 $S(x)$ 为底、Δx 为高的小直柱体的体积近似,即

$$\Delta V\approx S(x)\Delta x.$$

于是有

$$\mathrm{d}V=S(x)\mathrm{d}x,$$

从而有

$$V=\int_a^b\mathrm{d}V=\int_a^b S(x)\mathrm{d}x.$$

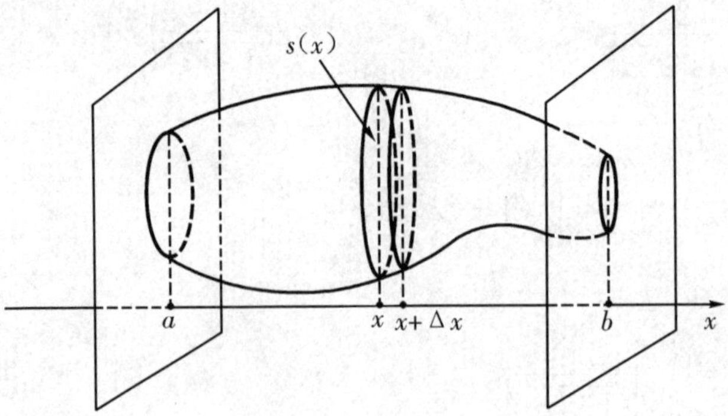

图 6—13

2. **旋转体的体积**

设 $y=f(x)$ 在区间 $[a,b]$ 上连续，则由曲边梯形 $AabB$ **绕** x **轴旋转**而成的**旋转体**的**体积** V_x（见图 6—14）为

$$V_x=\pi\int_a^b[f(x)]^2\mathrm{d}x. \tag{6.16}$$

证 旋转体是平行截面面积已知的立体的特殊情形. 由图 6—14 可知，旋转体被垂直于 x 轴的平面所截出的截面是以 $y=f(x)$ 为半径的圆，故此截面面积为 $S(x)=\pi[f(x)]^2$，将其代入(6.15)式，即得绕 x 轴旋转的旋转体体积为

$$V_x=\int_a^b S(x)\mathrm{d}x=\pi\int_a^b[f(x)]^2\mathrm{d}x$$

类似地，由曲边梯形 $CcdD$ **绕** y **轴旋转**而成的**旋转体**的**体积** V_y（见图6—15）为

$$V_y=\pi\int_c^d[\varphi(y)]^2\mathrm{d}y.$$

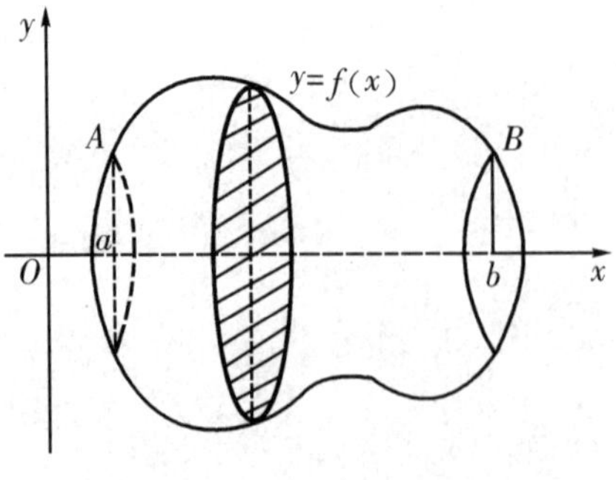

图 6—14

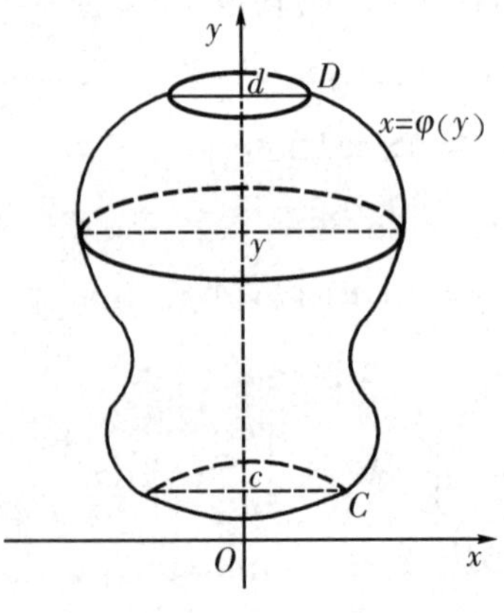

图 6—15

例 5. 求椭圆 $\dfrac{x^2}{a^2}+\dfrac{y^2}{b^2}=1$ 分别绕 x 轴与绕 y 轴旋转产生的旋转体体积.

解　作椭圆的图形如图 6－16 所示. 由于图形关于坐标轴对称,故只需考虑第一象限内的曲边梯形绕坐标轴旋转所产生的旋转体的体积.

绕 x 轴旋转的旋转体体积为

$$V_x=2\times\pi\int_0^a y^2\mathrm{d}x=2\pi\int_0^a\frac{b^2}{a^2}(a^2-x^2)\mathrm{d}x$$

$$=\frac{2\pi b^2}{a^2}\left(a^2x-\frac{1}{3}x^3\right)\bigg|_0^a=\frac{4}{3}\pi ab^2.$$

类似地,绕 y 轴旋转的旋转体体积为

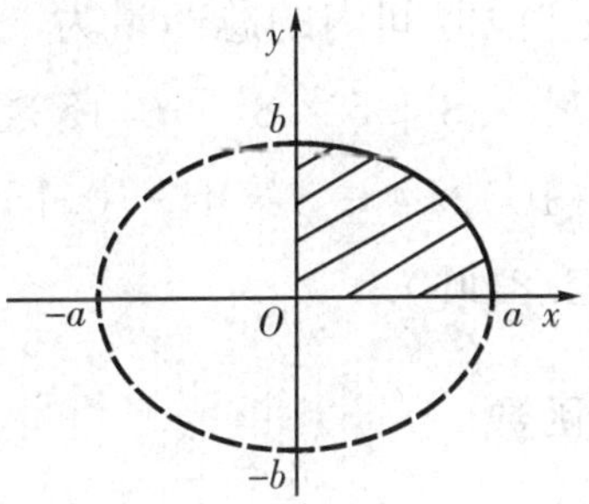

图 6－16

$$V_y=2\pi\int_0^b x^2\mathrm{d}y=2\pi\int_0^b\frac{a^2}{b^2}(b^2-y^2)\mathrm{d}y$$

$$=\frac{4}{3}\pi a^2b.$$

三、经济应用举例

1. 已知总产量变化率求总产量

已知某产品的总产量 Q 的变化率是时间 t 的连续函数 $f(t)$,即设 $Q'(t)=f(t)$. 则该产品的总产量函数为

$$Q(t)=Q(t_0)+\int_{t_0}^t f(\tau)\mathrm{d}\tau,\quad t\geqslant t_0.$$

其中 $t_0\geqslant 0$ 为某个规定的初始时刻. 通常,取 $t_0=0$,这时 $Q(0)=0$,即刚投产时总产量为零.

由上式可知,从 t_0 到 $t_1(0 \leqslant t_0 < t_1)$ 这段时间内,总产量的增量为

$$\Delta Q = Q(t_1) - Q(t_0) = \int_{t_0}^{t_1} f(\tau)\mathrm{d}\tau$$

例 6. 设某产品的总产量变化率为

$$f(t) = 100 + 10t - 0.45t^2 \text{(吨 / 小时)},$$

求 (1) 总产量函数 $Q(t)$;(2) 从 $t_0 = 4$ 到 $t_1 = 8$ 这段时间内的总产量(增量).

解 (1) 总产量函数为

$$Q(t) = \int_0^t f(\tau)\mathrm{d}\tau = \int_0^t (100 + 10\tau - 0.45\tau^2)\mathrm{d}\tau$$
$$= 100t + 5t^2 - 0.15t^3 \text{(吨)}.$$

(2) 从 $t_0 = 4$ 到 $t_1 = 8$ 这段时间内的总产量为

$$Q(8) - Q(4) = (100 \times 8 + 5 \times 8^2 - 0.15 \times 8^3) - (100 \times 4 + 5 \times 4^2 - 0.15 \times 4^3)$$
$$= 572.8 \text{(吨)}.$$

2. 已知边际函数求总量函数

这是定积分在经济应用中最典型、最常见的一类情形,例如,已知边际成本求总成本,已知边际收益求总收益,已知边际利润求总利润等等.

例 7. 已知生产某产品 x 单位(百台)的边际成本函数和边际收益函数分别为

$$MC = C'(x) = 3 + \frac{1}{3}x \text{(万元 / 百台)}$$

$$MR = R'(x) = 7 - x \text{(万元 / 百台)}$$

(1) 若固定成本 $C(0) = 1$(万元),求总成本函数、总收益函数和总利润函数;

(2) 当产量从 100 台增加到 500 台时,求总成本与总收益的改变量;

(3) 产量为多少时,总利润最大?最大总利润为多少?

解 (1) 总成本为固定成本与可变成本之和,即

$$C(x) = C(0) + \int_0^x MC\mathrm{d}x$$
$$= 1 + \int_0^x \left(3 + \frac{1}{3}x\right)\mathrm{d}x$$
$$= 1 + 3x + \frac{1}{6}x^2 \text{(万元)};$$

总收益函数为

$$\begin{aligned}R(x) &= R(0)+\int_0^x MR\,\mathrm{d}x\\&= 0+\int_0^x(7-x)\mathrm{d}x\\&= 7x-\frac{1}{2}x^2\text{（万元）；}\end{aligned}$$

（**注意**：产量为零时，总收益为零）总利润为总收益与总成本之差，即总利润函数为

$$\begin{aligned}L(x) &= R(x)-C(x)\\&= \left(7x-\frac{1}{2}x^2\right)-\left(1+3x+\frac{1}{6}x^2\right)\\&= -1+4x-\frac{2}{3}x^2\text{（万元）.}\end{aligned}$$

(2) 产量由 100 台增加到 500 台时，总成本与总收益的改变量分别为

$$\begin{aligned}C(5)-C(1) &= \left(1+3\times5+\frac{1}{6}\times5^2\right)-\left(1+3\times1+\frac{1}{6}\times1^2\right)\\&= 16\text{（万元）；}\end{aligned}$$

$$\begin{aligned}R(5)-R(1) &= \left(7\times5-\frac{1}{2}\times5^2\right)-\left(7\times1-\frac{1}{2}\times1^2\right)\\&= 16\text{（万元）.}\end{aligned}$$

(3) 由 $L'(x)=4-\frac{4}{3}x=0$，得唯一的驻点 $x=3$（百台），而 $L''(x)=-\frac{4}{3}<0$，故 $x=3$ 时，总利润取极大值，也是最大值. 最大总利润为

$$L(3)=-1+4\times3-\frac{2}{3}\times3^2=5\text{（万元）.}$$

§ 6.5　反常积分初步

我们知道，定积分是在积分区间有限且被积函数有界的条件下引入的. 但在实际问题中常会遇到积分区间无限或被积函数无界的情形，这时需要推广定积分的概念，考虑无限区间上的积分和无界函数的积分，前者称为**无穷限的反常积分**，后者称为**无界函数的反常积分**，统称为**反常积分**（又称**广义积分**）.

一、无穷限的反常积分

形如$\int_a^{+\infty} f(x)\mathrm{d}x$，$\int_{-\infty}^b f(x)\mathrm{d}x$，$\int_{-\infty}^{+\infty} f(x)\mathrm{d}x$ 的积分，称为无穷限的反常积分.

定义 6.2　如果对给定的实数a和任意实数$b(b>a)$，函数$f(x)$在$[a,b]$上可积，且极限$\lim\limits_{b\to+\infty}\int_a^b f(x)\mathrm{d}x$存在，则称无穷限的反常积分$\int_a^{+\infty} f(x)\mathrm{d}x$ **收敛**，并称此极限值为该无穷限的反常积分的积分值，记为

$$\int_a^{+\infty} f(x)\mathrm{d}x=\lim_{b\to+\infty}\int_a^b f(x)\mathrm{d}x.$$

如果上式右端极限不存在，则称无穷限的反常积分$\int_a^{+\infty} f(x)\mathrm{d}x$ **发散**.

类似地，可定义无穷限的反常积分$\int_{-\infty}^b f(x)\mathrm{d}x$ 的收敛与发散：若极限$\lim\limits_{a\to-\infty}\int_a^b f(x)\mathrm{d}x$ 存在，则称无穷限的反常积分$\int_{-\infty}^b f(x)\mathrm{d}x$ 收敛，否则称其为发散.收敛时记为

$$\int_{-\infty}^b f(x)\mathrm{d}x=\lim_{a\to-\infty}\int_a^b f(x)\mathrm{d}x.$$

如果对某个常数c(例如取$c=0$)，两个反常积分

$$\int_{-\infty}^c f(x)\mathrm{d}x \quad 与 \quad \int_c^{+\infty} f(x)\mathrm{d}x$$

都收敛，则称无穷限的反常积分$\int_{-\infty}^{+\infty} f(x)\mathrm{d}x$ 收敛，并定义

$$\int_{-\infty}^{+\infty} f(x)\mathrm{d}x=\int_{-\infty}^c f(x)\mathrm{d}x+\int_c^{+\infty} f(x)\mathrm{d}x.$$

如果$\int_{-\infty}^c f(x)\mathrm{d}x$ 与$\int_c^{+\infty} f(x)\mathrm{d}x$ 至少有一个发散，则称无穷限的反常积分$\int_{-\infty}^{+\infty} f(x)\mathrm{d}x$发散.此时$\int_{-\infty}^{+\infty} f(x)\mathrm{d}x$ 仅只是一个符号，而无任何实际意义.

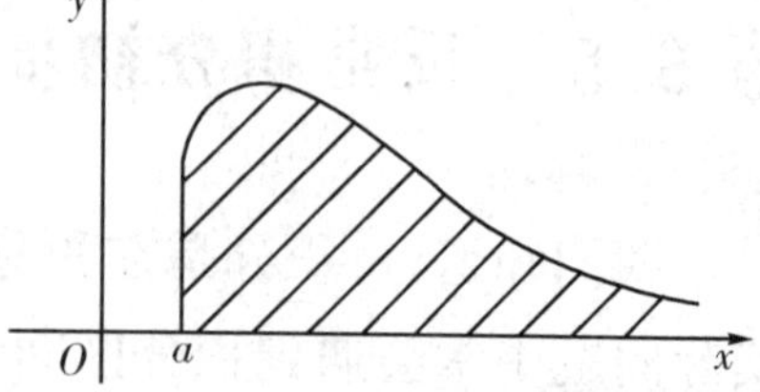

图 6－17

无穷限的反常积分的几何意义是：当$f(x)>0$

时,如果反常积分$\int_{a}^{+\infty} f(x)\mathrm{d}x$收敛,则其值表示由曲线 $y=f(x)$ 与直线$x=a$、$y=0$ 所围成的向右无限延伸的平面图形的面积,如图 6－17 所示.

例 1. 研究下列无穷限的反常积分的敛散性:

(1)$\int_{2}^{+\infty} \frac{1}{x^2-1}\mathrm{d}x$;　　(2)$\int_{-\infty}^{+\infty} \frac{1}{1+x^2}\mathrm{d}x$.

解　(1) 因为

$$\begin{aligned}\int_{2}^{b} \frac{1}{x^2-1}\mathrm{d}x &= \frac{1}{2}\int_{2}^{b}\left(\frac{1}{x-1}-\frac{1}{x+1}\right)\mathrm{d}x \\ &= \frac{1}{2}\ln\frac{x-1}{x+1}\bigg|_{2}^{b} \\ &= \frac{1}{2}\ln\frac{b-1}{b+1}-\frac{1}{2}\ln\frac{1}{3},\end{aligned}$$

故

$$\begin{aligned}\lim_{b\to+\infty}\int_{2}^{b} \frac{1}{x^2-1}\mathrm{d}x &= \lim_{b\to+\infty}\left[\frac{1}{2}\ln\frac{1-\frac{1}{b}}{1+\frac{1}{b}}+\frac{1}{2}\ln 3\right] \\ &= \frac{1}{2}\ln 3.\end{aligned}$$

可见无穷限积分$\int_{2}^{+\infty} \frac{1}{x^2-1}\mathrm{d}x$收敛,且

$$\int_{2}^{+\infty} \frac{1}{x^2-1}\mathrm{d}x = \frac{1}{2}\ln 3.$$

(2) 因为

$$\begin{aligned}\int_{0}^{+\infty} \frac{1}{1+x^2}\mathrm{d}x &= \lim_{b\to+\infty}\int_{0}^{b} \frac{1}{1+x^2}\mathrm{d}x \\ &= \lim_{b\to+\infty}\arctan b = \frac{\pi}{2}.\end{aligned}$$

可见$\int_{0}^{+\infty} \frac{1}{1+x^2}\mathrm{d}x$收敛. 又因

$$\int_{-\infty}^{0} \frac{1}{1+x^2}\mathrm{d}x = \int_{0}^{+\infty} \frac{1}{1+t^2}\mathrm{d}t = \frac{\pi}{2}\quad(令\ t=-x),$$

故$\int_{-\infty}^{0} \frac{1}{1+x^2}\mathrm{d}x$也收敛. 于是$\int_{-\infty}^{+\infty} \frac{1}{1+x^2}\mathrm{d}x$收敛,且

$$\int_{-\infty}^{+\infty}\frac{1}{1+x^2}dx=\int_{-\infty}^{0}\frac{1}{1+x^2}dx+\int_{0}^{+\infty}\frac{1}{1+x^2}dx=\pi.$$

例 2. 讨论无穷限的反常积分$\int_1^{+\infty}\frac{1}{x^\alpha}dx$的敛散性.

解　对任意实数 $b>1$,有

$$\int_1^b\frac{1}{x^\alpha}dx=\begin{cases}\frac{1}{1-\alpha}(b^{1-\alpha}-1), & \alpha\neq 1;\\ \ln b, & \alpha=1.\end{cases}$$

于是有

$$\lim_{b\to+\infty}\int_1^b\frac{1}{x^\alpha}dx=\begin{cases}\frac{1}{\alpha-1}, & \alpha>1\text{ 时};\\ +\infty, & \alpha\leqslant 1\text{ 时}.\end{cases}$$

因此,$\alpha>1$ 时,$\int_1^{+\infty}\frac{1}{x^\alpha}dx$ 收敛,且$\int_1^{+\infty}\frac{1}{x^\alpha}dx=\frac{1}{\alpha-1}$;

$\alpha\leqslant 1$ 时,$\int_1^{+\infty}\frac{1}{x^\alpha}dx$ 发散.

注意:上述两例清楚地表达了计算收敛的无穷限的反常积分有两个基本步骤:先求定积分,后取极限. 通常这一计算过程采用更紧凑的形式表示,简明扼要. 比如例 1,

$$(1)\int_{-\infty}^{+\infty}\frac{1}{1+x^2}dx=\arctan x\Big|_{-\infty}^{+\infty}=\frac{\pi}{2}-(-\frac{\pi}{2})=\pi,$$

$$(2)\int_2^{+\infty}\frac{1}{x^2-1}dx=\frac{1}{2}\ln\left|\frac{x-1}{x+1}\right|\Big|_2^{+\infty}=0-\frac{1}{2}\ln\frac{1}{3}=\frac{1}{2}\ln 3.$$

一般说来,计算收敛的无穷限反常积分时,如果 $F(x)$ 分别是 $f(x)$ 在积分区间$[a,+\infty)$,$(-\infty,b]$ 和$(-\infty,+\infty)$ 上的一个原函数,则

$$\int_a^{+\infty}f(x)dx=F(x)\Big|_a^{+\infty}\qquad(\text{即指}\lim_{b\to+\infty}F(x)\Big|_a^b)$$

$$\int_{-\infty}^{b}f(x)dx=F(x)\Big|_{-\infty}^{b}\qquad(\text{即指}\lim_{a\to-\infty}F(x)\Big|_a^b)$$

$$\int_{-\infty}^{+\infty}f(x)dx=F(x)\Big|_{-\infty}^{+\infty}\qquad(\text{即指}\lim_{x\to+\infty}F(x)-\lim_{x\to-\infty}F(x)).$$

值得提醒:在计算收敛的无穷限反常积分时

$$\int_a^{+\infty}(f(x)\pm g(x))dx=\int_a^{+\infty}f(x)dx\pm\int_a^{+\infty}g(x)dx$$

$$\int_a^{+\infty} u(x)\mathrm{d}v(x) = u(x)v(x)\Big|_a^{+\infty} - \int_a^{+\infty} v(x)\mathrm{d}u(x)$$

之类的性质和计算方法是否有效?从计算无穷限的反常积分的两个基本步骤上分析,不难作出判断,结论是:等式右端各项中的极限必须存在,反常积分必须收敛,这是利用这类性质和计算方法的前提条件. 以例 1(2) 为例,下列等式

$$\int_2^{+\infty} \frac{1}{x^2-1}\mathrm{d}x = \frac{1}{2}\int_2^{+\infty}\left(\frac{1}{x-1} - \frac{1}{x+1}\right)\mathrm{d}x = \frac{1}{2}\left(\int_2^{+\infty}\frac{1}{x-1}\mathrm{d}x - \int_2^{+\infty}\frac{1}{x+1}\mathrm{d}x\right)$$

是错的,因为式中$\int_2^{+\infty} \frac{1}{x-1}\mathrm{d}x$ 和$\int_2^{+\infty} \frac{1}{x+1}\mathrm{d}x$ 都发散,而$\int_2^{+\infty} \frac{1}{x^2-1}\mathrm{d}x$ 收敛.

二、无界函数的反常积分(瑕积分)

如果被积函数 $f(x)$ 在区间$[a,b]$上某点的任何邻域内无界,则称积分$\int_a^b f(x)\mathrm{d}x$ 为**无界函数的反常积分**,又称**瑕积分**,称点 x_0 为 $f(x)$ 的**瑕点**.

例如,$\int_0^a \frac{\mathrm{d}x}{\sqrt{a^2-x^2}}$ 和$\int_{-1}^1 \frac{\mathrm{d}x}{\sqrt[3]{x}}$ 都是无界函数的反常积分,点 a 和点 0 分别为函数$\frac{1}{\sqrt{a^2-x^2}}$ 和$\frac{1}{\sqrt[3]{x}}$ 的瑕点.

定义 6.3　如果对任意小的正数 ε,函数 $f(x)$ 在区间$[a+\varepsilon,b]$上皆可积,在$(a,a+\varepsilon)$ 内无界,点 a 为 $f(x)$ 的瑕点,则当$\lim\limits_{\varepsilon\to 0^+}\int_{a+\varepsilon}^b f(x)\mathrm{d}x$ 存在时,称反常积分(瑕积分)$\int_a^b f(x)\mathrm{d}x$ 收敛. 称此极限为无界函数 $f(x)$ 的反常积分(瑕积分)的值,并记

$$\int_a^b f(x)\mathrm{d}x = \lim_{\varepsilon\to 0^+}\int_{a+\varepsilon}^b f(x)\mathrm{d}x.$$

如果上述极限不存在,则称反常积分$\int_a^b f(x)\mathrm{d}x$ 发散.

类似地,当 $x=b$ 为 $f(x)$ 的唯一瑕点时,定义反常积分

$$\int_a^b f(x)\mathrm{d}x = \lim_{\varepsilon\to 0^+}\int_a^{b-\varepsilon} f(x)\mathrm{d}x$$

当 $x=c$ $(a<c<b)$ 为 $f(x)$ 的唯一瑕点,且两个反常积分

$$\int_a^c f(x)\mathrm{d}x,\qquad \int_c^b f(x)\mathrm{d}x$$

都收敛时，则称反常积分$\int_a^b f(x)\mathrm{d}x$收敛，且

$$\int_a^b f(x)\mathrm{d}x=\int_a^c f(x)\mathrm{d}x+\int_c^b f(x)\mathrm{d}x.$$

如果前述两反常积分任何一个发散，则称反常积分$\int_a^b f(x)\mathrm{d}x$发散.

反常积分收敛时，$\int_a^b f(x)\mathrm{d}x$表示极限值，是一个有限数；反常积分发散时，$\int_a^b f(x)\mathrm{d}x$仅是一个符号，没有任何实际意义.

例 3. 计算下列瑕积分：

$$(1)\int_0^1 \frac{\ln x}{\sqrt{x}}\mathrm{d}x,\qquad (2)\int_0^1 \frac{1}{(2-x)\sqrt{1-x}}\mathrm{d}x.$$

解 (1)$x=0$为瑕点. 由分部积分法有

$$\begin{aligned}\int_0^1 \frac{\ln x}{\sqrt{x}}\mathrm{d}x&=\lim_{\varepsilon\to 0^+}\int_\varepsilon^1 \ln x\mathrm{d}(2\sqrt{x})\\&=\lim_{\varepsilon\to 0^+}\left\{2\sqrt{x}\ln x\Big|_\varepsilon^1-2\int_\varepsilon^1\frac{1}{\sqrt{x}}\mathrm{d}x\right\}\\&=\lim_{\varepsilon\to 0^+}\left\{-2\sqrt{\varepsilon}\ln\varepsilon-4\sqrt{x}\Big|_\varepsilon^1\right\}\\&=-4\end{aligned}$$

(2)$x=1$为瑕点. 用换元法，令$t=\sqrt{1-x}$，则$x=1-t^2$，$\mathrm{d}x=-2t\mathrm{d}t$. 于是，有

$$\begin{aligned}\int_0^1\frac{1}{(2-x)\sqrt{1-x}}\mathrm{d}x&=\lim_{\varepsilon\to 0^+}\int_0^{1-\varepsilon}\frac{1}{(2-x)\sqrt{1-x}}\mathrm{d}x\\&=\lim_{\varepsilon\to 0^+}\int_1^{\sqrt{\varepsilon}}\frac{-2t}{(1+t^2)t}\mathrm{d}t=\lim_{\varepsilon\to 0^+}\int_{\sqrt{\varepsilon}}^1\frac{2\mathrm{d}t}{1+t^2}\\&=2\lim_{\varepsilon\to 0^+}[\arctan 1-\arctan\sqrt{\varepsilon}]=\frac{\pi}{2}\end{aligned}$$

例 4. 讨论瑕积分$\int_a^b\frac{1}{(x-a)^p}\mathrm{d}x$的敛散性，其中$p>0$.

解 $x=a$为瑕点. 因

$$\int_{a+\varepsilon}^b\frac{1}{(x-a)^p}\mathrm{d}x=\begin{cases}\dfrac{1}{1-p}[(b-a)^{1-p}-\varepsilon^{1-p}], & p\neq 1\text{时；}\\ \ln(b-a)-\ln\varepsilon, & p=1\text{时.}\end{cases}$$

故有

$$\lim_{\varepsilon\to 0^+}\int_{a+\varepsilon}^{b}\frac{1}{(x-a)^p}\mathrm{d}x=\begin{cases}\dfrac{1}{1-p}(b-a)^{1-p}, & p<1\text{ 时};\\ \infty, & p\geqslant 1\text{ 时}.\end{cases}$$

因此，当 $p<1$ 时，瑕积分 $\int_a^b\frac{1}{(x-a)^p}\mathrm{d}x$ 收敛，且

$$\int_a^b\frac{1}{(x-a)^p}\mathrm{d}x=\frac{1}{1-p}(b-a)^{1-p}\qquad (p<1);$$

当 $p\geqslant 1$ 时，$\int_a^b\frac{1}{(x-a)^p}\mathrm{d}x$ 发散.

例 5. 计算瑕积分 $\int_0^1\frac{(\sqrt[6]{x}+1)^2}{\sqrt{x}}\mathrm{d}x$.

解 $\int_0^1\frac{(\sqrt[6]{x}+1)^2}{\sqrt{x}}\mathrm{d}x=\int_0^1\left(\frac{1}{\sqrt[6]{x}}+\frac{2}{\sqrt[3]{x}}+\frac{1}{\sqrt{x}}\right)\mathrm{d}x$，

上式右端三个积分均为例 4 中讨论过的瑕积分（$a=0,b=1$），且 p 分别为 $\frac{1}{6}$、$\frac{1}{3}$、$\frac{1}{2}$，均小于 1，故均收敛，且有

$$\int_0^1\frac{1}{\sqrt[6]{x}}\mathrm{d}x=\frac{6}{5};$$

$$\int_0^1\frac{1}{\sqrt[3]{x}}\mathrm{d}x=\frac{3}{2};$$

$$\int_0^1\frac{1}{\sqrt{x}}\mathrm{d}x=2.$$

所以

$$\int_0^1\frac{(\sqrt[6]{x}+1)^2}{\sqrt{x}}\mathrm{d}x=\frac{6}{5}+2\times\frac{3}{2}+2=6.2.$$

例 6. 讨论瑕积分 $\int_{-1}^1\frac{1}{x^2}\mathrm{d}x$ 的敛散性.

解 $x=0$ 为瑕点，容易验证，两瑕积分

$$\int_{-1}^0\frac{1}{x^2}\mathrm{d}x,\quad \int_0^1\frac{1}{x^2}\mathrm{d}x$$

都发散，根据定义，瑕积分 $\int_{-1}^1\frac{1}{x^2}\mathrm{d}x$ 发散.

注意:如果直接用牛顿—莱布尼兹公式计算此例,会出现如下的错误结果:

$$\int_{-1}^{1}\frac{1}{x^2}\mathrm{d}x=-\frac{1}{x}\Big|_{-1}^{1}=-2$$

原因是没注意应用公式的条件. $\int_{-1}^{1}\frac{1}{x^2}\mathrm{d}x$ 是瑕积分,不是定积分;$\frac{1}{x^2}$ 不在 $[-1,1]$ 上连续($x=0$ 为间断点);$-\frac{1}{x}$ 不是$\frac{1}{x^2}$ 在$[-1,1]$上的一个原函数. 抓住这三条中任何一条,都可避免上述错误.

例 7. 已知某产品总产量变化率为

$$Q'(t)=\frac{90}{t^2}\mathrm{e}^{-\frac{3}{t}}(\text{千吨 / 年}),$$

问:投产后多少年可使平均年产量达到最大值?此最大值为多少?在达到平均年产量最大值后,再生产 3 年,这 3 年的平均年产量为多少?

解 先求总产量函数:

$$\begin{aligned}Q(t)&=Q(0)+\int_{0}^{t}\frac{90}{\tau^2}\mathrm{e}^{-3/\tau}\mathrm{d}\tau \qquad (Q(0)=0)\\&=90\int_{0}^{t}\frac{1}{\tau^2}\mathrm{e}^{-3/\tau}\mathrm{d}\tau \qquad \left[\frac{1}{\tau^2}\mathrm{d}\tau=\frac{1}{3}\mathrm{d}\left(-\frac{3}{\tau}\right)\right]\\&=30(\mathrm{e}^{-3/t}-\lim_{\varepsilon\to 0^+}\mathrm{e}^{-3/\varepsilon})\\&=30\mathrm{e}^{-3/t}(\text{千吨}),\end{aligned}$$

则平均年产量为

$$\bar{Q}(t)=\frac{Q(t)}{t}=\frac{30}{t}\mathrm{e}^{-3/t}(\text{千吨 / 年}).$$

令 $\bar{Q}'(t)=\frac{30(3-t)}{t^3}\mathrm{e}^{-3/t}=0$,得 $t=3$(年). 因 $t<3$ 时,$\bar{Q}'(t)>0$;$t>3$ 时,$\bar{Q}'(t)<0$,故 $\bar{Q}(3)$ 为极大值,也是最大值,此最大值为

$$\bar{Q}(3)=\frac{30}{3}\times\mathrm{e}^{-1}=\frac{10}{\mathrm{e}}\approx 3.679(\text{千吨 / 年}).$$

即投产后 3 年,平均年产量将达到最大值,且最大平均年产量为 3.679(千吨 / 年).

再生产 3 年的平均年产量为

$$\begin{aligned}\frac{1}{3}\int_{3}^{6}Q'(t)\mathrm{d}t&=\frac{1}{3}\int_{3}^{6}\frac{90}{t^2}\mathrm{e}^{-3/t}\mathrm{d}t=10\mathrm{e}^{-3/t}\Big|_{3}^{6}\\&=10(\mathrm{e}^{-1/2}-\mathrm{e}^{-1})\approx 2.387(\text{千吨 / 年}).\end{aligned}$$

三、Γ 函数

下面讨论概率论要用到的一个重要的反常积分.

定义 6.4 反常积分 $\Gamma(t)=\int_0^{+\infty}x^{t-1}e^{-x}dx\ (t>0)$ 是参变量 t 的函数,称为 Γ 函数.

$t>0$ 时,这个反常积分是收敛的. 证明从略.

Γ 函数有如下的重要性质:

$$\Gamma(t+1)=t\Gamma(t),\qquad t>0,\tag{6.17}$$

特别地,当 $t=n$ 为正整数时,有

$$\Gamma(n+1)=n!.\tag{6.18}$$

证 由分部积分公式有

$$\begin{aligned}\Gamma(t+1)&=\int_0^{+\infty}x^te^{-x}dx=\int_0^{+\infty}x^td(-e^{-x})\\&=-x^te^{-x}\Big|_0^{+\infty}+t\int_0^{+\infty}x^{t-1}e^{-x}dx\\&=t\Gamma(t),\end{aligned}$$

特别当 $t=n$ 时,有

$$\begin{aligned}\Gamma(n+1)&=n\Gamma(n)=n(n-1)\Gamma(n-1)\\&=\cdots=n(n-1)\cdots2\cdot1\cdot\Gamma(1)\\&=n!\Gamma(1).\end{aligned}$$

而

$$\Gamma(1)=\int_0^{+\infty}e^{-x}dx=1$$

所以

$$\Gamma(n+1)=n!$$

公式(6.17)是一个递推公式,利用这个递推公式可使 Γ 函数的计算大为简化. 事实上,由(6.17)式不难证明如下的公式:

$$\Gamma(t)=\begin{cases}\dfrac{1}{t}\Gamma(s), & 0<t=s-1<1,\quad s\in(1,2)\\ \Gamma(s), & t=s\in[1,2]\\ (t-1)(t-2)\cdots(s+1)s\Gamma(s), & \\ \qquad t=n+s\geqslant2,s\in[1,2],n\in N. &\end{cases}\tag{6.19}$$

由(6.19)式可知,对任何 $t>0$,$\Gamma(t)$ 的计算总可化为对 $\Gamma(s)(s\in[1,2])$ 的计算.而 $\Gamma(s)(s\in[1,2])$ 的值可通过查 Γ 函数表直接得到.例如,《数学手册》,人民教育出版社 1979 年版,第 1312 页 ~ 1314 页.

例 8. 计算 $\Gamma(3.32)$ 和 $\Gamma(0.5)$.

解 $\Gamma(3.32)=2.32\times1.32\times\Gamma(1.32)$;

$$\Gamma(0.5)=\frac{1}{0.5}\Gamma(1.5)=2\Gamma(1.5).$$

查表可知 $\Gamma(1.32)=0.8946$,$\Gamma(1.5)=0.8862$.故有

$$\Gamma(3.32)=2.32\times1.32\times0.8946\approx2.7396;$$

$$\Gamma(0.5)=2\times0.8862=1.7724.$$

例 9. 计算 $\int_0^{+\infty}x^4\mathrm{e}^{-x^2}\mathrm{d}x$.

解 令 $u=x^2$,则

$$\int_0^{+\infty}x^4\mathrm{e}^{-x^2}\mathrm{d}x=\frac{1}{2}\int_0^{+\infty}u^{1.5}\mathrm{e}^{-u}\mathrm{d}u$$

$$=\frac{1}{2}\Gamma\left(\frac{5}{2}\right)=\frac{1}{2}\times\frac{3}{2}\times\Gamma\left(\frac{3}{2}\right)=0.66465.$$

习 题 六

1. 不计算积分,比较下列各积分值的大小:

(1) $\int_0^1x^2\mathrm{d}x$ 与 $\int_0^1x^5\mathrm{d}x$　　(2) $\int_1^2x^2\mathrm{d}x$ 与 $\int_1^2x^5\mathrm{d}x$

(3) $\int_0^{\pi/2}x\mathrm{d}x$ 与 $\int_0^{\pi/2}\sin x\mathrm{d}x$　　(4) $\int_0^1\mathrm{e}^x\mathrm{d}x$ 与 $\int_0^1\mathrm{e}^{x^2}\mathrm{d}x$

(5) $\int_0^5\mathrm{e}^{-x}\mathrm{d}x$ 与 $\int_0^5\mathrm{e}^x\mathrm{d}x$　　(6) $\int_0^{\pi/2}\sin^2x\mathrm{d}x$ 与 $\int_0^{\pi/2}\sin^4x\mathrm{d}x$

(7) $\int_{-\pi/2}^0\sin x\mathrm{d}x$ 与 $\int_0^{\pi/2}\sin x\mathrm{d}x$

2. 利用定积分性质,估计下列积分:

(1) $\int_{-a}^a\mathrm{e}^{-x^2}\mathrm{d}x\ (a>0)$　　(2) $\int_{\pi/4}^{5\pi/4}(1+\sin^2x)\mathrm{d}x$

(3) $\int_{\pi/4}^{\pi/2}\frac{\sin x}{x}\mathrm{d}x$　　(4) $\int_{\sqrt{3}/3}^{\sqrt{3}}x\arctan x\mathrm{d}x$

(5) $\int_0^1 \frac{x^9}{\sqrt{1+x}}\mathrm{d}x$　　　(6) $\int_0^{200} \frac{1}{x+20}\mathrm{e}^{-5x}\mathrm{d}x$

3. 求下列极限：

(1) $\lim\limits_{x\to 0}\frac{1}{x}\int_0^x (1+\sin 2u)^{\frac{1}{u}}\mathrm{d}u$

(2) $\lim\limits_{x\to 0}\frac{1}{x^2}\int_0^x \arctan u\mathrm{d}u$

(3) $\lim\limits_{x\to 0}\frac{1}{x}\int_0^x \cos u^2\mathrm{d}u$

(4) $\lim\limits_{x\to 0^+}\left(\int_0^{\sin x}\sqrt{\tan u}\,\mathrm{d}u\right)\Big/\left(\int_0^{\tan x}\sqrt{\sin u}\,\mathrm{d}u\right)$

4. 求函数 $f(x)=\int_0^x (u-1)(u-2)\mathrm{e}^{-u^2}\mathrm{d}u$ 的极值点.

5. 利用牛顿－莱布尼兹公式计算下列积分：

(1) $\int_1^4 (1-\sqrt{x})^2\frac{1}{\sqrt{x}}\mathrm{d}x$　　　(2) $\int_1^2 \frac{1+x^3}{x^2+x^3}\mathrm{d}x$

(3) $\int_5^6 \frac{1}{2x+x^2}\mathrm{d}x$　　　(4) $\int_0^2 (\mathrm{e}^x-x)\mathrm{d}x$

(5) $\int_a^b |x|\mathrm{d}x\quad (a<b)$　　　(6) $\int_a^b |2x-(a+b)|\mathrm{d}x$

6. 用换元法计算下列积分：

(1) $\int_0^{\pi/2}\cos\frac{x}{2}\cos\frac{3x}{2}\mathrm{d}x$　　　(2) $\int_0^{\ln 2}\sqrt{\mathrm{e}^x-1}\,\mathrm{d}x$

(3) $\int_1^{\sqrt{5}}\frac{\sqrt{x^2-1}}{x}\mathrm{d}x$　　　(4) $\int_{\frac{1}{\pi}}^{\frac{2}{\pi}}\frac{1}{x^2}\sin\frac{1}{x}\mathrm{d}x$

(5) $\int_4^9 \frac{\sqrt{x}}{\sqrt{x}-1}\mathrm{d}x$　　　(6) $\int_1^2 \sqrt{x-1}\,(x+1)^2\mathrm{d}x$

(7) $\int_{-1}^1 \frac{1}{x^2+2x+5}\mathrm{d}x$　　　(8) $\int_0^2 |(1-x)^5|\mathrm{d}x$

(9) $\int_0^{16}\frac{1}{\sqrt{x+9}-\sqrt{x}}\mathrm{d}x$　　　(10) $\int_1^{\mathrm{e}^3}\frac{1}{x\sqrt{1+\ln x}}\mathrm{d}x$

(11) $\int_0^{\pi/4}\tan^3 x\mathrm{d}x$　　　(12) $\int_1^4 \frac{x}{\sqrt{2+4x}}\mathrm{d}x$

(13) $\int_{\sqrt{2}/2}^1 \frac{\sqrt{1-x^2}}{x^2}\mathrm{d}x$　　　(14) $\int_0^{\ln 5}\frac{\mathrm{e}^x}{\mathrm{e}^x+3}\sqrt{\mathrm{e}^x-1}\,\mathrm{d}x$

(15) $\int_{e+1}^{e^2+1}\frac{1+\ln(x-1)}{x-1}dx$　　(16) $\int_0^1\frac{1+x^2}{(x^3+3x+1)^2}dx$

(17) $\int_0^2\frac{x^3}{4+x^2}dx$　　(18) $\int_\pi^{2\pi}\frac{x+\cos x}{x^2+2\sin x}dx$

(19) $\int_{-1}^1\frac{1}{x^2-2x\cos\alpha+1}dx$　$(0<\alpha<\pi)$

(20) $\int_0^{\frac{\pi}{4}}\frac{2\cos x+3\sin x}{(2\sin x-3\cos x)^3}dx$　　(21) $\int_0^{\frac{1}{2}}\frac{8x-\arctan 2x}{1+4x^2}dx$

(22) $\int_1^4\frac{1+2\sqrt{x}}{\sqrt{x}(x+\sqrt{x})^2}dx$　　(23) $\int_0^1\frac{x}{1+x^4}dx$

(24) $\int_{\sqrt{3}}^{\sqrt{8}}\frac{1}{\sqrt{1+x^2}}\left(x+\frac{1}{x}\right)dx$　　(25) $\int_{\sqrt{3}}^{\sqrt{8}}\frac{1}{\sqrt{1+x^2}}\left(x-\frac{1}{x}\right)dx$

(26) $\int_1^e\frac{x^2+\ln x^2}{x}dx$　　(27) $\int_0^{\frac{\pi}{4}}\tan x\cdot\ln\cos x dx$

(28) $\int_{\frac{\pi}{4}}^{\frac{\pi}{2}}\frac{x\cos x+\sin x}{(x\sin x)^2}dx$　　(29) $\int_{\frac{\pi}{2}}^{2\arctan 2}\frac{1}{(1-\cos x)\sin^2 x}dx$

(30) $\int_4^{25}\frac{1}{1+\sqrt{x}}dx$　　(31) $\int_0^1 e^{\sqrt{x}}dx$

7. 用分部积分法计算下列积分：

(1) $\int_0^1(x-1)3^x dx$　　(2) $\int_0^{\frac{\pi}{4}}x\sin x dx$

(3) $\int_0^1\ln(x+1)dx$　　(4) $\int_0^1\ln(1+x^2)dx$

(5) $\int_1^{e^{\pi/2}}\cos\ln x dx$　　(6) $\int_1^e x(\ln x)^2 dx$

(7) $\int_1^{e^2}\frac{1}{\sqrt{x}}(\ln x)^2 dx$　　(8) $\int_0^{e-1}(x+1)\ln^2(x+1)dx$

(9) $\int_{-2}^2 x^2 e^{-\frac{x}{2}}dx$

8. 计算下列积分：

(1) $\int_0^{\frac{\pi}{2}}\frac{x+\sin x}{1+\cos x}dx$

(2) $I_n=\int_0^\pi\frac{x\sin^{2n}x}{\sin^{2n}x+\cos^{2n}x}dx$　（n 为自然数）

9. 设 $f(x)$ 是连续函数，证明下列各题：

(1) $\int_a^b f(x)\mathrm{d}x = (b-a)\int_0^1 f[a+(b-a)x]\mathrm{d}x$

(2) $\int_0^a x^3 f(x^2)\mathrm{d}x = \frac{1}{2}\int_0^{a^2} xf(x)\mathrm{d}x \quad (a>0)$

(3) $\int_0^{\pi} xf(\sin x)\mathrm{d}x = \pi\int_0^{\frac{\pi}{2}} f(\sin x)\mathrm{d}x$

10. 设函数 $f(x)$ 在 $(-\infty,+\infty)$ 上连续，并满足条件

$$\int_0^x f(x-u)\mathrm{e}^u\mathrm{d}u = \sin x,\quad x\in(-\infty,+\infty)$$

求 $f(x)$.

11. 设函数 $f(x)$ 和 $g(x)$ 在区间 $[a,b]$ 上连续，且 $g(x)\neq 0, x\in[a,b]$. 试证：至少存在一点 $\xi\in(a,b)$，使得

$$\left(\int_a^b f(x)\mathrm{d}x\right)\Big/\left(\int_a^b g(x)\mathrm{d}x\right) = f(\xi)/g(\xi)$$

12. 计算下列曲线围成的平面图形的面积：

(1) $y=2x^2+3x-5,\quad y=1-x^2$

(2) $y=3x^2-1,\quad y=5-3x$

(3) $xy=6,\quad x+y=7$

(4) $y=\ln x,\quad y=0,\quad x=\mathrm{e}$

(5) $y=\mathrm{e}^x,\quad y=\mathrm{e},\quad x=0$

(6) $x=2y^2+3y-5,\quad x=1-y^2$

13. 求由下列已知曲线围成的图形绕指定轴旋转而形成的旋转体的体积：

(1) $y^2=2px, y=0, x=a\,(p>0, a>0)$；绕 x 轴

(2) $xy=a^2, y=0, x=a, x=2a\,(a>0)$；绕 x 轴

(3) $y=x^{-\frac{1}{4}}, y=0, x=\frac{1}{4}, x=1$；绕 x 轴

(4) $y=\sin 2x, y=0, 0\leqslant x\leqslant\frac{\pi}{2}$；绕 x 轴

(5) $y=\frac{1}{x}\ln x, y=0, 1\leqslant x\leqslant \mathrm{e}$；绕 x 轴

(6) $y=x\mathrm{e}^x, y=0, x=1$；绕 x 轴

(7) $y=x^2, x=y^2$；绕 y 轴

(8) $y=x^3, y=0, x=2$；绕 x 轴和 y 轴

14. 已知某产品的年销售率为 $f(t) = 1340 - 850e^{-t}$，求该产品前 5 年的总销售量.

15. 已知某产品的边际收益函数为 $R'(Q) = 10(10-Q)e^{-\frac{Q}{10}}$，其中 Q 为销售量，$R = R(Q)$ 为总收益. 求该产品的总收益函数.

16. 已知某产品的边际成本和边际收益函数分别为

$$C'(Q) = Q^2 - 4Q + 6, \quad R'(Q) = 105 - 2Q,$$

且固定成本为100. 其中 Q 为销售量，$C(Q)$ 为总成本，$R(Q)$ 为总收益. 求最大利润.

17. 按定义判断下列广义积分的敛散性；若收敛，求其值：

(1) $\int_0^{+\infty} e^{ax}dx$　　(2) $\int_e^{+\infty} \frac{1}{x}(\ln x)^a dx$

(3) $\int_0^{+\infty} (1+x)^a dx$　　(4) $\int_1^{+\infty} x^a \ln x dx$

(5) $\int_0^{+\infty} \cos x dx$　　(6) $\int_1^{e} \frac{1}{x\sqrt{1-\ln^2 x}}dx$

(7) $\int_a^{2a} (x-a)^a dx \quad (a>0)$　　(8) $\int_0^{2} \frac{1}{x^2-4x+3}dx$

(9) $\int_1^{2} \frac{x}{\sqrt{x-1}}dx$　　(10) $\int_0^{1} \ln x dx$

18. 已知 $\int_0^{+\infty} \frac{\sin x}{x}dx = \frac{\pi}{2}$，试证：

(1) $\int_0^{+\infty} \frac{\sin x\cos x}{x}dx = \frac{\pi}{4}$　　(2) $\int_0^{+\infty} \frac{\sin^2 x}{x^2}dx = \frac{\pi}{2}$

19. 计算下列极限：

(1) $\lim\limits_{x\to+\infty} \frac{1}{\sqrt{1+x^2}}\int_0^{x} (\arctan x)^2 dx$　　(2) $\lim\limits_{x\to+\infty} \left(\int_0^{x} e^{t^2}dt\right)^{\frac{1}{x^2}}$

20. 利用 Γ 函数计算下列各题：

(1) $\frac{5\Gamma(10)\Gamma(4)}{\Gamma(8)\Gamma(6)\Gamma(2)}$　　(2) $\frac{\Gamma(1.5)\Gamma(2.5)}{\Gamma(3.5)}$

(3) $\int_0^{+\infty} e^{-x^n}dx \quad (n>0)$　　(4) $\int_0^{+\infty} x^{2n}e^{-x^2}dx \quad \left(n>-\frac{1}{2}\right)$

(5) $\int_0^{1} \left(\ln\frac{1}{x}\right)^{\alpha} dx \quad (\alpha>-1)$

第七章　无穷级数

无穷级数在微积分学中占有很重要的地位，它是表示函数、研究函数性质和进行数值计算的有力工具．考虑到本课程的特点和需要，本章主要介绍无穷级数的一些基本知识，重点放在介绍常数项级数和幂级数．至于无穷级数在数值计算等实际问题中的应用限于篇幅就不作介绍了．

§7.1　常数项级数的概念与性质

一、常数项级数的概念

读者在中学教科书中已经熟悉形如

$$a,\ \frac{a}{2},\ \frac{a}{2^2},\ \cdots,\ \frac{a}{2^n},\ \cdots\ (a \neq 0)$$

的几何数列，该数列前 n 项的和为

$$S_n = a + \frac{a}{2} + \frac{a}{2^2} + \cdots + \frac{a}{2^{n-1}} = \frac{a - \frac{a}{2^n}}{1 - \frac{1}{2}}$$

$$= 2a\left(1 - \frac{1}{2^n}\right).$$

显然，当 $n \to \infty$ 时，S_n 有极限，记为 S，即

$$S = \lim_{n\to\infty} S_n = \lim_{n\to\infty} 2a\left(1 - \frac{1}{2^n}\right) = 2a.$$

很自然地，我们可将 $S = 2a$ 视为几何数列 $\left\{\frac{a}{2^n}\right\}$ 的无穷多项相加的和，并形式地记为

$$a+\frac{a}{2}+\frac{a}{2^2}+\cdots+\frac{a}{2^n}+\cdots=2a$$

或简记为

$$\sum_{n=0}^{\infty}\frac{a}{2^n}=2a.$$

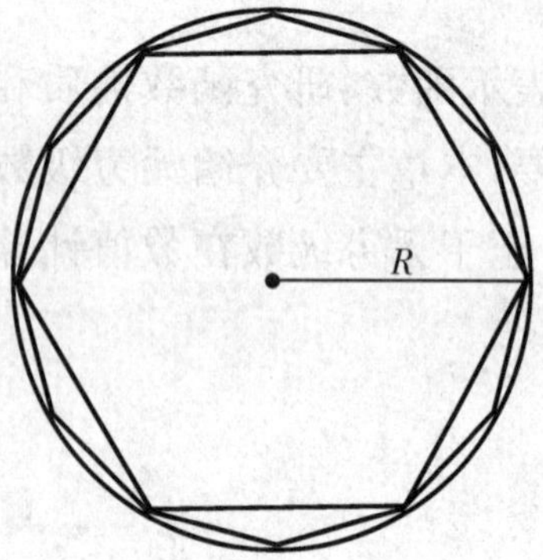

图 7－1

在解决某些实际问题时，也会遇到无穷多个数相加的情形. 我们在第二章介绍数列极限的概念时，曾提及我国古代著名数学家刘徽用割圆术求圆面积，就是研究无穷多个数相加的一个典型的例子. 假设要计算半径为 R 的圆面积 S. 先作圆内接正六边形，其面积记为 u_1，u_1 是 S 的一个粗略的近似值. 为了得到 S 的一个更好的近似值，以这个正六边形的每条边为底，分别作其顶点在圆周上的等腰三角形（如图 7－1 所示），记这六个等腰三角形的面积之和为 u_2，则 u_1+u_2 是圆内接正十二边形的面积，与圆内接正六边形面积 u_1 相比较，u_1+u_2 是圆面积 S 的一个较好的近似值. 如果要再提高近似值的精确度，可类似地作圆内接正二十四边形、正四十八边形，…. 它们的面积依次增加，每次增加的面积分别记为 $u_3,u_4,\cdots$. 于是，一个很自然的想法是，圆面积 S 就是这无穷多项面积值 $u_1,u_2,\cdots,u_n,\cdots$ 的和. 更确切地说，圆面积 S 是 $u_1+u_2+\cdots+u_n$ 当 $n\to\infty$ 时的极限.

现在，我们一般地给出级数的一些基本概念.

如果给定数列 $\{u_n\}$，则称

$$u_1+u_2+\cdots+u_n+\cdots$$

为**常数项无穷级数**，简称为**级数**，记为 $\sum\limits_{n=1}^{\infty}u_n$，即

$$\sum_{n=1}^{\infty}u_n=u_1+u_2+\cdots+u_n+\cdots, \tag{7.1}$$

其中 u_n 称为级数的**第 n 项**或**一般项**；称级数(7.1) 的前 n 项之和 $u_1+u_2+\cdots+u_n$ 为级数(7.1) 的**部分和**，记为 S_n，即

$$S_n=u_1+u_2+\cdots+u_n. \tag{7.2}$$

由(7.2) 可知

$$S_1=u_1,\quad S_2=u_1+u_2,\quad S_3=u_1+u_2+u_3,\cdots.$$

由此可见，当 n 依次取 1,2,3,⋯ 时，级数的部分和 S_n 构成一个数列 $\{S_n\}$.

定义 7.1 对于给定的级数 $\sum\limits_{n=1}^{\infty}u_n$，如果其部分和数列 $\{S_n\}$ 有极限 S，即

$$\lim_{n\to\infty}S_n=S.$$

则称级数 $\sum\limits_{n=1}^{\infty}u_n$ **收敛**，并称极限值 S 为此级数的**和**，记为

$$\sum_{n=1}^{\infty}u_n=u_1+u_2+\cdots+u_n+\cdots=S.$$

如果部分和数列 $\{S_n\}$ 没有极限，则称级数 $\sum\limits_{n=1}^{\infty}u_n$ **发散**.

例 1. 讨论几何级数 $\sum\limits_{n=1}^{\infty}aq^{n-1}$ 的敛散性，其中 $a\neq 0, q\neq 0$.

解 该级数的前 n 项的部分和为

$$S_n=a+aq+\cdots+aq^{n-1}=\frac{a-aq^n}{1-q}\quad(q\neq 1).$$

(1) 当 $|q|<1$ 时，有 $\lim\limits_{n\to\infty}S_n=\dfrac{a}{1-q}$. 所以，当 $|q|<1$ 时，几何级数收敛，且有

$$\sum_{n=1}^{\infty}aq^{n-1}=\frac{a}{1-q}\qquad(|q|<1).$$

(2) 当 $|q|>1$ 时，$\lim\limits_{n\to\infty}S_n=\infty$. 所以，当 $|q|>1$ 时，几何级数发散.

(3) 当 $q=1$ 时，$S_n=na\to\infty(n\to\infty$ 时)，故级数发散；当 $q=-1$ 时，$S_n=\dfrac{a}{2}[1+(-1)^{n-1}]$，$n\to\infty$ 时，S_n 的极限不存在，故级数发散.

综上所述，$|q|<1$ 时，几何级数 $\sum\limits_{n=1}^{\infty}aq^{n-1}$ 收敛；$|q|\geqslant 1$ 时，$\sum\limits_{n=1}^{\infty}aq^{n-1}$ 发散.

例 2. 判别无穷级数 $\sum\limits_{n=1}^{\infty}\dfrac{1}{n(n+1)}$ 的敛散性.

解 由于

$$u_n=\frac{1}{n(n+1)}=\frac{1}{n}-\frac{1}{n+1},$$

所以

$$S_n = \frac{1}{1\times 2} + \frac{1}{2\times 3} + \cdots + \frac{1}{n(n+1)}$$
$$= \left(1 - \frac{1}{2}\right) + \left(\frac{1}{2} - \frac{1}{3}\right) + \cdots + \left(\frac{1}{n} - \frac{1}{n+1}\right),$$
$$= 1 - \frac{1}{n+1},$$

从而

$$\lim_{n\to\infty} S_n = \lim_{n\to\infty}\left(1 - \frac{1}{n+1}\right) = 1.$$

由此可见,所给级数收敛,且有

$$\sum_{n=1}^{\infty} \frac{1}{n(n+1)} = 1.$$

例 3. 证明调和级数$\sum\limits_{n=1}^{\infty} \frac{1}{n}$发散.

证 由拉格朗日中值定理可知

$$\ln(n+1) - \ln n = \frac{1}{n+\theta} < \frac{1}{n} \qquad (0 < \theta < 1),$$

利用此不等式,可得

$$S_n = 1 + \frac{1}{2} + \cdots + \frac{1}{n}$$
$$> (\ln 2 - \ln 1) + (\ln 3 - \ln 2) + \cdots + [\ln(n+1) - \ln n]$$
$$= \ln(n+1),$$

所以

$$\lim_{n\to\infty} S_n = +\infty.$$

从而调和级数$\sum\limits_{n=1}^{\infty} \frac{1}{n}$发散.

二、级数的基本性质

性质1 设A为非零常数,则级数$\sum\limits_{n=1}^{\infty} Au_n$与级数$\sum\limits_{n=1}^{\infty} u_n$同时收敛或同时发散,

且同时收敛时，有

$$\sum_{n=1}^{\infty} Au_n = A\sum_{n=1}^{\infty} u_n. \tag{7.3}$$

证　设级数$\sum\limits_{n=1}^{\infty} Au_n$与$\sum\limits_{n=1}^{\infty} u_n$的部分和分别记为$S_n'$与$S_n''$，则有

$$\begin{aligned} S_n' &= Au_1 + Au_2 + \cdots + Au_n \\ &= A(u_1 + u_2 + \cdots + u_n) = AS_n''. \end{aligned}$$

于是，由数列极限的性质可知，极限$\lim\limits_{n\to\infty} S_n'$与$\lim\limits_{n\to\infty} S_n''$同时存在或同时不存在，即级数$\sum\limits_{n=1}^{\infty} Au_n$与$\sum\limits_{n=1}^{\infty} u_n$同时收敛或同时发散. 且当二极限同时存在时，有$\lim\limits_{n\to\infty} S_n' = A\lim\limits_{n\to\infty} S_n''$，即有

$$\sum_{n=1}^{\infty} Au_n = A\sum_{n=1}^{\infty} u_n.$$

由性质1和例2可知，级数$\sum\limits_{n=1}^{\infty} \dfrac{A}{n(n+1)}$收敛；由性质1和例3可知，级数$\sum\limits_{n=1}^{\infty} \dfrac{A}{n}(A \neq 0)$发散.

性质2　若级数$\sum\limits_{n=1}^{\infty} u_n$与$\sum\limits_{n=1}^{\infty} v_n$都收敛，则级数$\sum\limits_{n=1}^{\infty} (u_n \pm v_n)$也收敛，且有

$$\sum_{n=1}^{\infty} (u_n \pm v_n) = \sum_{n=1}^{\infty} u_n \pm \sum_{n=1}^{\infty} v_n. \tag{7.4}$$

证　设级数$\sum\limits_{n=1}^{\infty} (u_n \pm v_n)$、$\sum\limits_{n=1}^{\infty} u_n$与$\sum\limits_{n=1}^{\infty} v_n$的部分和分别记为$S_n$、$S_n'$与$S_n''$，则

$$\begin{aligned} S_n &= (u_1 \pm v_1) + (u_2 \pm v_2) + \cdots + (u_n \pm v_n) \\ &= (u_1 + u_2 + \cdots + u_n) \pm (v_1 + v_2 + \cdots + v_n) \\ &= S_n' \pm S_n''. \end{aligned}$$

由$\sum\limits_{n=1}^{\infty} u_n$与$\sum\limits_{n=1}^{\infty} v_n$都收敛可知，它们的部分和极限都存在. 设为

$$\lim_{n\to\infty} S_n' = S', \quad \lim_{n\to\infty} S_n'' = S'',$$

则

$$\begin{aligned} \lim_{n\to\infty} S_n &= \lim_{n\to\infty} (S_n' \pm S_n'') \\ &= \lim_{n\to\infty} S_n' \pm \lim_{n\to\infty} S_n'' \\ &= S' \pm S'', \end{aligned}$$

即有

$$\sum_{n=1}^{\infty}(u_n \pm v_n) = \sum_{n=1}^{\infty}u_n \pm \sum_{n=1}^{\infty}v_n.$$

由性质 1 和性质 2、例 1 和例 2 可知，级数

$$\sum_{n=1}^{\infty}\left[\left(\frac{2}{3}\right)^{n-1} + \frac{5}{n(n+1)}\right]\text{收敛},$$

且有

$$\sum_{n=1}^{\infty}\left[\left(\frac{2}{3}\right)^{n-1} + \frac{5}{n(n+1)}\right] = \sum_{n=1}^{\infty}\left(\frac{2}{3}\right)^{n-1} + \sum_{n=1}^{\infty}\frac{5}{n(n+1)}$$

$$= \frac{1}{1-\frac{2}{3}} + 5 = 8.$$

性质 3　级数去掉或增加有限项，不改变级数的敛散性.

证　设原级数的部分和为 S_n，再设在原级数前 n_0 项中新增 m 项，并设这 m 项之和为 C，新级数的部分和为S'_n. 则新级数前 $n+m$ 项(其和为S'_{n+m}) 中，不妨设 $n > n_0$，除了新增的 m 项(其和为 C) 外，还有原级数的前 n 项(其和为 S_n). 于是有

$$S'_{n+m} = S_n + C \qquad (n > n_0)$$

显然 $\lim\limits_{n\to\infty} S'_{n+m}$ 与 $\lim\limits_{n\to\infty} S_n$ 同时存在或同时不存在. 即新级数与原级数同时收敛或同时发散，具有相同的敛散性.

原级数与新级数，增加 m 项使前者变成后者. 去掉 m 项使后者变成前者. 上面的证明正说明增加或减少若干项不改变级数的敛散性. 即性质 3 得证.

例如，如果将例 2 和例 3 中的级数去掉前三项，根据性质 3 可知

$$\frac{1}{4\times 5} + \frac{1}{5\times 6} + \cdots = \sum_{n=1}^{\infty}\frac{1}{(n+3)(n+4)} \qquad \text{收敛},$$

$$\frac{1}{4} + \frac{1}{5} + \cdots = \sum_{n=1}^{\infty}\frac{1}{n+3} \qquad \text{发散}.$$

性质 4　收敛级数加括号后所成的级数，仍为收敛级数，且收敛于原级数的和.

证　设级数 $\sum\limits_{n=1}^{\infty}u_n$ 收敛，且其和为 S，即

$$u_1 + u_2 + \cdots + u_n + \cdots = S.$$

设$\sum\limits_{n=1}^{\infty}u_n$按某一规律加括号后所成的新级数为$\sum\limits_{n=1}^{\infty}v_n$，其中

$$v_1=u_1+u_2+\cdots+u_{i_1}\quad(\text{共 } i_1 \text{ 项}),$$
$$v_2=u_{i_1+1}+u_{i_1+2}+\cdots+u_{i_2}\quad(\text{共 } i_2-i_1 \text{ 项}),$$
$$\cdots\cdots$$
$$v_n=u_{i_{n-1}+1}+u_{i_{n-1}+2}+\cdots+u_{i_n}\quad(\text{共 } i_n-i_{n-1} \text{ 项}),$$
$$\cdots\cdots$$

于是，$\sum\limits_{n=1}^{\infty}v_n$的部分和为

$$\widetilde{S}_n=v_1+v_2+\cdots+v_n=S_{i_n}.$$

显然有$n<i_n$，且$n\to\infty$时，$i_n\to\infty$. 于是有

$$\lim_{n\to\infty}\widetilde{S}_n=\lim_{i_n\to\infty}S_{i_n}=S.$$

性质 4 得证.

注意：加括号后所成的级数收敛，不能推论出原级数收敛. 性质 4 的逆命题不成立. 例如，级数

$$(1-1)+(1-1)+(1-1)+\cdots$$

收敛，其和为零. 但级数

$$1-1+1-1+1-1+\cdots$$

发散.

性质 5（级数收敛的必要条件） 如果级数$\sum\limits_{n=1}^{\infty}u_n$收敛，则其一般项$u_n$收敛于零，即有

$$\lim_{n\to\infty}u_n=0. \tag{7.5}$$

证 由于级数$\sum\limits_{n=1}^{\infty}u_n$收敛，故极限

$$\lim_{n\to\infty}S_n \quad \text{与} \quad \lim_{n\to\infty}S_{n-1}$$

皆存在且极限值相等. 于是，有

$$\begin{aligned}\lim_{n\to\infty}u_n&=\lim_{n\to\infty}(S_n-S_{n-1})\\&=\lim_{n\to\infty}S_n-\lim_{n\to\infty}S_{n-1}=0.\end{aligned}$$

这个性质很重要，常用来判别级数发散. 例如，当 $|q| \geqslant 1$ 时，$\lim\limits_{n\to\infty} aq^{n-1} \neq 0$ $(a \neq 0)$，故级数 $\sum\limits_{n=1}^{\infty} aq^{n-1}$ 发散($|q| \geqslant 1$).

但应注意的是，一般项 u_n 收敛于零时，级数 $\sum\limits_{n=1}^{\infty} u_n$ 却不一定收敛，例如，调和级数 $\sum\limits_{n=1}^{\infty} \dfrac{1}{n}$ 是发散的，但 $\lim\limits_{n\to\infty} u_n = \lim\limits_{n\to\infty} \dfrac{1}{n} = 0$. 因此，$u_n \to 0$ 是级数 $\sum\limits_{n=1}^{\infty} u_n$ 收敛的必要条件，而不是充分条件；或者说，$u_n \not\to 0$ 是级数 $\sum\limits_{n=1}^{\infty} u_n$ 发散的充分条件，而不是必要条件.

§ 7.2　正项级数敛散性的判别

上节讨论的常数项级数的一般项 u_n 可为正数、负数和零. 如果级数 $\sum\limits_{n=1}^{\infty} u_n$ 的一般项 $u_n \geqslant 0(n = 1,2,3\cdots)$，则称此级数为正项级数. 由于级数的敛散性的判别，大多归结为正项级数的敛散性的判别，故本节专门讨论正项级数的敛散性，介绍几个常用的判别法.

定理 7.1　设 $\sum\limits_{n=1}^{\infty} u_n$ 为正项级数，则 $\sum\limits_{n=1}^{\infty} u_n$ 收敛的充分必要条件是它的部分和数列有上界.

证　由 $u_n \geqslant 0(n = 1,2,\cdots)$ 可知

$$S_{n+1} = S_n + u_{n+1} \geqslant S_n \geqslant 0, \qquad n \in N.$$

可见 $\{S_n\}$ 是单调增加数列. 因此，由定理 2.7 可知，若 $\{S_n\}$ 有上界，则极限 $\lim\limits_{n\to\infty} S_n$ 存在，从而 $\sum\limits_{n=1}^{\infty} u_n$ 收敛，充分性得证；若 $\{S_n\}$ 无上界，则 $\lim\limits_{n\to\infty} S_n = +\infty$，从而 $\sum\limits_{n=1}^{\infty} u_n$ 发散，换句话说，若数列收敛，则部分和数列 $\{S_n\}$ 必有上界，必要性得证. 定理得证.

定理 7.2 **(比较判别法)**　设 $\sum\limits_{n=1}^{\infty} u_n$ 和 $\sum\limits_{n=1}^{\infty} v_n$ 都是正项级数，且 $u_n \leqslant v_n(n = 1,2,\cdots)$

(1) 若$\sum\limits_{n=1}^{\infty} v_n$收敛,则$\sum\limits_{n=1}^{\infty} u_n$收敛;

(2) 若$\sum\limits_{n=1}^{\infty} u_n$发散,则$\sum\limits_{n=1}^{\infty} v_n$发散.

证 设$\sum\limits_{n=1}^{\infty} u_n$和$\sum\limits_{n=1}^{\infty} v_n$的部分和分别记为$S_n$与$S'_n$,则由$0 \leqslant u_n \leqslant v_n(n=1,2,\cdots)$,有

$$\begin{aligned} S_n &= u_1 + u_2 + \cdots + u_n \\ &\leqslant v_1 + v_2 + \cdots + v_n = S'_n \quad (n=1,2,\cdots). \end{aligned}$$

若$\sum\limits_{n=1}^{\infty} v_n$收敛,则由定理7.1可知,$\{S'_n\}$有上界,从而$\{S_n\}$有上界,于是,再由定理7.1可知,$\sum\limits_{n=1}^{\infty} u_n$收敛,(1)得证.若$\sum\limits_{n=1}^{\infty} u_n$发散,则$\{S_n\}$无上界,从而$\{S'_n\}$无上界,由定理7.1可知,$\sum\limits_{n=1}^{\infty} v_n$发散,(2)得证.定理得证.

推论 设$\sum\limits_{n=1}^{\infty} u_n$和$\sum\limits_{n=1}^{\infty} v_n$为正项级数,且存在常数$c>0$和自然数$N$,使当$n>N$时,有

$$u_n \leqslant c v_n.$$

则有

(1) 当$\sum\limits_{n=1}^{\infty} v_n$收敛时,$\sum\limits_{n=1}^{\infty} u_n$收敛;

(2) 当$\sum\limits_{n=1}^{\infty} u_n$发散时,$\sum\limits_{n=1}^{\infty} v_n$发散.

证 由级数性质1、性质3和定理7.2,不难证明此推论的正确性.

例1. 讨论p-级数$\sum\limits_{n=1}^{\infty} \frac{1}{n^p}$的敛散性.

解 按$p \leqslant 1$和$p>1$两种情形分别讨论.

(1) 当$p \leqslant 1$时,有$\frac{1}{n} \leqslant \frac{1}{n^p}(n=1,2,3\cdots)$.因调和级数$\sum\limits_{n=1}^{\infty} \frac{1}{n}$发散,故由比较判别法可知,$p \leqslant 1$时,$p$-级数$\sum\limits_{n=1}^{\infty} \frac{1}{n^p}$发散.

(2) 当$p>1$时,由于

$$0 < \frac{1}{m^p} = \int_{m-1}^{m} \frac{1}{m^p} dx < \int_{m-1}^{m} \frac{1}{x^p} dx \quad (m=2,3,\cdots),$$

故 p－级数的部分和

$$S_n = 1+\sum_{m=2}^{n}\frac{1}{m^p} < 1+\sum_{m=2}^{n}\int_{m-1}^{m}\frac{1}{x^p}\mathrm{d}x$$

$$= 1+\int_{1}^{n}\frac{1}{x^p}\mathrm{d}x$$

$$= 1+\frac{1}{p-1}-\frac{n^{1-p}}{p-1} < 1+\frac{1}{p-1} = \frac{p}{p-1}.$$

于是,由定理 7.1 可知,当 $p>1$ 时,p－级数 $\sum\limits_{n=1}^{\infty}\frac{1}{n^p}$ 收敛.

在使用比较判别法时,几何级数和 p－级数经常用来与需要判别敛散性的级数相比较.因此,牢记几何级数和 p－级数何时收敛,何时发散,是十分必要的.

例 2. 判别级数 $\sum\limits_{n=1}^{\infty}2^n\sin\frac{\pi}{3^n}$ 的敛散性.

解 由于当 $x>0$ 时,$0<\sin x<x$,所以有

$$0 < 2^n\sin\frac{\pi}{3^n} < \pi\left(\frac{2}{3}\right)^n,\quad n=1,2,3,\cdots$$

而 $\sum\limits_{n=1}^{\infty}\pi\left(\frac{2}{3}\right)^n$ 是公比 $q=\frac{2}{3}<1$ 的几何级数,故该几何级数收敛.于是,由比较判别法可知,正项级数 $\sum\limits_{n=1}^{\infty}2^n\sin\frac{\pi}{3^n}$ 收敛.

定理 7.3 (比较判别法的极限形式) 设 $\sum\limits_{n=1}^{\infty}u_n$ 与 $\sum\limits_{n=1}^{\infty}v_n$ 均为正项级数,且有

$$\lim_{n\to\infty}\frac{u_n}{v_n}=A.$$

(1) 若 $0<A<+\infty$,则级数 $\sum\limits_{n=1}^{\infty}u_n$ 与 $\sum\limits_{n=1}^{\infty}v_n$ 同时收敛或同时发散;

(2) 若 $A=0$,且 $\sum\limits_{n=1}^{\infty}v_n$ 收敛,则 $\sum\limits_{n=1}^{\infty}u_n$ 收敛;

(3) 若 $A=+\infty$,且 $\sum\limits_{n=1}^{\infty}v_n$ 发散,则 $\sum\limits_{n=1}^{\infty}u_n$ 发散.

***证** (1) 由于 $\lim\limits_{n\to\infty}\frac{u_n}{v_n}=A$,且 $0<A<+\infty$,故对给定的 $\varepsilon=\frac{A}{2}>0$,存在正整数 N,使当 $n>N$ 时,有

$$\frac{A}{2}<\frac{u_n}{v_n}<\frac{3A}{2}.$$

于是,当 $n>N$ 时,有

$$\frac{A}{2}v_n<u_n<\frac{3A}{2}v_n.$$

于是由定理 7.2 的推论可知,级数 $\sum\limits_{n=1}^{\infty}u_n$ 与 $\sum\limits_{n=1}^{\infty}v_n$ 同时收敛或同时发散.

类似地可证(2) 和(3). 定理得证.

利用定理 7.3,容易解例 2. 事实上,因

$$\lim_{n\to\infty}\left(2^n\sin\frac{\pi}{3^n}\right)\Big/\left(\frac{2}{3}\right)^n=\pi,$$

故由 $\sum\limits_{n=1}^{\infty}\left(\frac{2}{3}\right)^n$ 收敛,可知 $\sum\limits_{n=1}^{\infty}2^n\sin\frac{\pi}{3^n}$ 收敛.

例 3. 判别正项级数 $\sum\limits_{n=1}^{\infty}\frac{1}{\sqrt{n(n+1)}}$ 的敛散性.

解 由于

$$\lim_{n\to\infty}\left[\frac{1}{\sqrt{n(n+1)}}\right]\Big/\left(\frac{1}{n}\right)=\lim_{n\to\infty}\frac{n}{\sqrt{n(n+1)}}=1,$$

而调和级数 $\sum\limits_{n=1}^{\infty}\frac{1}{n}$ 发散,故由定理 7.3 可知级数 $\sum\limits_{n=1}^{\infty}\frac{1}{\sqrt{n(n+1)}}$ 发散.

例 4. 判别级数 $\sum\limits_{n=1}^{\infty}\ln\left(1+\frac{1}{n^2}\right)$ 的敛散性.

解 由于

$$\lim_{n\to\infty}\left[\ln\left(1+\frac{1}{n^2}\right)\right]\Big/\left(\frac{1}{n^2}\right)=1,$$

而 $\sum\limits_{n=1}^{\infty}\frac{1}{n^2}$ 为收敛的 $p-$级数($p=2>1$),故由定理 7.3 可知级数 $\sum\limits_{n=1}^{\infty}\ln\left(1+\frac{1}{n^2}\right)$ 收敛.

定理 7.4 (**比值判别法**)　设 $\sum\limits_{n=1}^{\infty}u_n$ 为正项级数,且

$$\lim_{n\to\infty}\frac{u_{n+1}}{u_n}=r.$$

(1) 若 $r<1$,则 $\sum\limits_{n=1}^{\infty}u_n$ 收敛;

(2) 若 $r>1$,则 $\sum\limits_{n=1}^{\infty}u_n$ 发散.

***证**　(1) 设 $\lim\limits_{n\to\infty}\dfrac{u_{n+1}}{u_n}=r<1$. 则对给定的 $\varepsilon=\dfrac{1-r}{2}>0$，存在正整数 N，使当 $n\geqslant N$ 时，有

$$\left|\frac{u_{n+1}}{u_n}-r\right|<\varepsilon=\frac{1-r}{2}.$$

于是有

$$\frac{u_{n+1}}{u_n}<r+\varepsilon=\frac{1+r}{2}=q<1,\quad n\geqslant N,$$

即有

$$u_{N+1}<qu_N,\quad u_{N+2}<qu_{N+1}<q^2u_N,$$

……

$$u_{N+m}<qu_{N+m-1}<\cdots<q^m u_N\,(m\geqslant 1).$$

于是，由几何级数 $\sum\limits_{m=1}^{\infty}q^m u_N\left(0<q=\dfrac{1+r}{2}<1\right)$ 收敛，可知级数 $\sum\limits_{m=1}^{\infty}u_{N+m}=\sum\limits_{n=N+1}^{\infty}u_n$ 收敛，从而 $\sum\limits_{n=1}^{\infty}u_n$ 收敛.

(2) 若 $\lim\limits_{n\to\infty}\dfrac{u_{n+1}}{u_n}=r>1$. 则对给定的 $\varepsilon=\dfrac{r-1}{2}>0$，存在正整数 N，使当 $n\geqslant N$ 时，有

$$\left|\frac{u_{n+1}}{u_n}-r\right|<\varepsilon,$$

即有

$$\frac{u_{n+1}}{u_n}>r-\varepsilon=\frac{r+1}{2}=q>1,\quad n\geqslant N.$$

于是有

$$u_{N+1}>qu_N,\quad u_{N+2}>qu_{N+1}>q^2u_N,$$

……

$$u_{N+m}>qu_{N+m-1}>\cdots>q^m u_N\quad(m\geqslant 1).$$

于是，由几何级数 $\sum\limits_{m=1}^{\infty}q^m u_N\,(q>1)$ 发散，可知级数 $\sum\limits_{m=1}^{\infty}u_{N+m}=\sum\limits_{n=N+1}^{\infty}u_n$ 发散，从而 $\sum\limits_{n=1}^{\infty}u_n$ 发散. 证毕.

注意：若 $\lim\limits_{n\to\infty}\dfrac{u_{n+1}}{u_n}=r=1$，则级数 $\sum\limits_{n=1}^{\infty}u_n$ 可能收敛也可能发散.

例如，对 $p-$级数$\sum_{n=1}^{\infty}\frac{1}{n^p}$，总有

$$\lim_{n\to\infty}\frac{u_{n+1}}{u_n}=\lim_{n\to\infty}\left[\frac{1}{(n+1)^p}\right]\Big/\left(\frac{1}{n^p}\right)$$

$$=\lim_{n\to\infty}\left(\frac{n}{1+n}\right)^p=1,$$

但 $p>1$ 时，$\sum_{n=1}^{\infty}\frac{1}{n^p}$ 收敛；而 $p\leqslant 1$ 时，$\sum_{n=1}^{\infty}\frac{1}{n^p}$ 发散. 由此可见，$\lim_{n\to\infty}\frac{u_{n+1}}{u_n}=1$ 时，不能利用比值判别法判别$\sum_{n=1}^{\infty}u_n$ 的敛散性.

比值判别法也称为**达朗贝尔**（$D'Alembert$）**判别法**.

例 5. 判别级数$\sum_{n=1}^{\infty}\frac{n!}{n^n}$ 的敛散性.

解 由于

$$\lim_{n\to\infty}\frac{u_{n+1}}{u_n}=\lim_{n\to\infty}\left[\frac{(n+1)!}{(n+1)^{n+1}}\right]\Big/\left(\frac{n!}{n^n}\right)$$

$$=\lim_{n\to\infty}\frac{1}{\left(1+\frac{1}{n}\right)^n}=\frac{1}{\mathrm{e}}<1.$$

故由比值判别法可知级数$\sum_{n=1}^{\infty}\frac{n!}{n^n}$ 收敛.

例 6. 判别级数$\sum_{n=1}^{\infty}(n+1)\left(\frac{x}{2}\right)^n$ $(x>0)$ 的敛散性.

解 由于

$$\lim_{n\to\infty}\frac{u_{n+1}}{u_n}=\lim_{n\to\infty}\left[(n+2)\left(\frac{x}{2}\right)^{n+1}\right]\Big/\left[(n+1)\left(\frac{x}{2}\right)^n\right]$$

$$=\lim_{n\to\infty}\frac{(n+2)x}{2(n+1)}=\frac{x}{2},$$

故由比值判别法可知，当 $0<x<2$ 时，级数收敛；当 $x>2$ 时，级数发散；当 $x=2$ 时，$u_n=n+1\to\infty$，故由级数性质 5 可知，级数发散.

总之，当 $0<x<2$ 时，$\sum_{n=1}^{\infty}(n+1)\left(\frac{x}{2}\right)^n$ 收敛，当 $x\geqslant 2$ 时，$\sum_{n=1}^{\infty}(n+1)\left(\frac{x}{2}\right)^n$ 发散.

上面我们介绍了几种判别正项级数敛散性的常用方法. 实际运用时，可按如下顺序选择判别方法：检查一般项是否收敛于零；应用比值判别法，比较判别法

的极限形式，比较判别法，正项级数的部分和数列是否有界的方法.

§7.3 任意项级数敛散性的判别

对 u_n 的取值不加限制的一般常数项级数 $\sum_{n=1}^{\infty} u_n$，通称为**任意项级数**. 判别任意项级数的敛散性首先要考虑判别正项级数 $\sum_{n=1}^{\infty} |u_n|$ 的敛散性. 为说明这一点，我们先证明如下的定理.

定理 7.5 如果任意项级数 $\sum_{n=1}^{\infty} u_n$ 的各项取绝对值后构成的正项级数 $\sum_{n=1}^{\infty} |u_n|$ 收敛，则原级数 $\sum_{n=1}^{\infty} u_n$ 收敛.

证 令 $v_n = \frac{1}{2}(u_n + |u_n|)$，则显然有

$$0 \leqslant v_n \leqslant |u_n|.$$

于是，由比较判别法和级数 $\sum_{n=1}^{\infty} |u_n|$ 收敛，可知级数 $\sum_{n=1}^{\infty} v_n$ 也收敛. 从而，由性质 1 可知，级数 $\sum_{n=1}^{\infty} 2v_n$ 收敛，于是，由性质 2 和 $u_n = 2v_n - |u_n|$ 可知，级数 $\sum_{n=1}^{\infty} u_n$ 收敛. 定理得证.

定义 7.2 如果级数 $\sum_{n=1}^{\infty} |u_n|$ 收敛，则称级数 $\sum_{n=1}^{\infty} u_n$ 为绝对收敛；如果级数 $\sum_{n=1}^{\infty} u_n$ 收敛，而级数 $\sum_{n=1}^{\infty} |u_n|$ 发散，则称级数 $\sum_{n=1}^{\infty} u_n$ 为条件收敛.

例 1. 试证级数 $\sum_{n=1}^{\infty} \frac{\sin n}{n^2}$ 绝对收敛.

证 由于 $|u_n| = \left|\frac{\sin n}{n^2}\right| \leqslant \frac{1}{n^2}$，且 $\sum_{n=1}^{\infty} \frac{1}{n^2}$ 收敛，可见 $\sum_{n=1}^{\infty} \left|\frac{\sin n}{n^2}\right|$ 收敛. 从而由定理 7.5 可知，$\sum_{n=1}^{\infty} \frac{\sin n}{n^2}$ 收敛，且为绝对收敛.

例 2. 试证：对任何实数 x，级数 $\sum_{n=1}^{\infty} \frac{x^n}{n!}$ 绝对收敛.

证 由于对任意实数 x，都有

$$\lim_{n\to\infty}\frac{|u_{n+1}|}{|u_n|}=\lim_{n\to\infty}\left|\frac{x_{n+1}}{(n+1)!}\Big/\frac{x^n}{n!}\right|$$
$$=\lim_{n\to\infty}\frac{|x|}{n+1}=0<1,$$

所以由比值判别法可知,对任意实数 x,级数 $\sum_{n=1}^{\infty}\left|\frac{x^n}{n!}\right|$ 总收敛,因此由定理 7.5 可知,对任意实数 x,级数 $\sum_{n=1}^{\infty}\frac{x^n}{n!}$ 绝对收敛.

以上两例说明,可以利用正项级数的各种判别法,判别级数 $\sum_{n=1}^{\infty}|u_n|$ 的敛散性,从而确定级数 $\sum_{n=1}^{\infty}u_n$ 是否绝对收敛. 但当 $\sum_{n=1}^{\infty}|u_n|$ 发散时,如何判定任意项级数 $\sum_{n=1}^{\infty}u_n$ 是否为条件收敛呢?原则上讲,可按定义或级数性质来判定,但对一类特殊的任意项级数(交错级数),常用一个简单的判别方法 —— 莱布尼兹(*Leibniz*)判别法.

定义 7.3　形如

$$\sum_{n=1}^{\infty}(-1)^{n-1}u_n=u_1-u_2+u_3-u_4+\cdots$$

的任意项级数,称为**交错级数**,其中 $u_n>0, n=1,2,3\cdots$

定理 7.6 **(莱布尼兹判别法)**　设交错级数 $\sum_{n=1}^{\infty}(-1)^{n-1}u_n$ 满足条件:

(1) $u_n\geqslant u_{n+1}$　$(n=1,2,3\cdots)$;　(2) $\lim_{n\to\infty}u_n=0$.

则交错级数 $\sum_{n=1}^{\infty}(-1)^{n-1}u_n$ 收敛,且其和 $S\leqslant u_1$.

证　由条件(1)可知,对任意的 $n\in N$,有

$$S_{2n}=u_1-(u_2-u_3)-\cdots-(u_{2n-2}-u_{2n-1})-u_{2n}\leqslant u_1$$
$$S_{2n}=(u_1-u_2)+(u_3-u_4)+\cdots+(u_{2n-1}-u_{2n})\geqslant 0$$

这表明,下标为偶数的部分和数列 $\{S_{2n}\}$ 单调增加且有界,故极限 $\lim_{n\to\infty}S_{2n}$ 存在.

另一方面,由条件(2)可知 $\lim_{n\to\infty}u_{2n+1}=0$,从而

$$\lim_{n\to\infty}S_{2n+1}=\lim_{n\to\infty}(S_{2n}+u_{2n+1})=\lim_{n\to\infty}S_{2n}.$$

由此可见，极限 $\lim\limits_{n\to\infty} S_n$ 存在，从而 $\sum\limits_{n=1}^{\infty}(-1)^{n-1}u_n$ 收敛. 且由 $S_{2n} \leqslant u_1$ 可知，$\sum\limits_{n=1}^{\infty}(-1)^{n-1}u_n = S \leqslant u_1$，定理得证.

例 3. 试证级数 $\sum\limits_{n=1}^{\infty}\dfrac{(-1)^{n-1}}{n^p}(0<p\leqslant 1)$ 条件收敛.

证 由于

$$u_n = \frac{1}{n^p} > \frac{1}{(n+1)^p} = u_{n+1} \quad (n=1,2,\cdots),$$

$$\lim_{n\to\infty} u_n = \lim_{n\to\infty}\frac{1}{n^p} = 0 \quad (0<p\leqslant 1),$$

故由莱布尼兹判别法可知，交错级数 $\sum\limits_{n=1}^{\infty}\dfrac{(-1)^{n-1}}{n^p}(0<p\leqslant 1)$ 收敛；另一方面，当 $0<p\leqslant 1$ 时，$p-$级数

$$\sum_{n=1}^{\infty}\left|\frac{(-1)^{n-1}}{n^p}\right| = \sum_{n=1}^{\infty}\frac{1}{n^p}$$

发散. 因此，交错级数 $\sum\limits_{n=1}^{\infty}\dfrac{(-1)^{n-1}}{n^p}(0<p\leqslant 1)$ 为条件收敛.

例 4. 判别级数 $\sum\limits_{n=1}^{\infty}\dfrac{(-1)^n}{\sqrt{n(n+1)}}$ 的敛散性.

解 由于

$$u_n = \frac{1}{\sqrt{n(n+1)}} > \frac{1}{\sqrt{(n+1)(n+2)}} = u_{n+1} \qquad (n=1,2\cdots),$$

和 $$\lim_{n\to\infty}\frac{1}{\sqrt{n(n+1)}} = 0,$$

故由莱布尼兹判别法可知，交错级数 $\sum\limits_{n=1}^{\infty}\dfrac{(-1)^n}{\sqrt{n(n+1)}}$ 收敛；另一方面，由 § 7.2 的例 3 可知，级数

$$\sum_{n=1}^{\infty}\left|\frac{(-1)^n}{\sqrt{n(n+1)}}\right| = \sum_{n=1}^{\infty}\frac{1}{\sqrt{n(n+1)}}$$

发散. 因此，$\sum\limits_{n=1}^{\infty}\dfrac{(-1)^n}{\sqrt{n(n+1)}}$ 为条件收敛.

例 5. 讨论级数 $\sum\limits_{n=1}^{\infty}\dfrac{(-1)^{n-1}}{n}x^n$ 的敛散性.

解 由于

$$\lim_{n\to\infty}\frac{|u_{n+1}|}{|u_n|}=\lim_{n\to\infty}\left|\frac{x^{n+1}}{n+1}\Big/\frac{x^n}{n}\right|$$

$$=\lim_{n\to\infty}\frac{n}{n+1}|x|=|x|$$

所以，当$|x|<1$时，级数$\sum\limits_{n=1}^{\infty}\left|\frac{(-1)^{n-1}}{n}x^n\right|$收敛，从而级数$\sum\limits_{n=1}^{\infty}\frac{(-1)^{n-1}}{n}x^n$绝对收敛；当$|x|>1$时，级数$\sum\limits_{n=1}^{\infty}\left|\frac{(-1)^{n-1}}{n}x^n\right|$发散，且有$\lim\limits_{n\to\infty}\frac{(-1)^{n-1}}{n}x^n=\infty$，故由收敛的必要条件可知，级数$\sum\limits_{n=1}^{\infty}\frac{(-1)^{n-1}}{n}x^n$发散.

另外，当$x=1$时，由例3可知，级数$\sum\limits_{n=1}^{\infty}\frac{(-1)^{n-1}}{n}$条件收敛；当$x=-1$时，由性质1和调和级数$\sum\limits_{n=1}^{\infty}\frac{1}{n}$发散可知，级数$\sum\limits_{n=1}^{\infty}\frac{-1}{n}$发散.

总之，当$|x|<1$时，级数$\sum\limits_{n=1}^{\infty}\frac{(-1)^{n-1}}{n}x^n$绝对收敛；$x=1$时，级数条件收敛；$|x|>1$或$x=-1$时，级数发散.

注意：一般地说，$\sum\limits_{n=1}^{\infty}|u_n|$发散时$\sum\limits_{n=1}^{\infty}u_n$不一定发散，如例3和例4. 但是，例5告诉我们，**如果根据比值判别法判定$\sum\limits_{n=1}^{\infty}|u_n|$发散，此时由于$\lim\limits_{n\to\infty}u_n=0$不成立，则必有$\sum\limits_{n=1}^{\infty}u_n$发散.** 这个结论可参照定理7.4的证明方法给出严格证明，这是个比较有用的结论.

综上所述，判别任意项级数$\sum\limits_{n=1}^{\infty}u_n$的敛散性时，如果$\lim\limits_{n\to\infty}u_n=0$(否则，可判定级数为发散)，则应先考虑级数$\sum\limits_{n=1}^{\infty}|u_n|$的敛散性(此时可利用正项级数的各种判别法). 如果$\sum\limits_{n=1}^{\infty}|u_n|$收敛，则$\sum\limits_{n=1}^{\infty}u_n$绝对收敛；如果$\sum\limits_{n=1}^{\infty}|u_n|$发散，且此结论是按比值判别法作出的，则$\sum\limits_{n=1}^{\infty}u_n$发散；如果$\sum\limits_{n=1}^{\infty}|u_n|$发散，不是按比值判别法作出的，则应直接考虑$\sum\limits_{n=1}^{\infty}u_n$的敛散性($\sum\limits_{n=1}^{\infty}u_n$收敛时为条件收敛). 特别当$\sum\limits_{n=1}^{\infty}u_n$为交错级数

时，可考虑利用莱布尼兹判别法.

§7.4 幂级数

一、函数项级数的概念

设 $u_n(x)(n=0,1,2,\cdots)$ 为定义在某实数集合 X 上的函数序列，则称

$$\sum_{n=0}^{\infty}u_n(x)=u_0(x)+u_1(x)+\cdots+u_n(x)+\cdots$$

为定义在 X 上的**函数项无穷级数**，简称为**函数项级数或函数级数**. 如果对某点 $x_0\in X$，常数项级数 $\sum\limits_{n=0}^{\infty}u_n(x_0)$ 收敛，则称函数项级数 $\sum\limits_{n=0}^{\infty}u_n(x)$ 在点 x_0 处收敛，x_0 为该函数项级数的**收敛点**；如果常数项级数 $\sum\limits_{n=0}^{\infty}u_n(x_0)$ 发散，则称函数项级数 $\sum\limits_{n=0}^{\infty}u_n(x)$ 在点 x_0 处发散，x_0 为该函数项级数的**发散点**. 函数项级数 $\sum\limits_{n=0}^{\infty}u_n(x)$ 所有收敛点组成的集合，称为该函数项级数的**收敛域**；所有发散点组成的集合，称为该函数项级数的**发散域**. 对于收敛域中的每一个 x，函数项级数 $\sum\limits_{n=0}^{\infty}u_n(x)$ 都有唯一确定的和(记为 $S(x)$)与之对应，因此 $\sum\limits_{n=0}^{\infty}u_n(x)$ 是定义在收敛域上的一个函数，即

$$\sum_{n=0}^{\infty}u_n(x)=S(x)\qquad(x\text{ 属于收敛域})$$

称 $S(x)$ 为函数项级数 $\sum\limits_{n=0}^{\infty}u_n(x)$ 的**和函数**. 并称

$$S_n(x)=u_0(x)+u_1(x)+\cdots+u_n(x)=\sum_{i=0}^{n}u_i(x)$$

为函数项级数 $\sum\limits_{n=0}^{\infty}u_n(x)$ 的**部分和**. 于是，当 x 属于该函数项级数的收敛域时，有

$$S(x)=\lim_{n\to\infty}S_n(x).$$

例如，我们知道，当 $|q|<1$ 时，几何级数 $\sum\limits_{n=0}^{\infty}aq^n$ 收敛，且

$$\sum_{n=0}^{\infty} aq^n = \frac{a}{1-q} \quad (|q|<1).$$

于是，若令 $q=x$，则有函数项级数 $\sum_{n=1}^{\infty} ax^n$，其收敛域为 $(-1,1)$，和函数为 $S(x)=\frac{a}{1-x}$；若令 $q=\frac{1}{x}$，则有函数项级数 $\sum_{n=1}^{\infty} \frac{a}{x^n}$，其收敛域为 $(-\infty,-1)\cup(1,+\infty)$，和函数为 $S(x)=\frac{ax}{x-1}$；若令 $q=\sin x$，则有函数项级数 $\sum_{n=0}^{\infty} a\sin^n x$，其收敛域为

$$\left\{x \,\middle|\, x\in R, x\neq k\pi+\frac{\pi}{2}, k\text{ 为整数}\right\},$$

而和函数为 $S(x)=\frac{a}{1-\sin x}$.

二、幂级数

形如

$$\sum_{n=0}^{\infty} a_n x^n = a_0 + a_1 x + a_2 x^2 + \cdots + a_n x^n + \cdots$$

或

$$\sum_{n=0}^{\infty} a_n (x-a)^n = a_0 + a_1(x-a) + \cdots + a_n(x-a)^n + \cdots$$

的函数项级数，称为**幂级数**，其中 $a_n(n=0,1,2,\cdots)$ 和 a 均为常数，并称 a_n $(n=0,1,2,\cdots)$ 为**幂级数的系数**.

幂级数是最常见、最简单的一类函数项级数. 例如，我们曾讨论过的 $\sum_{n=0}^{\infty} ax^n$，$\sum_{n=0}^{\infty} \frac{1}{n!}x^n$ 和 $\sum_{n=1}^{\infty} \frac{(-1)^n}{n}x^n$ 等都是幂级数，它们的收敛域都是区间，分别为 $(-1,1)$，$(-\infty,+\infty)$ 和 $(-1,1]$. 实际上，下面的定理将证明，一般幂级数的收敛域都是区间.

定理 7.7 如果幂级数 $\sum_{n=0}^{\infty} a_n x^n$ 在某点 $x_0\neq 0$ 处收敛，则在满足不等式 $|x|<|x_0|$ 的一切点 x 处绝对收敛；如果幂级数 $\sum_{n=0}^{\infty} a_n x^n$ 在某点 x_1 处发散，则在满足 $|x|>|x_1|$ 的一切点 x 处发散.

证 设幂级数$\sum\limits_{n=0}^{\infty}a_nx^n$在$x_0\neq 0$处收敛，即级数$\sum\limits_{n=0}^{\infty}a_nx_0^n$收敛. 于是，由收敛级数性质可知，$\lim\limits_{n\to\infty}a_nx_0^n=0$，因而数列$\{a_nx_0^n\}$有界. 不妨设

$$|a_nx_0^n|<M \quad (n\in N, M>0),$$

于是，对于满足$|x|<|x_0|$的任何x，都有

$$|a_nx^n|=|a_nx_0^n|\left|\left(\frac{x}{x_0}\right)^n\right|<Mr^n.$$

其中$r=\left|\frac{x}{x_0}\right|<1$. 由于几何级数$\sum\limits_{n=0}^{\infty}Mr^n$收敛，故由定理 7.2 可知，级数$\sum\limits_{n=0}^{\infty}a_nx^n$绝对收敛.

如果幂级数$\sum\limits_{n=0}^{\infty}a_nx^n$在$x_1$处发散，则对任何满足$|x|>|x_1|$的$x$，$\sum\limits_{n=0}^{\infty}a_nx^n$皆发散. 若不然，如果存在$x_2$，$|x_2|>|x_1|$，$\sum\limits_{n=0}^{\infty}a_nx_2^n$收敛，则由上面的讨论可知，$\sum\limits_{n=0}^{\infty}a_nx_1^n$应收敛，与假设矛盾. 定理证毕.

由定理 7.7 可知，如果幂级数$\sum\limits_{n=0}^{\infty}a_nx^n$在点$x_0\neq 0$处收敛，而在点$x_1$处发散，则必有$|x_0|\leqslant|x_1|$，且存在常数$R>0$，$|x_0|\leqslant R\leqslant|x_1|$，使当$|x|<R$时，该幂级数收敛；当$|x|>R$时，该幂级数发散. 称这样的$R$为幂级数$\sum\limits_{n=0}^{\infty}a_nx^n$的**收敛半径**，称开区间$(-R,R)$为**收敛区间**.

为明确起见，当幂级数$\sum\limits_{n=0}^{\infty}a_nx^n$在一切$x\neq 0$处皆发散时，我们规定$R=0$，这时该幂级数仅在$x=0$处收敛，其收敛域退化为一点，即原点$x=0$；当幂级数$\sum\limits_{n=0}^{\infty}a_nx^n$对一切$x$皆收敛时，规定$R=+\infty$，这时收敛区间为$(-\infty,+\infty)$. 综上所述，幂级数的收敛半径$R$满足不等式$0\leqslant R\leqslant+\infty$.

利用正项级数的比值判别法，我们可得到求幂级数的收敛半径R的一个简便方法：

定理 7.8 设幂级数$\sum\limits_{n=0}^{\infty}a_nx^n$满足

$$\lim_{n\to\infty}\left|\frac{a_{n+1}}{a_n}\right|=\rho.$$

则有

(1) 若 $0<\rho<+\infty$，　　则 $R=\dfrac{1}{\rho}$；

(2) 若 $\rho=0$，　　则 $R=+\infty$；

(3) 若 $\rho=+\infty$，　　则 $R=0$.

证　(1) 令 $u_n=a_nx^n$. 由于

$$\lim_{n\to\infty}\left|\frac{u_{n+1}}{u_n}\right|=\lim_{n\to\infty}\left|\frac{a_{n+1}x^{n+1}}{a_nx^n}\right|=\lim_{n\to\infty}\left|\frac{a_{n+1}}{a_n}\right|\cdot|x|=\rho|x|.$$

故由 $0<\rho<+\infty$ 和比值判别法可知，当 $\rho|x|<1$，即 $|x|<\dfrac{1}{\rho}$ 时，$\sum\limits_{n=0}^{\infty}a_nx^n$ 绝对收敛；当 $\rho|x|>1$，即 $|x|>\dfrac{1}{\rho}$ 时，$\sum\limits_{n=0}^{\infty}a_nx^n$ 发散. 由此可见 $R=\dfrac{1}{\rho}$.

容易证明定理的(2) 和(3). 定理得证.

例 1. 求幂级数 $\sum\limits_{n=1}^{\infty}\dfrac{1}{n^2 2^n}x^n$ 的收敛半径、收敛区间和收敛域.

解　由于

$$\lim_{n\to\infty}\left|\frac{a_{n+1}}{a_n}\right|=\lim_{n\to\infty}\frac{n^2 2^n}{(n+1)^2 2^{n+1}}=\lim_{n\to\infty}\frac{n^2}{2(n+1)^2}=\frac{1}{2},$$

所以，由定理 7.8 可知，收敛半径为 $R=2$，收敛区间为 $(-2,2)$.

当 $x=2$ 时，原幂级数化为 $\sum\limits_{n=1}^{\infty}\dfrac{1}{n^2}$，这是 $p=2$ 时的 $p-$级数，收敛；当 $x=-2$ 时，原幂级数化为 $\sum\limits_{n=1}^{\infty}\dfrac{(-1)^n}{n^2}$，由上述可知，它绝对收敛.

总之，幂级数 $\sum\limits_{n=1}^{\infty}\dfrac{1}{n^2 2^n}x^n$ 的收敛半径为 2，收敛区间为 $(-2,2)$，收敛域为 $[-2,2]$.

例 2. 求幂级数 $\sum\limits_{n=1}^{\infty}\dfrac{1}{2^n}x^{2n}$ 的收敛区间和收敛域.

解　由于该幂级数的系数 $a_{2n+1}=0(n=0,1,2,\cdots)$，故不能直接利用定理 7.8. 下面直接利用比值判别法求解. 令 $u_n=\dfrac{1}{2^n}x^{2n}$. 由于

$$\lim_{n\to\infty}\left|\frac{u_{n+1}}{u_n}\right| = \lim_{n\to\infty}\left|\frac{x^{2(n+1)}}{2^{n+1}}\cdot\frac{2^n}{x^{2n}}\right| = \frac{1}{2}x^2,$$

故由比值判别法可知，当$\frac{1}{2}x^2<1$，即$|x|<\sqrt{2}$ 时，$\sum\limits_{n=1}^{\infty}\frac{1}{2^n}x^{2n}$ 绝对收敛；当$\frac{1}{2}x^2>1$，即$|x|>\sqrt{2}$ 时，$\sum\limits_{n=1}^{\infty}\frac{1}{2^n}x^{2n}$ 发散；又当 $x=\pm\sqrt{2}$ 时，原幂级数为

$$\sum_{n=1}^{\infty}1 = 1+1+\cdots$$

发散.

总之，幂级数$\sum\limits_{n=1}^{\infty}\frac{1}{2^n}x^{2n}$ 的收敛区间和收敛域都为$(-\sqrt{2},\sqrt{2})$.

例 3. 求幂级数$\sum\limits_{n=1}^{\infty}\frac{1}{\sqrt{n}}(x-1)^n$ 的收敛域.

解 令 $t=x-1$，则所给幂级数化为$\sum\limits_{n=1}^{\infty}\frac{1}{\sqrt{n}}t^n$.

由于

$$\lim_{n\to\infty}\left|\frac{a_{n+1}}{a_n}\right| = \lim_{n\to\infty}\frac{\sqrt{n}}{\sqrt{n+1}} = 1,$$

故由定理 7.8 可知，当$|t|<1$时，$\sum\limits_{n=1}^{\infty}\frac{1}{\sqrt{n}}t^n$ 绝对收敛. 当 $t=1$ 时，$\sum\limits_{n=1}^{\infty}\frac{1}{\sqrt{n}}t^n=\sum\limits_{n=1}^{\infty}\frac{1}{\sqrt{n}}$ 为发散的 $p-$级数（因 $p=\frac{1}{2}<1$），$t=1$ 为发散点；当 $t=-1$ 时，$\sum\limits_{n=1}^{\infty}\frac{1}{\sqrt{n}}(-1)^n$ 为收敛的交错级数，$t=-1$ 为收敛点.

总之，幂级数$\sum\limits_{n=1}^{\infty}\frac{1}{\sqrt{n}}t^n$ 的收敛域为$[-1,1)$. 从而，由 $t=x-1$ 可知，幂级数$\sum\limits_{n=1}^{\infty}\frac{1}{\sqrt{n}}(x-1)^n$ 的收敛域为$[0,2)$.

下面介绍一下幂级数的一些基本性质，证明从略.

定理 7.9 如果幂级数$\sum\limits_{n=0}^{\infty}a_nx^n$ 的收敛半径$R>0$，且其和函数为$S(x)$，则有

(1) $S(x)$ 在$(-R,R)$内连续；当$\sum\limits_{n=0}^{\infty}a_nx^n$ 在 $x=R$（或 $x=-R$）处收敛时，$S(x)$ 在 $x=R$ 处左连续（或在 $x=-R$ 处右连续），即有

$$\lim_{x \to R^-} S(x) = S(R) = \sum_{n=0}^{\infty} a_n R^n \tag{7.6}$$

$$\left(\text{或} \quad \lim_{x \to (-R)^+} S(x) = S(-R) = \sum_{n=0}^{\infty} a_n (-R)^n\right).$$

(2) $S(x)$ 在 $(-R,R)$ 内可导，且可逐项求导得

$$S'(x) = \sum_{n=0}^{\infty} (a_n x^n)' = \sum_{n=1}^{\infty} n a_n x^{n-1}, \quad x \in (-R,R), \tag{7.7}$$

上式右端幂级数 $\sum_{n=1}^{\infty} n a_n x^{n-1}$ 与原幂级数 $\sum_{n=0}^{\infty} a_n x^n$ 有相同的收敛半径.

(3) $S(x)$ 在 $(-R,R)$ 内可积，且可逐项积分得

$$\begin{aligned} \int_0^x S(x)\mathrm{d}x &= \sum_{n=0}^{\infty} \int_0^x a_n x^n \mathrm{d}x \\ &= \sum_{n=0}^{\infty} \frac{a_n}{n+1} x^{n+1}, \quad x \in (-R,R), \end{aligned} \tag{7.8}$$

上式右端的幂级数 $\sum_{n=0}^{\infty} \frac{a_n}{n+1} x^{n+1}$ 与原幂级数 $\sum_{n=0}^{\infty} a_n x^n$ 有相同的收敛半径.

例 4. 求幂级数 $\sum_{n=1}^{\infty} n x^n$ 的和函数.

解 由

$$\frac{1}{1-x} = \sum_{n=0}^{\infty} x^n, \quad x \in (-1,1)$$

和定理 7.9 的(2) 可知

$$\left(\frac{1}{1-x}\right)' = \sum_{n=0}^{\infty} (x^n)' = \sum_{n=1}^{\infty} n x^{n-1}, \qquad x \in (-1,1),$$

将上式两端同乘以 x，可得

$$\sum_{n=1}^{\infty} n x^n = x\left(\frac{1}{1-x}\right)' = \frac{x}{(1-x)^2}, \qquad x \in (-1,1).$$

例 5. 求幂级数 $\sum_{n=1}^{\infty} \frac{(-1)^{n-1}}{n} x^n$ 的和函数，并求级数 $\sum_{n=1}^{\infty} \frac{(-1)^{n-1}}{n}$ 的和.

解 由

$$\frac{1}{1+x} = \sum_{n=0}^{\infty} (-1)^n x^n, \qquad x \in (-1,1)$$

和定理 7.9 的(3) 可知

$$\ln(1+x) = \int_0^x \frac{1}{1+x} \mathrm{d}x = \sum_{n=0}^{\infty} \int_0^x (-1)^n x^n \mathrm{d}x$$

$$= \sum_{n=0}^{\infty} \frac{(-1)^n}{n+1} x^{n+1} = \sum_{n=1}^{\infty} \frac{(-1)^{n-1}}{n} x^n, \quad x \in (-1,1).$$

即有

$$\sum_{n=1}^{\infty} \frac{(-1)^{n-1}}{n} x^n = \ln(1+x), \quad x \in (-1,1).$$

该幂级数的收敛半径 $R = 1$，且当 $x = 1$ 时，得收敛的交错级数 $\sum_{n=1}^{\infty} \frac{(-1)^{n-1}}{n}$（因该交错级数满足莱布尼兹条件）. 于是，由定理 7.9 可知

$$\sum_{n=1}^{\infty} \frac{(-1)^{n-1}}{n} = \sum_{n=1}^{\infty} \frac{(-1)^{n-1}}{n} x^n \bigg|_{x=1} = \ln 2.$$

§7.5 函数的幂级数展开

我们已经知道，幂级数 $\sum_{n=0}^{\infty} a_n x^n$ 和 $\sum_{n=0}^{\infty} a_n (x-a)^n$ 在其收敛区间内分别表示一个函数. 本节讨论与此相反的问题：给定一个函数后，能否在某区间内将此函数表示成以及怎样表示成幂级数？将函数表示成幂级数，称为**函数的幂级数展开**，而幂级数称为**函数的幂级数展开式**.

一、泰勒级数

具有什么性质的函数才能展成幂级数？幂级数展开式的系数与函数有怎样的关系？对此，我们有如下的定理：

定理 7.10 设函数 $f(x)$ 在点 $x = a$ 的某邻域内有任意阶导数，且 $f(x)$ 在 $x = a$ 处的幂级数展开式为

$$f(x) = \sum_{n=0}^{\infty} a_n (x-a)^n,$$

则有

$$a_n = \frac{1}{n!} f^{(n)}(a), \ n = 0,1,2,\cdots \tag{7.9}$$

（**注**： 约定 $0! = 1$，$f^{(0)}(a) = f(a)$）

证 重复运用定理 7.9 中的逐项求导公式，可得

$$f'(x) = a_1 + 2a_2(x-a) + \cdots + na_n(x-a)^{n-1} + \cdots,$$
$$f''(x) = 2!a_2 + 3 \cdot 2a_3(x-a) + \cdots$$

$$+n(n-1)a_n(x-a)^{n-2}+\cdots,$$

$$\cdots\cdots$$

$$f^{(n)}(x)=n!a_n+(n+1)n\cdots 2a_{n+1}(x-a)+\cdots.$$

于是,令 $x=a$,可得

$$f(a)=a_0,f'(a)=a_1,f''(a)=2!a_2,\cdots,$$

$$f^{(n)}(a)=n!a_n,\cdots,$$

即有

$$a_0=f(a),a_1=f'(a),a_2=\frac{1}{2!}f''(a),\cdots,$$

$$a_n=\frac{1}{n!}f^{(n)}(a),\cdots.$$

定理得证.

该定理既说明了如何求函数幂级数展开式的系数,也说明了幂级数展开式的唯一性,即一个函数在 $x=a$ 处不可能有两个不同的幂级数展开式. 于是,我们可引入如下的定义:

定义 7.4 设函数 $f(x)$ 在 $x=a$ 处有任意阶导数,则称幂级数

$$\sum_{n=0}^{\infty}\frac{f^{(n)}(a)}{n!}(x-a)^n$$

$$=f(a)+f'(a)(x-a)+\frac{1}{2!}f''(a)(x-a)^2+\cdots$$

$$+\frac{1}{n!}f^{(n)}(a)(x-a)^n+\cdots$$

为函数 $f(x)$ 在 $x=a$ 处的泰勒(*Taylor*,*B*)级数. 特别地,当取 $a=0$ 时,有

$$\sum_{n=0}^{\infty}\frac{1}{n!}f^{(n)}(0)x^n=f(0)+f'(0)x+\frac{1}{2!}f''(0)x^2$$

$$+\cdots+\frac{1}{n!}f^{(n)}(0)x^n+\cdots$$

称为函数 $f(x)$ 的麦克劳林(*Maclaurin*,C.)级数.

由定理 7.10 和定义 7.4 可知,若函数 $f(x)$ 在 $x=a$ 处能展成幂级数,则其幂级数展开式必为泰勒级数;特别地,若函数 $f(x)$ 在 $x=0$ 处能展成幂级数,则其幂级数展开式必为麦克劳林级数.

例 1. 验证函数 $\frac{1}{1-x}$ 的幂级数展开式为其麦克劳林级数.

解 我们知道，$\frac{1}{1-x}$ 的幂级数展开式为

$$\frac{1}{1-x}=\sum_{n=0}^{\infty}x^n=1+x+x^2+\cdots+x^n+\cdots \qquad x\in(-1,1),$$

令 $$f(x)=\frac{1}{1-x},$$

则有 $$f'(x)=\frac{1}{(1-x)^2},$$

$$\cdots\cdots$$

$$f^{(n)}(x)=\frac{n!}{(1-x)^{n+1}}.$$

于是

$$f^{(n)}(0)=n! \quad (n=0,1,2,\cdots).$$

从而，函数$\frac{1}{1-x}$ 的麦克劳林级数的系数为

$$a_n=\frac{1}{n!}f^{(n)}(0)=1 \qquad (n=0,1,2\cdots).$$

由此可见，$\sum\limits_{n=0}^{\infty}x^n$ 的确为$\frac{1}{1-x}$ 的麦克劳林级数.

类似地可验证，函数 $\ln(1+x)$ 的幂级数展开式

$$\ln(1+x)=\sum_{n=1}^{\infty}\frac{(-1)^{n-1}}{n}x^n \qquad x\in(-1,1]$$

为其麦克劳林级数.

二、泰勒公式

设函数 $f(x)$ 的泰勒级数的和函数为 $S(x)$，即

$$\sum_{n=0}^{\infty}\frac{1}{n!}f^{(n)}(a)(x-a)^n=S(x), \quad x\in(a-R,a+R),$$

其中 R 为泰勒级数的收敛半径. 再设

$$S_n(x)=f(a)+f'(a)(x-a)+\frac{1}{2!}f''(a)(x-a)^2+\cdots+\frac{1}{n!}f^{(n)}(a)(x-a)^n.$$

则有

$$\lim_{n\to\infty} S_n(x) = S(x), \quad x \in (a-R, a+R).$$

由此可见，函数 $f(x)$ 的泰勒级数在其收敛区间内收敛于 $f(x)$（即有 $S(x) = f(x)$）的充分必要条件是

$$\lim_{n\to\infty} S_n(x) = f(x) \quad \text{或} \quad \lim_{n\to\infty}[f(x) - S_n(x)] = 0.$$

通常，称 $R_n(x) = f(x) - S_n(x)$ 为余项，它是用 $S_n(x)$ 近似表示 $f(x)$ 时所产生的误差. 关于 $R_n(x)$ 的表示式有如下的定理：

定理 7.11　设函数 $f(x)$ 在 $x = a$ 的某邻域内有直至 $n+1$ 阶导数，则对该邻域内的任一 x，有

$$f(x) = f(a) + f'(a)(x-a) + \frac{1}{2!}f''(a)(x-a)^2 + \cdots + \frac{1}{n!}f^{(n)}(a)(x-a)^n + R_n(x), \tag{7.10}$$

其中余项

$$R_n(x) = \frac{1}{(n+1)!}f^{(n+1)}(\xi)(x-a)^{n+1} \quad (\xi\text{ 在 } a \text{ 与 } x \text{ 之间}).$$

证　作辅助函数

$$\varphi(t) = f(x) - \left[f(t) + f'(t)(x-t) + \frac{1}{2!}f''(t)(x-t)^2 + \cdots + \frac{1}{n!}f^{(n)}(t)(x-t)^n\right].$$

容易验证，$\varphi(t)$ 在区间 $[a,x]$ 或 $[x,a]$ 上连续，且有

$$\varphi(a) = R_n(x), \quad \varphi(x) = 0,$$

$$\begin{aligned}\varphi'(t) = -\Big\{ & f'(t) + [f''(t)(x-t) - f'(t)] \\ & + \left[\frac{1}{2!}f'''(t)(x-t)^2 - f''(t)(x-t)\right] \\ & + \cdots \\ & + \left[\frac{1}{n!}f^{(n+1)}(t)(x-t)^n - \frac{1}{(n-1)!}f^{(n)}(t)(x-t)^{n-1}\right]\Big\} \\ = & -\frac{1}{n!}f^{(n+1)}(t)(x-t)^n.\end{aligned}$$

令 $\psi(t) = (x-t)^{n+1}$，则 $\varphi(t)$ 和 $\psi(t)$ 满足柯西中值定理的条件，故在 a 与 x 之间至少存在一点 ξ，使得

$$\frac{\varphi(x)-\varphi(a)}{\psi(x)-\psi(a)}=\frac{\varphi'(\xi)}{\psi'(\xi)}$$

$$=\frac{1}{n!}f^{(n+1)}(\xi)(x-\xi)^n\cdot\frac{1}{(n+1)(x-\xi)^n}$$

$$=\frac{1}{(n+1)!}f^{(n+1)}(\xi).$$

即得 $R_n(x)=\frac{1}{(n+1)!}f^{(n+1)}(\xi)(x-a)^{n+1}$，$\xi$ 在 a 与 x 之间. 定理得证.

公式(7.10) 称为函数 $f(x)$ 按 $(x-a)$ 的幂展到 n 阶的泰勒公式或 $f(x)$ 在 $x=a$ 处的 n 阶泰勒公式，简称为 **n 阶泰勒公式**. $f(x)$ 的泰勒公式表明，函数 $f(x)$ 的值可近似地表示为

$$f(x)\approx f(a)+f'(a)(x-a)+\frac{1}{2!}f''(a)(x-a)^2$$

$$+\cdots+\frac{1}{n!}f^{(n)}(a)(x-a)^n.$$

而近似表示的误差可由 $R_n(x)$ 来估计.

余项 $R_n(x)$ 表达式中的 ξ 在 a 与 x 之间，具体位置并未确定，这与拉格朗日中值定理中的 ξ 相类似. 实际上，当 $n=0$ 时，泰勒公式就变成为**拉格朗日公式**：

$$f(x)=f(a)+f'(\xi)(x-a).$$

此时余项 $R_0(x)=f'(\xi)(x-a)$. 所以，泰勒公式是拉格朗日公式的推广，其余项 $R_n(x)$ 称为**拉格朗日型余项**.

当 $a=0$ 时的泰勒公式，称为**麦克劳林公式**：

$$f(x)=f(0)+f'(0)x+\frac{1}{2!}f''(0)x^2$$

$$+\cdots+\frac{1}{n!}f^{(n)}(0)x^n+R_n(x),$$

其中余项

$$R_n(x)=\frac{1}{(n+1)!}f^{(n+1)}(\xi)x^{n+1}\quad(\xi\text{ 在 }0\text{ 与 }x\text{ 之间}),$$

或者表示为

$$R_n(x)=\frac{1}{(n+1)!}f^{(n+1)}(\theta x)x^{n+1}\quad(0<\theta<1).$$

例 2. 求函数 $f(x)=\mathrm{e}^x$ 的麦克劳林公式.

解 由于

$$f(x)=f'(x)=\cdots=f^{(n)}(x)=\mathrm{e}^x,$$

$$f(0)=f'(0)=\cdots=f^{(n)}(0)=1,$$

所以，$f(x)=\mathrm{e}^x$ 的麦克劳林公式为

$$\mathrm{e}^x=1+x+\frac{1}{2!}x^2+\cdots+\frac{1}{n!}x^n+R_n(x).$$

其中余项

$$R_n(x)=\frac{\mathrm{e}^{\theta x}}{(n+1)!}x^{n+1}\qquad(0<\theta<1).$$

在 e^x 的麦克劳林公式中取 $x=1$，可得无理数 e 的近似值

$$\mathrm{e}\approx1+1+\frac{1}{2!}+\cdots+\frac{1}{n!},$$

其误差 R_n 满足

$$0<R_n<\frac{\mathrm{e}}{(n+1)!}<\frac{3}{(n+1)!}.$$

例 3. 求函数 $f(x)=\sin x$ 的 $n=2m$ 阶的麦克劳林公式.

解 由于

$$f^{(n)}(x)=\sin\left(x+\frac{n}{2}\pi\right)\quad(n=0,1,2,\cdots),$$

所以

$$f^{(2k)}(0)=0\quad(k=1,2,3,\cdots),$$
$$f^{(2k+1)}(0)=(-1)^k\quad(k=0,1,2,\cdots).$$

于是，$f(x)=\sin x$ 的 $2m$ 阶麦克劳林公式为

$$\sin x=x-\frac{1}{3!}x^3+\frac{1}{5!}x^5-\frac{1}{7!}x^7+\cdots+(-1)^{m-1}\frac{1}{(2m-1)!}x^{2m-1}+R_{2m}(x).$$

其中余项

$$R_{2m}(x)=\frac{\sin\left[\theta x+(2m+1)\frac{\pi}{2}\right]}{(2m+1)!}x^{2m+1}\quad(0<\theta<1).$$

函数的麦克劳林公式常用来求函数的极限. 例如，在 $\sin x$ 的麦克劳林公式中，令 $m=2$，可得

$$\sin x=x-\frac{1}{3!}x^3+R_4(x),$$

其中

$$R_4(x)=\frac{1}{5!}\sin\left(\theta x+\frac{5}{2}\pi\right)x^5 \quad (0<\theta<1).$$

由此可得

$$\lim_{x\to 0}\frac{x-\sin x}{x^3}=\lim_{x\to 0}\frac{\frac{1}{3!}x^3-R_4(x)}{x^3}=\frac{1}{6}.$$

三、函数的泰勒级数展开

我们已经知道,一个函数如能展成幂级数,则此幂级数必是此函数的泰勒级数或麦克劳林级数. 所以,函数的幂级数展开式又称为函数的泰勒级数展开式或麦克劳林级数展开式.

经过前面的讨论,我们可有如下的定理:

定理 7.12　设函数 $f(x)$ 在点 $x=a$ 的某邻域内有任意阶导数. 则函数 $f(x)$ 能展成泰勒级数的充分必要条件是

$$\lim_{n\to\infty}R_n(x)=0$$

其中 $R_n(x)$ 为泰勒公式中的余项.

不难证明,从略.

例 4. 求函数 $f(x)=\mathrm{e}^x$ 的麦克劳林级数展开式.

解　由例 2 可知,e^x 的麦克劳林公式中的余项为

$$R_n(x)=\frac{\mathrm{e}^{\theta x}}{(n+1)!}x^{n+1} \quad (0<\theta<1).$$

于是

$$|R_n(x)|\leqslant\frac{|x|^{n+1}}{(n+1)!}\mathrm{e}^{|x|}$$

考虑级数 $\sum\limits_{n=0}^{\infty}\frac{|x|^{n+1}}{(n+1)!}\mathrm{e}^{|x|}$,有

$$\lim_{n\to\infty}\left|\frac{u_{n+1}(x)}{u_n(x)}\right|=\lim_{n\to\infty}\left[\frac{|x|^{n+2}}{(n+2)!}\mathrm{e}^{|x|}\right]\Big/\left[\frac{|x|^{n+1}}{(n+1)!}\mathrm{e}^{|x|}\right]$$

$$=\lim_{n\to\infty}\frac{|x|}{n+2}=0<1.$$

由比值判别法可知,级数 $\sum\limits_{n=0}^{\infty}\frac{|x|^{n+1}}{(n+1)!}\mathrm{e}^{|x|}$ 收敛,故其一般项趋于零,即有

$$\lim_{n\to\infty}\frac{|x|^{n+1}}{(n+1)!}e^{|x|}=0,\quad x\in(-\infty,+\infty),$$

从而有

$$\lim_{n\to\infty}R_n(x)=0.$$

因此，由定理 7.12 可知，$f(x)=e^x$ 能展开成麦克劳林级数

$$e^x=1+x+\frac{1}{2!}x^2+\cdots+\frac{1}{n!}x^n+\cdots$$

$$x\in(-\infty,+\infty).$$

例 5. 求函数 $f(x)=\sin x$ 的麦克劳林级数展开式.

解 由例 3 可知，$\sin x$ 的麦克劳林公式中的余项为

$$R_n(x)=\frac{1}{(n+1)!}\sin\left(\theta x+\frac{n+1}{2}\pi\right)x^{n+1}\qquad(0<\theta<1).$$

显然有

$$|R_n(x)|\leqslant\frac{1}{(n+1)!}|x|^{n+1}.$$

由上例可知

$$\lim_{n\to\infty}\frac{1}{(n+1)!}|x|^{n+1}=0\qquad x\in(-\infty,+\infty),$$

所以

$$\lim_{n\to\infty}R_n(x)=0.$$

于是，$\sin x$ 能展开成麦克劳林级数

$$\sin x=x-\frac{1}{3!}x^3+\frac{1}{5!}x^5-\cdots+(-1)^n\frac{x^{2n+1}}{(2n+1)!}+\cdots\quad x\in(-\infty,+\infty).$$

利用定理 7.11 和 7.12 将函数 $f(x)$ 展成泰勒级数的方法，称为**直接展开法**. 一般地说，利用直接展开法求一个函数的泰勒级数展开式是不容易，甚至是不可能的. 通常大多利用幂级数性质和某些已知函数的泰勒级数展开式来求另一些函数的泰勒级数展开式，这种方法称为**间接展开法**.

例 6. 利用间接展开法求函数 $f(x)=\cos x$ 的麦克劳林级数展开式.

解 由例 5 和定理 7.9 可知，对 $\sin x$ 的麦克劳林级数展开式逐项求导可得

$$\cos x=(\sin x)'=\left(\sum_{n=0}^{\infty}\frac{(-1)^n}{(2n+1)!}x^{2n+1}\right)'$$

$$=\sum_{n=0}^{\infty}\frac{(-1)^n}{(2n)!}x^{2n}$$

$$= 1 - \frac{1}{2!}x^2 + \frac{1}{4!}x^4 - \cdots + \frac{(-1)^n}{(2n)!}x^{2n} + \cdots \quad (-\infty < x < +\infty).$$

例 7. 求函数 $f(x) = \arctan x$ 的麦克劳林级数展开式.

解 由于

$$\frac{1}{1+x} = \sum_{n=0}^{\infty}(-1)^n x^n \quad (-1 < x < 1),$$

可知

$$\frac{1}{1+x^2} = \sum_{n=0}^{\infty}(-1)^n x^{2n} \quad (-1 < x < 1).$$

于是,根据定理 7.9,由幂级数的逐项积分性质,可得

$$\begin{aligned}\arctan x &= \int_0^x \frac{1}{1+x^2}\mathrm{d}x \\ &= \sum_{n=0}^{\infty}\int_0^x (-1)^n x^{2n}\mathrm{d}x \\ &= \sum_{n=0}^{\infty}\frac{(-1)^n}{2n+1}x^{2n+1} \quad (-1 \leqslant x \leqslant 1).\end{aligned}$$

将直接展开法与间接展开法结合起来使用,可得到函数 $f(x) = (1+x)^\alpha$(α 为实数)的麦克劳林级数展开式:

$$\begin{aligned}(1+x)^\alpha = 1 + \alpha x + \frac{\alpha(\alpha-1)}{2!}x^2 + \cdots \\ + \frac{\alpha(\alpha-1)\cdots(\alpha-n+1)}{n!}x^n + \cdots \quad (-1 < x < 1).\end{aligned}$$

通常称此展开式为**牛顿二项式展开式**.

牛顿二项式展开式在端点 $x = \pm 1$ 处收敛与否,与 α 的具体取值有关:

(1) 当 $\alpha \leqslant -1$ 时,其收敛区间为 $(-1,1)$;

(2) 当 $-1 < \alpha < 0$ 时,其收敛区间为 $(-1,1]$;

(3) 当 $\alpha > 0$ 时,其收敛区间为 $[-1,1]$.

特别地,当 $\alpha = -1$ 时,就得到熟悉的几何级数

$$\frac{1}{1+x} = \sum_{n=0}^{\infty}(-1)^n x^n = 1 - x + x^2 - \cdots + (-1)^n x^n + \cdots \quad (-1 < x < 1).$$

现将几个重要函数的幂级数展开式列在下面. 希望读者能熟记它们:

$$e^x=\sum_{n=0}^{\infty}\frac{1}{n!}x^n=1+x+\frac{1}{2!}x^2+\cdots+\frac{1}{n!}x^n+\cdots \quad (-\infty<x<+\infty).$$

$$\sin x=\sum_{n=0}^{\infty}\frac{(-1)^n}{(2n+1)!}x^{2n+1}$$
$$=x-\frac{1}{3!}x^3+\cdots+\frac{(-1)^n}{(2n+1)!}x^{2n+1}+\cdots \quad (-\infty<x<+\infty).$$

$$\cos x=\sum_{n=0}^{\infty}\frac{(-1)^n}{(2n)!}x^{2n}$$
$$=1-\frac{1}{2!}x^2+\cdots+\frac{(-1)^n}{(2n)!}x^{2n}+\cdots \quad (-\infty<x<+\infty).$$

$$\ln(1+x)=\sum_{n=1}^{\infty}\frac{(-1)^{n-1}}{n}x^n$$
$$=x-\frac{1}{2}x^2+\cdots+\frac{(-1)^{n-1}}{n}x^n+\cdots \quad (-1<x\leqslant 1).$$

$$(1+x)^\alpha=1+\alpha x+\frac{\alpha(\alpha-1)}{2!}x^2+\cdots$$
$$+\frac{\alpha(\alpha-1)\cdots(\alpha-n+1)}{n!}x^n+\cdots \quad (-1<x<1).$$

$$\arctan x=x-\frac{1}{3}x^3+\frac{1}{5}x^5+\cdots+\frac{(-1)^n}{2n+1}x^{2n+1}+\cdots \quad (-1\leqslant x\leqslant 1).$$

习　题　七

1. 写出下列级数的一般项：

(1) $2-\frac{3}{2}+\frac{4}{3}-\frac{5}{4}+\cdots$

(2) $1+\frac{1}{3}+\frac{1}{5}+\frac{1}{7}+\cdots$

(3) $\frac{1}{2}+\frac{2}{5}+\frac{3}{10}+\frac{4}{17}+\cdots$

(4) $\frac{1}{2}+\frac{1\cdot 3}{2\cdot 4}+\frac{1\cdot 3\cdot 5}{2\cdot 4\cdot 6}+\cdots$

(5) $\frac{2}{1}+\frac{2\cdot 5}{1\cdot 5}+\frac{2\cdot 5\cdot 8}{1\cdot 5\cdot 9}+\frac{2\cdot 5\cdot 8\cdot 11}{1\cdot 5\cdot 9\cdot 13}+\cdots$

(6) $\frac{1}{3}x^3-\frac{1}{5}x^5+\frac{1}{7}x^7-\frac{1}{9}x^9+\cdots$

2. 已知级数$\sum\limits_{n=1}^{\infty}u_n$的部分和$S_n=\frac{2n}{n+1}$,求$u_1$、$u_2$和$u_n$.

3. 证明下列级数收敛,并求其和:

(1)$\sum\limits_{n=1}^{\infty}\frac{1}{(2n-1)(2n+1)}$　　(2)$\sum\limits_{n=1}^{\infty}\frac{\sqrt{n+1}-\sqrt{n}}{\sqrt{n^2+n}}$

(3)$\sum\limits_{n=1}^{\infty}\frac{1}{(4n-1)(4n+3)}$　　(4)$\sum\limits_{n=1}^{\infty}\frac{1}{n(n+1)(n+2)}$

4. 选择填空(将下列各小题中正确的题号填在横线上方的空白处):

若级数$\sum\limits_{n=1}^{\infty}(u_n+v_n)$收敛,则________.

(1)$\sum\limits_{n=1}^{\infty}u_n$与$\sum\limits_{n=1}^{\infty}v_n$均收敛;

(2)$\sum\limits_{n=1}^{\infty}u_n$与$\sum\limits_{n=1}^{\infty}v_n$中至少有一个收敛;

(3)$\sum\limits_{n=1}^{\infty}u_n$与$\sum\limits_{n=1}^{\infty}v_n$不一定收敛;

(4)$u_1+v_1+u_2+v_2+u_3+v_3+\cdots$收敛;

(5) 数列$\left\{\sum\limits_{k=1}^{n}(u_k+v_k)\right\}$有界;

(6)$\sum\limits_{n=1}^{\infty}100(u_n+v_n)$收敛.

5. 利用无穷级数性质,以及几何级数与调和级数的敛散性,判别下列级数的敛散性:

(1)$\cos\frac{\pi}{4}+\cos\frac{\pi}{5}+\cos\frac{\pi}{6}+\cdots$　　(2)$\sum\limits_{n=1}^{\infty}\frac{n-\sqrt{n}}{2n-1}$

(3)$1+\frac{1}{3}+\sum\limits_{n=1}^{\infty}\frac{1}{4^n}$　　(4)$\sum\limits_{n=1}^{\infty}(-1)^{n-1}\cdot\frac{6^{n-1}}{7^{n-1}}$

(5)$\sum\limits_{n=1}^{\infty}(-1)^{n-1}e^{-1}$　　(6) $\frac{1}{11}+\frac{1}{12}+\frac{1}{13}+\cdots$

(7) $\sum\limits_{n=1}^{\infty}\frac{1}{5n-1}$

(8) $\frac{1}{3}+\frac{1}{\sqrt{3}}+\frac{1}{\sqrt[3]{3}}+\cdots+\frac{1}{\sqrt[n]{3}}+\cdots$

(9) $\frac{1}{3}\ln 3+\frac{1}{3^2}(\ln 3)^2+\frac{1}{3^3}(\ln 3)^3+\cdots$

(10) $\frac{2}{1}-\frac{2}{3}+\frac{4}{3}-\frac{2^2}{3^2}+\frac{6}{5}-\frac{2^3}{3^3}+\cdots$

(11) $\left(\frac{1}{3}+\frac{6}{7}\right)+\left(\frac{1}{3^2}+\frac{6^2}{7^2}\right)+\left(\frac{1}{3^3}+\frac{6^3}{7^3}\right)+\cdots$

(12) $\frac{1}{2}+\frac{1}{10}+\frac{1}{4}+\frac{1}{20}+\frac{1}{8}+\frac{1}{30}+\cdots$

6. 利用比较判别法或其极限形式，判别下列级数的敛散性：

(1) $\sum\limits_{n=1}^{\infty}\frac{1}{\sqrt{4n^2-3}}$　　(2) $\sum\limits_{n=1}^{\infty}\frac{3}{n^2-n}$

(3) $\sum\limits_{n=1}^{\infty}\sin\frac{\pi}{2^n}$　　(4) $\sum\limits_{n=1}^{\infty}\frac{1+n}{1+n^2}$

(5) $\sum\limits_{n=1}^{\infty}\frac{1}{1+a^n}(a>0)$　　(6) $\sum\limits_{n=1}^{\infty}\frac{1}{n\sqrt[n]{n}}$

(7) $\sum\limits_{n=1}^{\infty}\frac{-1}{\ln(1+n)}$　　(8) $\sum\limits_{n=1}^{\infty}\frac{1}{\sqrt{2n^3-1}}$

(9) $\sum\limits_{n=1}^{\infty}\left(1-\cos\frac{1}{n}\right)$　　(10) $\sum\limits_{n=3}^{\infty}\frac{\pi}{n}\tan\frac{\pi}{n}$

(11) $\sum\limits_{n=1}^{\infty}\frac{1}{n^2}\ln n$　　(12) $\sum\limits_{n=1}^{\infty}\tan\frac{\pi}{4n}$

(13) $\sum\limits_{n=2}^{\infty}\frac{1}{\sqrt{n}}\ln\frac{n+1}{n-1}$　　(14) $\sum\limits_{n=1}^{\infty}\left(\frac{1+n^2}{1+n^3}\right)^2$

7. 设$(a_{n+1}/a_n)\leqslant(b_{n+1}/b_n)$　$(a_n、b_n>0,n=1,2,\cdots)$，试证：

(1) 如果$\sum\limits_{n=1}^{\infty}b_n$收敛，则$\sum\limits_{n=1}^{\infty}a_n$收敛；

(2) 如果$\sum\limits_{n=1}^{\infty}a_n$发散，则$\sum\limits_{n=1}^{\infty}b_n$发散.

8. 利用比值判别法判别下列级数的敛散性：

(1) $\sum_{n=1}^{\infty}\frac{(n+1)!}{2^n}$

(2) $\sum_{n=1}^{\infty}\frac{3^n}{(2n+1)!}$

(3) $\sum_{n=1}^{\infty}\frac{n^2}{3^n}$

(4) $\sum_{n=1}^{\infty}\frac{2^n n!}{n^n}$

(5) $\sum_{n=1}^{\infty}\frac{1\cdot3\cdot5\cdots\cdots(2n-1)}{3^n\cdot n!}$

(6) $\sum_{n=1}^{\infty}\frac{1\cdot5\cdot9\cdots\cdots(4n-3)}{2\cdot5\cdot8\cdots\cdots(3n-1)}$

(7) $\sum_{n=1}^{\infty}n^2\sin\frac{\pi}{2^n}$

(8) $\sum_{n=1}^{\infty}2^{n+1}\tan\frac{\pi}{4n^2}$

(9) $\sum_{n=1}^{\infty}\frac{2^n}{\sqrt{n^n}}$

(10) $\sum_{n=1}^{\infty}\frac{1}{n^2}x^{2n}$

(11) $\sum_{n=1}^{\infty}\frac{2n-1}{2^n}$

(12) $\sum_{n=1}^{\infty}\frac{n!}{10^n}$

(13) $\sum_{n=1}^{\infty}n\tan\frac{\pi}{2^{n+1}}$

9. 判断下列各题的对错(对者打 √,错者打 ×):

(1) 若正项级数发散,则其部分和数列必趋向正无穷大;

(2) 若 $\sum_{n=1}^{\infty}u_n(u_n>0)$ 收敛,则 $\sum_{n=1}^{\infty}u_n^2$ 收敛;

(3) 若 $\sum_{n=1}^{\infty}u_n^2(u_n>0)$ 收敛,则 $\sum_{n=1}^{\infty}u_n$ 收敛;

(4) 若 $\sum_{n=1}^{\infty}u_n$ 发散,则 $\lim\limits_{n\to\infty}u_n\neq0$;

(5) 若 $\lim\limits_{n\to\infty}u_n=0$,则 $\sum_{n=1}^{\infty}u_n$ 收敛;

(6) 若 $\sum_{n=0}^{\infty}u_n(u_n>0)$ 收敛,则 $\lim\limits_{n\to\infty}\frac{u_{n+1}}{u_n}<1$;

(7) 若 $\lim\limits_{n\to\infty}\frac{u_{n+1}}{u_n}<1$,则 $\sum_{n=1}^{\infty}u_n$ 收敛;

(8) 因 $\sum_{n=1}^{\infty}(-1)^{n-1}u_n(u_n>0)$ 是交错级数,所以

$\sum_{n=1}^{\infty}(-1)^{n-1}u_n$ 收敛;

(9) 若交错级数 $\sum_{n=1}^{\infty}(-1)^{n-1}u_n$ 满足莱布尼兹条件,则

$\sum_{n=1}^{\infty}(-1)^{n+k-1}u_{n+k}$（$k$ 为正整数）也满足莱布尼兹条件.

10. 判定下列级数的敛散性：

(1) $\sum_{n=1}^{\infty}\left(\frac{n}{2n+1}\right)^n$　　(2) $\sum_{n=1}^{\infty}\left(\frac{1}{n+1}\right)^{\frac{1}{3}}\ln\frac{n+2}{n}$

(3) $\sum_{n=1}^{\infty}\frac{2n-1}{3^n}$　　(4) $\sum_{n=1}^{\infty}\left(\arcsin\frac{1}{n}\right)^n$

(5) $\sum_{n=1}^{\infty}\frac{1}{3^n}\left(\frac{n+1}{n}\right)^{n^2}$　　(6) $\sum_{n=2}^{\infty}\frac{\ln n}{\sqrt{n}}$

(7) $\sum_{n=2}^{\infty}\frac{\ln n}{n\sqrt{n+1}}$　　*(8) $\sum_{n=1}^{\infty}\left[\int_0^n(1+x^4)^{\frac{1}{4}}\mathrm{d}x\right]^{-1}$

11. 判断下列各题的对错：

(1) 若 $\sum_{n=1}^{\infty}u_n$ 收敛，则 $\sum_{n=1}^{\infty}(-1)^{n-1}u_n$ 条件收敛；

(2) 若 $\sum_{n=1}^{\infty}u_n$ 收敛，则 $\sum_{n=1}^{\infty}(u_n+A)(A>0)$ 收敛；

(3) 若 $\sum_{n=1}^{\infty}u_n$ 与 $\sum_{n=1}^{\infty}v_n$ 都发散，则 $\sum_{n=1}^{\infty}(u_n+v_n)$ 发散；

(4) 若 $\sum_{n=1}^{\infty}(-1)^{n-1}u_n(u_n>0)$ 条件收敛，则 $\sum_{n=1}^{\infty}u_n$ 发散；

(5) 若 $\sum_{n=1}^{\infty}|u_n|$ 发散，则 $\sum_{n=1}^{\infty}u_n$ 也发散；

(6) 若 $(u_1-v_1)+(u_2-v_2)+\cdots+(u_n-v_n)+\cdots$ 发散，则 $u_1-v_1+u_2-v_2+\cdots+u_n-v_n+\cdots$ 也发散.

12. 判别下列级数是绝对收敛，条件收敛，还是发散？

(1) $\sum_{n=1}^{\infty}\frac{(-1)^{n-1}}{\ln(1+n)}$　　(2) $\sum_{n=1}^{\infty}\frac{1}{2^n}\sin\frac{n\pi}{7}$

(3) $\sum_{n=1}^{\infty}\frac{n!}{n^n}2^n\sin\frac{n\pi}{5}$　　(4) $\sum_{n=2}^{\infty}\frac{(-1)^{n-1}n^3}{2^n}$

(5) $\sum_{n=1}^{\infty}\frac{(-1)^{n-1}}{n!}2^{n^2}$　　(6) $\sum_{n=1}^{\infty}(-1)^{n+1}\frac{n}{n+1}$

(7) $\sum_{n=2}^{\infty}\frac{(-1)^n}{n-\ln n}$　　(8) $\sum_{n=2}^{\infty}\left(\frac{1}{\sqrt{n}-1}-\frac{1}{\sqrt{n}+1}\right)$

(9) $\sum_{n=2}^{\infty}(-1)^n\sqrt{\frac{n(n+1)}{(n-1)(n+2)}}$　　(10) $\sum_{n=1}^{\infty}(-1)^{n-1}\frac{2+(-1)^n}{n^{\frac{5}{4}}}$

(11) $\sum_{n=2}^{\infty}\frac{(-1)^n}{\sqrt{n}+(-1)^n}$　　(12) $\sum_{n=1}^{\infty}\left(\frac{1}{n}-e^{-n^2}\right)$

(13) $\sum_{n=1}^{\infty}(-1)^n\frac{1}{\ln\left(1+\frac{1}{n}\right)}$　　(14) $\sum_{n=1}^{\infty}\left(\sin\frac{1}{n}\right)^{\frac{3}{2}}$

(15) $\sum_{n=1}^{\infty}\frac{(-1)^{n-1}}{\ln(e^n+e^{-n})}$

13. 求下列级数的收敛域：

(1) $\sum_{n=1}^{\infty}(-1)^n\frac{5^n}{\sqrt{n}}x^n$　　(2) $\sum_{n=1}^{\infty}\frac{(-1)^n}{n!}x^n$

(3) $\sum_{n=0}^{\infty}n!x^n$　　(4) $\sum_{n=0}^{\infty}\frac{1}{3^n}x^{2n+1}$

(5) $\sum_{n=1}^{\infty}\frac{(-1)^{n-1}}{n^2}(x-2)^n$　　(6) $\sum_{n=1}^{\infty}\frac{(-1)^n}{\sqrt{n}}x^n$

(7) $\sum_{n=0}^{\infty}q^{n^2}x^n\quad(0<q<1)$　　(8) $\sum_{n=1}^{\infty}\frac{1}{1+n^2}(3x)^n$

(9) $\sum_{n=0}^{\infty}5^nx^n$　　(10) $\sum_{n=1}^{\infty}\frac{(-1)^{n-1}}{n3^n}\sqrt{x^n}$

(11) $\sum_{n=1}^{\infty}\frac{2^n}{2n-1}x^{4n}$　　(12) $\sum_{n=1}^{\infty}\left[\left(\frac{n+1}{n}\right)^nx\right]^n$

(13) $\sum_{n=0}^{\infty}\frac{1}{(n+2)!}(x-1)^n$　　(14) $\sum_{n=1}^{\infty}\frac{3^n+(-2)^n}{n}(x+1)^n$

(15) $\sum_{n=1}^{\infty}\frac{n^2}{x^n}$　　(16) $\sum_{n=1}^{\infty}\left[\frac{(-1)^n}{2^n}x^n+3^nx^n\right]$

14. 求下列级数的收敛域，以及它们在收敛域内的和函数：

(1) $\sum_{n=1}^{\infty}\frac{1}{n}x^n$　　(2) $\sum_{n=1}^{\infty}n^2x^{n-1}$

(3) $\sum_{n=0}^{\infty}(n+1)x^n$　　(4) $\sum_{n=0}^{\infty}\frac{1}{2^n}x^n$

(5) $\sum_{n=1}^{\infty}\frac{1}{2n+1}x^{2n+1}$　　(6) $\sum_{n=1}^{\infty}\left(\frac{1}{n}x^n-\frac{1}{n+1}x^{n+1}\right)$

15. 求下列级数的收敛域：

(1) $\sum_{n=1}^{\infty}\frac{(-1)^n}{2n-1}\left(\frac{1-x}{1+x}\right)^n$　　(2) $\sum_{n=1}^{\infty}\left(\frac{1}{2}\ln x\right)^n$

(3) $\sum_{n=1}^{\infty}ne^{-nx}$　　(4) $\sum_{n=1}^{\infty}\left(\frac{n}{x}\right)^n$

16. 求幂级数 $\sum_{n=1}^{\infty}n(n+1)x^n$ 在其收敛区间 $(-1,1)$ 内的和函数；并求常数项级数 $\sum_{n=1}^{\infty}\frac{n(n+1)}{2^n}$ 的和.

17. 求级数 $\sum_{n=1}^{\infty}\frac{2n-1}{2^n}x^{2n-2}$ 的收敛域及和函数；并求常数项级数 $\sum_{n=1}^{\infty}\frac{2n-1}{2^n}$ 的和.

18. 将下列函数展开成 x 的幂级数，并求收敛域：

(1) $f(x)=\sin^2 x$　　(2) $f(x)=\frac{x^2}{1+x}$

(3) $f(x)=x^3e^{-x}$　　(4) $f(x)=3^x$

(5) $f(x)=\frac{1}{2}(e^x+e^{-x})$　　(6) $f(x)=\frac{x^2}{\sqrt{1-x^2}}$

(7) $f(x)=\int_0^x e^{-t^2}dt$　　(8) $f(x)=\frac{1}{x}\ln(1+x)$

(9) $f(x)=\ln(4-3x-x^2)$　　(10) $f(x)=\sin(x+a)$

(11) $f(x)=\frac{1}{(x-1)(x-2)}$　　(12) $f(x)=\frac{x}{(1-x)(1-2x)}$

19. 求下列函数在指定点处的幂级数展开式，并求其收敛域：

(1) $f(x)=e^x$，　$x_0=1$　　(2) $f(x)=\frac{1}{x}$，　$x_0=2$

(3) $f(x)=\ln x$，　$x_0=3$　　(4) $f(x)=\sin x$，　$x_0=a$

(5) $f(x)=\ln(1+x)$，　$x_0=2$　　(6) $f(x)=\cos x$，　$x_0=\frac{\pi}{4}$

第八章　多元函数微积分学

前面各章讨论的都是只有一个自变量的函数，即一元函数. 但实际问题往往要涉及到多方面的因素，一个变量的变化可能依赖于多个其他变量的变化，这时就需引入多元函数的概念.

本章介绍多元函数微积分学，它是前面各章介绍过的一元函数微积分的自然推广和发展，它们之间既有类似之处，也有不少重大的差别. 由于二元函数与一般的多元函数在本质上没有什么区别，故本章重点放在介绍二元函数微积分学，读者可自行完成从二元函数到一般 n 元函数的推广.

§8.1　预备知识

一、空间直角坐标系与空间的点

我们知道，实数 x 与数轴上的点 x 是一一对应的. 二元数组 (x,y) 与坐标平面上的点 (x,y) 是一一对应的. 类似地，通过建立空间直角坐标系，可以建立起三元数组 (x,y,z) 与空间点之间的一一对应关系.

在空间取定一点 o，过点 o 作三条互相垂直的数轴 ox、oy、oz，各轴的正方向按右手规则确定，再规定一个长度单位. 如图 8－1 所示. 其中点 o 称为**坐标原点**；ox、oy、oz 称为**坐标轴**. 每两个坐标轴确定一个平面，称为**坐标平面**，分别称为 xy 平面、yz 平面、zx 平面；这三个平面将空间分为八个部分，称为八个**卦限**.

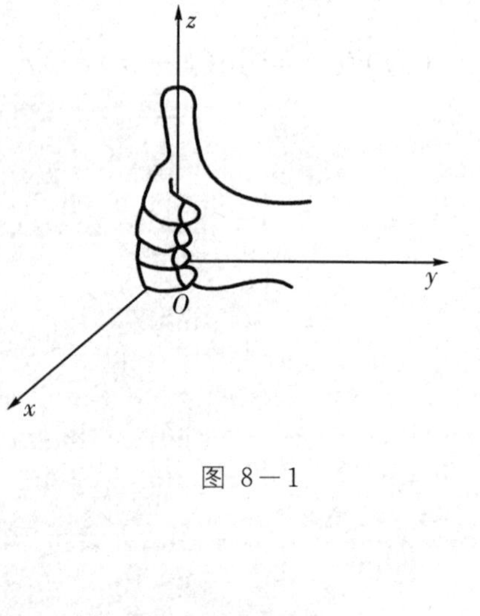

图 8－1

设 M 为空间的任意一点，过点 M 分别作垂直于三坐标轴的平面，这三个平面与三坐

标轴的交点分别为 P、Q、R(如图 8－2 所示). 设点 P、Q、R 在 ox、oy、oz 轴上的坐标分别为 x_0、y_0、z_0，则称 x_0、y_0、z_0 为点 M 的 x、y、z 坐标. 反之，任意给定三元数组(x_0、y_0、z_0)，在空间中必唯一确定一点 M. 于是，任意三元数组(x、y、z)与空间的点之间构成一一对应的关系.

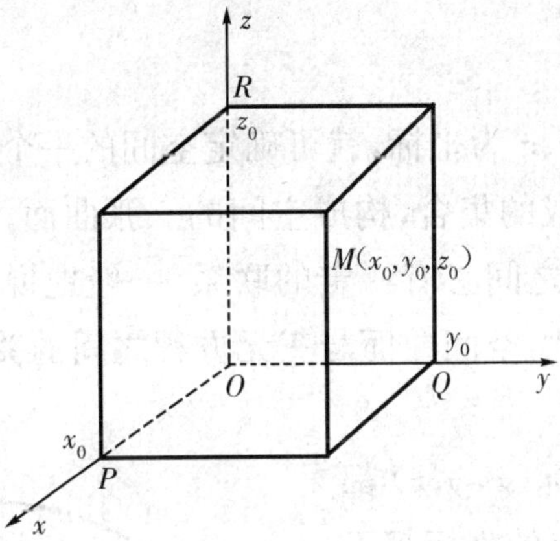

图 8－2

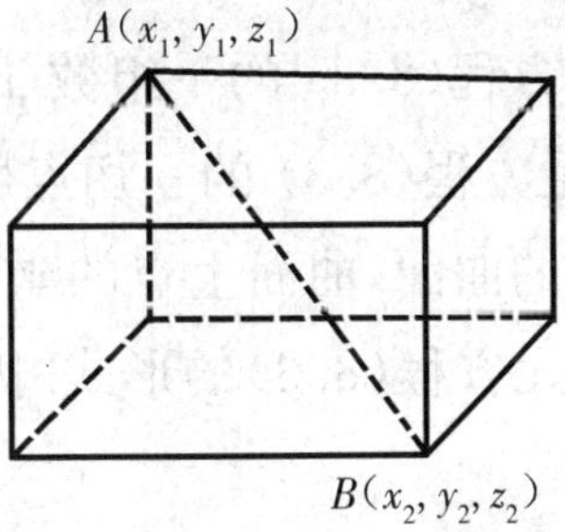

图 8－3

不难看出，原点 o 的坐标为(0,0,0)；ox 轴、oy 轴和 oz 轴上的点的坐标分别为 $(x,0,0)$、$(0,y,0)$ 和 $(0,0,z)$；xy 平面、yz 平面和 zx 平面上的点的坐标分别为 $(x,y,0)$、$(0、y、z)$、$(x、0、z)$.

对于空间中任意两点 $A(x_1,y_1,z_1)$ 和 $B(x_2,y_2,z_2)$(如图 8－3 所示)，可以求得点 A 与点 B 之间的距离为

$$|AB|=\sqrt{(x_1-x_2)^2+(y_1-y_2)^2+(z_1-z_2)^2} \tag{8.1}$$

特别地，空间中任意一点 $M(x,y,z)$ 到坐标原点 O 的距离为

$$|OM|=\sqrt{x^2+y^2+z^2} \tag{8.2}$$

尽管我们不能画出四维空间的图形，但仍可设想一个四元数组(x_1，x_2，x_3，x_4)与“四维空间”中的一个点一一对应. 更一般地，对给定的正整数 $n(n\geqslant 2)$，规定 n 元数组(x_1，x_2，$\cdots x_n$)与“n 维空间”中的一个点一一对应. 引入四维和四维以上的一般 n 维空间，对人们分析许多实际问题是非常有益的，特别对经济问题，其意义更为明显. 因为人们常常将经济系统分为多个部门或多种商品来进行研究，引入多维空间的概念后就会带来很大的方便.

二、空间曲面与方程

通过空间直角坐标系，还可以建立空间曲面与方程之间的对应关系. 对于含有三个变量 x、y、z 的三元方程

$$F(x,y,z)=0 \tag{8.3}$$

如果以满足方程(8.3)的一组数 x、y、z 为坐标，就可确定空间的一个点，一般地说，坐标满足方程(8.3)的一切点所成的集合，构成空间的一张曲面；反之，对于空间一给定的曲面，曲面上点的坐标之间必有一定的联系，一般地说，这种联系可以写成三元方程(8.3)的形式. 因此，空间曲面与三元方程之间的关系可作如下定义：

如果曲面 S 上任意一点 M 的坐标 (x,y,z) 都满足方程(8.3)，而不在曲面 S 上的点的坐标都不满足方程(8.3)，则称方程(8.3)为**曲面 S 的方程**，而称曲面 S 为方程(8.3)的**图形**. 因此，通常将三元方程(8.3)理解为空间的一张曲面.

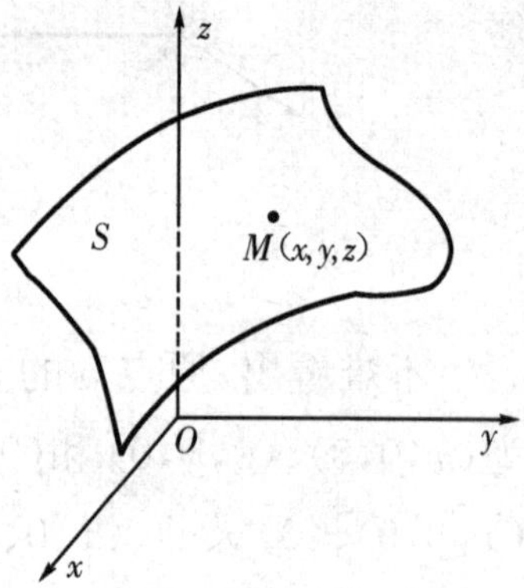

图 8－4

应注意的是，对于一元或二元方程

$$F(x)=0 \quad 或 \quad F(x,y)=0$$

则需根据不同的坐标系来确定它们的几何意义.

例如，一元方程 $x=0$，在数轴上表示原点，在平面直角坐标系中表示 y 轴，在空间直角坐标系中表示 yz 平面；又如方程 $x+y=0$，在平面直角坐标系中表示过原点的一条直线，而在空间直角坐标系中表示过 oz 轴的一个平面.

常见的空间曲面有平面、柱面、旋转曲面和二次曲面等.

1. 平面

空间平面方程的一般形式为

$$ax+by+cz=d. \tag{8.4}$$

其中 a、b、c、d 为常数，且 a、b、c 不全为零. 例如，$a=1$，$b=c=d=0$ 时，就得到平面方程 $x=0$（即 yz 平面）；$a\neq 0$，$b\neq 0$，$c=d=0$ 时，就得平面方程 $ax+by=0$.

2. **柱面**

直线 L 与某条给定的直线平行，并沿给定曲线 C 移动而形成的空间曲面，称为**柱面**；动直线 L 称为柱面的**母线**，定曲线 C 称为柱面的**准线**.

例如，不含 z 的方程 $x^2+y^2=R^2$，在空间直角坐标系中，表示圆柱面. 它的母线平行于 oz 轴，准线是 xy 平面上的圆 $x^2+y^2=R^2$，如图 8－5 所示；又如，方程 y^2-2x 表示母线平行于 oz 轴的柱面，它的准线是 xy 平面上的抛物线 $y^2=2x$，该柱面称为抛物柱面，如图 8－6 所示.

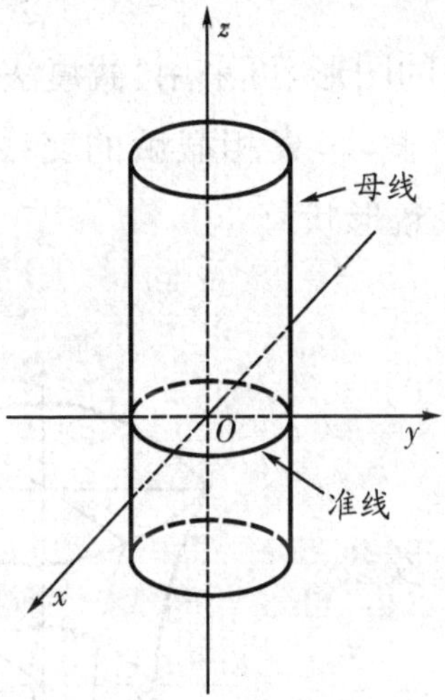

图 8－5

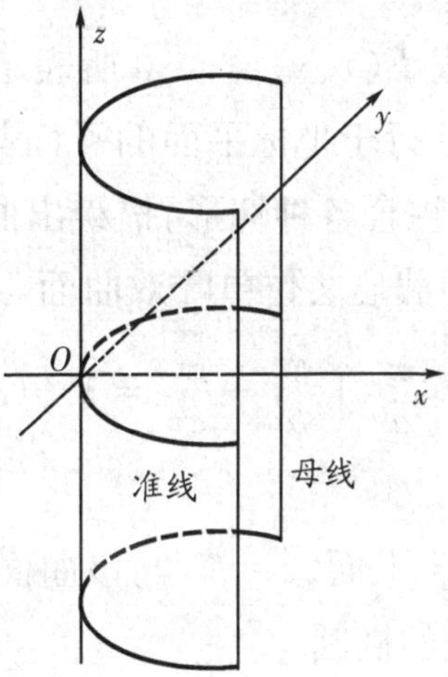

图 8－6

3. **二次曲面**

三元二次方程

$$a_1x^2+a_2y^2+a_3z^2+b_1xy+b_2xz+b_3yz+c_1x+c_2y+c_3z=d$$

所表示的空间曲面，称为二次曲面. 其中 a_i、b_i、c_i($i=1,2,3$) 和 d 均为常数. 相应地，三元一次方程表示的平面，也称为一次曲面.

常见的二次曲面有：

球面 $x^2+y^2+z^2=R^2 \quad (R>0)$

椭球面 $\dfrac{x^2}{a^2}+\dfrac{y^2}{b^2}+\dfrac{z^2}{c^2}=1 \quad (a、b、c>0)$

单叶双曲面 $\dfrac{x^2}{a^2}+\dfrac{y^2}{b^2}-\dfrac{z^2}{c^2}=1 \quad (a、b、c>0)$

双叶双曲面 $\frac{x^2}{a^2}+\frac{y^2}{b^2}-\frac{z^2}{c^2}=-1 \quad (a、b、c>0)$

二次锥面 $\frac{x^2}{a^2}+\frac{y^2}{b^2}-\frac{z^2}{c^2}=0 \quad (a、b、c>0)$

椭圆抛物面 $\frac{x^2}{p}+\frac{y^2}{q}=2z \quad (p、q>0)$

双曲抛物面(马鞍面)

$$\frac{x^2}{p}-\frac{y^2}{q}=-2z \quad (p、q>0)$$

三元方程 $F(x、y、z)=0$ 所表示的曲面的图形,可采用"截痕法"作图,即用坐标平面和平行于坐标平面的平面与曲面相截,考察相截后的交线(称为截痕)的形状,然后综合各种情形,描绘出曲面的大致形状.

例 1. 用截痕法作单叶双曲面

$$\frac{x^2}{a^2}+\frac{y^2}{b^2}-\frac{z^2}{c^2}=1 \quad (a、b、c>0)$$

的图形.

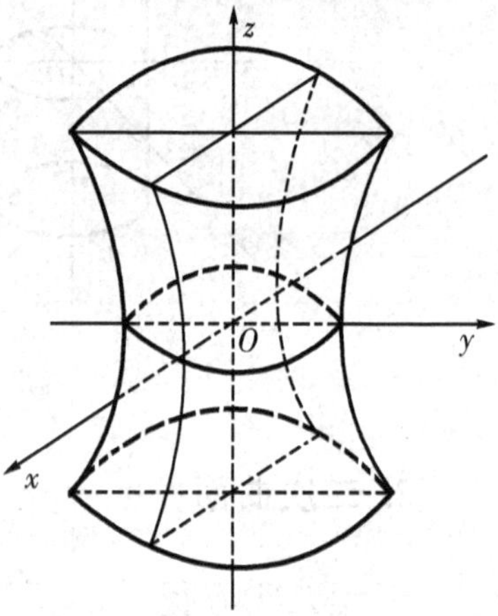

图 8－7

解 用 xy 平面($z=0$)与该曲面相截,其交线为 xy 平面上的椭圆:

$$\begin{cases}\frac{x^2}{a^2}+\frac{y^2}{b^2}=1\\ z=0,\end{cases}$$

用平面 $z=d(d\neq 0)$ 与该曲面相截,其交线为平面 $z=d$ 上的椭圆:

$$\begin{cases}\frac{x^2}{a^2}+\frac{y^2}{b^2}=1+\frac{d^2}{c^2}\\ z=d,\end{cases}$$

用 zx 平面($y=0$)与该曲面相截,其交线为 zx 平面上的双曲线:

$$\begin{cases}\frac{x^2}{a^2}-\frac{z^2}{c^2}=1\\ y=0.\end{cases}$$

类似地,用 yz 平面($x=0$)与该曲面相截,其交线为 yz 平面上的双曲线:

$$\begin{cases}\dfrac{y^2}{b^2}-\dfrac{z^2}{c^2}=1\\ x=0.\end{cases}$$

综上所述,可得单叶双曲面的图形如图 8－7 所示.

例 2. 作双曲抛物面(马鞍面)$z=y^2-x^2$ 的图形.

解 用平面 $z=c$ 截该曲面,其截痕为:

$$y^2-x^2=c,\quad z=c.$$

若 $c=0$,则截痕为过原点(0,0,0)的两条直线

$$y-x=0,\ z=0;\quad y+x=0,\ z=0$$

若 $c\neq0$,则截痕为平面 $z=c$ 上的双曲线.

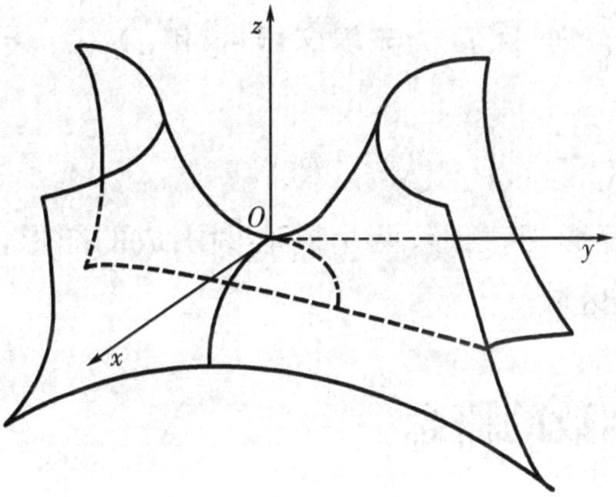

图 8－8

用平面 $y=c$ 截该曲面,其截痕为抛物线:

$$z=c^2-x^2,\quad y=c;$$

用平面 $x=c$ 截该曲面,其截痕为抛物线:

$$z=y^2-c^2,\quad x=c;$$

综上所述,可得双曲抛物面的图形如图 8－8 所示.

用截痕法可类似地作出其他二次曲面的图形.

三、平面区域的概念

设 $P_0(x_0,y_0)$ 为 xy 平面上一定点,δ 为一正数. 以 P_0 为圆心、δ 为半径的开

圆

$$D_\delta(P_0)=\{(x,y)\,|\,(x-x_0)^2+(y-y_0)^2<\delta^2\}$$

称为点 P_0 的 $\delta-$**邻域**.

设 D 为 xy 平面上一点集，点 $P_0\in D$. 若存在 $\delta>0$，使得 $D_\delta(P_0)\subseteq D$，则称点 P_0 为 D 的**内点**，若 D 的任意一点都是内点，则称 D 为**开集**. 若 P_0 为 xy 平面上一点，且对任意的 $\delta>0$，总存在点 P_1、$P_2\in D_\delta(P_0)$，使得 $P_1\in D$，$P_2\notin D$，则称点 P_0 为 D 的**边界点**，D 的全体边界点所成的集合，称为 D 的**边界**.

设 D 为一开集，P_1 和 P_2 为 D 内任意两点，若在 D 内存在一条直线或由有限条直线段组成的折线将 P_1 和 P_2 连接起来，则称 D 为**连通区域**，简称为**区域**；区域与区域的边界所构成的集合，称为**闭区域**. 如果存在正数 R，使得 $D\subseteq D_R(0)$，则称 D 为**有界区域**；否则，称 D 为**无界区域**. 这里 $D_R(0)$ 表示以原点(0,0) 为中心、R 为半径的开圆

$$D_R(0)=\{(x,y)\,|\,x^2+y^2<R^2\}.$$

例如，平面上的矩形、椭圆形、两个同心圆围成的图形，都是有界区域，而无限延伸的扇形为无界区域.

§8.2 多元函数的概念

一、二元函数的定义与几何意义

一元函数研究一个自变量对因变量的影响. 但许多实际问题，特别是经济问题，往往要研究多个自变量对因变量的影响，这时就需要引入多元函数的概念.

例如，长、宽、高分别为 x、y、z 的长方体的表面积为

$$S=2(xy+yz+zx)\quad(x,y,z>0),$$

显然，当 x、y、z 变化时，S 将随着变化. 因此，长方体的表面积是其长、宽、高三个变量的函数，称为三元函数.

又如，在生产中，产量 Y 与投入的资金 K 和劳动 L 之间，有如下的关系

$$Y=AK^\alpha L^\beta.$$

其中 A、α、β 为正的常数. 在西方经济学中称此函数关系为 *Cobb－Douglas* 生产

函数.

由此可见,所谓多元函数是指依赖于多个自变量的函数关系.下面给出二元函数的定义:

定义 8.1　设 D 为 xy 平面上的一个非空平面点集.如果对 D 中任意一点 (x,y),按照某个确定的规则 f,变量 z 总有唯一的数值与点 (x,y) 对应,则称变量 z 是变量 x 和 y 的**二元函数**,记为

$$z=f(x,y),\quad (x,y)\in D.$$

其中 x 和 y 称为**自变量**,z 称为**因变量**,点集 D 称为函数 $z=f(x,y)$ 的**定义域**.

与一元函数一样,二元函数的概念仍包含对应规则 f 和定义域 D 两个决定性因素.

由上节可知,二元函数的几何意义表示三维空间的一张曲面,其定义域 D 为该曲面在 xy 平面上的投影.

类似地可以定义三元、四元、…、n 元函数.通常,n 元函数记为

$$y=f(x_1,x_2,\cdots,x_n),\quad (x_1,x_2,\cdots,x_n)\in D.$$

其中 $x_1,x_2,\cdots,x_n$ 为自变量,y 为因变量,D 为定义域.

例 1. 求函数 $z=\ln(xy)$ 的定义域.

解　由对数函数的性质可知,定义域为

$$\begin{aligned}D&=\{(x,y)\,|\,xy>0\}\\&=\{(x,y)\,|\,x>0,y>0\text{ 或 }x<0,y<0\}.\end{aligned}$$

例 2. 求函数 $z=[\sin(x^2+y^2)]^{-1}$ 的定义域.

解　因为函数的分母不能为零,故定义域为

$$D=\{(x,y)\mid x^2+y^2\neq k\pi,k\text{ 为非负整数}\}.$$

例 3. 设函数 $z=f(x,y)$ 的定义域为 D,且当 $(x,y)\in D$ 时,对 $t\in R$,仍有 $(tx,ty)\in D$.如果存在常数 k,使对任意的 $(x,y)\in D$,恒有

$$f(tx,ty)=t^kf(x,y),$$

则称函数 $z=f(x,y)$ 为 k **次齐次函数**.类似地可定义 n 元 k 次齐次函数.

齐次函数是经济学中经常遇到的一类函数.例如,上面提到的 *Cobb－Douglas* 生产函数就是 $\alpha+\beta$ 次齐次函数.一般地,设描述产出 Y 与投入要素 x_1, $x_2,\cdots,x_n$(资本、劳力……)之间关系的生产函数为

$$Y=f(x_1,x_2\cdots,x_n).$$

通常假定其为齐次函数，即有

$$f(\lambda x_1,\lambda x_2,\cdots,\lambda x_n)=\lambda^k f(x_1,x_2,\cdots x_n).$$

当 $k=1$ 时，表示产出与生产规模成比例，称为**规模报酬不变或固定规模报酬**；当 $k>1$ 时，称为**规模报酬递增**；当 $k<1$ 时，称为**规模报酬递减**.

二、二元函数的极限

与一元函数类似地，可引入二元函数的极限概念.

定义 8.2　设函数 $z=f(x,y)$ 在点 $P_0(x_0,y_0)$ 的某邻域内有定义（在点 P_0 处是否有定义无关紧要），A 为某常数. 如果对任意给定的 $\varepsilon>0$，存在 $\delta>0$，使当 $|x-x_0|<\delta,|y-y_0|<\delta$，且 $(x,y)\neq(x_0,y_0)$ 时，恒有

$$|f(x,y)-A|<\varepsilon$$

成立，则称 $P(x,y)\to P_0(x_0,y_0)$ 时，**函数** $f(x,y)$ **的极限为** A **或函数** $f(x,y)$ **以** A **为极限**. 记为

$$\lim_{\substack{x\to x_0\\ y\to y_0}} f(x,y)=A \quad 或 \quad \lim_{(x,y)\to(x_0,y_0)} f(x,y)=A.$$

定义 8.2 也可等价地定义为：

定义 8.2′　如果对任给的 $\varepsilon>0$，存在 $\delta>0$，使当 $0<\rho=\sqrt{(x-x_0)^2+(y-y_0)^2}<\delta$ 时，恒有

$$|f(x,y)-A|<\varepsilon$$

成立，则称 $P(x,y)\to P_0(x_0,y_0)$ 时，函数 $f(x,y)$ 以 A 为极限.

注意：由定义可知，点 $P(x,y)$ 趋于点 $P_0(x_0,y_0)$ 的方式是任意的. 当点 $P(x,y)$ 按某一特殊方式趋于点 $P_0(x_0,y_0)$ 时函数 $f(x,y)$ 的极限存在，并不能保证点 $P(x,y)$ 趋于 $P_0(x_0,y_0)$ 时 $f(x,y)$ 的极限也存在.

例 4.　求极限 $\lim\limits_{(x,y)\to(0,5)} \dfrac{x}{\sin xy}$.

解　由 $\lim\limits_{x\to 0}\dfrac{\sin x}{x}=1$，可得

$$\lim_{(x,y)\to(0,5)} \frac{x}{\sin xy}=\lim_{(x,y)\to(0,5)} \frac{xy}{\sin xy}\cdot\frac{1}{y}$$

$$=\lim_{(x,y)\to(0,5)} \frac{xy}{\sin xy}\cdot\lim_{(x,y)\to(0,5)} \frac{1}{y}$$

$$= 1 \cdot \frac{1}{5} = \frac{1}{5}.$$

例 5. 求极限 $\lim\limits_{(x,y)\to(0,0)} \frac{xy^2}{x^2+y^2}$.

解 由于对任意的 $(x,y)\neq(0,0)$ 有 $\frac{y^2}{x^2+y^2}\leqslant 1$，故 $(x,y)\to(0,0)$ 时，$\frac{y^2}{x^2+y^2}$ 为有界变量；又因 $\lim\limits_{(x,y)\to(0,0)} x = 0$，故当 $(x,y)\to(0,0)$ 时，x 为无穷小量. 于是，由无穷小量的性质可知，当 $(x,y)\to(0,0)$ 时，$\frac{xy^2}{x^2+y^2}$ 为无穷小量，即有

$$\lim_{(x,y)\to(0,0)} \frac{xy^2}{x^2+y^2} = 0.$$

例 6. 设有函数

$$f(x,y)=\begin{cases}\frac{xy}{x^2+y^2}, & \text{当}(x,y)\neq(0,0)\text{时}\\ 0, & \text{当}(x,y)=(0,0)\text{时}\end{cases}$$

讨论 $(x,y)\to(0,0)$ 时，该函数的极限是否存在.

解 考虑点 (x,y) 沿直线 $y=kx$ 趋于 $(0,0)$ 的情形，有

$$\lim_{\substack{(x,y)\to(0,0)\\(y=kx)}} \frac{xy}{x^2+y^2} = \lim_{x\to 0}\frac{kx^2}{x^2+k^2x^2} = \frac{k}{1+k^2}.$$

上式右端的值随直线 $y=kx$ 的斜率 k 的取值不同而改变，这表明 $(x,y)\to(0,0)$ 时，由于趋近方式的改变，$f(x,y)$ 将趋于不同的值. 因此，$(x,y)\to(0,0)$ 时，该函数的极限不存在.

三、二元函数的连续性

有了二元函数极限的概念，就可以定义二元函数的连续性.

定义 8.3 如果函数 $f(x,y)$ 在点 $P_0(x_0,y_0)$ 的某邻域内有定义，且有

$$\lim_{(x,y)\to(x_0,y_0)} f(x,y) = f(x_0,y_0)$$

则称函数 $f(x,y)$ 在点 $P_0(x_0,y_0)$ 处连续，否则，称函数 $f(x,y)$ 在点 P_0 处间断.

由定义可知，函数 $f(x,y)$ 在点 $P_0(x_0,y_0)$ 处连续必须同时满足三个条件：(1) $f(x,y)$ 在点 P_0 处有定义，(2) 极限 $\lim\limits_{(x,y)\to(x_0,y_0)} f(x,y)$ 存在，(3)

$\lim\limits_{(x,y)\to(x_0,y_0)} f(x,y) = f(x_0,y_0)$. 这三个条件中只要有一个条件不满足，则 $f(x,y)$ 在点 P_0 处间断.

例如，由例 5 可知，函数

$$f(x,y)=\begin{cases}\dfrac{xy^2}{x^2+y^2}, & (x,y)\neq(0,0)\\ 0, & (x,y)=(0,0)\end{cases}$$

在点(0,0) 处连续. 而例 6 中的函数在点(0,0) 处间断.

如果函数 $f(x,y)$ 在区域 D 上每一点都连续，则称 $f(x,y)$ 在区域 D 上连续，或称 $f(x,y)$ 为区域 D 上的连续函数. 在区域 D 上连续的函数，其几何图形为空间中一张连续的曲面.

与一元函数类似地，二元连续函数有以下性质：

(1) 若 $f(x,y)$ 和 $g(x,y)$ 为区域 D 上的连续函数，则 $f(x,y)\pm g(x,y)$，$f(x,y)g(x,y)$，$f(x,y)/g(x,y)(g(x,y)\neq 0)$ 均为区域 D 上的连续函数.

(2) 连续函数的复合函数在其定义域的内点处连续.

(3) **最值定理** 定义在有界闭区域 D 上的二元连续函数，在定义域 D 上必能取到最大值和最小值.

(4) **介值定理** 定义在有界闭区域 D 上的二元连续函数，如果其最大值与最小值不相等，则该函数在区域 D 上至少有一次取得介于最小值与最大值之间的任何数值.

§ 8.3 偏导数与全微分

一、偏 导 数

与一元函数类似地，在实际问题中也需考虑多元函数的变化率问题.

例如，对 *Cobb* − *Douglas* 生产函数

$$Y = AK^{\alpha}L^{\beta},$$

当考虑劳动力 L 不变的情况下，产出 Y 相对于资金 K 的变化率时，可将 Y 视为 K 的一元函数，由一元函数求导公式，可得

$$Y'_K = \alpha AK^{\alpha-1}L^{\beta}.$$

类似地，考虑 K 不变时 Y 相对于 L 的变化率，将 Y 视为 L 的一元函数，则有

$$Y'_L=\beta AK^{\alpha}L^{\beta-1}$$

这种由一个变量变化，其余变量固定不变时而得到的"导数"，称为多元函数的偏导数.

定义 8.4 设函数 $z=f(x,y)$ 在点 (x_0,y_0) 的某个邻域内有定义. 如果固定 $y=y_0$ 后，一元函数 $f(x,y_0)$ 在点 $x=x_0$ 处可导，即极限

$$\lim_{\Delta x\to 0}\frac{f(x_0+\Delta x,y_0)-f(x_0,y_0)}{\Delta x}$$

存在，则称此极限值为函数 $z=f(x,y)$ 在点 (x_0,y_0) 处关于自变量 x 的**偏导数**，记为 $f'_x(x_0,y_0)$，或记为 $\frac{\partial}{\partial x}f(x_0,y_0)$，$z'_x\Big|_{(x_0,y_0)}$，$\frac{\partial z}{\partial x}\Big|_{(x_0,y_0)}$.

类似地，可定义函数 $z=f(x,y)$ 在点 (x_0,y_0) 处关于变量 y 的偏导数，记为 $f'_y(x_0,y_0)$，或记为 $\frac{\partial}{\partial y}f(x_0,y_0)$，$z'_y\Big|_{(x_0,y_0)}$，$\frac{\partial z}{\partial y}\Big|_{(x_0,y_0)}$.

如果函数 $z=f(x,y)$ 在区域 D 内每一点的偏导数 $f'_x(x,y)$、$f'_y(x,y)$ 都存在，则称函数 $z=f(x,y)$ 在区域 D 内偏导数存在，记为

$$f'_x \text{ 或 } \frac{\partial f}{\partial x},\ z'_x,\ \frac{\partial z}{\partial x},\ f'_1$$

$$f'_y \text{ 或 } \frac{\partial f}{\partial y},\ z'_y,\ \frac{\partial z}{\partial y},\ f'_2.$$

显然，当 $z=f(x,y)$ 在区域 D 内偏导数存在时，偏导数 f'_x、f'_y 仍为 x 和 y 的二元函数.

偏导数的几何意义：

二元函数 $z=f(x,y)$ 在点 (x_0,y_0) 处的偏导数 $f'_x(x_0,y_0)$ 表示曲面 $z=f(x,y)$ 与平面 $y=y_0$ 的交线在空间点 $M(x_0,y_0,f(x_0,y_0))$ 处的切线 T_x 的斜率；$f'_y(x_0,y_0)$ 表示曲面 $z=f(x,y)$ 与平面 $x=x_0$ 的交线在点 M 处的切线 T_y 的斜率，如图 8－9 所示.

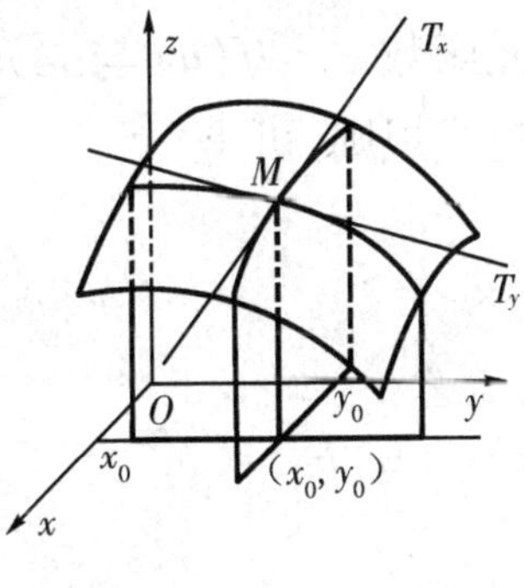

图 8－9

由定义可知，函数 $z=f(x,y)$ 在点 (x_0,y_0) 处的偏导数，可理解为该函数在点 (x_0,y_0) 处沿 x 轴和 y 轴方向的变化率，即有

$$f'_x(x_0,y_0)=\frac{\mathrm{d}}{\mathrm{d}x}f(x,y_0)\Big|_{x=x_0}$$

$$f'_y(x_0,y_0)=\frac{\mathrm{d}}{\mathrm{d}y}f(x_0,y)\Big|_{y=y_0}.$$

由此可知,利用一元函数求导方法即可求出二元函数的偏导数. 例如,求 $z=f(x,y)$ 关于 x 的偏导数时,将 y 暂时看作常量,求一元函数 $f(x,y)$ 的导数,即可求得偏导数 f'_x.

例 1. 求函数 $z=\arctan\frac{y}{x}$ 的偏导数 z'_x、z'_y 和 $z'_x|_{(1,1)}$、$z'_y|_{(1,1)}$.

解 求 z'_x 时,将 y 看作常量,可得

$$z'_x=\frac{1}{1+\left(\frac{y}{x}\right)^2}\cdot\left(-\frac{y}{x^2}\right)=-\frac{y}{x^2+y^2},$$

$$z'_x|_{(1,1)}=-\frac{1}{2}.$$

类似地,求 z'_y 时,将 x 看作常量,可得

$$z'_y=\frac{1}{1+\left(\frac{y}{x}\right)^2}\cdot\frac{1}{x}=\frac{x}{x^2+y^2},$$

$$z'_y|_{(1,1)}=\frac{1}{2}.$$

例 2. 求函数 $z=y^x$ 的偏导数.

解 $z'_x=(y^x)'_x=y^x\ln y$,

$z'_y=(y^x)'_y=xy^{x-1}$.

例 3. 求函数 $z=f(xy)$ 的偏导数,其中 f 可导.

解 引入中间变量 $u=xy$,则 $z=f(xy)$ 可看成一元函数 $z=f(u)$ 与二元函数 $u=xy$ 的复合函数. 于是,由一元复合函数求导的链式规则,可得

$$z'_x=f'(u)\frac{\partial u}{\partial x}=f'(u)\cdot y=yf'(xy),$$

$$z'_y=f'(u)\frac{\partial u}{\partial y}=xf'(xy).$$

例 4. 求函数

$$f(x,y)=\begin{cases}\dfrac{xy}{x^2+y^2}, & (x,y)\neq(0,0)\\ 0, & (x,y)=(0,0)\end{cases}$$

的偏导数f'_x和f'_y.

解 当$(x,y)\neq(0,0)$时,有

$$f'_x=\left(\frac{xy}{x^2+y^2}\right)'_x=\frac{y(y^2-x^2)}{(x^2+y^2)^2},$$

$$f'_y=\left(\frac{xy}{x^2+y^2}\right)'_y=\frac{x(x^2-y^2)}{(x^2+y^2)^2}.$$

当$(x,y)=(0,0)$时,由于$f(x,0)=f(0,y)=0$,故有

$$f'_x(0,0)=\frac{\mathrm{d}}{\mathrm{d}x}f(x,0)\Big|_{x=0}=0,$$

$$f'_y(0,0)=\frac{\mathrm{d}}{\mathrm{d}y}f(0,y)\Big|_{y=0}=0.$$

我们在§8.2中已经证明,此例中的函数$f(x,y)$在点$(0,0)$处间断,现又证明了此函数在点$(0,0)$处的偏导数$f'_x(0,0)$和$f'_y(0,0)$皆存在.这说明多元函数在某点偏导数存在并不能保证其在相应点连续.这是因为偏导数仅刻画了多元函数在某点处沿x轴或y轴特定方向变化时的分析性质,而不是多元函数在相应点处发生变化时的整体分析性质.这是多元函数与一元函数的重要区别之一.

偏导数的经济意义:

设有甲、乙两种商品,它们的价格分别为p_1和p_2,需求量分别为Q_1和Q_2. Q_1和Q_2由价格p_1和p_2决定,记需求函数分别为

$$Q_1=Q_1(p_1,p_2),\quad Q_2=Q_2(p_1,p_2),$$

则Q_1和Q_2关于p_1和p_2的偏导数表示这两种商品的**边际需求**:

$\frac{\partial Q_1}{\partial p_1}$是$Q_1$关于自身价格$p_1$的边际需求,表示在乙商品价格$P_2$不变的情况下甲商品价格$p_1$发生变化时,甲商品需求量$Q_1$的变化率;$\frac{\partial Q_1}{\partial p_2}$是$Q_1$关于相关价格$p_2$的边际需求,表示在甲商品价格$p_1$不变的情况下乙商品价格$p_2$发生变化时,甲商品需求量$Q_1$的变化率.

对$\frac{\partial Q_2}{\partial p_1}$和$\frac{\partial Q_2}{\partial p_2}$可作类似的解释.

与一元函数类似地,也可定义多元函数的弹性概念,称为**偏弹性**.

当价格p_2不变而价格p_1发生变化时,需求量Q_1和Q_2将随p_1的变化而变化.这时,可定义偏弹性:

$$E_{11}=\lim_{\Delta p_1\to 0}\frac{\Delta_1 Q_1/Q_1}{\Delta p_1/p_1}=\frac{p_1}{Q_1}\frac{\partial Q_1}{\partial p_1}=\frac{\partial(\ln Q_1)}{\partial(\ln p_1)},$$

$$E_{21}=\lim_{\Delta p_1\to 0}\frac{\Delta_1 Q_2/Q_2}{\Delta p_1/p_1}=\frac{p_1}{Q_2}\frac{\partial Q_2}{\partial p_1}=\frac{\partial(\ln Q_2)}{\partial(\ln p_1)}.$$

其中 $\Delta_1 Q_1=Q_1(p_1+\Delta p_1,p_2)-Q_1(p_1,p_2)$,

$\Delta_1 Q_2=Q_2(p_1+\Delta p_1,p_2)-Q_2(p_1,p_2)$.

类似地,当价格 p_1 不变而价格 p_2 发生变化时,有

$$E_{12}=\lim_{\Delta p_2\to 0}\frac{\Delta_2 Q_1/Q_1}{\Delta p_2/p_2}=\frac{p_2}{Q_1}\frac{\partial Q_1}{\partial p_2}=\frac{\partial(\ln Q_1)}{\partial(\ln p_2)},$$

$$E_{22}=\lim_{\Delta p_2\to 0}\frac{\Delta_2 Q_2/Q_2}{\Delta p_2/p_2}=\frac{p_2}{Q_2}\frac{\partial Q_2}{\partial p_2}=\frac{\partial(\ln Q_2)}{\partial(\ln p_2)}.$$

其中 $\Delta_2 Q_1=Q_1(p_1,p_2+\Delta p_2)-Q_1(p_1,p_2)$,

$\Delta_2 Q_2=Q_2(p_1,p_2+\Delta p_2)-Q_2(p_1,p_2)$.

E_{11} 称为甲商品需求量 Q_1 对自身价格 p_1 的**直接价格偏弹性**;E_{12} 称为甲商品需求量 Q_1 对相关价格 p_2 的**交叉价格偏弹性**,对 E_{21} 和 E_{22} 可作类似的解释.

例 5. 已知某种商品的需求量 Q_1 是该商品价格 p_1、另一相关商品价格 p_2 以及消费者收入 y 的函数:

$$Q_1=\frac{1}{200}p_1^{-\frac{3}{8}}p_2^{-\frac{2}{5}}y^{\frac{5}{2}},$$

求需求的直接价格偏弹性 E_{11},交叉价格偏弹性 E_{12},以及需求的收入偏弹性 E_{1y}.

解 由偏弹性定义式易知,对这种乘积形式的需求函数,求偏弹性时,先将需求函数两边同时取对数.将带来方便.将所给需求函数取对数,得

$$\ln Q_1=-\ln 200-\frac{3}{8}\ln p_1-\frac{2}{5}\ln p_2+\frac{5}{2}\ln y,$$

于是有

$$E_{11}=\frac{\partial(\ln Q_1)}{\partial(\ln p_1)}=-\frac{3}{8},$$

$$E_{12}=\frac{\partial(\ln Q_1)}{\partial(\ln p_2)}=-\frac{2}{5},$$

$$E_{1y}=\frac{\partial(\ln Q_1)}{\partial(\ln y)}=\frac{5}{2}.$$

二、全 微 分

多元函数偏导数只描述了某个自变量变化而其他自变量保持不变时的变化特征.为了研究所有自变量同时发生变化时,多元函数的变化特征,需引入全微分的概念.

为此,我们先考虑矩形面积随边长变化而变化的情况.设矩形的边长为 x 和 y,则其面积 S 为 x、y 的二元函数

$$S = xy$$

对应于边长的改变量 Δx、Δy,面积的改变量为

$$\begin{aligned}\Delta S &= (x+\Delta x)(y+\Delta y) - xy \\ &= y\Delta x + x\Delta y + \Delta x\Delta y.\end{aligned}$$

其中 $y\Delta x + x\Delta y$ 是自变量改变量 Δx、Δy 的线性表达式,称为 ΔS 的线性主部;余下部分 $\Delta x\Delta y$ 是比 $\rho = \sqrt{(\Delta x)^2 + (\Delta y)^2}$ 高阶的无穷小量.如图 8－10 所示.

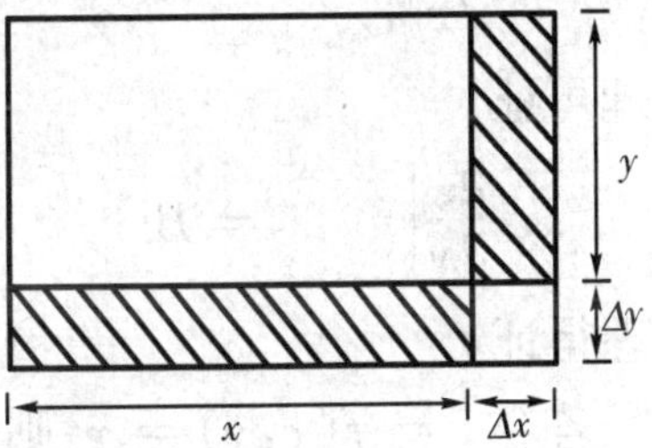

图 8－10

显然,当 Δx、Δy 很小时,面积改变量 ΔS 可用其线性主部近似地表示,即有

$$\Delta S \approx y\Delta x + x\Delta y.$$

这个例子启发我们,对一般的多元函数,当自变量发生变化时,可否用自变量改变量的线性主部近似表示函数的相应改变量呢?这就是全微分的思想.

定义 8.5　如果函数 $z = f(x,y)$ 在点 (x_0,y_0) 处的改变量 Δz 可表示为

$$\begin{aligned}\Delta z &= f(x_0+\Delta x, y_0+\Delta y) - f(x_0,y_0) \\ &= A\Delta x + B\Delta y + \alpha\rho,\end{aligned} \tag{8.5}$$

其中 $A = A(x_0,y_0)$、$B = B(x_0,y_0)$ 与 Δx、Δy 无关,$\rho = \sqrt{(\Delta x)^2 + (\Delta y)^2}$,$\alpha = \alpha(\rho)$ 为 $\rho \to 0$ 时的无穷小量,即有 $\lim\limits_{\rho\to 0}\alpha(\rho) = 0$.则称表达式(8.5)中的线性主部 $A\Delta x + B\Delta y$ 为函数 $z = f(x,y)$ 在点 (x_0,y_0) 处的**全微分**,记为 $\mathrm{d}z$,即

$$\mathrm{d}z = A\Delta x + B\Delta y \tag{8.6}$$

并称函数 $z = f(x,y)$ 在点 (x_0,y_0) 处**可微分**或**可微**.

关于多元函数的全微分、偏导数和连续性之间的关系,有以下三个基本定理.

定理 8.1　若函数 $z=f(x,y)$ 在点 (x_0,y_0) 处可微，则该函数在点 (x_0,y_0) 处的偏导数存在，且有

$$A=\left.\frac{\partial z}{\partial x}\right|_{(x_0,y_0)},\qquad B=\left.\frac{\partial z}{\partial y}\right|_{(x_0,y_0)},$$

于是，由(8.6)式有

$$dz=\frac{\partial z}{\partial x}\Delta x+\frac{\partial z}{\partial y}\Delta y. \tag{8.7}$$

证　由于函数 $z=f(x,y)$ 在点 (x_0,y_0) 处可微，故由定义可知

$$\Delta z=A\Delta x+B\Delta y+\alpha(\rho)\rho,$$

于是，令 $\Delta y=0$ 时，有

$$\frac{\Delta z}{\Delta x}=A+\alpha(|\Delta x|)\frac{|\Delta x|}{\Delta x}$$

令 $\Delta x\to 0$，由上式即得

$$\left.\frac{\partial z}{\partial x}\right|_{(x_0,y_0)}=A.$$

同理可证

$$\left.\frac{\partial z}{\partial y}\right|_{(x_0,y_0)}=B.$$

定理得证.

若令 $z=f(x,y)=x$，则 $dz=dx=\Delta x$，同理有 $dy=\Delta y$. 于是，(8.7)式可记为

$$dz=\frac{\partial z}{\partial x}dx+\frac{\partial z}{\partial y}dy. \tag{8.8}$$

定理 8.2　若函数 $z=f(x,y)$ 在点 (x_0,y_0) 处可微，则该函数在点 (x_0,y_0) 处连续.

证　因 $z=f(x,y)$ 在点 (x_0,y_0) 处可微，故由定义可知

$$\lim_{\substack{\Delta x\to 0\\ \Delta y\to 0}}\Delta z=\lim_{\substack{\Delta x\to 0\\ \Delta y\to 0}}[A\Delta x+B\Delta y+\alpha\rho]=0,$$

即有

$$\lim_{\substack{\Delta x\to 0\\ \Delta y\to 0}}f(x_0+\Delta x,y_0+\Delta y)=f(x_0,y_0).$$

故 $z=f(x,y)$ 在点 (x_0,y_0) 处连续. 定理得证.

定理 8.3　若函数 $z=f(x,y)$ 在点 (x_0,y_0) 的某邻域内偏导数存在且连续，则该函数在点 (x_0,y_0) 处可微.

***证**　设自变量的改变量为 Δx、Δy，函数的相应改变量 Δz 可表示为

$$\begin{aligned}\Delta z &= f(x_0+\Delta x, y_0+\Delta y)-f(x_0,y_0)\\ &=[f(x_0+\Delta x,y_0)-f(x_0,y_0)]\\ &\quad +[f(x_0+\Delta x,y_0+\Delta y)-f(x_0+\Delta x,y_0)],\end{aligned}$$

于是，由一元函数的微分中值定理有

$$\begin{aligned}\Delta z &= f'_x(x_0+\theta_1\Delta x,y_0)\Delta x\\ &\quad +f'_y(x_0+\Delta x,y_0+\theta_2\Delta y)\Delta y.\end{aligned}$$

其中 $0<\theta_1<1,\quad 0<\theta_2<1$，即有

$$\begin{aligned}\Delta z &= f'_x(x_0,y_0)\Delta x+f'_y(x_0,y_0)\Delta y\\ &\quad +[f'_x(x_0+\theta_1\Delta x,y_0)-f'_x(x_0,y_0)]\Delta x\\ &\quad +[f'_y(x_0+\Delta x,y_0+\theta_2\Delta y)-f'_y(x_0,y_0)]\Delta y\\ &= f'_x(x_0,y_0)\Delta x+f'_y(x_0,y_0)\Delta y+\alpha\rho.\end{aligned}$$

其中 $\alpha=\frac{1}{\rho}(\alpha_1\Delta x+\alpha_2\Delta y)$，而

$$\alpha_1=f'_x(x_0+\theta_1\Delta x,y_0)-f'_x(x_0,y_0),$$

$$\alpha_2=f'_y(x_0+\Delta x,y_0+\theta_2\Delta y)-f'_y(x_0,y_0).$$

因 $f'_x(x,y)$、$f'_y(x,y)$ 在点 (x_0,y_0) 连续，故当 $\rho=\sqrt{(\Delta x)^2+(\Delta y)^2}\to 0$ 时，有 $\alpha_1\to 0,\alpha_2\to 0$；又因

$$\frac{|\Delta x|}{\rho}\leqslant 1,\qquad \frac{|\Delta y|}{\rho}\leqslant 1,$$

从而有

$$\lim_{\rho\to 0}\alpha=\lim_{\rho\to 0}\frac{\alpha_1\Delta x+\alpha_2\Delta x}{\rho}=0.$$

于是，由定义可知，函数 $z=f(x,y)$ 在点 (x_0,y_0) 处可微. 定理得证.

由定理 8.1－8.3 可知，多元函数的可微、偏导数存在与连续之间，有如下的关系：

偏导数存在且连续 → 可微 ↗ 偏导数存在
　　　　　　　　　　　　↘ 连续

但反之不一定成立.

例 6. 求函数 $z=\arctan\frac{x}{y}$ 的全微分.

解 由

$$\frac{\partial z}{\partial x}=\frac{y}{x^2+y^2},\qquad \frac{\partial z}{\partial y}=-\frac{x}{x^2+y^2}$$

可得

$$dz=\frac{y}{x^2+y^2}dx-\frac{x}{x^2+y^2}dy=\frac{ydx-xdy}{x^2+y^2}.$$

对一般的 n 元函数 $y=f(x_1,x_2,\cdots,x_n)$，可与二元函数类似地定义全微分，并有类似的计算公式

$$dy=\sum_{i=1}^{n}\frac{\partial f}{\partial x_i}dx_i$$

例 7. 求三元函数 $u=xyz+e^{xyz}$ 的全微分.

解 由

$$\frac{\partial u}{\partial x}=yz+yze^{xyz}=yz(1+e^{xyz}),$$

$$\frac{\partial u}{\partial y}=xz+xze^{xyz}=xz(1+e^{xyz}),$$

$$\frac{\partial u}{\partial z}=xy+xye^{xyz}=xy(1+e^{xyz}),$$

可得

$$du=(1+e^{xyz})(yzdx+xzdy+xydz).$$

当自变量改变量的绝对值 $|\Delta x|$ 和 $|\Delta y|$ 充分小时，可利用全微分进行近似计算. 即在公式(8.5)中舍去高阶无穷小项 $\alpha\rho$，可得如下的近似公式：

$$f(x_0+\Delta x,y_0+\Delta y)\approx f(x_0,y_0)+f'_x(x_0,y_0)\Delta x+f'_y(x_0,y_0)\Delta y. \tag{8.9}$$

例 8. 计算 $(1.97)^{2.98}$ 的近似值.

解 设 $f(x,y)=x^y$，则问题变为求函数 $f(x,y)$ 在 $x=1.97$、$y=2.98$ 时的近似值，为此，取

$$x_0=2,\ \Delta x=-0.03;\ y_0=3,\ \Delta y=-0.02,$$

则由(8.9)式可得

$$\begin{aligned}(1.97)^{2.98}&\approx 2^3-3\times 2^2\times 0.03-(\ln 2)\times 2^3\times 0.02\\&\approx 8-0.36-0.11\quad(\text{取}\ln 2\approx 0.6931)\\&=7.53.\end{aligned}$$

例 9. 已知某工厂的产量 Q 为其投入的资金 K 和劳力 L 的可微函数：$Q=f(K,L)$，但函数 $f(K,L)$ 的具体形式不知道，只知道：

$$Q(20,64)=2500\quad(\text{产量})$$

$$Q'_K(20,64)=350\quad（资金的边际产出率）$$

$$Q'_L(20,64)=270\quad（劳力的边际产出率）$$

现在工厂准备扩大投入，使 $K=24, L=69$. 试计算扩大投入后，该厂产量及产量增量的近似值.

解 由近似公式(8.9)有

$$\Delta Q\approx Q'_K(K_0,L_0)\Delta K+Q'_L(K_0,L_0)\Delta L,$$

依题设有

$$K_0=20,\quad L_0=64$$

$$\Delta K=24-20=4,\quad \Delta L=69-64=5$$

$$Q'_K(K_0,L_0)=350,\quad Q'_L(K_0,L_0)=270$$

于是有

$$\Delta Q\approx 350\times 4+270\times 5=2750$$

$$Q(24,69)\approx Q(20,64)+\Delta Q=5250.$$

即扩大投入后的产量近似值为 5250 个单位，产量增量的近似值为 2750 个单位.

§ 8.4　多元复合函数微分法与隐函数微分法

一、多元复合函数微分法

先考虑最简单的情形.

设 $z=f(u,v)$ 是自变量 u 和 v 的二元函数，而 $u=\varphi(x), v=\psi(x)$ 是自变量 x 的一元函数，则

$$z=f[\varphi(x),\psi(x)] \tag{8.10}$$

是 x 的复合函数.

定理 8.4 设函数 $z=f(u,v)$ 可微，函数 $u=\varphi(x)$ 和 $v=\psi(x)$ 可导，则复合函数(8.10)对 x 可导，且有

$$\frac{\mathrm{d}z}{\mathrm{d}x}=\frac{\partial f}{\partial u}\varphi'(x)+\frac{\partial f}{\partial v}\psi'(x). \tag{8.11}$$

证 设对应于自变量改变量 Δx，中间变量 $u=\varphi(x)$ 和 $v=\psi(x)$ 的改变量分别为 Δu 和 Δv，进而函数 z 的改变量为 Δz，则因函数 $z=f(u,v)$ 可微，由定义有

$$\Delta z=\frac{\partial f}{\partial u}\Delta u+\frac{\partial f}{\partial v}\Delta v+\alpha(\rho)\rho. \tag{8.12}$$

其中$\rho=\sqrt{(\Delta u)^2+(\Delta v)^2}$，$\alpha(\rho)$为无穷小量($\rho\to 0$时). 将(8.12)式两端同除以$\Delta x$，得

$$\begin{aligned}\frac{\Delta z}{\Delta x}&=\frac{\partial f}{\partial u}\frac{\Delta u}{\Delta x}+\frac{\partial f}{\partial v}\frac{\Delta v}{\Delta x}+\alpha(\rho)\frac{\rho}{\Delta x}\\&=\frac{\partial f}{\partial u}\frac{\Delta u}{\Delta x}+\frac{\partial f}{\partial v}\frac{\Delta v}{\Delta x}+\alpha(\rho)\frac{|\Delta x|}{\Delta x}\sqrt{\left(\frac{\Delta u}{\Delta x}\right)^2+\left(\frac{\Delta v}{\Delta x}\right)^2}.\end{aligned} \tag{8.13}$$

因$u=\varphi(x)$、$v=\psi(x)$可导，故$\Delta x\to 0$时，$\rho\to 0$. 于是，在上式中令$\Delta x\to 0$，可得

$$\begin{aligned}\frac{\mathrm{d}z}{\mathrm{d}x}&=\frac{\partial f}{\partial u}\frac{\mathrm{d}u}{\mathrm{d}x}+\frac{\partial f}{\partial v}\frac{\mathrm{d}v}{\mathrm{d}x}\\&=\frac{\partial f}{\partial u}\varphi'(x)+\frac{\partial f}{\partial v}\psi'(x).\end{aligned}$$

定理得证.

特别地，若$z=f(u,v)$可微，且$u=x$，$v=\psi(x)$($\psi(x)$可导)，则复合函数$z=f[x,\psi(x)]$对x可导，且由(8.11)式有

$$\frac{\mathrm{d}z}{\mathrm{d}x}=\frac{\partial f}{\partial x}+\frac{\partial f}{\partial v}\psi'(x). \tag{8.14}$$

公式(8.11)可推广到更一般的情形. 设n元函数

$$z=f(u_1,u_2,\cdots,u_n)$$

可微，且一元函数

$$u_1=\varphi_1(x),u_2=\varphi_2(x),\cdots,u_n=\varphi_n(x)$$

对x皆可导，则复合函数

$$z=f[\varphi_1(x),\varphi_2(x),\cdots,\varphi_n(x)]$$

对x可导，且有

$$\frac{\mathrm{d}z}{\mathrm{d}x}=\sum_{i=1}^{n}\frac{\partial f}{\partial u_i}\varphi_i'(x). \tag{8.15}$$

例 1. 设$z=\mathrm{e}^{uv}$，$u=\sin x$，$v=\cos x$，求$\frac{\mathrm{d}z}{\mathrm{d}x}$.

解 将

$$\frac{\partial z}{\partial u}=v\mathrm{e}^{uv},\qquad \frac{\partial z}{\partial v}=u\mathrm{e}^{uv},$$

$$\frac{du}{dx}=\cos x,\qquad \frac{dv}{dx}=-\sin x,$$

代入(8.11)式,可得

$$\frac{dz}{dx}=(\cos^2 x-\sin^2 x)e^{\sin x\cos x}$$
$$=(\cos 2x)e^{\frac{1}{2}\sin 2x}.$$

例 2. 设 $z=\arctan(xy)$, $y=e^x$,求$\frac{dz}{dx}$.

解 将

$$\frac{\partial z}{\partial x}=\frac{y}{1+x^2y^2},\qquad \frac{\partial z}{\partial y}=\frac{x}{1+x^2y^2},\qquad \frac{dy}{dx}=e^x$$

代入(8.14)式,可得

$$\frac{dz}{dx}=\frac{y}{1+x^2y^2}+\frac{x}{1+x^2y^2}e^x=\frac{(1+x)e^x}{1+x^2e^{2x}}.$$

例 3. 设 $f(x,y)$ 为 k 次齐次函数且可微,验证公式:

$$x\frac{\partial f}{\partial x}+y\frac{\partial f}{\partial y}=kf(x,y).$$

通常称此公式为齐次函数的**欧拉**(*Euler*)公式.

证 设(x_0,y_0)是 $f(x,y)$ 定义域内任意取定的一点,由齐次函数定义,有

$$f(\lambda x_0,\lambda y_0)=\lambda^k f(x_0,y_0)$$

将上式两端看作 λ 的函数,对 λ 求导,并利用(8.11)式,可得

$$x_0 f'_x(\lambda x_0,\lambda y_0)+y_0 f'_y(\lambda x_0,\lambda y_0)=k\lambda^{k-1}f(x_0,y_0).$$

此式对任意非零 λ 皆成立,特别取 $\lambda=1$ 时,有

$$x_0 f'_x(x_0,y_0)+y_0 f'_y(x_0,y_0)=kf(x_0,y_0).$$

由(x_0,y_0)的任意性,可知

$$x\frac{\partial f}{\partial x}+y\frac{\partial f}{\partial y}=kf(x,y).$$

例如,函数 $z=x^n\varphi\left(\frac{y}{x}\right)$为 n 次齐次函数,故由欧拉公式有

$$x\frac{\partial z}{\partial x}+y\frac{\partial z}{\partial y}=nz.$$

此例不难用直接求$\frac{\partial z}{\partial x}$和$\frac{\partial z}{\partial y}$的方法验证之.

下面再考虑依赖多个自变量的复合函数.

设 $z=f(u,v),u=\varphi(x,y),v=\psi(x,y)$,则

$$z=f[\varphi(x,y),\psi(x,y)] \tag{8.16}$$

是自变量x和y的复合函数,若函数$z=f(u,v)$可微,$u=\varphi(x,y)$和$v=\psi(x,y)$的偏导数皆存在,则由公式(8.11)可得出计算复合函数(8.16)的偏导数$\dfrac{\partial z}{\partial x}$和$\dfrac{\partial z}{\partial y}$的公式如下:

$$\begin{cases}\dfrac{\partial z}{\partial x}=\dfrac{\partial f}{\partial u}\dfrac{\partial u}{\partial x}+\dfrac{\partial f}{\partial v}\dfrac{\partial v}{\partial x}, \\ \dfrac{\partial z}{\partial y}=\dfrac{\partial f}{\partial u}\dfrac{\partial u}{\partial y}+\dfrac{\partial f}{\partial v}\dfrac{\partial v}{\partial y}.\end{cases} \tag{8.17}$$

事实上,计算$\dfrac{\partial z}{\partial x}$时,只需将$y$视为常量,则$u=\varphi(x,y)$和$v=\psi(x,y)$为$x$的一元函数,从而函数(8.16)为$x$的二元复合函数.于是,将符号作适当变化后,利用公式(8.11)即可得(8.17)中的$\dfrac{\partial z}{\partial x}$.类似地,可得(8.17)中的$\dfrac{\partial z}{\partial y}$.

公式(8.17)就是依赖两个自变量的二元复合函数的求导公式,称为**链式规则**.

例 4. 设$z=[\sin(x-y)]e^{x+y}$,求$\dfrac{\partial z}{\partial x}$,$\dfrac{\partial z}{\partial y}$.

解 设$u=x+y$,$v=x-y$,则$z=e^u\sin v$.因

$$\frac{\partial z}{\partial u}=e^u\sin v,\ \frac{\partial z}{\partial v}=e^u\cos v,$$

$$\frac{\partial u}{\partial x}=1,\ \frac{\partial u}{\partial y}=1,\ \frac{\partial v}{\partial x}=1,\ \frac{\partial v}{\partial y}=-1,$$

故由链式规则,可得

$$\begin{aligned}\frac{\partial z}{\partial x}&=e^u\sin v\cdot 1+e^u\cos v\cdot 1\\&=[\sin(x-y)+\cos(x-y)]e^{x+y};\\ \frac{\partial z}{\partial y}&=e^u\sin v\cdot 1+e^u\cos v\cdot(-1)\\&=[\sin(x-y)-\cos(x-y)]e^{x+y}.\end{aligned}$$

例 5. 设$Q=f(x,xy,xyz)$,且f存在一阶连续偏导数.求函数Q的全部偏导数.

解　设 $u=x, v=xy, w=xyz$，则

$$Q=f(u,v,w),$$

于是

$$\frac{\partial Q}{\partial x}=\frac{\partial f}{\partial u}\frac{\mathrm{d}u}{\mathrm{d}x}+\frac{\partial f}{\partial v}\frac{\partial v}{\partial x}+\frac{\partial f}{\partial w}\frac{\partial w}{\partial x}=f'_1+yf'_2+yzf'_3;$$

$$\frac{\partial Q}{\partial y}=\frac{\partial f}{\partial u}\frac{\partial u}{\partial y}+\frac{\partial f}{\partial v}\frac{\partial v}{\partial y}+\frac{\partial f}{\partial w}\frac{\partial w}{\partial y}=xf'_2+xzf'_3;$$

$$\frac{\partial Q}{\partial z}=\frac{\partial f}{\partial u}\frac{\partial u}{\partial z}+\frac{\partial f}{\partial v}\frac{\partial v}{\partial z}+\frac{\partial f}{\partial w}\frac{\partial w}{\partial z}=xyf'_3.$$

在这个例子中，我们用 f'_1 表示函数 $f(u,v,w)$ 对第一个变量 u 的偏导数，即 $f'_1=\frac{\partial f}{\partial u}$；类似地记 $f'_2=\frac{\partial f}{\partial v}, f'_3=\frac{\partial f}{\partial w}$. 这种表示法不依赖于中间变量具体用什么符号表示，简洁而又含义清楚，是偏导数运算中常用的一种表示法，特别对一般的 n 元函数 $u=f(x_1,x_2,\cdots,x_n)$，记

$$f'_i=\frac{\partial f}{\partial x_i},\qquad i=1,2,\cdots,n$$

显然更方便.

例 6.　设 $z=xy+xF\left(\frac{y}{x}\right)$，其中 F 可微，试证：

$$x\frac{\partial z}{\partial x}+y\frac{\partial z}{\partial y}=xy+z.$$

证　设 $u=\frac{y}{x}$，则有

$$\frac{\partial z}{\partial x}=y+F(u)+xF'(u)\cdot\left(-\frac{y}{x^2}\right)$$

$$=y+F(u)-uF'(u);$$

$$\frac{\partial z}{\partial y}=x+xF'(u)\cdot\frac{1}{x}=x+F'(u).$$

于是有

$$x\frac{\partial z}{\partial x}+y\frac{\partial z}{\partial y}=x[y+F(u)-uF'(u)]+y[x+F'(u)]$$

$$=xy+xF\left(\frac{y}{x}\right)+xy$$

$$=xy+z.$$

多元函数的复合关系是多种多样的，我们不可能也没有必要将所有情形的求导公式都写下来．通过前面的讨论和例题，我们可归结出如下几点原则：(1) 首先应分清自变量与中间变量，以及它们之间的关系；(2) 求多元函数对某个自变量的偏导数时，应经过一切有关的中间变量，最后归结到自变量；(3) 一般地说，有几个中间变量，求导公式右端就应含有几项；有几次复合，每一项就有几个因子相乘．总之，多元复合函数的求导是灵活多样的，不应死套公式．

最后，利用多元复合函数求导公式，我们证明多元函数全微分的一个重要性质 —— **全微分形式的不变性**．

设函数 $z=f(x,y)$ 可微，当 x,y 为自变量时，有全微分公式

$$\mathrm{d}z=\frac{\partial z}{\partial x}\mathrm{d}x+\frac{\partial z}{\partial y}\mathrm{d}y,$$

当 $x=x(s,t)$，$y=y(s,t)$ 为可微函数时，对复合函数

$$z=f[x(s,t),y(s,t)]$$

仍有全微分公式：

$$\mathrm{d}z=\frac{\partial z}{\partial x}\mathrm{d}x+\frac{\partial z}{\partial y}\mathrm{d}y.$$

证 由链式规则有

$$\frac{\partial z}{\partial s}=\frac{\partial z}{\partial x}\frac{\partial x}{\partial s}+\frac{\partial z}{\partial y}\frac{\partial y}{\partial s},$$

$$\frac{\partial z}{\partial t}=\frac{\partial z}{\partial x}\frac{\partial x}{\partial t}+\frac{\partial z}{\partial y}\frac{\partial y}{\partial t},$$

于是，由全微分定义，有

$$\begin{aligned}\mathrm{d}z&=\frac{\partial z}{\partial s}\mathrm{d}s+\frac{\partial z}{\partial t}\mathrm{d}t\\&=\left(\frac{\partial z}{\partial x}\frac{\partial x}{\partial s}+\frac{\partial z}{\partial y}\frac{\partial y}{\partial s}\right)\mathrm{d}s+\left(\frac{\partial z}{\partial x}\frac{\partial x}{\partial t}+\frac{\partial z}{\partial y}\frac{\partial y}{\partial t}\right)\mathrm{d}t\\&=\frac{\partial z}{\partial x}\left(\frac{\partial x}{\partial s}\mathrm{d}s+\frac{\partial x}{\partial t}\mathrm{d}t\right)+\frac{\partial z}{\partial y}\left(\frac{\partial y}{\partial s}\mathrm{d}s+\frac{\partial y}{\partial t}\mathrm{d}t\right)\\&=\frac{\partial z}{\partial x}\mathrm{d}x+\frac{\partial z}{\partial y}\mathrm{d}y.\end{aligned}$$

全微分形式不变性表明，对于函数 $z=f(x,y)$，无论 x,y 是中间变量还是自变量，其全微分公式 $\mathrm{d}z=\frac{\partial z}{\partial x}\mathrm{d}x+\frac{\partial z}{\partial y}\mathrm{d}y$ 永远成立．

利用全微分形式不变性可直接计算复合函数的全微分和偏导数，而不必先找出中间变量. 例如，对例 5 中的函数 $Q = f(x, xy, xyz)$，由全微分形式不变性有

$$
\begin{aligned}
\mathrm{d}Q &= f_1'\mathrm{d}x + f_2'\mathrm{d}(xy) + f_3'\mathrm{d}(xyz) \\
&= f_1'\mathrm{d}x + f_2'(y\mathrm{d}x + x\mathrm{d}y) + f_3'(yz\mathrm{d}x + xz\mathrm{d}y + xy\mathrm{d}z) \\
&= (f_1' + yf_2' + yzf_3')\mathrm{d}x + (xf_2' + xzf_3')\mathrm{d}y + xyf_3'\mathrm{d}z,
\end{aligned}
$$

于是有

$$\frac{\partial Q}{\partial x} = f_1' + yf_2' + yzf_3';$$

$$\frac{\partial Q}{\partial y} = xf_2' + xzf_3';$$

$$\frac{\partial Q}{\partial z} = xyf_3'.$$

这与例 5 的结果一样.

二、隐函数微分法

一般地说，能用 $y = f(x)$，$z = f(x, y)$ 等形式给出的函数，称为显函数；而以方程 $F(x, y) = 0$，$F(x, y, z) = 0$ 等形式表达，由它们分别确定的函数 $y = f(x)$，$z = f(x, y)$ 称为隐函数.

设方程 $F(x, y) = 0$ 确定隐函数 $y = f(x)$，且函数 $F(x, y)$ 存在连续偏导数，则当 $\frac{\partial F}{\partial y} \neq 0$ 时，有隐函数求导公式：

$$\frac{\mathrm{d}y}{\mathrm{d}x} = -\frac{F_x'}{F_y'} = -\left(\frac{\partial F}{\partial x}\right)\Big/\left(\frac{\partial F}{\partial y}\right). \tag{8.18}$$

证 因 $y = f(x)$ 是由 $F(x, y) = 0$ 确定的隐函数，故有恒等式

$$f[x, f(x)] = 0.$$

在此等式两边同时对 x 求导，并利用公式(8.11)，可得

$$\frac{\partial F}{\partial x} + \frac{\partial F}{\partial y}\frac{\mathrm{d}y}{\mathrm{d}x} = 0.$$

于是，当 $\frac{\partial F}{\partial y} \neq 0$ 时，有

$$\frac{\mathrm{d}y}{\mathrm{d}x} = -\left(\frac{\partial F}{\partial x}\right)\Big/\left(\frac{\partial F}{\partial y}\right).$$

例 7. 求由方程 $\sin y+\mathrm{e}^x-xy^2=0$ 所确定的隐函数 $y=y(x)$ 的导数$\frac{\mathrm{d}y}{\mathrm{d}x}$.

解 设 $F(x,y)=\sin y+\mathrm{e}^x-xy^2$,则有

$$\frac{\partial F}{\partial x}=\mathrm{e}^x-y^2,\quad \frac{\partial F}{\partial y}=\cos y-2xy,$$

于是,由(8.18)式,可得

$$\frac{\mathrm{d}y}{\mathrm{d}x}=\frac{y^2-\mathrm{e}^x}{\cos y-2xy}.$$

类似地,对于由方程 $F(x,y,z)=0$ 所确定的二元隐函数 $z=f(x,y)$,若函数 $F(x,y,z)$ 存在连续偏导数,且$\frac{\partial F}{\partial z}\neq 0$,则有偏导数公式:

$$\begin{cases}\frac{\partial z}{\partial x}=-\left(\frac{\partial F}{\partial x}\right)\Big/\left(\frac{\partial F}{\partial z}\right)\\ \frac{\partial z}{\partial y}=-\left(\frac{\partial F}{\partial y}\right)\Big/\left(\frac{\partial F}{\partial z}\right).\end{cases}\tag{8.19}$$

例 8. 设函数 $z=f(x,y)$ 由方程 $\sin z=xyz$ 确定,求$\frac{\partial z}{\partial x}$、$\frac{\partial z}{\partial y}$.

解Ⅰ. 设 $F(x,y,z)=\sin z-xyz$,则有

$$\frac{\partial F}{\partial x}=-yz,\quad \frac{\partial F}{\partial y}=-xz,\quad \frac{\partial F}{\partial z}=\cos z-xy,$$

于是,由(8.19)式,可得

$$\frac{\partial z}{\partial x}=\frac{yz}{\cos z-xy},\quad \frac{\partial z}{\partial y}=\frac{xz}{\cos z-xy}.$$

解Ⅱ. 对方程 $\sin z=xyz$ 两边直接求导. 对 x 求偏导,有

$$\cos z\cdot\frac{\partial z}{\partial x}=yz+xy\,\frac{\partial z}{\partial x},$$

解出$\frac{\partial z}{\partial x}$,得

$$\frac{\partial z}{\partial x}=\frac{yz}{\cos z-xy}.$$

同理可得

$$\frac{\partial z}{\partial y}=\frac{xz}{\cos z-xy}.$$

解Ⅲ. 设 $F(x,y,z)=\sin z-xyz=0$,则有

$$dF = \cos z dz - xy dz - yz dx - xz dy = 0,$$

视 z 为 x、y 的函数，则有

$$dz = \frac{yz}{\cos z - xy} dx + \frac{xz}{\cos z - xy} dy,$$

于是，由全微分公式，可得

$$\frac{\partial z}{\partial x} = \frac{yz}{\cos z - xy}, \quad \frac{\partial z}{\partial y} = \frac{xz}{\cos z - xy}.$$

隐函数的情况也是多种多样的，例如由方程组确定的一元或多元隐函数，其求导方法可按上面讨论的基本思想类似地进行.

§ 8.5　高阶偏导数

一、高阶偏导数

与一元函数高阶导数类似地可定义多元函数的高阶偏导数.

设 $z = f(x, y)$ 为定义在区域 D 上的二元函数. 则该函数在 D 上的偏导数 $\frac{\partial z}{\partial x}$、$\frac{\partial z}{\partial y}$ 仍为自变量 x、y 的二元函数. 如果 $\frac{\partial z}{\partial x}$ 和 $\frac{\partial z}{\partial y}$ 对 x 和 y 的偏导数存在，则称 $\frac{\partial z}{\partial x}$ 和 $\frac{\partial z}{\partial y}$ 对 x 和 y 的偏导数为函数 $z = f(x, y)$ 对 x、y 的二阶偏导数. 显然，二阶偏导数共有四个，分述如下：

$$\frac{\partial}{\partial x}\left(\frac{\partial z}{\partial x}\right) = \frac{\partial^2 z}{\partial x^2} = \frac{\partial^2 f}{\partial x^2} = f''_{xx} = f''_{11},$$

$$\frac{\partial}{\partial y}\left(\frac{\partial z}{\partial x}\right) = \frac{\partial^2 z}{\partial x \partial y} = \frac{\partial^2 f}{\partial x \partial y} = f''_{xy} = f''_{12},$$

$$\frac{\partial}{\partial x}\left(\frac{\partial z}{\partial y}\right) = \frac{\partial^2 z}{\partial y \partial x} = \frac{\partial^2 f}{\partial y \partial x} = f''_{yx} = f''_{21},$$

$$\frac{\partial}{\partial y}\left(\frac{\partial z}{\partial y}\right) = \frac{\partial^2 z}{\partial y^2} = \frac{\partial^2 f}{\partial y^2} = f''_{yy} = f''_{22}.$$

（第一个等式中，符号 $\frac{\partial}{\partial x}\left(\frac{\partial z}{\partial x}\right)$ 表示对偏导函数 $\frac{\partial z}{\partial x}$ 求关于 x 的偏导数，其结果

表示为$\frac{\partial^2 z}{\partial x^2}$,也常表示为$\frac{\partial^2 f}{\partial x^2}$,$f''_{xx}$ 或 f''_{11}. 其他等式意义相同). 其中 f''_{xx} 和 f''_{yy} 分别称为 $z=f(x,y)$ 对 x 和对 y 的二阶偏导数,f''_{xy} 和 f''_{yx} 称为 $z=f(x,y)$ 对 x 和 y 的二阶混合偏导数.

同样,可定义三阶、四阶 … 偏导数. 二阶和二阶以上的偏导数统称为高阶偏导数.

例 1. 求函数 $z=x^3y^2-x^2y^3+xy$ 的二阶偏导数.

解 因为

$$\frac{\partial z}{\partial x}=3x^2y^2-2xy^3+y,$$

$$\frac{\partial z}{\partial y}=2x^3y-3x^2y^2+x,$$

所以有

$$\frac{\partial^2 z}{\partial x^2}=6xy^2-2y^3,\qquad \frac{\partial^2 z}{\partial x\partial y}=6x^2y-6xy^2+1,$$

$$\frac{\partial^2 z}{\partial y\partial x}=6x^2y-6xy^2+1,\qquad \frac{\partial^2 z}{\partial y^2}=2x^3-6x^2y.$$

例 2. 求函数 $z=\arctan\frac{y}{x}$ 的二阶偏导数.

解 因为

$$\frac{\partial z}{\partial x}=-\frac{y}{x^2+y^2},\qquad \frac{\partial z}{\partial y}=\frac{x}{x^2+y^2}$$

所以有

$$\frac{\partial^2 z}{\partial x^2}=\frac{2xy}{(x^2+y^2)^2},\qquad \frac{\partial^2 z}{\partial x\partial y}=\frac{y^2-x^2}{(x^2+y^2)^2},$$

$$\frac{\partial^2 z}{\partial y\partial x}=\frac{y^2-x^2}{(x^2+y^2)^2},\qquad \frac{\partial^2 z}{\partial y^2}=-\frac{2xy}{(x^2+y^2)^2}.$$

上面两例中,均有$\frac{\partial^2 z}{\partial x\partial y}=\frac{\partial^2 z}{\partial y\partial x}$,即二阶混合偏导数与运算次序(即先对 x 后对 y 或先对 y 后对 x)无关. 事实上,可以证明,当二阶混合偏导数 f''_{xy} 和 f''_{yx} 均连续时,必有 $f''_{xy}=f''_{yx}$. 此结论对更高阶的混合偏导数也成立.

例 3. 设函数 $z=f(x,y)$ 由方程 $xy+yz+zx=1$ 所确定，求$\dfrac{\partial^2 z}{\partial x\partial y}$.

解 令 $F(x,y,z)=xy+yz+zx-1$，则由隐函数求偏导公式(8.19)，可得

$$\frac{\partial z}{\partial x}=-\frac{\partial F}{\partial x}\Big/\frac{\partial F}{\partial z}=-\frac{y+z}{x+y};$$

$$\frac{\partial z}{\partial y}=-\frac{\partial F}{\partial y}\Big/\frac{\partial F}{\partial z}=-\frac{x+z}{x+y}.$$

于是

$$\frac{\partial^2 z}{\partial x\partial y}=\frac{\partial}{\partial y}\left(-\frac{y+z}{x+y}\right)$$

$$=-\frac{x-z+(x+y)\dfrac{\partial z}{\partial y}}{(x+y)^2}.$$

将$\dfrac{\partial z}{\partial y}$代入上式，可得

$$\frac{\partial^2 z}{\partial x\partial y}=\frac{2z}{(x+y)^2}.$$

此例也可由方程 $xy+yz+zx=1$ 解出 z，然后再求$\dfrac{\partial^2 z}{\partial x\partial y}$.

*二、二元函数的泰勒公式

§8.3曾介绍过利用全微分进行近似计算，其实质是以多变量的一次多项式逼近待求的函数值，这种逼近的精度是不高的，要想提高逼近精度，需像一元函数那样，以多变量的二次多项式甚至更高次多项式逼近待求的函数值，这就需要多元函数的泰勒公式.

下面介绍二元函数 $f(x、y)$ 在点$(x_0、y_0)$处的泰勒公式.

设函数 $z=f(x、y)$ 在点$(x_0、y_0)$的某邻域内有 $n+1$ 阶连续偏导数. 则二元函数 $z=f(x,y)$ 在邻域内任意一点$(x_0+\Delta x,y_0+\Delta y)$处的函数值都可表示为

$$f(x_0+\Delta x,y_0+\Delta y)$$

$$=f(x_0,y_0)+\left(\Delta x\frac{\partial}{\partial x}+\Delta y\frac{\partial}{\partial y}\right)f(x_0,y_0)$$

$$+\frac{1}{2!}\left(\Delta x\frac{\partial}{\partial x}+\Delta y\frac{\partial}{\partial y}\right)^2 f(x_0,y_0)+\cdots$$

$$+\frac{1}{n!}\left(\Delta x\frac{\partial}{\partial x}+\Delta y\frac{\partial}{\partial y}\right)^n f(x_0,y_0)+R_n(\theta) \qquad (8.20)$$

其中拉格朗日余项 ( )

$$R_n(\theta)=\frac{1}{(n+1)!}\left(\Delta x\frac{\partial}{\partial x}+\Delta y\frac{\partial}{\partial y}\right)^{n+1} f(x_0+\theta\Delta x,y_0+\theta\Delta y),\quad 0<\theta<1.$$

为了表达简洁起见，(8.20) 式中用了一些压缩性形式符号，例如，

$$\left(\Delta x\frac{\partial}{\partial x}+\Delta y\frac{\partial}{\partial y}\right)f(x_0,y_0)=\frac{\partial}{\partial x}f(x_0,y_0)\Delta x+\frac{\partial}{\partial y}f(x_0,y_0)\Delta y,$$

$$\left(\Delta x\frac{\partial}{\partial x}+\Delta y\frac{\partial}{\partial y}\right)^2 f(x_0,y_0)$$

$$=\frac{\partial^2}{\partial x^2}f(x_0,y_0)(\Delta x)^2+2\frac{\partial^2}{\partial x\partial y}f(x_0,y_0)(\Delta x)(\Delta y)+\frac{\partial^2}{\partial y^2}f(x_0,y_0)(\Delta y)^2,$$

如此类推，等式左端是形式符号，其意义列在等式右端，其中$\frac{\partial^2}{\partial x^2}f(x_0,y_0)$ 表示的是二元函数 $f(x,y)$ 在点(x_0,y_0) 处的二阶偏导数$\frac{\partial^2 f}{\partial x^2}$ 的值，其他符号意义类似.

公式(8.20) 称为二元函数 $f(x,y)$ 在点(x_0,y_0) 处具有拉格朗日余项的 n 阶泰勒公式.

证明从略.

不难看出，全微分近似公式(8.9) 是泰勒公式(8.20) 当 $n=1$ 时的线性主部.

例 4. 将函数 $f(x,y)=e^x\cos y$ 在点(0,0) 的邻域内展开成具拉格朗日余项的泰勒公式，取 $n=2$.

解 依题设有

$$\begin{aligned}
&f(0,0)=1 \\
&f'_x(x,y)=e^x\cos y, && f'_x(0,0)=1 \\
&f'_y(x,y)=-e^x\sin y, && f'_y(0,0)=0 \\
&f''_{xx}=e^x\cos y, && f''_{xx}(0,0)=1 \\
&f''_{xy}=f''_{yx}=-e^x\sin y, && f''_{xy}(0,0)=0 \\
&f''_{yy}=-e^x\cos y, && f''_{yy}(0,0)=-1
\end{aligned}$$

$$f_{xxx}^{(3)} = e^x \cos y, \qquad f_{x^2y}^{(3)} = -e^x \sin y$$

$$f_{xy^2}^{(3)} = -e^x \cos y, \qquad f_{yyy}^{(3)} = e^x \sin y$$

于是,在(8.20)式中令 $n=2, x_0=y_0=0, \Delta x = x, \Delta y = y$,可得

$$e^x \cos y = 1 + x + \frac{1}{2!}(x^2 - y^2) + R_2(\theta),$$

其中

$$R_2(\theta) = \frac{1}{6}[(x^3 - 3xy^2)\cos(\theta y) + (y^3 - 3x^2 y)\sin(\theta y)]e^{\theta x}, \quad 0 < \theta < 1.$$

例 5. 近似计算$(1.97)^{2.98}$.

解 设 $f(x,y) = x^y$,并令

$$x_0 = 2,\ \Delta x = -0.03;\ y_0 = 3,\ \Delta y = -0.02.$$

在§8.3的例8中,已用全微分近似公式求得

$$(1.97)^{2.98} \approx 7.53,$$

现用泰勒公式(取 $n=2$,并舍去余项),由

$$f(2,3) = 2^3 = 8$$

$$f_x' = yx^{y-1}, \qquad f_x'(2,3) = 12$$

$$f_y' = x^y \ln x, \qquad f_y'(2,3) = 8\ln 2$$

$$f_{xx}'' = y(y-1)x^{y-2}, \qquad f_{xx}''(2,3) = 12$$

$$f_{xy}'' = x^{y-1} + yx^{y-1}\ln x, \qquad f_{xy}''(2,3) = 4 + 12\ln 2$$

$$f_{yy}'' = x^y \ln^2 x, \qquad f_{yy}''(2,3) = 12\ln^2 2$$

可得

$$(1.97)^{2.98} \approx 8 - 12 \times 0.03 - 8\ln 2 \times 0.02 + \frac{1}{2}[12 \times 0.03^2 + 2 \times (4 + 12\ln 2) \times 0.03 \times 0.02 + 12\ln^2 2 \times 0.02^2]$$

$$\approx 7.543 \qquad (\text{取} \ln 2 \approx 0.6931).$$

经查表有$(1.97)^{2.98}\approx 7.5423964$. 可见用$n=2$的泰勒公式计算比用全微分公式计算,精度高得多.

§8.6 多元函数的极值与最值

一、多元函数的极值与最值

多元函数极值与一元函数极值的定义是类似的,但多元函数极值的判别方法却复杂得多.本节介绍二元函数极值的定义及判别方法,一般的n元函数极值可类似地讨论.

定义 8.6 设函数$z=f(x,y)$在点(x_0,y_0)的某邻域内有定义.如果对该邻域内异于(x_0,y_0)的点(x,y),恒有不等式

$$f(x_0,y_0)>f(x,y)\quad(\text{或 } f(x_0,y_0)<f(x,y))$$

成立,则称函数$f(x,y)$在点(x_0,y_0)处取得**极大值(或极小值)** $f(x_0,y_0)$,并称(x_0,y_0)为$f(x,y)$的**极大值点(或极小值点)**.函数$f(x,y)$的极大值与极小值统称为**极值**,极大值点与极小值点统称为**极值点**.

注意:与一元函数极值类似地,二元函数极值也是一个局部性的概念.

例如,函数$z=f(x,y)=x^2+2y^2$在点$(0,0)$处取极小值,这是因为对任何$(x,y)\neq(0,0)$,恒有

$$f(0,0)=0<x^2+2y^2=f(x,y)$$

成立;函数$z=f(x,y)=-\sqrt{x^2+y^2}$在点$(0,0)$处取极大值,这是因为对任何$(x,y)\neq(0,0)$,恒有

$$f(0,0)=0>-\sqrt{x^2+y^2}=f(x,y)$$

成立;而函数$z=xy$在点$(0,0)$处既不取极大值也不取极小值,因为$f(0,0)=0$,而在点$(0,0)$的任何邻域内,$z=xy$既可取正值也可取负值.

定理 8.5 (极值存在的必要条件) 设函数$z=f(x,y)$在点(x_0,y_0)处一阶偏导数存在,且(x_0,y_0)为该函数的极值点,则必有

$$f'_x(x_0,y_0)=0,\qquad f'_y(x_0,y_0)=0.$$

证 不妨设$z=f(x,y)$在点(x_0,y_0)处取极大值,依定义,对点(x_0,y_0)某

邻域内异于(x_0,y_0)的任何点(x,y)，恒有

$$f(x,y)\leqslant f(x_0,y_0).$$

特别对该邻域内的点$(x,y_0)\neq(x_0,y_0)$，有

$$f(x,y_0)\leqslant f(x_0,y_0).$$

这表明，一元函数$f(x,y_0)$在点$x=x_0$处取极大值，由一元函数取极值的必要条件，可知

$$f'_x(x_0,y_0)=0.$$

类似地可证

$$f'_y(x_0,y_0)=0.$$

定理得证.

注意：极值点有可能是一阶偏导数等于零的点，也有可能是一阶偏导数不存在的点. 例如上面提到的函数$z=-\sqrt{x^2+y^2}$，在点$(0,0)$处取极大值，但该函数在点$(0,0)$处的一阶偏导数不存在. 另一方面，一阶偏导数等于零的点，也有可能不是极值点. 例如上面提到的函数$z=xy$，点$(0,0)$不是极值点，但显然有$z'_x\big|_{(0,0)}=z'_y\big|_{(0,0)}=0$.

通常，称一阶偏导数等于零的点为二元函数$z=f(x,y)$的**驻点**. 由定理8.5和上面的讨论可知，函数$z=f(x,y)$的极值点可在驻点和一阶偏导数不存在的点中选取.

那么，如何判定一个驻点是否为极值点？我们有如下的充分性定理.

定理 8.6 （判定极值的充分条件）设函数$z=f(x,y)$在**驻点**(x_0,y_0)的某邻域内存在二阶连续偏导数，记

$$A=f''_{xx}(x_0,y_0),\ B=f''_{xy}(x_0,y_0),\ C=f''_{yy}(x_0,y_0).$$

(1) 若$B^2-AC<0$，则$f(x_0,y_0)$为极值. $A>0$时$f(x_0,y_0)$为极小值；$A<0$时$f(x_0,y_0)$为极大值.

(2) 若$B^2-AC>0$，则$f(x_0,y_0)$不是极值.

(3) 若$B^2-AC=0$，则需进一步讨论，才能确定$f(x_0,y_0)$是否为极值.

***证**　设$(x_0+\Delta x,y_0+\Delta y)$为定理中所述邻域内不同于驻点$(x_0,y_0)$的任意一点，由二元函数的泰勒公式有

$$\begin{aligned}\Delta z&=f(x_0+\Delta x,y_0+\Delta y)-f(x_0,y_0)\\&=f'_x(x_0,y_0)\Delta x+f'_y(x_0,y_0)\Delta y\end{aligned}$$

$$+\frac{1}{2}[f''_{xx}(x_0+\theta\Delta x,y_0+\theta\Delta y)(\Delta x)^2$$
$$+2f''_{xy}(x_0+\theta\Delta x,y_0+\theta\Delta y)\Delta x\Delta y$$
$$+f''_{yy}(x_0+\theta\Delta x,y_0+\theta\Delta y)(\Delta y)^2],\quad 0<\theta<1.$$

因 f''_{xx}、f''_{xy} 和 f''_{yy} 在点 (x_0,y_0) 连续,故有

$$f''_{xx}(x_0+\theta\Delta x,y_0+\theta\Delta y)=A+\alpha_1,$$
$$f''_{xy}(x_0+\theta\Delta x,y_0+\theta\Delta y)=B+\alpha_2,$$
$$f''_{yy}(x_0+\theta\Delta x,y_0+\theta\Delta y)=C+\alpha_3,$$

其中 α_1,α_2 和 α_3 均为无穷小量($\rho=\sqrt{(\Delta x)^2+(\Delta y)^2}\to 0$ 时). 又由于点 (x_0,y_0) 为驻点,有

$$f'_x(x_0,y_0)=f'_y(x_0,y_0)=0.$$

于是有

$$\Delta z=f(x_0+\Delta x,y_0+\Delta y)-f(x_0,y_0)$$
$$=\frac{1}{2}[A(\Delta x)^2+2B\Delta x\Delta y+C(\Delta y)^2]$$
$$+\frac{1}{2}[\alpha_1(\Delta x)^2+2\alpha_2\Delta x\Delta y+\alpha_3(\Delta y)^2].$$

由上式可以看出,由于 Δx 和 Δy 不同时为零,当 $|\Delta x|$ 和 $|\Delta y|$ 充分小时,函数改变量 Δz 的符号完全取决于 Δx 和 Δy 的二次多项式:

$$P=A(\Delta x)^2+2B\Delta x\Delta y+C(\Delta y)^2.$$

即 Δz 与 P 同号. 于是有

(1) 若 $B^2-AC<0$,此时 A 与 C 同为正数或负数. 由于 $(B^2-AC)(\Delta y)^2\leqslant 0$,则

$$P=\frac{1}{A}[(A\Delta x+B\Delta y)^2-(B^2-AC)(\Delta y)^2]\neq 0,$$

P 与 A 同号. 于是当 $A>0$ 时恒有 $\Delta z>0$,即

$$f(x_0+\Delta x,y_0+\Delta y)>f(x_0,y_0).$$

此时 $f(x_0,y_0)$ 为 $f(x,y)$ 的极小值;当 $A<0$ 时恒有 $\Delta z<0$,即

$$f(x_0+\Delta x,y_0+\Delta y)<f(x_0,y_0).$$

此时 $f(x_0,y_0)$ 为 $f(x,y)$ 的极大值. (1) 得证.

(2) 若 $B^2-AC>0$,则可分以下两种情形讨论.

① 设 $A=C=0$,且 $B\neq 0$. 此时

$$P = 2B\Delta x\Delta y$$

如取 $\Delta x = \Delta y \neq 0$. 则 Δz(随 P) 与 B 同号；如取 $\Delta x = -\Delta y \neq 0$,则 Δz(随 P) 与 B 异号. 这说明 $f(x_0, y_0)$ 不是极值.

② 设 A 与 C 至少有一个不为零. 不妨设 $A \neq 0$. 如取 $\Delta x \neq 0$ 且 $\Delta y = 0$,则

$$P = A(\Delta x)^2$$

此时 Δz(随 P) 与 A 同号；如取 $\Delta y \neq 0$,且 $\Delta x = -\frac{B}{A}\Delta y$,则

$$\begin{aligned} P &= A\left(-\frac{B}{A}\Delta y\right)^2 + 2B\left(-\frac{B}{A}\Delta y\right)\Delta y + C(\Delta y)^2 \\ &= -\frac{(\Delta y)^2}{A}(B^2 - AC), \end{aligned}$$

此时 Δz(随 P) 与 A 异号. 这说明 $f(x_0, y_0)$ 不是极值. (2) 得证.

(3) 若 $B^2 - AC = 0$. 先看下列三个函数：

$$f(x,y) = xy, \qquad g(x,y) = x^4 + y^4, \qquad h(x,y) = -x^4 - y^4.$$

容易验证：点 $(0,0)$ 为它们的驻点；$f(0,0)$ 不是极值, $g(0,0)$ 是极小值, $h(0,0)$ 为极大值；同时它们都在点 $(0,0)$ 处满足 $B^2 - AC = 0$. 由此可见,无一般结论. 需具体问题具体分析. (3) 得证. 定理得证.

例 1. 求函数 $z = (2ax - x^2)(2by - y^2)$ 的极值,其中 a, b 为非零常数.

解 由极值必要条件

$$z'_x = 2(a - x)(2by - y^2) = 0,$$

$$z'_y = 2(2ax - x^2)(b - y) = 0,$$

可解得驻点为 (a,b), $(0,0)$ $(0,2b)$, $(2a,0)$, $(2a,2b)$. 因为

$$z''_{xx} = -2(2by - y^2),$$

$$z''_{xy} = 4(a - x)(b - y),$$

$$z''_{yy} = -2(2ax - x^2),$$

对驻点 (a,b),有

$$A = -2b^2 < 0,\ B = 0,\ C = -2a^2 < 0,$$

$$B^2 - AC = -4a^2b^2 < 0.$$

故由定理 8.6 知,点 (a,b) 为极大值点,极大值为 $z(a,b) = a^2b^2$.

对驻点 $(0,0)$ 有

$$A = C = 0,\ B = 4ab,\ B^2 - AC = 16a^2b^2 > 0,$$

故点(0,0)不是极值点.

类似地可以验证，点$(0,2b)$、$(2a,0)$、$(2a,2b)$都不是极值点.

设函数$z=f(x,y)$是定义在区域D上的二元连续函数，点$(x_0,y_0)\in D$. 如果对任意的$(x,y)\in D$，不等式

$$f(x_0,y_0)\leqslant f(x,y)\quad (\text{或 } f(x_0,y_0)\geqslant f(x,y))$$

恒成立，则称$f(x_0,y_0)$为函数$f(x,y)$在区域D上的**最小值**(或**最大值**)，(x_0,y_0)为$f(x,y)$在D上的**最小值点**(或**最大值点**). 最大值与最小值统称为**最值**，最大值点与最小值点统称为**最值点**.

对于定义在有界闭区域D上的二元连续函数，只要求出函数在D内的全部极值点，再将函数的极值与函数在D的边界上的值相比较，就可确定函数在区域D的最值.

例 2. 某企业生产两种商品的产量分别为x单位和y单位，利润函数为

$$L=64x-2x^2+4xy-4y^2+32y-14,$$

求最大利润.

解 由极值必要条件

$$\begin{cases}L'_x=64-4x+4y=0\\ L'_y=32-8y+4x=0,\end{cases}$$

解得唯一驻点$x_0=40$，$y_0=24$. 由

$$L''_{xx}=-4,\ A=-4<0,$$
$$L''_{xy}=4,\ B=4,$$
$$L''_{yy}=-8,\ C=-8<0,$$
$$B^2-AC=-16<0,$$

可知，点(40,24)为极大值点，亦即最大值点. 最大值为

$$L(40,24)=1650.$$

即，该企业生产的两种产品的产量分别为40单位和24单位时，利润最大，最大利润为1650单位.

在求解实际问题的最值时，如果从问题的实际意义知道所求函数的最值存在，且只有一个驻点，则该驻点就是所求函数的最值点，可以不再判别.

例 3. 已知某产品的需求函数为

$$Q=200000p^{-1.5}x^{0.1}y^{0.3}.$$

其中Q为需求量，p为价格，x为广告费用，y为推销费用，如果生产企业的可变成本为每件产品25元，固定成本(不含广告和推销费用)为8000元.求最佳经营时的价格、广告费和推销费.

解 生产Q件产品的收入为$R = pQ$，总成本为$C = 8000 + 25Q + x + y$，故利润函数为

$$\begin{aligned} L = R - C &= pQ - (8000 + 25Q + x + y) \\ &= (p - 25)Q - x - y - 8000 \\ &= 200000(p - 25)p^{-1.5}x^{0.1}y^{0.3} - x - y - 8000 \end{aligned}$$

最佳经营时应使总利润取最大值.由极值必要条件

$$L'_p = 100000p^{-2.5}x^{0.1}y^{0.3}(75 - p) = 0,$$
$$L'_x = 20000(p - 25)p^{-1.5}x^{-0.9}y^{0.3} - 1 = 0,$$
$$L'_y = 60000(p - 25)p^{-1.5}x^{0.1}y^{-0.7} - 1 = 0,$$

由$L'_p = 0$解得$p_0 = 75$，由$L'_x = 0$和$L_y{}' = 0$有

$$y = 3x.$$

将$p_0 = 75$和$y = 3x$代入$L'_x = 0$，可得

$$x^{0.6} = 50 \times 20000 \times 75^{-1.5} \times 3^{0.3} \approx 2140.64.$$

由此可得$x_0 \approx 355554$(元)，$y_0 = 3x_0 \approx 1066662$(元).

最佳经营时的产量为

$$\begin{aligned} Q_0 &= 200000{p_0}^{-1.5}{x_0}^{0.1}{y_0}^{0.3} \\ &\approx 200000 \times 75^{-1.5} \times 355554^{0.1} \times 1066662^{0.3} \\ &\approx 71111(\text{件}). \end{aligned}$$

此时企业获得的最大利润为

$$\begin{aligned} L(p_0, x_0, y_0) &= (p_0 - 25)Q_0 - x_0 - y_0 - 8000 \\ &\approx 2053333(\text{元}). \end{aligned}$$

二、条件极值

上面讨论的极值问题，自变量在定义域内可以任意取值，未受任何限制，通常称为**无条件极值**.在实际问题中，求极值或最值时，对自变量的取值往往要附加一定的约束条件，这类附有约束条件的极值，称为**条件极值**.条件极值问题的约束条件分为等式约束条件和不等式约束条件两类.我们这里仅讨论等式约束

条件下的条件极值问题.

考虑函数 $z=f(x,y)$ 在满足约束条件 $\varphi(x,y)=0$ 时的条件极值问题,其中 $f(x,y)$ 和 $\varphi(x,y)$ 在所求极值点 (x_0,y_0) 的某邻域内具有连续的一阶偏导数. 求解这一条件极值问题的常用方法是**拉格朗日乘数法**,其基本思想是设法将条件极值问题化为无条件极值问题. 拉格朗日乘数法的具体求解步骤如下:

(1) 构造辅助函数(称为**拉格朗日函数**)

$$F=F(x,y,\lambda)=f(x,y)+\lambda\varphi(x,y)$$

其中 λ 为待定常数,称为**拉格朗日乘数**. 将原条件极值问题化为求三元函数 $F(x,y,\lambda)$ 的无条件极值问题.

(2) 由无条件极值问题的极值必要条件,有

$$F'_x=f'_x+\lambda\varphi'_x=0,$$
$$F'_y=f'_y+\lambda\varphi'_y=0,$$
$$F'_\lambda=\varphi(x,y)=0.$$

联立求解这三个方程,解出可能的极值点 (x,y) 和乘数 λ.

(3) 判别求出的 (x,y) 是否为极值点. 通常由实际问题的实际意义判定.

当然,上述条件极值问题也可采用如下的方法求解:先由方程 $\varphi(x,y)=0$ 解出 $y=\psi(x)$,并将其代入 $f(x,y)$,得 x 的一元函数 $z=f[x,\psi(x)]$,然后再求此一元函数的无条件极值.

例 4. 求定点 $(\overline{x},\overline{y})$ 到直线 $ax+by+c=0$ 的最短距离,其中 a,b 为不能同时为零的常数.

解 设 (x,y) 为直线 $ax+by+c=0$ 上的任意一点,则点 $(\overline{x},\overline{y})$ 与点 (x,y) 的距离为

$$r=\sqrt{(x-\overline{x})^2+(y-\overline{y})^2}.$$

于是,问题变为在 $ax+by+c=0$ 的条件下,求 r 的最小值,欲求 r 的最小值,等价于求 r^2 的最小值. 因此,设拉格朗日函数为

$$F(x,y,\lambda)=(x-\overline{x})^2+(y-\overline{y})^2+\lambda(ax+by+c),$$

令

$$F'_x=2(x-\overline{x})+a\lambda=0,$$
$$F'_y=2(y-\overline{y})+b\lambda=0,$$
$$F'_\lambda=ax+by+c=0.$$

由 $aF'_x+bF'_y=0$,可得

$$2a(x-\overline{x})+2b(y-\overline{y})+\lambda(a^2+b^2)=0.$$

由此式和 $F'_\lambda=0$,可得

$$\lambda=\frac{2(a\overline{x}+b\overline{y}+c)}{a^2+b^2}.$$

又由 $(x-\overline{x})F'_x+(y-\overline{y})F'_y=0$,有

$$2[(x-x)^2+(y-\overline{y})^2]+\lambda[a(x-\overline{x})+b(y-\overline{y}]=0,$$

于是,由上面求得的 λ 和此式,可得

$$\begin{aligned} r^2&=(x-\overline{x})^2+(y-\overline{y})^2\\ &=\frac{1}{2}\lambda(a\overline{x}+b\overline{y}+c)\\ &=\frac{(a\overline{x}+b\overline{y}+c)^2}{a^2+b^2}. \end{aligned}$$

于是,点 $(\overline{x},\overline{y})$ 到直线 $ax+by+c=0$ 的最短距离为

$$r=\frac{|a\overline{x}+b\overline{y}+c|}{\sqrt{a^2+b^2}}.$$

例 5. 设某工厂生产 A 和 B 两种产品,产量分别为 x 和 y(单位:千件),利润函数为

$$L(x,y)=6x-x^2+16y-4y^2-2\text{(单位:万元)}.$$

已知生产这两种产品时,每千件产品均需消耗某种原料 2000 公斤,现有该原料 12000 公斤,问两种产品各生产多少千件时,总利润最大?最大总利润为多少?

解 依题设有约束条件

$$2000x+2000y=12000,$$

即 $x+y=6$. 因此,问题是在 $x+y=6$ 的条件下求利润函数 $L(x,y)$ 的最大值. 为此,设拉格朗日函数为

$$F(x,y,\lambda)=6x-x^2+16y-4y^2-2+\lambda(x+y-6),$$

令

$$\begin{cases} F'_x=6-2x+\lambda=0\\ F'_y=16-8y+\lambda=0\\ F'_\lambda=x+y-6=0, \end{cases}$$

消去 λ 后,得等价方程组

$$\begin{cases} -x+4y=5 \\ x+y=6. \end{cases}$$

由此解得 $x_0 = 3.8$(千件)，$y_0 = 2.2$(千件)．最大总利润为

$$\begin{aligned} L(3.8,\ 2.2) &= 6\times 3.8 - 3.8^2 + 16\times 2.2 - 4\times 2.2^2 - 2 \\ &= 22.2(\text{万元}). \end{aligned}$$

*推广　上述拉格朗日乘数法可推广到求解含有 n 个自变量和 m 个约束条件($m<n$)的条件极值问题：

求 n 元函数 $u=f(x_1,x_2,\cdots,x_n)$ 在约束条件

$$\varphi_j(x_1,x_2,\cdots,x_n)=b_j,\ j=1,2,\cdots,m$$

下的条件极值，其中 $b_1,\cdots,b_m$ 为常数，f 和 φ_j，$j=1,2,\cdots,m$，均具有连续的一阶偏导数. 设拉格朗日函数为

$$\begin{aligned} F &= F(x_1,x_2,\cdots,x_n;\ \lambda_1,\lambda_2,\cdots,\lambda_m) \\ &= f(x_1,x_2,\cdots,x_n)+\sum_{j=1}^{m}\lambda_j[\varphi_j(x_1,x_2,\cdots,x_n)-b_j], \end{aligned}$$

其中 $\lambda_1,\lambda_2,\cdots,\lambda_m$ 为 m 个拉格朗日乘数，则问题化为求函数 F 的无条件极值问题. 由极值必要条件有

$$\begin{cases} \dfrac{\partial F}{\partial x_i}=f'_i(x_1,x_2,\cdots,x_n)+\displaystyle\sum_{j=1}^{m}\lambda_j\varphi'_{ji}(x_1,x_2,\cdots,x_n)=0, & i=1,2,\cdots,n \\ \dfrac{\partial F}{\partial \lambda_j}=\varphi_j(x_1,x_2,\cdots,x_n)-b_j=0, & j=1,2,\cdots,m \end{cases}$$

其中 $f'_i=\dfrac{\partial f}{\partial x_i}$，$\varphi'_{ji}=\dfrac{\partial \varphi_j}{\partial x_i}$，$i=1,2,\cdots,n$，　$j=1,2,\cdots,m$.

由这 $n+m$ 个方程可解出函数 $f(x_1,x_2,\cdots,x_n)$ 的可能极值点$(x_1,x_2,\cdots,x_n)$以及乘数 $\lambda_1,\lambda_2,\cdots,\lambda_m$.

§8.7　二重积分

一、二重积分的概念和性质

我们先研究如何计算“曲顶柱体”体积的问题. 设函数 $z=f(x,y)$ 在有界闭区域 D 上连续且非负. 所谓“曲顶柱体”是指以区域 D 为底，曲面 $z=f(x,y)$ 为

顶，D 的边界为准线，母线平行于 oz 轴的柱面所围成的立体，见图 8－11.

对于平顶柱体，我们已知其体积公式为

平顶柱体体积 ＝ 底面积 × 高

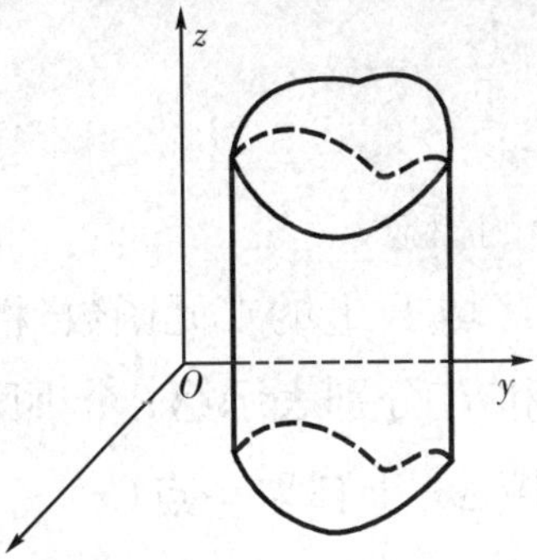

图 8－11

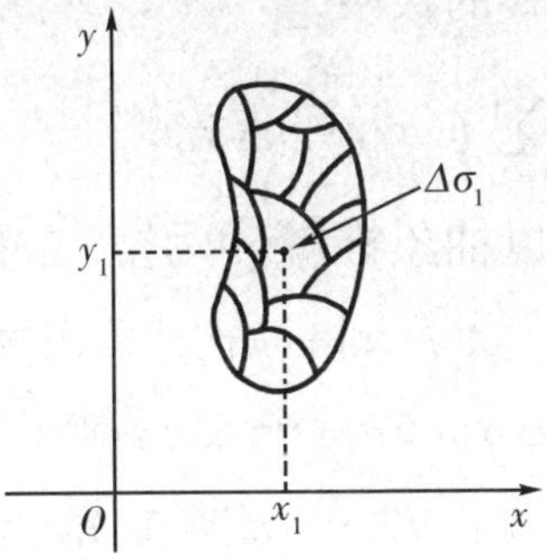

图 8－12

对于曲顶柱体，由于柱体的高是变化不定的，不能直接利用上述平顶柱体的体积公式计算其体积. 这与我们计算曲边梯形面积时遇到的问题类似. 因此，可仿照计算曲边梯形面积的方法计算曲顶柱体的体积.

将区域 D 任意分划为 n 个小区域：$\Delta\sigma_1, \Delta\sigma_2, \cdots, \Delta\sigma_n$，并以 $\Delta\sigma_i$ 表示第 i 个小区域的面积（$i=1,2,\cdots,n$），见图 8－12. 相应地将曲顶柱体分割成 n 个小曲顶柱体. 用 d_i 表示第 i 个小区域内任意两点间距离的最大值，称为第 i 个小区域的直径（$i=1,2,\cdots,n$），并记

$$d=\max\{d_1,d_2,\cdots,d_n\}.$$

在分划很细密、使 d 充分小时，可将小曲顶柱体近似地看成平顶柱体（因 $f(x,y)$ 连续）. 这时，在第 i 个小区域内任取一点 (x_i,y_i)（见图 8－12），并以 $f(x_i,y_i)$ 表示第 i 个小平顶柱体的高. 则第 i 个小曲顶柱体的体积 ΔV_i 可近似地表示为

$$\Delta V_i \approx f(x_i,y_i)\Delta\sigma_i,\ i=1,2,\cdots,n.$$

将所有小曲顶柱体体积的近似值相加，得到整个曲顶柱体体积 V 的近似值 V_n：

$$V=\sum_{i=1}^{n}\Delta V_i \approx \sum_{i=1}^{n} f(x_i,y_i)\Delta\sigma_i = V_n.$$

当区域 D 的分划充分细密时，V_n 将充分接近 V，特别当 $d\to 0$ 时，有 $V_n\to V$，即有

$$V=\lim_{d\to 0}V_n=\lim_{d\to 0}\sum_{i=1}^{n}f(x_i,y_i)\Delta\sigma_i.$$

上述求曲顶柱体体积的方法，通过分划、近似代换、求和、取极限这四个步骤，将问题化为求和式的极限

$$\lim_{d\to 0}\sum_{i=1}^{n}f(x_i,y_i)\Delta\sigma_i.$$

将这一思想加以抽象推广，可引入二重积分的概念.

定义 8.7　设 $f(x,y)$ 是定义在有界闭区域 D 上的二元函数. 将 D 任意分划为 n 个小区域 $\Delta\sigma_1,\Delta\sigma_2,\cdots,\Delta\sigma_n$，并以 $\Delta\sigma_i$ 和 d_i 分别表示第 i 个小区域的面积和直径，$d=\max\{d_1,d_2,\cdots,d_n\}$. 在每个小区域 $\Delta\sigma_i$ 上任取一点 (x_i,y_i)，$i=1,2\cdots,n$. 当 $d\to 0$（必定有 $n\to\infty$）时，如果极限

$$\lim_{d\to 0}\sum_{i=1}^{n}f(x_i,y_i)\Delta\sigma_i$$

存在，则称该极限为函数 $f(x,y)$ 在区域 D 上的**二重积分**，记为

$\iint\limits_D f(x,y)\mathrm{d}\sigma$，即

$$\iint\limits_D f(x,y)\mathrm{d}\sigma=\lim_{d\to 0}\sum_{i=1}^{n}f(x_i,y_i)\Delta\sigma_i$$

其中 $f(x,y)$ 称为**被积函数**，x、y 称为**积分变量**，$\mathrm{d}\sigma$ 称为**面积元素**，D 称为**积分区域**，并称函数 $f(x,y)$ 在区域 D 上可积.

可以证明，若 $f(x,y)$ 在有界闭区域 D 上可积，则 $f(x,y)$ 在 D 上有界；若 $f(x,y)$ 在有界闭区域 D 上连续，则 $f(x,y)$ 在 D 上可积.

如前所述，当 $f(x,y)\geqslant 0$ 时，二重积分 $\iint\limits_D f(x,y)\mathrm{d}\sigma$ 的几何意义是，以区域 D 为底、曲面 $z=f(x,y)$ 为顶的曲顶柱体的体积.

根据定义，如果二重积分 $\iint\limits_D f(x,y)\mathrm{d}\sigma$ 存在，则其数值仅与积分区域 D 和被积函数 $f(x,y)$ 有关，而与区域 D 的分划方法以及点 (x_i,y_i) 的取法无关. 因此，在实际计算二重积分时，为了方便，常采用特殊的分划和选点方法.

在直角坐标系下，常采用两组分别平行于 ox 轴与 oy 轴的直线分划积分区域，见图 8－13.

由图 8－13 有 $\Delta\sigma_i=\Delta x_i\Delta y_i, d_i=\sqrt{(\Delta x_i)^2+(\Delta y_i)^2}$. $i=1,2,\cdots,n$, $d=\max\{d_1,d_2,\cdots,d_n\}$. 可以证明，当 $d\to 0$ 时，有 $\mathrm{d}\sigma=\mathrm{d}x\mathrm{d}y$. 于是有

$$\iint_D f(x,y)\mathrm{d}\sigma=\iint_D f(x,y)\mathrm{d}x\mathrm{d}y,$$

并称 $\mathrm{d}x\mathrm{d}y$ 为直角坐标系下的面积元素.

设二元函数 $f(x,y)$ 与 $g(x,y)$ 在有界闭区域 D 上可积，则二重积分有下列性质：

(1) $\iint\limits_D af(x,y)\mathrm{d}\sigma=a\iint\limits_D f(x,y)\mathrm{d}\sigma$, 　($a$ 为常数).

(2) $$\iint_D [f(x,y)\pm g(x,y)]\mathrm{d}\sigma=\iint_D f(x,y)\mathrm{d}\sigma\pm\iint_D g(x,y)\mathrm{d}\sigma.$$

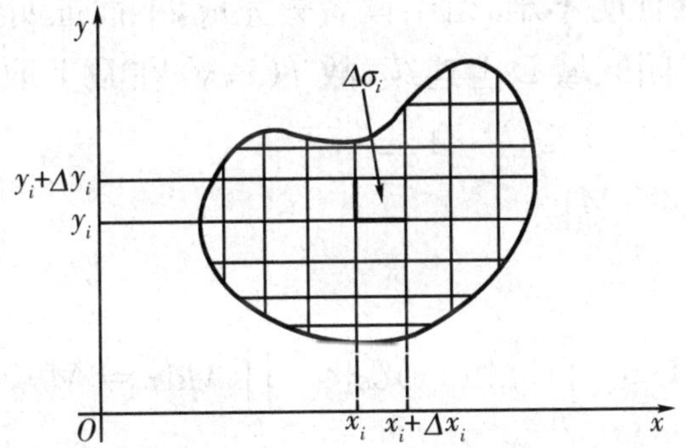

图 8－13

(3) 如果积分区域 D 被分成 D_1 和 D_2 两个区域，且 D_1 和 D_2 除分界线外无公共点，如图 8－14 所示. 则有

$$\iint_D f(x,y)\mathrm{d}\sigma=\iint_{D_1} f(x,y)\mathrm{d}\sigma+\iint_{D_2} f(x,y)\mathrm{d}\sigma.$$

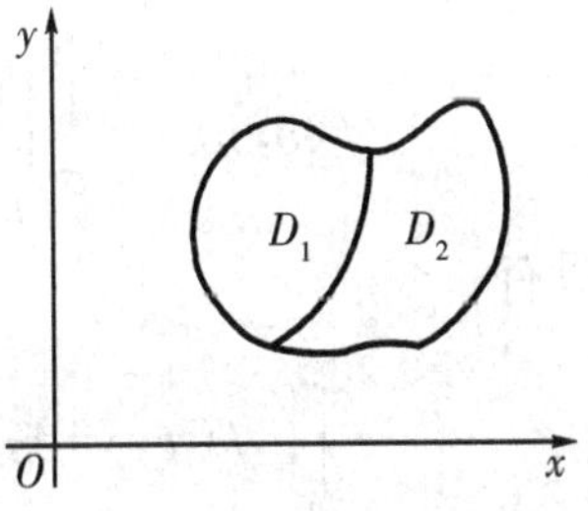

图 8－14

(4) 若在区域 D 上，$f(x,y)\leqslant g(x,y)$ 恒成立，则有

$$\iint_D f(x,y)\mathrm{d}\sigma\leqslant\iint_D g(x,y)\mathrm{d}\sigma,$$

特别地，若在区域 D 上，$f(x,y)\leqslant 0(\geqslant 0)$ 恒成立，则有

$$\iint_D f(x,y)\mathrm{d}\sigma\leqslant 0(\geqslant 0).$$

(5) $$\left|\iint_D f(x,y)\mathrm{d}\sigma\right|\leqslant \iint_D |f(x,y)|\mathrm{d}\sigma.$$

(6) 若区域 D 的面积为 σ，则有

$$\iint_D \mathrm{d}\sigma=\sigma.$$

(7) 二重积分中值定理：若函数 $f(x,y)$ 在有界闭区域 D 上连续，则至少存在一点 $(\xi,\eta)\in D$，使得

$$\iint_D f(x,y)\mathrm{d}\sigma=f(\xi,\eta)\sigma,$$

其中 σ 为区域 D 的面积.

性质(1) ~ (6) 的证明不难，留给读者去完成，下面证明性质(7)：

因 $f(x,y)$ 在有界闭区域 D 上连续，故 $f(x,y)$ 在 D 上取到最大值 M 和最小值 m. 于是，对任意的 $(x,y)\in D$，有

$$m\leqslant f(x,y)\leqslant M,$$

由性质(4) 和(6)，有

$$m\sigma=\iint_D m\mathrm{d}\sigma\leqslant \iint_D f(x,y)\mathrm{d}\sigma\leqslant \iint_D M\mathrm{d}\sigma=M\sigma,$$

即有

$$m\leqslant \frac{1}{\sigma}\iint_D f(x,y)\mathrm{d}\sigma\leqslant M.$$

由多元连续函数的介值定理可知，至少存在一点 $(\xi,\eta)\in D$，使得

$$f(\xi,\eta)=\frac{1}{\sigma}\iint_D f(x,y)\mathrm{d}\sigma,$$

即有

$$\iint_D f(x,y)\mathrm{d}\sigma=f(\xi,\eta)\sigma.$$

二、二重积分的计算

与定积分类似地,直接按定义计算二重积分是很难的,甚至是不可能的. 解决的办法是,在二重积分存在的前提下,利用积分区域的特殊分划方法,将计算二重积分的问题化为计算两次定积分的问题.

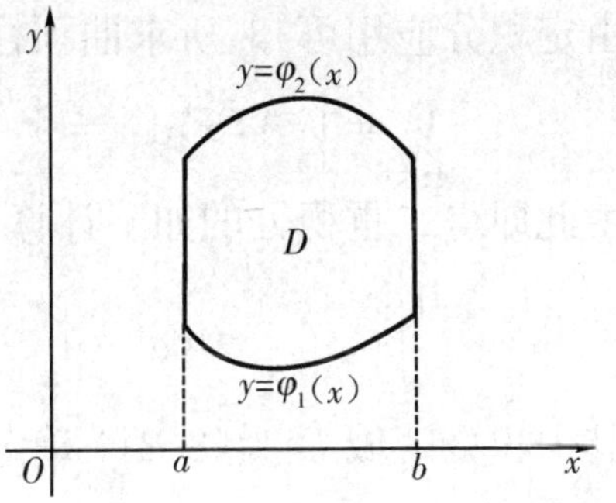

图 8－15　x－型区域

1. 在直角坐标系下计算二重积分

设 $f(x,y)$ 为区域 D 上的连续函数(不妨假设 $f(x,y)\geqslant 0$),区域 D 如图 8－15 所示,即

$$D=\{(x,y)\mid a\leqslant x\leqslant b,\varphi_1(x)\leqslant y\leqslant \varphi_2(x)\}, \tag{8.21}$$

称(8.21)为 x－**型区域**.

由二重积分的几何意义可知,当 $f(x,y)\geqslant 0$ 时,二重积分 $\iint\limits_D f(x,y)\mathrm{d}\sigma$ 表示以 D 为底、曲面 $z=f(x,y)$ 为顶的曲顶柱体的体积 V. 当 D 为 x－型区域时,V 可如下计算:

对任意取定的 $x_0\in[a,b]$,过点 $(x_0,0,0)$ 作垂直于 x 轴的平面 $x=x_0$,该平面与曲顶柱体相交所得的截面是以区间 $[\varphi_1(x_0),\varphi_2(x_0)]$ 为底、$z=f(x_0,y)$ 为曲边的曲边梯形(如图 8－16 中阴影部分). 根据定积分的几何意义可知,此曲边梯形的面积为

$$A(x_0)=\int_{\varphi_1(x_0)}^{\varphi_2(x_0)} f(x_0,y)\mathrm{d}y.$$

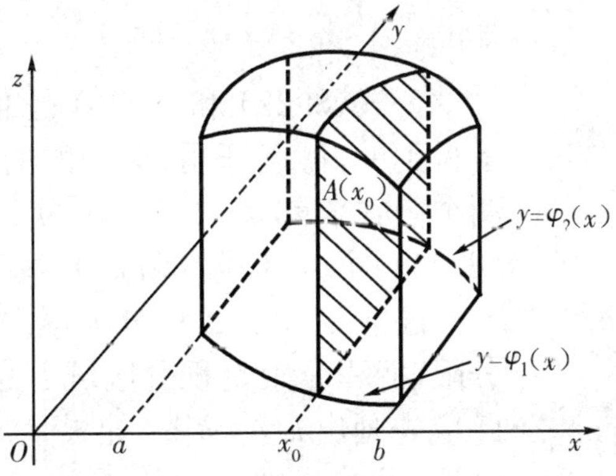

图 8－16

由 x_0 的任意性可知,对任意的 $x\in[a,b]$,过点 $(x,0,0)$ 作垂直于 x 轴的平面,该平面与曲顶柱体相交所得截面的面积为

$$A(x)=\int_{\varphi_1(x)}^{\varphi_2(x)} f(x,y)\mathrm{d}y,$$

其中 y 为积分变量，x 在积分过程中视为常数.

由上述分析可知，上述曲顶柱体可看成平行截面面积 $A(x)$ 为已知的立体，由定积分应用可知，所求曲顶柱体的体积为

$$V=\int_a^b A(x)\mathrm{d}x=\int_a^b\left[\int_{\varphi_1(x)}^{\varphi_2(x)} f(x,y)\mathrm{d}y\right]\mathrm{d}x,$$

由此即得二重积分的如下计算公式：

$$\iint_D f(x,y)\mathrm{d}\sigma=\int_a^b\left[\int_{\varphi_1(x)}^{\varphi_2(x)} f(x,y)\mathrm{d}y\right]\mathrm{d}x.$$

其中积分区域 D 为(8.21)确定的 $x-$型区域. 上式常写成

$$\iint_D f(x,y)\mathrm{d}\sigma=\int_a^b\mathrm{d}x\int_{\varphi_1(x)}^{\varphi_2(x)} f(x,y)\mathrm{d}y. \tag{8.22}$$

(8.22)式右端积分称为**累次积分**.(8.22)将计算二重积分的问题化为先对 y、后对 x 的连续两次求定积分的问题. 注意，先对 y 求定积分时，y 是积分变量，x 看作常量，积分上下限是 x 的函数；积分结果将是 x 的函数；在对 x 求定积分时，x 是积分变量，积分上下限均为常数.

类似地，若积分区域 D 为图 8－17 所示的平面区域，则称为 **$y-$型区域**，即

$$D=\{(x,y)\mid\psi_1(y)\leqslant x\leqslant\psi_2(y),c\leqslant y\leqslant d\}. \tag{8.23}$$

当积分区域 D 为 $y-$型区域时，可采用先对 x、后对 y 的积分次序，将二重积分化为累次积分：

$$\iint_D f(x,y)\mathrm{d}\sigma=\int_c^d\left[\int_{\psi_1(y)}^{\psi_2(y)} f(x,y)\mathrm{d}x\right]\mathrm{d}y$$

$$=\int_c^d\mathrm{d}y\int_{\psi_1(y)}^{\psi_2(y)} f(x,y)\mathrm{d}x. \tag{8.24}$$

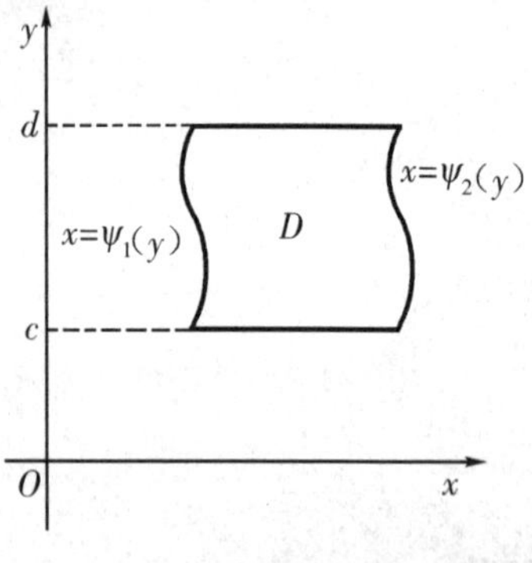

图 8－17　$y-$型区域

公式(8.22)和(8.24)是在 $f(x,y)\geqslant 0$ 的条件下得到的，可以证明，对一般的可积函数 $f(x,y)$，这两个公式仍然成立. 因此，实际使用公式(8.22)和(8.24)时，可不受 $f(x,y)\geqslant 0$ 的限制.

注意 1：化二重积分为累次积分的关键是确定积分限，而积分限是积分区域 D 的几何形状确定的. 因此应先画出 D 的简图. 如果是 $x-$型或 $y-$型的标准区域，可按公式(8.22)或(8.24)定限；如果 D 不是标准区域，则应先将 D 分成若干个无公共内点的小区域，而每个小区域都是标准区域，然后利用二重积分对区域的可加性即性质(3)进行计算.

注意 2:若 $D=\{(x,y)\mid a\leqslant x\leqslant b,c\leqslant y\leqslant d\}$ 为矩形区域,则(8.22)和(8.24)化为

$$\iint_D f(x,y)\mathrm{d}\sigma=\int_a^b \mathrm{d}x\int_c^d f(x,y)\mathrm{d}y=\int_c^d \mathrm{d}y\int_a^b f(x,y)\mathrm{d}x, \tag{8.25}$$

或者记为

$$\iint_D f(x,y)\mathrm{d}\sigma=\int_a^b\int_c^d f(x,y)\mathrm{d}y\mathrm{d}x=\int_c^d\int_a^b f(x,y)\mathrm{d}x\mathrm{d}y. \tag{8.25'}$$

注意 3:如果 D 既是 x—型区域,又是 y—型区域(如 D 为矩形区域),从理论上讲,将二重积分化为两种不同顺序的累次积分,结果是一样的.但实际计算时,可能影响计算的繁简,甚至于影响到是否能"积出".因此,化二重积分为累次积分时,应注意积分次序的选择,必要时可交换积分次序.交换积分次序时,积分限应相应地变化.

例 1. 将二重积分 $\iint\limits_D f(x,y)\mathrm{d}\sigma$ 按两种顺序化为累次积分.其中积分区域 D 是由抛物线 $y^2=8x$ 与 $x^2=y$ 所围成的区域.

解 积分区域 D 如图 8—18 所示.它既是 x—型区域:$D=\left\{(x,y)\middle|0\leqslant x\leqslant 2,x^2\leqslant y\leqslant\sqrt{8x}\right\}$(见($a$)图);又是 y—型区域:$D=\left\{(x,y)\middle|\frac{1}{8}y^2\leqslant x\leqslant\sqrt{y},0\leqslant y\leqslant 4\right\}$(见($b$)图).因此,由(8.22)、(8.24)式有

$$\iint_D f(x,y)\mathrm{d}\sigma=\int_0^2\mathrm{d}x\int_{x^2}^{\sqrt{8x}} f(x,y)\mathrm{d}y=\int_0^4\mathrm{d}y\int_{\frac{1}{8}y^2}^{\sqrt{y}} f(x,y)\mathrm{d}x.$$

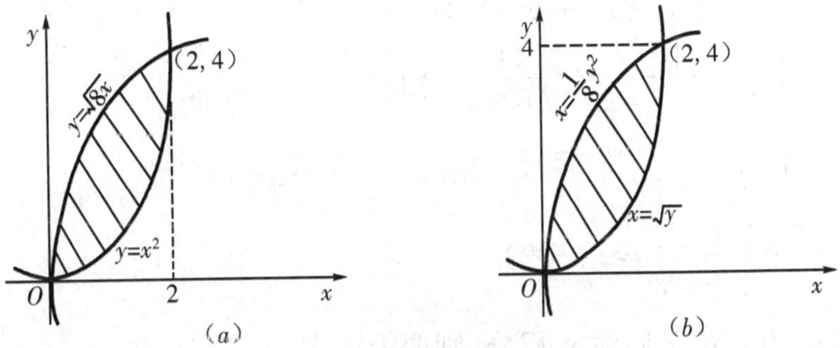

图 8—18

掌握积分区域 D 形如(8.21)(8.23)的不等式描述方法至关紧要，这需通过实例体会其要点.

例 2. 计算二重积分 $\iint\limits_D xy\mathrm{d}\sigma$，积分区域 D 与例 1 相同(见图 8－18).

解 由例 1 有

$$\iint\limits_D xy\mathrm{d}\sigma=\int_0^2\mathrm{d}x\int_{x^2}^{\sqrt{8x}}xy\mathrm{d}y=\frac{1}{2}\int_0^2(8x^2-x^5)\mathrm{d}x=\frac{16}{3}$$

或者

$$\begin{aligned}\iint\limits_D xy\mathrm{d}\sigma&=\int_0^4\mathrm{d}y\int_{\frac{1}{8}y^2}^{\sqrt{y}}xy\mathrm{d}x\\&=\frac{1}{2}\int_0^4\left(y^2-\frac{1}{64}y^5\right)\mathrm{d}y=\frac{16}{3}.\end{aligned}$$

例 3. 计算二重积分 $I=\iint\limits_D\frac{y}{(1+x^2+y^2)^{3/2}}\mathrm{d}\sigma$，其中积分区域为 $D=\left\{(x,y)\,|\,0\leqslant x\leqslant 1,0\leqslant y\leqslant 1\right\}$.

解 积分区域为正方形，两种积分次序均可行，但考虑到被积函数的特殊性，宜采用先对 y 后对 x 的累次积分. 如令代换 $u=1+x^2+y^2$，容易完成对 y 的积分. 于是

$$\begin{aligned}I&=\int_0^1\mathrm{d}x\int_0^1\frac{y\mathrm{d}y}{(1+x^2+y^2)^{3/2}}\\&=\frac{1}{2}\int_0^1\mathrm{d}x\int_0^1\frac{\mathrm{d}(1+x^2+y^2)}{(1+x^2+y^2)^{3/2}}\\&=\int_0^1\left(-\frac{1}{\sqrt{1+x^2+y^2}}\right)\Bigg|_{y=0}^{y=1}\mathrm{d}x\\&=\int_0^1\left(\frac{1}{\sqrt{1+x^2}}-\frac{1}{\sqrt{2+x^2}}\right)\mathrm{d}x\\&=\left[\ln(x+\sqrt{1+x^2})-\ln(x+\sqrt{2+x^2})\right]\Big|_0^1\\&=\ln\frac{2+\sqrt{2}}{1+\sqrt{3}}\approx 0.223.\end{aligned}$$

此例若改为先对 x 后对 y 积分，则要繁得多.

例 4. 计算二重积分 $I=\iint\limits_{D}\frac{1}{y}\sin y\mathrm{d}\sigma$,其中 D 是由 $y^2=\frac{\pi}{2}x$ 与 $y=x$ 所围成的区域.

解 积分区域 D 如图 8－19 所示. 如先对 y 后对 x 积分,此时

$$D=\left\{(x,y)\middle|\ 0\leqslant x\leqslant\frac{\pi}{2},\quad x\leqslant y\leqslant\frac{\sqrt{\pi}}{2}x\right\}$$

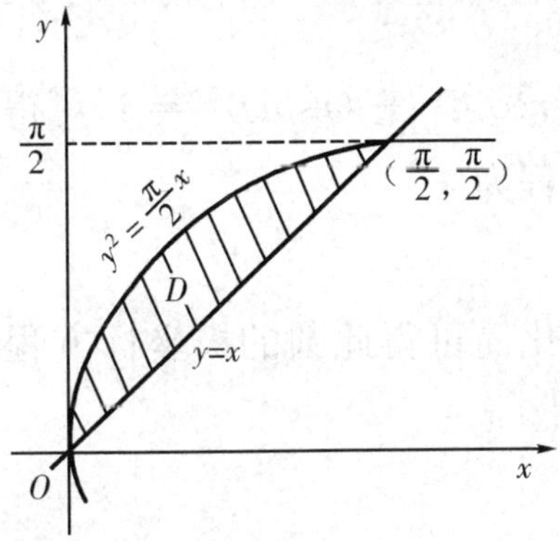

图 8－19

于是

$$I=\int_0^{\frac{\pi}{2}}\mathrm{d}x\int_x^{\sqrt{\frac{\pi}{2}x}}\frac{1}{y}\sin y\mathrm{d}y.$$

这时将遇到 $\frac{1}{y}\sin y$ 的原函数不能用初等函数表示的困难,因此,应改为先对 x 后对 y 积分. 此时

$$D=\left\{(x,y)\middle|\ 0\leqslant y\leqslant\frac{\pi}{2},\quad\frac{2}{\pi}y^2\leqslant x\leqslant y\right\}$$

于是,
$$\begin{aligned}I&=\int_0^{\frac{\pi}{2}}\mathrm{d}y\int_{\frac{2}{\pi}y^2}^{y}\left(\frac{1}{y}\sin y\right)\mathrm{d}x\\&=\int_0^{\frac{\pi}{2}}\frac{1}{y}\sin y\left(y-\frac{2}{\pi}y^2\right)\mathrm{d}y\\&=\int_0^{\frac{\pi}{2}}\left(\sin y-\frac{2}{\pi}y\sin y\right)\mathrm{d}y\\&=\left[-\cos y+\frac{2}{\pi}(y\cos y-\sin y)\right]\Bigg|_0^{\frac{\pi}{2}}=1-\frac{2}{\pi}.\end{aligned}$$

2. 在极坐标系下计算二重积分

描述平面上点的位置通常有两种方法,除直角坐标外还有极坐标.

极坐标系与点的极坐标　由平面上一定点 O 引出一射线. 并给定一单位长度,这样就建立了一平面极坐标系. 上述射线称为极坐标系的**极轴**. 设 P 为平面上任意一点,点 O 与 P 的距离 r 称为点 P 的**极径**. 极轴按逆时针方向旋转与两点连线 OP 重合,其旋转角 θ 称为点 P 的**极角**. 定义 (r,θ) 为点 P 的极坐标. 显然 $r\geqslant 0, 0\leqslant\theta<2\pi$. 于是平面上的点与极坐标 (r,θ) 一一对应.

点的直角坐标与极坐标间的关系　设平面上同时有极坐标系与直角坐标系,且极点与原点重合,极轴与 x 轴正半轴重合,而坐标系采用相同的单位长度.

于是平面上任意一点 P 的极坐标 (r,θ) 与直角坐标 (x,y) 有如下关系：

$$\begin{cases} x = r\cos\theta \\ y = r\sin\theta. \end{cases}$$

平面曲线的极坐标方程 设平面曲线的直角坐标系下的方程为

$$F(x,y)=0,$$

则该曲线在极坐标下的方程为

$$F(r\cos\theta, r\sin\theta)=0.$$

比如，单位圆的直角坐标方程为 $x^2+y^2=1$. 由于 $(r\cos\theta)^2+(r\sin\theta)^2=1$，可得此圆的极坐标方程为 $r=1$. 又例如，由直角坐标方程为

$$(x-a)^2+y^2=a^2$$

表示的圆，由于 $(r\cos\theta-a)^2+(r\sin\theta)^2=a^2$，整理化简可得此圆的极坐标方程为

$$r=2a\cos\theta.$$

平面区域的极坐标表示 在直角坐标系下由关于 x 和 y 的不等式表示(记为 D) 的平面区域可等价地由关于 r 和 θ 的不等式表达(不妨记为 Ω). 比如

圆域 $D=\{(x,y)\mid x^2+y^2\leqslant 4\}$

$\Omega=\{(r,\theta)\mid r\leqslant 2\}$

环形区域 $D=\{(x,y)\mid 4\leqslant x^2+y^2\leqslant 16\}$

$\Omega=\{(r,\theta)\mid 2\leqslant r\leqslant 4\}$ (如图 8－25 中 D_2 所示)

一般情况下，应先画出平面区域的图形，按图具体分析得出结果.

例 5. 求平面区域 $D=\{(x,y)\mid 1\leqslant x^2+y^2\leqslant 2x, y\geqslant 0\}$ 的极坐标表示.

解 首先，在直角坐标系下画出平面区域 D 的图形，如图 8－26 中阴影部分所示.

其次，求出两圆交点. 由方程

$$\begin{cases} x^2+y^2=2x \\ x^2+y^2=1 \end{cases}$$

可得一交点的直角坐标为 $(\frac{1}{2},\frac{\sqrt{3}}{2})$，其极坐标为 $(1,\frac{\pi}{3})$(另一交点不在区域 D 内，舍去).

最后，将 $x=r\cos\theta, y=r\sin\theta$ 代入不等式 $1\leqslant x^2+y^2\leqslant 2x$ 和 $y\geqslant 0$，得一组关于 r,θ 的不等式：$1\leqslant r\leqslant 2\cos\theta, 0\leqslant\theta\leqslant\pi$. 结合 D 的图形进一步分析，区域 D 夹在极轴与射线 $\theta=\dfrac{\pi}{3}$ 之间，D 中各点的极角 θ 满足 $0\leqslant\theta\leqslant\dfrac{\pi}{3}$. 于是平面区域 D 用极坐标表示为

$$\Omega=\left\{(r,\theta)\,\middle|\,1\leqslant r\leqslant 2\cos\theta,\quad 0\leqslant\theta\leqslant\frac{\pi}{3}\right\}.$$

通过本题解可体会到平面区域表示成 Ω 的一般过程. 在下面二重积分的计算中还会见到，由于极点与积分区域相对位置的不同，积分区域表示成 Ω 有三种典型情形.

极坐标系下二重积分的计算　先讲在直角坐标系下定义的二重积分在极坐标系下如何表示. 设二重积分 $\iint\limits_D f(x,y)\mathrm{d}\sigma$ **可积**，则按定义计算二重积分时可按某特定方式分划积分区域 D，可按特定方式取点 P_i 计算 $f(P_i)\Delta\sigma_i$. 现特别利用极坐标系中的一族同心圆 $r=r_i(i=1,2,\cdots,m)$ 和一族射线 $\theta=\theta_j(j=1,2,\cdots,l)$ 将积分区域 D 分划为 n 个小区域 $\Delta\sigma_i(i=1,2,\cdots,n)$. 在第 i 个小区域上特别取点 P_i（如图 8－20 所示），其直角坐标为 (x_i,y_i)，极坐标为 (r_i,θ_i). 作乘积

$$f(x_i,y_i)\Delta\sigma_i=f(r_i\cos\theta_i,r_i\sin\theta_i)\Delta\sigma_i$$

其中 $\Delta\sigma_i$ 是第 i 个小区域的面积. 当小区域直径很小时，小区域近似为矩形如图 8－20 所示. 其面积

$$\Delta\sigma_i \doteq r_i\Delta\theta_i\cdot\Delta r_i = r_i(\Delta r_i\Delta\theta_i)$$

（数学上可以证明，当 $d\to 0$ 时等式两端为等价无穷小，进而有 $\mathrm{d}\sigma=r\mathrm{d}r\mathrm{d}\theta$，称为极坐标系下的面积元素.）

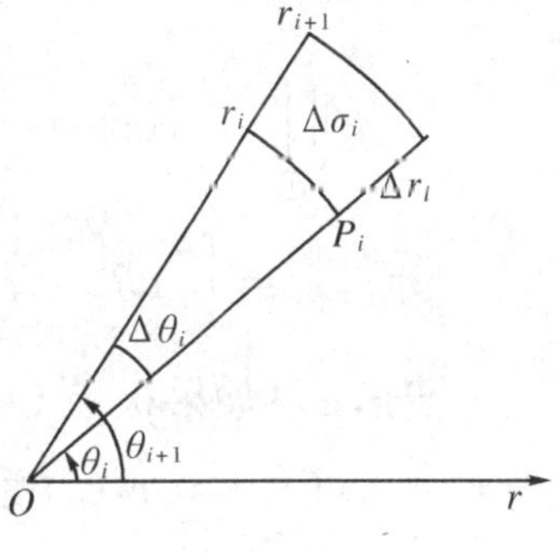

图 8－20

于是

$$\sum_{i=1}^{n}f(x_i,y_i)\Delta\sigma_i \doteq \sum_{i=1}^{n}f(r_i\cos\theta_i,r_i\sin\theta_i)r_i(\Delta r_i\Delta\theta_i)$$

因此，当 $d\to 0$ 时 有

$$\iint\limits_D f(x,y)\mathrm{d}\sigma=\lim_{d\to 0}\sum_{i=1}^{n}f(x_i,y_i)\,\Delta\sigma_i$$

$$= \lim_{d \to 0} \sum_{i=1}^{n} f(r_i \cos\theta_i, r_i \sin\theta_i) r_i (\Delta r_i \Delta\theta_i)$$

$$= \iint_{\Omega} f(r\cos\theta, r\sin\theta) r\mathrm{d}r\mathrm{d}\theta.$$

这样，同一二重积分在两个坐标系下得到了两种不同的表达式，这为我们计算二重积分提供了新的途径.

$$\iint_{D} f(x,y)\mathrm{d}\sigma = \iint_{\Omega} f(r\cos\theta, r\sin\theta) r\mathrm{d}r\mathrm{d}\theta \tag{8.26}$$

其中积分区域在直角坐标系和极坐标系中分别表示为 D 和 Ω.

下面讨论极坐标系下二重积分的计算，基本办法同样是化为关于 r 和 θ 的累次积分. 形式规则与直角坐标系下的情形一样，先将积分区域用关于 r 和 θ 的不等式表示成 Ω，然后将二重积分化为累次积分. 为清楚起见，下面按三种情形分别讨论.

情形 1　如果极点 O 在积分区域 Ω 之内，且 Ω 由连续曲线 $r = r(\theta)$ 围成(见图 8－21)，即有

$$\Omega = \{(r,\theta) \mid 0 \leqslant r \leqslant r(\theta), 0 \leqslant \theta \leqslant 2\pi\},$$

则有

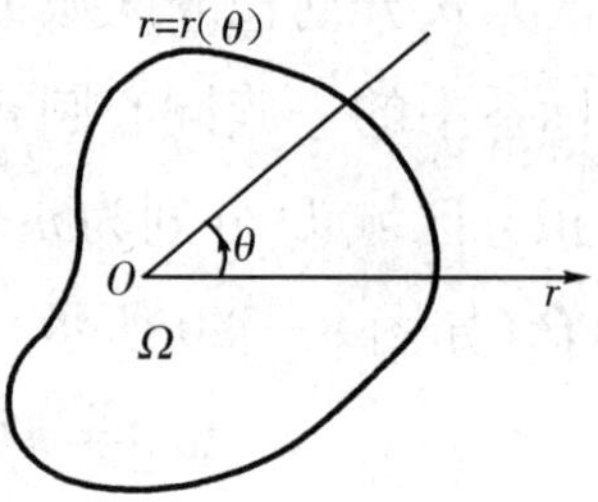

图 8－21

$$\iint_{\Omega} f(r\cos\theta, r\sin\theta) r\mathrm{d}r\mathrm{d}\theta = \int_0^{2\pi} \mathrm{d}\theta \int_0^{r(\theta)} f(r\cos\theta, r\sin\theta) r\mathrm{d}r. \tag{8.27}$$

情形 2　如果极点 O 在积分区域 Ω 之外，且 Ω 由射线 $\theta = \alpha$、$\theta = \beta$ 和连续曲线 $r = r_1(\theta)$、$r = r_2(\theta)$ 所围成(见图 8－22)，即有

$$\Omega = \{(r,\theta) \mid 0 \leqslant r_1(\theta) \leqslant r \leqslant r_2(\theta), \alpha \leqslant \theta \leqslant \beta\},$$

则有

$$\iint_{\Omega} f(r\cos\theta, r\sin\theta) r\mathrm{d}r\mathrm{d}\theta = \int_{\alpha}^{\beta} \mathrm{d}\theta \int_{r_1(\theta)}^{r_2(\theta)} f(r\cos\theta, r\sin\theta) r\mathrm{d}r. \tag{8.28}$$

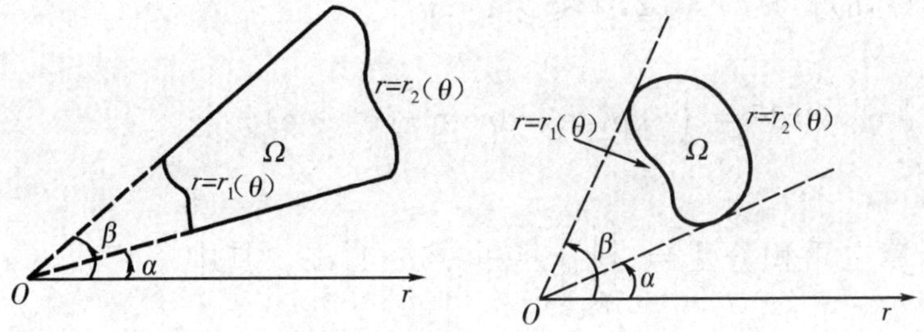

图 8－22

情形 3　如果极点 O 在积分区域 Ω 的边界上，且 Ω 由射线 $\theta=\alpha,\theta=\beta$ 与连续曲线 $r=r(\theta)$ 所围成(见图 8－23)，即有

$$\Omega=\{(r,\theta)\mid 0\leqslant r\leqslant r(\theta),\alpha\leqslant\theta\leqslant\beta\},$$

则有

$$\iint_{\Omega} f(r\cos\theta,r\sin\theta)r\mathrm{d}r\mathrm{d}\theta$$

$$=\int_{\alpha}^{\beta}\mathrm{d}\theta\int_{0}^{r(\theta)} f(r\cos\theta,r\sin\theta)r\mathrm{d}r. \tag{8.29}$$

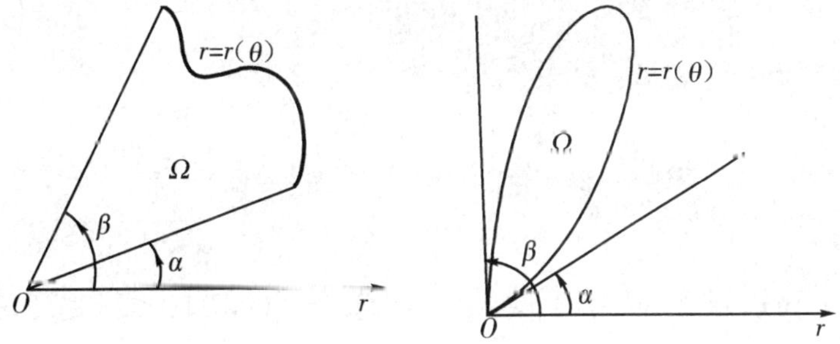

图 8－23

例 6. 计算二重积分 $I=\iint\limits_{D}\mathrm{e}^{x^2+y^2}\mathrm{d}\sigma$，其中

$$D=\{(x,y)\mid 1\leqslant x^2+y^2\leqslant 4\}.$$

解　此题若在直角坐标系计算，将遇到原函数不能用初等函数表示的困难. 由积分区域和被积函数的特点可知，用极坐标将非常简单，易知积分区域为中心在原点的圆环(见图 8－24)，在极坐标系下表示为

$$\Omega=\{(r,\theta)\,|\,1\leqslant r\leqslant 2,0\leqslant\theta\leqslant 2\pi\}.$$

$$I=\iint_{\Omega}\mathrm{e}^{r^2}r\mathrm{d}r\mathrm{d}\theta=\int_0^{2\pi}\mathrm{d}\theta\int_1^2\mathrm{e}^{r^2}r\mathrm{d}r=\pi(\mathrm{e}^4-\mathrm{e})$$

例 7. 计算二重积分 $I=\iint_{D}\left|x^2+y^2-4\right|\mathrm{d}\sigma$，其中

$$D=\{(x,y)\,|\,x^2+y^2\leqslant 16\}$$

解 因被积函数 $|x^2+y^2-4|$ 的 x^2+y^2-4 在积分区域内变号，故应将 D 分为两部分(见图 8－25)：

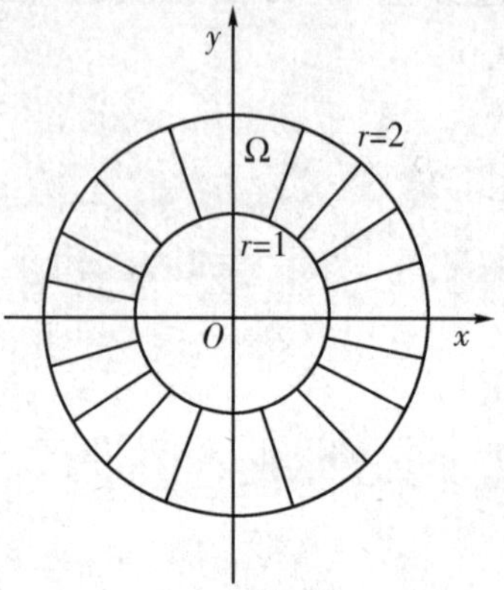

图 8－24

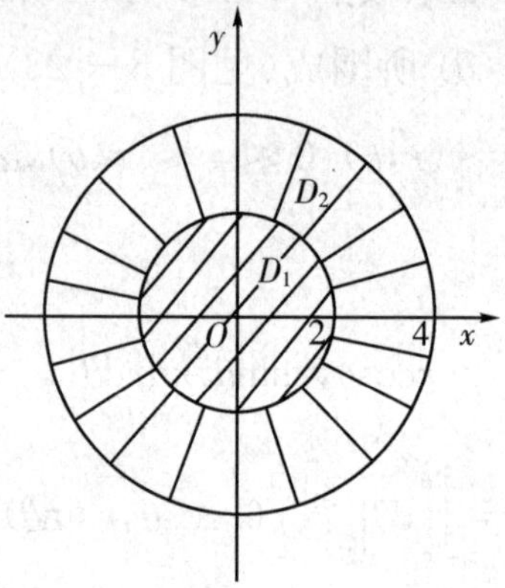

图 8－25

$$D_1=\{(x,y)\,|\,x^2+y^2\leqslant 4\},\qquad \Omega_1=\{(r,\theta)\,|\,0\leqslant r\leqslant 2,0\leqslant\theta\leqslant 2\pi\}$$

$$D_2=\{(x,y)\,|\,4\leqslant x^2+y^2\leqslant 16\},\quad \Omega_2=\{(r,\theta)\,|\,2\leqslant r\leqslant 4,0\leqslant\theta\leqslant 2\pi\}$$

于是有

$$\begin{aligned}I&=\iint_{D_1}(4-x^2-y^2)\mathrm{d}\sigma+\iint_{D_2}(x^2+y^2-4)\mathrm{d}\sigma\\&=\iint_{\Omega_1}(4-r^2)r\mathrm{d}r\mathrm{d}\theta+\iint_{\Omega_2}(r^2-4)r\mathrm{d}r\mathrm{d}\theta\\&=\int_0^{2\pi}\mathrm{d}\theta\int_0^2(4-r^2)r\mathrm{d}r+\int_0^{2\pi}\mathrm{d}\theta\int_2^4(r^2-4)r\mathrm{d}r\end{aligned}$$

$$= 2\pi\left(2r^2 - \frac{1}{4}r^4\right)\Big|_0^2 + 2\pi\left(\frac{1}{4}r^4 - 2r^2\right)\Big|_2^4 = 80\pi.$$

例 8. 计算二重积分 $I = \iint\limits_D xy\mathrm{d}\sigma$，其中

$$D = \{(x,y) \mid 1 \leqslant x^2 + y^2 \leqslant 2x, y \geqslant 0\}.$$

解 积分区域 D 如图 8－26 所示,其极坐标不等式表示已在例 5 中给出.

$$\Omega = \left\{(r,\theta) \mid 1 \leqslant r \leqslant 2\cos\theta, 0 \leqslant \theta \leqslant \frac{\pi}{3}\right\}$$

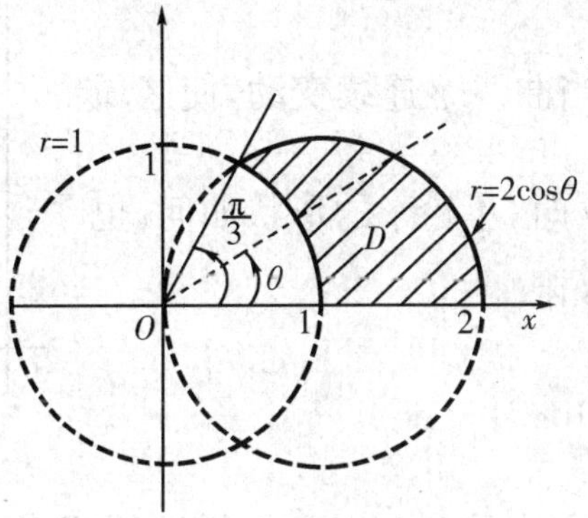

图 8－26

于是有

$$I = \iint\limits_{\Omega} r^3\cos\theta\sin\theta\mathrm{d}r\mathrm{d}\theta = \int_0^{\frac{\pi}{3}}\mathrm{d}\theta\int_1^{2\cos\theta}\cos\theta\sin\theta r^3\,\mathrm{d}r$$

$$= \frac{1}{4}\int_0^{\frac{\pi}{3}}(16\cos^5\theta - \cos\theta)\sin\theta\mathrm{d}\theta = \frac{1}{4}\left(\frac{1}{2}\cos^2\theta - \frac{8}{3}\cos^6\theta\right)\Big|_0^{\frac{\pi}{3}}$$

$$= \frac{9}{16}.$$

最后,我们总结一下计算二重积分的基本步骤:

(1) 绘出积分区域 D 的草图;

(2) 根据被积函数的特征和积分区域的几何形状,确定在哪种坐标系下进行计算;

(3) 选择积分次序(若 D 不是标准区域,应先将 D 分为若干个标准区域);

(4) 确定积分限,用一组不等式恰当表达积分区域是关键;

(5) 计算累次积分.

*三、积分区域无界的反常二重积分

如果二重积分的积分区域 D 是无界的(如全平面、半平面、有界区域的外部等),则与一元函数类似地,可以定义积分区域无界的反常二重积分.

设 D 是平面上一无界区域,函数 $f(x,y)$ 在 D 上有定义. 用任意光滑曲线 γ 在 D 中划出有界区域 D_γ(如图 8－27 所示),二重积分 $\iint\limits_{D_\gamma} f(x,y)\mathrm{d}\sigma$ 存在,且当曲线 γ 连续变动,使区域 D_γ 无限扩展而趋于区域 D 时,不论 γ 的形状如何,也不论 γ 的扩展过程怎样,极限

$$\lim_{D_\gamma \to D} \iint\limits_{D_\gamma} f(x,y)\mathrm{d}\sigma$$

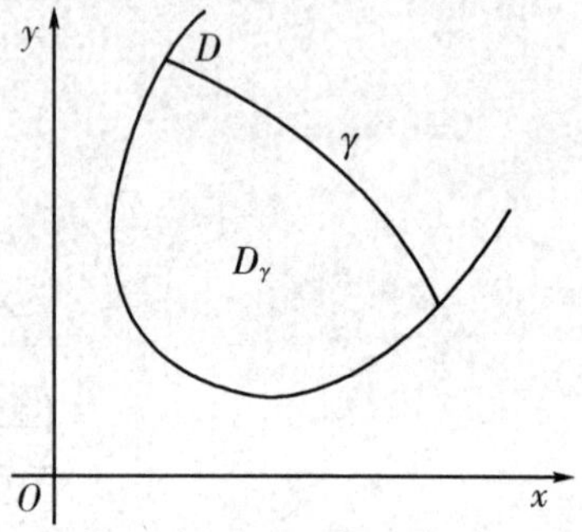

图 8－27

总取相同的值 I,则称 I 为函数 $f(x,y)$ 在无界区域 D 上的反常二重积分,记为 $\iint\limits_{D} f(x,y)\mathrm{d}\sigma$,即

$$\iint\limits_{D} f(x,y)\mathrm{d}\sigma = \lim_{D_\gamma \to D} \iint\limits_{D_\gamma} f(x,y)\mathrm{d}\sigma = I.$$

这时也称 $f(x,y)$ 在 D 上的反常二重积分收敛或在 D 上广义可积. 否则,称 $f(x,y)$ 在 D 上的反常二重积分发散.

可以证明,若 $f(x,y)$ 是定义在无界区域 D 上的非负(或非正)连续函数,则只需选取一种特殊的区域扩展方式来判断 $f(x,y)$ 在 D 上反常二重积分的收敛性,并在收敛时计算出相应的反常二重积分之值.

例 9. 设 D 为全平面,求 $\iint\limits_{D} \mathrm{e}^{-(x^2+y^2)}\mathrm{d}\sigma$.

解 显然被积函数非负,设 D_R 为中心在原点、半径为 R 的圆域(见图 8－28),则有

$$\iint_{D_R} e^{-(x^2+y^2)}d\sigma$$

$$=\int_0^{2\pi}d\theta\int_0^R e^{-r^2}rdr$$

$$=2\pi\cdot\left(-\frac{1}{2}e^{-r^2}\right)\Big|_0^R$$

$$=\pi(1-e^{-R^2}).$$

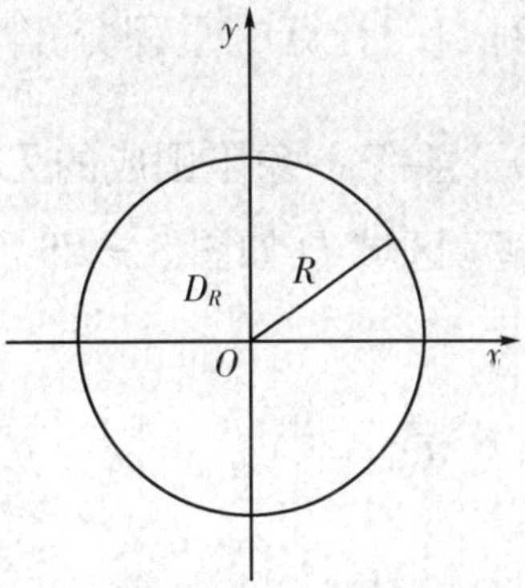

图 8－28

显然当 $R\to+\infty$ 时，有 $D_R\to D$. 于是有

$$\iint_D e^{-(x^2+y^2)}d\sigma=\lim_{R\to+\infty}\iint_{D_R}e^{-(x^2+y^2)}d\sigma$$

$$=\lim_{R\to+\infty}\pi(1-e^{-R^2})=\pi.$$

例 10. 计算广义积分

$$\int_{-\infty}^{+\infty}e^{-x^2}dx \quad 和 \quad \frac{1}{\sqrt{2\pi}}\int_{-\infty}^{+\infty}e^{-\frac{1}{2}x^2}dx.$$

解 由例 9 可知

$$\pi=\iint_D e^{-(x^2+y^2)}d\sigma(D\text{ 为全平面})=\lim_{R\to+\infty}\int_{-R}^R\int_{-R}^R e^{-(x^2+y^2)}dxdy$$

$$=\lim_{R\to+\infty}\left(\int_{-R}^R e^{-x^2}dx\right)\left(\int_{-R}^R e^{-y^2}dy\right)=\left(\lim_{R\to+\infty}\int_{-R}^R e^{-x^2}dx\right)\left(\lim_{R\to+\infty}\int_{-R}^R e^{-y^2}dy\right)$$

$$=\left(\int_{-\infty}^{+\infty}e^{-x^2}dx\right)\left(\int_{-\infty}^{+\infty}e^{-y^2}dx\right)=\left(\int_{-\infty}^{+\infty}e^{-x^2}dx\right)^2,$$

所以

$$\int_{-\infty}^{+\infty}e^{-x^2}dx=\sqrt{\pi}.$$

令 $x=\sqrt{2}\,t$，则 $dx=\sqrt{2}\,dt$，可得

$$\frac{1}{\sqrt{2\pi}}\int_{-\infty}^{+\infty}e^{-\frac{1}{2}x^2}dx=\frac{1}{\sqrt{\pi}}\int_{-\infty}^{+\infty}e^{-t^2}dt$$

$$=\frac{1}{\sqrt{\pi}}\cdot\sqrt{\pi}=1.$$

通常称反常积分$\int_{-\infty}^{+\infty} e^{-x^2}dx$为泊松(*Poisson*)积分.

例 11. 计算二重积分$\iint\limits_D xe^{-y^2}dxdy$，其中积分区域$D$是曲线$y=4x^2$与$y=9x^2$在第一象限围成的无界区域.

解 区域D如图 8－29 所示.

设

$$D_b=\left\{(x,y)\left|\frac{1}{3}\sqrt{y}\leqslant x\leqslant\frac{1}{2}\sqrt{y},0\leqslant y\leqslant b\right.\right\},$$

则

$$\begin{aligned}&\iint\limits_{D_b} xe^{-y^2}dxdy\\&=\int_o^b e^{-y^2}dy\int_{\frac{1}{3}\sqrt{y}}^{\frac{1}{2}\sqrt{y}}xdx\\&=\frac{1}{2}\int_o^b\left(\frac{1}{4}y-\frac{1}{9}y\right)e^{-y^2}dy\\&=\frac{5}{72}\int_o^b ye^{-y^2}dy=-\frac{5}{144}e^{-y^2}\Big|_o^b\\&=\frac{5}{144}(1-e^{-b^2}).\end{aligned}$$

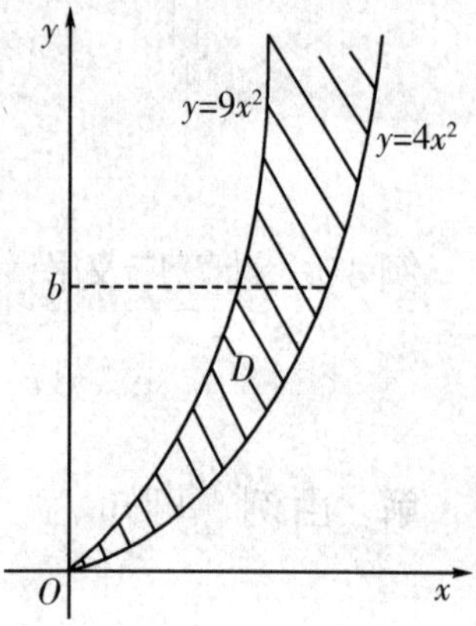

图 8－29

显然有$D_b\to D(b\to+\infty)$. 于是有

$$\begin{aligned}\iint\limits_D xe^{-y^2}dxdy&=\lim_{b\to+\infty}\iint\limits_{D_b} xe^{-y^2}dxdy\\&=\frac{5}{144}\lim_{b\to+\infty}(1-e^{-b^2})=\frac{5}{144}.\end{aligned}$$

习　题　八

1. 求下列函数的定义域并画出定义域的示意图：

(1)$z=\dfrac{1+x^3y^3}{x^2-y^2}$　　　　(2)$z=\sqrt{\sin(x^2+y^2)}$

(3) $z=\arcsin\dfrac{x}{y^2}$

(4) $z=\ln[(16-x^2-y^2)(x^2+y^2-4)]$

(5) $z=\sqrt{x-\sqrt{y}}$　　(6) $z=\dfrac{1}{\sqrt{x+y}}+\dfrac{1}{\sqrt{x-y}}$

(7) $z=\sqrt{R^2-x^2-y^2}+\dfrac{1}{\sqrt{x^2+y^2-r^2}}$,　$0<r<R$

(8) $z=\arcsin(x-y^2)+\ln\ln(10-x^2-4y^2)$

2. $z=\ln(x^2-y^2)$ 与 $z=\ln(x+y)+\ln(x-y)$ 是否为同一个函数?为什么?

3. 设 $f\left(x+y,\dfrac{y}{x}\right)=x^2-y^2$,求 $f(x,y)$.

4. 设 $z=x+y+f(x-y)$,且当 $y=0$ 时,$z=x^2$.求函数 f 和 z 的表达式.

5. 证明下列函数为齐次函数,并说明各是几次齐次函数:

(1) $f(x,y)=x^3+xy^2$　　(2) $f(x,y)=\dfrac{1}{x-y}$

(3) $f(x,y)=x^5e^{-\frac{y}{x}}$　　(4) $f(x,y)=\dfrac{x^2y^2}{x^4+y^4}$

6. 计算下列函数在给定点处的偏导数:

(1) $z=x^3+y^3-3xy$,求 $z_x(1,2)$,$z_y(1,2)$.

(2) $z=\dfrac{xy(x^2-y^2)}{x^2+y^2}$,求 $z_x(1,1)$,$z_y(1,1)$.

(3) $z=e^{x^2+y^2}$,求 $z_x(0,1)$,$z_y(1,0)$.

(4) $z=\ln|xy|$,求 $z_x(-1,-1)$,$z_y(1,1)$.

7. 求下列函数的一阶偏导数:

(1) $z=x^2\arctan\dfrac{y}{x}-y^2\arctan\dfrac{x}{y}$　　(2) $z=\arctan\dfrac{x+y}{1-xy}$

(3) $z=\ln(x+\ln y)$　　(4) $z=x\ln\dfrac{y}{x}$

(5) $z=\arcsin\dfrac{x}{y}$　　(6) $z=\arctan(xy)$

(7) $z = \arccos(x+y)$ (8) $z = \operatorname{arccot}\sqrt{\dfrac{x^2-y^2}{x^2+y^2}}$

(9) $z = \ln\dfrac{\sqrt{x^2+y^2}-x}{\sqrt{x^2+y^2}+x}$ (10) $z = \dfrac{1}{x^2+y^2}e^{xy}$

(11) $z = \log_y x$ (12) $u = e^{x/y} + e^{z/y}$

(13) $u = z^{xy}$ (14) $u = (xy)^z$

(15) $u = \sqrt{x^2+y^2+z^2}$

8. 证明下列各题：

(1) 若 $z = f(ax+by)$，则 $b\dfrac{\partial z}{\partial x} = a\dfrac{\partial z}{\partial y}$

(2) 若 $z = x^y \cdot y^x$，则 $x\dfrac{\partial z}{\partial x} + y\dfrac{\partial z}{\partial y} = z(x+y+\ln z)$

(3) 若 $z = \ln(\sqrt[n]{x} + \sqrt[n]{y})$，且 $n \geqslant 2$，则

$$x\frac{\partial z}{\partial x} + y\frac{\partial z}{\partial y} = \frac{1}{n}$$

(4) 若 $u = \ln(\tan x + \tan y + \tan z)$，则

$$\frac{\partial u}{\partial x}\sin 2x + \frac{\partial u}{\partial y}\sin 2y + \frac{\partial u}{\partial z}\sin 2z = 2$$

(5) 若 $u = (y-z)(z-x)(x-y)$，则 $\dfrac{\partial u}{\partial x} + \dfrac{\partial u}{\partial y} + \dfrac{\partial u}{\partial z} = 0$

9. 求下列函数的二阶偏导数 $\dfrac{\partial^2 z}{\partial x^2}$、$\dfrac{\partial^2 z}{\partial y^2}$、$\dfrac{\partial^2 z}{\partial x \partial y}$：

(1) $z = \dfrac{x}{x^2+y^2}$ (2) $z = x^2\arctan\dfrac{y}{x} - y^2\arctan\dfrac{x}{y}$

(3) $z = \arctan\dfrac{x+y}{1-xy}$ (4) $z = \dfrac{y^2-x^2}{y^2+x^2}$

(5) $z = (\cos y + x\sin y)e^x$

10. 求下列函数的全微分：

(1) $z = e^{x^2+y^2}$ (2) $z = \arctan\dfrac{x+y}{x-y}$

(3) $z=\sqrt{\dfrac{y}{x}}$　　(4) $z=\sqrt{\dfrac{ax-by}{ax+by}}$，$a$，$b$ 为常数

(5) $z=\arctan(xy)$　　(6) $z=x^2+xy^2+\sin y$

(7) $z=\ln(xy)$　　(8) $z=\arcsin\dfrac{x}{y}$

(9) $z=\ln\sqrt{x^2+y^2}$　　(10) $u=xy+yz+zx$

11. 求下列函数在给定条件下的全微分之值：

(1) $z=\ln(x^2+y^2)$；$x=2$，$\Delta x=0.1$；$y=1$，$\Delta y=-0.1$

(2) $z=x^2y^3$；$x=2$，$\Delta x=0.02$；$y=-1$，$\Delta y=-0.01$

(3) $z=e^{xy}$；$x=1$，$\Delta x=0.15$；$y=1$，$\Delta y=0.1$

12. 计算下列各题的近似值：

(1) $1.02^{4.05}$　　(2) $\sqrt{(1.02)^3+(1.97)^3}$

(3) $\ln\dfrac{1+\tan(-0.01)}{1-\sin(0.02)}$　　(4) $\sqrt{(1.04)^{1.99}+\ln 1.02}$

13. 求下列复合函数的导数：

(1) $z=u^2\ln v, u=\dfrac{y}{x}, v=x^2+y^2$，求$\dfrac{\partial z}{\partial x}$、$\dfrac{\partial z}{\partial y}$.

(2) $z=e^{uv}, u=\ln\sqrt{x^2+y^2}, v=\arctan\dfrac{y}{x}$，求$\dfrac{\partial z}{\partial x}$、$\dfrac{\partial z}{\partial y}$.

(3) $u=\dfrac{y-z}{1+a^2}e^{ax}, y=a\sin x, z=\cos x$，求$\dfrac{du}{dx}$.

14. 求下列方程所确定的隐函数的导数$\dfrac{dy}{dx}$：

(1) $\dfrac{x^2}{a^2}+\dfrac{y^2}{b^2}=1$　　(2) $\dfrac{x^2}{a^2}-\dfrac{y^2}{b^2}=1$

(3) $y^x=x^y$　　(4) $\sin(xy)=x^2y^2+e^{xy}$

15. 求下列方程所确定的隐函数 $z=z(x,y)$ 的全微分：

(1) $yz=\arctan(xz)$　　(2) $xyz=e^z$

16. 求下列函数的极值：

(1) $z=x^4+y^4$

(2) $z = x^3 + 3xy^2 - 15x - 12y$

(3) $z = (x + y^2)e^{x/2}$

(4) $z = (a - x - y)xy$，a 为非零常数

(5) $z = x^3 - 3axy + y^3$，a 为非零常数

(6) $z = x^2 + y^2 - 2\ln x - 2\ln y$，$x > 0$、$y > 0$

(7) $z = \sin x + \sin y + \sin(x + y)$，$0 \leqslant x \leqslant \frac{\pi}{2}$，$0 \leqslant y \leqslant \frac{\pi}{2}$

17. 求下列函数在给定条件下的条件极值：

(1) $z = xy$，$x + y = 2$

(2) $z = xy - 1$，$(x-1)(y-1) = 1$，$x > 0$，$y > 0$

(3) $z = x + y$，$\frac{1}{x} + \frac{1}{y} = 1$，$x > 0$，$y > 0$

*18. 求下列函数的最值：

(1) $z = x^3 - 4x^2 + 2xy - y^2$；$-1 \leqslant x \leqslant 4$，$-1 \leqslant y \leqslant 1$

(2) $z = xy^2$；$x^2 + y^2 \leqslant 1$

(3) $z = x^2 + y^2 - xy - x - y$；$x \geqslant 0$，$y \geqslant 0$，$x + y \leqslant 3$

19. 设有一圆柱形容器，其深度为 x、内径为 y，且容积为 V、外壳厚度为 d，求该容器外壳体积最小时的深度 x 与内径 y 之比.

20. 求椭圆 $\frac{x^2}{a^2} + \frac{y^2}{b^2} = 1$ 内接矩形的最大面积.

21. 求曲线 $y = \sqrt{x}$ 上的动点到定点 $(a, 0)$ 的最小距离.

22. 某公司通过电台和报纸两种方式做销售其产品的广告，根据统计资料分析可知，销售收入 R（万元）与电台广告费 x（万元）、报纸广告费 y（万元）有如下的经验公式：

$$R = 15 + 14x + 32y - 8xy - 2x^2 - 10y^2$$

(1) 在广告费用不限的情况下，求使销售净收入最大的广告策略；

(2) 若提供的广告费用为 1.5 万元，求相应的最优广告策略.

23. 某工厂生产的一种产品同时在两个市场销售，售价分别为 p_1 和 p_2，销售量分别为 q_1 和 q_2，需求函数分别为

$$q_1 = 24 - 0.2p_1, \qquad q_2 = 10 - 0.05p_2$$

总成本函数为

$$C = 35 + 40(q_1 + q_2)$$

试问:厂家应如何确定两个市场的售价,才能使其获得的总利润最大?最大总利润为多少?

24. 某地区生产出口服装和家用电器,由以往的经验得知,欲使这两类产品的产量分别增加 x 单位和 y 单位,需分别增加 $\sqrt{x}$ 和 $\sqrt{y}$ 单位的投资,这时出口的销售总收入将增加 $R = 3x + 4y$ 单位. 现该地区用 A 单位的资金投资给服装工业和家用电器工业,问如何分配这 A 单位资金,才能使出口总收入增量最大?最大增量为多少?

25. 某地区用 K 单位资金投资三个项目,投资额分别为 x、y、z 单位,所能获得的效益为 $R = x^{\alpha} y^{\beta} z^{\gamma}$,$\alpha$、$\beta$、$\gamma$ 为正的常数. 问如何分配这 K 单位投资额,能使效益最大?最大效益为多少?

26. 将二重积分 $\iint\limits_D f(x,y)\mathrm{d}x\mathrm{d}y$ 按两种次序化为累次积分,积分区域 D 给定如下:

(1) D 由直线 $x + y = 1$、$x - y = 1$ 和 $x = 0$ 所围成

(2) D 由曲线 $y = x^2$ 和 $y = 2 - x^2$ 所围成

(3) D 为椭圆 $\dfrac{x^2}{4} + \dfrac{y^2}{9} = 1$ 所围成

(4) D 为圆 $(x-1)^2 + (y-2)^2 = 9$ 所围成

27. 交换下列积分的次序:

(1) $\int_{-2}^{-1}\mathrm{d}y\int_{-\sqrt{2+y}}^{0} f(x,y)\mathrm{d}x + \int_{-1}^{0}\mathrm{d}y\int_{-\sqrt{-y}}^{0} f(x,y)\mathrm{d}x$

(2) $\int_0^1 \mathrm{d}y\int_y^{\sqrt{y}} f(x,y)\mathrm{d}x$

(3) $\int_0^2 \mathrm{d}x\int_x^{2x} f(x,y)\mathrm{d}y$

(4) $\int_0^1 \mathrm{d}y\int_0^{\sqrt[3]{y}} f(x,y)\mathrm{d}x + \int_1^2 \mathrm{d}y\int_0^{2-y} f(x,y)\mathrm{d}x$

(5) $\int_0^1 \mathrm{d}x\int_{1-x^2}^1 f(x,y)\mathrm{d}y + \int_1^{\mathrm{e}} \mathrm{d}x\int_{\ln x}^1 f(x,y)\mathrm{d}y$

28. 计算下列二重积分：

(1)$\int_0^1\int_1^2(x^2+y^2)\mathrm{d}x\mathrm{d}y$　　(2)$\int_1^2\int_x^{\sqrt{3}x}xy\mathrm{d}x\mathrm{d}y$

(3)$\iint\limits_D(12x^2+16x^3y^3)\mathrm{d}x\mathrm{d}y$，$D$由$x=1$、$y=x^3$、$y=-\sqrt{x}$所围成

(4)$\iint\limits_D ye^{xy}\mathrm{d}x\mathrm{d}y$，$D$由$y=\ln2$、$y=\ln3$、$x=2$、$x=4$所围成

(5)$\iint\limits_D 4y^2\sin(xy)\mathrm{d}x\mathrm{d}y$，$D$由$x=0$、$y=\sqrt{\dfrac{\pi}{2}}$、$y=x$所围成

(6)$\iint\limits_D|y-x^2|\mathrm{d}x\mathrm{d}y$，$D$由$y=0$、$y=2$和$|x|=1$所围成

29. 利用极坐标计算下列二重积分：

(1)$\int_0^a\int_0^{\sqrt{a^2-x^2}}\sqrt{a^2-x^2-y^2}\mathrm{d}x\mathrm{d}y$

(2)$\int_0^a\int_0^{\sqrt{a^2-y^2}}(x^2+y^2)\mathrm{d}x\mathrm{d}y$

30. 利用二重积分计算下列曲线所围成区域的面积：

(1)$y^2=2x$，　$y=x$

(2)$\sqrt{x}+\sqrt{y}=\sqrt{3}$，　$x+y=3$

(3)$y=\sin x$，　$y=\cos x$，　$x=0$（第一象限部分）

31. 利用二重积分计算体积：

(1)$\dfrac{x}{a}+\dfrac{y}{b}+\dfrac{z}{c}=1$；$x=0,y=0,z=0$；$a>0,b>0,c>0$

(2)$x+y+z=3$，$x^2+y^2=1$，$z=0$

(3)$(x-1)^2+(y-1)^2=1$，$xy=z$，$z=0$

(4)$y=x^2$，$x=y^2$，$z=0$，$z=12+y-x^2$

(5)$z=\dfrac{1}{2}y^2$；$2x+3y-12=0$；$x=0,y=0,z=0$

第九章 微分方程初步

在自然科学、生物科学以及经济与管理科学的许多实际问题中，常常需要寻求某些变量之间的函数关系. 这种函数关系大多不能直接由实际问题的实际意义得到，而要通过建立实际问题的数学模型——微分方程，并求解微分方程，才能得到.

本章介绍微分方程的基本知识及其在经济学中的简单应用.

§9.1 微分方程的基本概念

一、微分方程的定义

定义 9.1 含有自变量、未知函数以及未知函数的导数(或微分)的函数方程，称为**微分方程**. 未知函数为一元函数的微分方程，称为**常微分方程**；未知函数为多元函数，从而出现偏导数的微分方程，称为**偏微分方程**.

例如，方程

$$\frac{\mathrm{d}y}{\mathrm{d}t}-ay,\qquad a\text{ 为常数}\tag{9.1}$$

$$\frac{\mathrm{d}y}{\mathrm{d}x}+P(x)y=Q(x)\tag{9.2}$$

$$\frac{\mathrm{d}^2y}{\mathrm{d}x^2}+x\frac{\mathrm{d}y}{\mathrm{d}x}+x^2y=\mathrm{e}^x\tag{9.3}$$

$$\left(\frac{\mathrm{d}y}{\mathrm{d}x}\right)^2+1=y^{-2}\tag{9.4}$$

都是常微分方程；而方程

$$\frac{\partial^2u}{\partial t^2}-\frac{\partial^2u}{\partial x^2}=f(x,t)\tag{9.5}$$

$$\frac{\partial^2 u}{\partial x^2}+\frac{\partial^2 u}{\partial y^2}+\frac{\partial^2 u}{\partial z^2}=0 \tag{9.6}$$

都是偏微分方程.

经济学中遇到的微分方程大多数是常微分方程，故本章只介绍常微分方程的一些基本知识. 为了叙述简单起见，今后将常微分方程简称为微分方程，甚至简称为方程.

定义 9.2　微分方程中出现的未知函数的最高阶导数的阶数，称为**微分方程的阶**.

例如，方程(9.1)、(9.2)和(9.4)为一阶常微分方程，方程(9.3)为二阶常微分方程，而方程(9.5)和(9.6)为二阶偏微分方程.

n 阶(常)微分方程的一般形式是

$$F(x,y,y',\cdots,y^{(n)})=0. \tag{9.7}$$

其中 x 为自变量，y 为未知函数；$F(x,y,y',\cdots,y^{(n)})$ 是 $x,y,y',\cdots,y^{(n)}$ 的已知函数，且 $y^{(n)}$ 一定要出现.

如果(9.7)左端的函数 F 为 $y,y',\cdots,y^{(n)}$ 的线性函数，则称(9.7)为 **n 阶线性(常)微分方程**，其一般形式为

$$y^{(n)}+a_1(x)y^{(n-1)}+\cdots+a_{n-1}(x)y'+a_n(x)y=f(x). \tag{9.8}$$

其中 $a_1(x),\cdots,a_n(x)$ 和 $f(x)$ 均为自变量 x 的已知函数.

不是线性方程的微分方程，统称为**非线性微分方程**.

例如，方程(9.1)、(9.2)为一阶线性方程，方程(9.3)为二阶线性方程，而方程(9.4)为一阶非线性方程.

二、微分方程的解

定义 9.3　如果将已知函数 $y=\varphi(x)$ 代入方程(9.7)后，能使其成为恒等式，则称函数 $y=\varphi(x)$ 为方程(9.7)的解；如果由关系式 $\Phi(x,y)=0$ 确定的隐函数 $y=\varphi(x)$ 是方程(9.7)的解，则称 $\Phi(x,y)=0$ 为方程(9.7)的**隐式解**.

例如，函数 $y=\mathrm{e}^{at}$、$y=C\mathrm{e}^{at}$ (C 为任意常数) 都是方程(9.1)的解；而 $x^2+y^2=1$ 是方程(9.4)的隐式解.

为了叙述简单起见，今后对微分方程的解和隐式解不加区别，统称为方程的解.

定义 9.4 如果含有 n 个(独立的)任意常数 $C_1,C_2,\cdots,C_n$ 的函数

$$y=\varphi(x,C_1,C_2,\cdots,C_n) \tag{9.9}$$

或

$$\Phi(x,y,C_1,C_2,\cdots,C_n)=0 \tag{9.9'}$$

是方程(9.7)的解,则称其为方程(9.7)的**通解**;在通解中给任意常数 $C_1,C_2,\cdots,C_n$ 以确定的值而得到的解,称为方程(9.7)的**特解**.

例如,$y=Ce^{at}$(C 为任意常数)是一阶方程(9.1)的通解,因为此解中恰含一个任意常数 C;在此通解中令 $C=5$,则得到(9.1)的一个特解 $y=5e^{at}$.

又如方程

$$y''+y=0 \tag{9.10}$$

的通解为

$$y=C_1\sin x+C_2\cos x.$$

其中 C_1、C_2 为任意常数,而 $y_1=\sin x$、$y_2=\cos x$ 均为方程(9.10)的特解,它们可由通解得到.

通常,为了确定 n 阶方程(9.7)的某个特解,需给出该特解应满足的附加条件,称为**定解条件**.一般地说,n 阶微分方程应有 n 个定解条件,才能确定某个具体的特解.n 阶方程(9.7)的常见定解条件是如下的**初始条件**:

$$y(x_0)=y_0,\quad y'(x_0)=y_1,\quad \cdots,\quad y^{(n-1)}(x_0)=y_{n-1}, \tag{9.11}$$

其中 $x_0,y_0,y_1,\cdots,y_{n-1}$ 为 $n+1$ 个给定的常数.

例如,方程(9.10)满足初始条件 $y(0)=0,y'(0)=1$ 的特解为 $y=\sin x$;而满足初始条件 $y(0)=1,y'(0)=0$ 的特解为 $y=\cos x$.

求微分方程满足某个定解条件的解的问题,称为微分方程的**定解问题**;求微分方程满足某个初始条件的解的问题,称为微分方程的**初值问题**.

§ 9.2 一阶微分方程

最基本的微分方程是一阶微分方程,如方程(9.1)、(9.2)和(9.4).一阶微分方程的一般形式是

$$F(x,y,y')=0. \tag{9.12}$$

或

$$y'=f(x,y). \tag{9.12'}$$

其中 $F(x,y,y')$ 是 x,y,y' 的已知函数；$f(x,y)$ 是 x,y 的已知函数.

一、可分离变量方程

形如

$$f(x)\mathrm{d}x=g(y)\mathrm{d}y \tag{9.13}$$

的一阶微分方程，称为**分离变量方程**，而形如

$$y'=\varphi(x)\psi(y) \tag{9.14}$$

的一阶微分方程，称为**可分离变量方程**. 因为(9.14)可改写为

$$\varphi(x)\mathrm{d}x=\frac{1}{\psi(y)}\mathrm{d}y,\quad \psi(y)\neq 0 \tag{9.14'}$$

的分离变量方程.

将方程(9.13)和(9.14′)两端分别对 x 和对 y 积分，可得

$$\int f(x)\mathrm{d}x=\int g(y)\mathrm{d}y+C \tag{9.15}$$

和

$$\int \varphi(x)\mathrm{d}x=\int \frac{1}{\psi(y)}\mathrm{d}y+C. \tag{9.16}$$

其中 C 为任意常数.

(9.15)和(9.16)分别为方程(9.13)和(9.14)的通解. 这里规定 $\int \varphi(x)\mathrm{d}x$ 表示函数 $\varphi(x)$ 的某个原函数，而将式中两端不定积分中的任意常数合并在一起，单独写出来，并记为 C.

例 1. 求方程 $(7+\mathrm{e}^{2x})\mathrm{d}y+y\mathrm{e}^{2x}\mathrm{d}x=0$ 的通解.

解 分离变量得

$$\frac{\mathrm{e}^{2x}}{7+\mathrm{e}^{2x}}\mathrm{d}x+\frac{1}{y}\mathrm{d}y=0,$$

两边同时积分得

$$\ln\sqrt{7+\mathrm{e}^{2x}}+\ln y=\ln C,$$

于是，通解为

$$y\sqrt{7+\mathrm{e}^{2x}}=C \text{ 或 } y=\frac{C}{\sqrt{7+\mathrm{e}^{2x}}}.$$

其中 C 为任意常数.

例 2. 求方程 $4x\mathrm{d}x-3y\mathrm{d}y=3x^2y\mathrm{d}y-2xy^2\mathrm{d}x$ 的通解.

解 合并同类项得

$$2x(2+y^2)\mathrm{d}x=3(1+x^2)y\mathrm{d}y,$$

再分离变量得

$$\frac{2x}{1+x^2}\mathrm{d}x=\frac{3y}{2+y^2}\mathrm{d}y,$$

积分得

$$\ln(1+x^2)=\frac{3}{2}\ln(2+y^2)+\ln C,$$

因此,通解为

$$1+x^2=C(2+y^2)^{3/2}.$$

其中 C 为正的任意常数.

例 3. 求方程 $y'=\dfrac{1+y^2}{xy(1+x^2)}$ 的通解,以及 $y(1)=2$ 时的特解.

解 分离变量得

$$\frac{y}{1+y^2}\mathrm{d}y=\frac{1}{x(1+x^2)}\mathrm{d}x$$

$$=\left(\frac{1}{x}-\frac{x}{1+x^2}\right)\mathrm{d}x,$$

积分得

$$\frac{1}{2}\ln(1+y^2)=\ln x-\frac{1}{2}\ln(1+x^2)+\frac{1}{2}\ln C,$$

即

$$\ln(1+x^2)(1+y^2)=\ln(Cx^2),$$

因此,通解为

$$(1+x^2)(1+y^2)=Cx^2.$$

其中 C 为正的任意常数.

将 $y(1)=2$ 代入通解,可得 $C=10$. 于是,所求特解为

$$(1+x^2)(1+y^2)=10x^2.$$

例 4. 根据经验知道,某产品的净利润 P 与广告支出 x 有如下的关系:

$$\frac{\mathrm{d}P}{\mathrm{d}x}=a(b-P).$$

其中 a 为正的比例常数，b 为正的常数；且广告支出为零时，净利润为 P_0，$0<P_0<b$. 求净利润 $P=P(x)$.

解　将题设方程分离变量得

$$\frac{1}{P-b}\mathrm{d}P=-a\mathrm{d}x,$$

积分得

$$\ln|P-b|=-ax+\ln C,\qquad (C>0)$$

由此可得

$$|P-b|=C\mathrm{e}^{-ax}.$$

因 $x=0$ 时，$P(0)=P_0$，$0<P_0<b$，代入上式得 $C=b-P_0$，可知 $|P-b|=b-P$. 于是，净利润为

$$P=b+(P_0-b)\mathrm{e}^{-ax}.$$

因 $0<P_0<b$，可见 $0<P(x)<b$，于是由题设方程可知 $\frac{\mathrm{d}P}{\mathrm{d}x}>0$，$P(x)$ 是 x 的单调增加函数；另一方面，显然有 $\lim\limits_{x\to+\infty}P(x)=b$. 因此，随着广告支出的增加，净利润将相应地不断增加，并趋向水平渐近线 $P=b$. 这表明，参数 b 的经济意义是净利润可能达到的最大值.

二、齐次微分方程

1. 齐次微分方程

形如

$$\frac{\mathrm{d}y}{\mathrm{d}x}=f\left(\frac{y}{x}\right)\tag{9.17}$$

的一阶微分方程，称为**齐次微分方程**，简称为**齐次方程**.

求解齐次方程(9.17)的常用方法是变量变换法，即通过变量变换将其化为分离变量方程然后再求解的方法，令

$$u=\frac{y}{x}\ \text{或}\ y=xu,\tag{9.18}$$

其中 u 是新的变量. 对 $y=xu$ 两边求微分. 得

$$\mathrm{d}y=x\mathrm{d}u+u\mathrm{d}x,$$

将其代入(9.17)并利用(9.18),可得

$$\frac{1}{f(u)-u}\mathrm{d}u=\frac{1}{x}\mathrm{d}x.$$

这是关于 x 和 u 的分离变量方程,积分得

$$\int\frac{1}{f(u)-u}\mathrm{d}u=\ln|x|+C. \tag{9.19}$$

求出(9.19)左端的一个原函数后. 再将 $u=\dfrac{y}{x}$ 代入,即可求得(9.17)的通解.

注意:如果常数 a 是方程 $f(u)-u=0$ 的根,则 $y=ax$ 也是方程(9.17)的解.

例 5. 求方程 $x\dfrac{\mathrm{d}y}{\mathrm{d}x}=\dfrac{3y^3+6x^2y}{3x^2+2y^2}$ 的通解.

解　将所给方程改写为齐次方程:

$$\frac{\mathrm{d}y}{\mathrm{d}x}=\frac{6\left(\dfrac{y}{x}\right)+3\left(\dfrac{y}{x}\right)^3}{3+2\left(\dfrac{y}{x}\right)^2},$$

令 $y=xu$,则有

$$\frac{\mathrm{d}y}{\mathrm{d}x}=u+x\frac{\mathrm{d}u}{\mathrm{d}x}=\frac{6u+3u^3}{3+2u^2}.$$

分离变量得

$$\frac{1}{x}\mathrm{d}x=\frac{3+2u^2}{3u+u^3}\mathrm{d}u=\left(\frac{1}{u}+\frac{u}{3+u^2}\right)\mathrm{d}u,$$

积分得

$$\ln|x|=\ln|u|+\frac{1}{2}\ln(3+u^2)+\ln|C|,$$

由此可得

$$x=Cu\sqrt{3+u^2},\ C\text{ 为任意常数},$$

于是,将 $u=\dfrac{y}{x}$ 代入上式,得原方程的通解:

$$x^3=Cy\sqrt{3x^2+y^2},C\text{ 为任意常数}.$$

例 6. 求方程$\dfrac{dy}{dx}=\dfrac{y}{x}+\tan\dfrac{y}{x}$的通解.

解 令 $y=xu$,得

$$\frac{dy}{dx}=x\frac{du}{dx}+u=u+\tan u,$$

即

$$x\frac{du}{dx}=\tan u.$$

分离变量得

$$\cot u du=\frac{1}{x}dx,$$

积分得

$$\ln|\sin u|=\ln|x|+\ln|C|=\ln|Cx|,$$

即

$$\sin u=Cx,$$

将 $u=\dfrac{y}{x}$代入上式,得通解

$$\sin\left(\frac{y}{x}\right)=Cx \text{ 或 } y=x\arcsin(Cx).$$

其中 C 为任意常数.

例 7. 已知生产某种产品的总成本 C 由可变成本与固定成本两部分构成. 假设可变成本 y 是产量 x 的函数,且 y 关于 x 的变化率等于产量平方与可变成本平方之和(x^2+y^2)除以产量与可变成本之积的二倍($2xy$);固定成本为1;$x=1$ 时,$y=3$. 求总成本函数 $C=C(x)$.

解 依题设有

$$\frac{dy}{dx}=\frac{x^2+y^2}{2xy}=\frac{1+\left(\frac{y}{x}\right)^2}{2\left(\frac{y}{x}\right)},$$

这是齐次方程,令 $y=xu$,则有

$$\frac{dy}{dx}=u+x\frac{du}{dx}=\frac{1+u^2}{2u},$$

分离变量得

$$\frac{1}{x}\mathrm{d}x=\frac{2u}{1-u^2}\mathrm{d}u=\frac{1}{1-u^2}\mathrm{d}u^2$$

$$\mathrm{d}\ln x=-\mathrm{d}\ln(u^2-1)\quad（注）$$

$$\mathrm{d}\ln x(u^2-1)=0$$

积分得

$$\ln x(u^2-1)=C,\quad C为任意常数.$$

$$x(u^2-1)=\widetilde{C},\quad \widetilde{C}为任意正的常数.$$

将 $y=xu$ 代入上式，得通解

$$y=\sqrt{x^2+\widetilde{C}x}.$$

因成本 $y\geqslant 0$，故上式根号前取正号. 由 $x=1$ 时 $y=3$，可得 $\widetilde{C}=8$. 于是，可变成本为

$$y=\sqrt{x^2+8x},$$

总成本函数为

$$C(x)=1+y=1+\sqrt{x^2+8x}.$$

注　考虑 x 为产量，$x>0$，所以

$$\frac{1}{x}\mathrm{d}x=\mathrm{d}\ln|x|=\mathrm{d}\ln x.$$

考虑 $x=1$ 时 $y=3$，$u=\frac{y}{x}=3$，所以

$$\frac{1}{1-u^2}\mathrm{d}u^2=-\mathrm{d}\ln|u^2-1|=-\mathrm{d}\ln(u^2-1).$$

三、一阶线性微分方程

形如

$$y'+P(x)y=0\tag{9.20}$$

的一阶微分方程，称为**一阶齐次线性方程**，其中 $P(x)$ 为 x 的已知函数. 而形如

$$y'+P(x)y=Q(x)\tag{9.21}$$

的一阶微分方程，称为**一阶非齐次线性方程**，其中 $P(x)$、$Q(x)$ 为 x 的已知函数，且 $Q(x)\neq 0$.

一阶齐次线性方程(9.20)与一阶非齐次线性方程(9.21)统称为**一阶线性(微分)方程**.有时也称一阶齐次线性方程(9.20)为一阶非齐次线性方程(9.21)的**对应齐次方程**.

1. 一阶齐次线性方程的通解

将方程(9.20)分离变量,得

$$\frac{1}{y}\mathrm{d}y=-P(x)\mathrm{d}x, \tag{9.22}$$

积分得

$$\ln y=-\int P(x)\mathrm{d}x+\ln C,$$

由此可得(9.20)的通解

$$y=Ce^{-\int P(x)\mathrm{d}x}, \tag{9.23}$$

其中 C 为任意常数.

2. 一阶非齐次线性方程的通解

我们先用前面介绍过的变量变换法求一阶非齐次线性方程(9.21)的通解,然后由此引出求线性微分方程通解的另一常用方法——**常数变易法**.

设方程(9.21)的解为

$$y=uv, \tag{9.24}$$

其中 $u=u(x)$、$v=v(x)$为待定的未知函数.将(9.24)代入(9.21),可得

$$vu'+u[v'+P(x)v]=Q(x).$$

为了确定 u、v,令

$$v'+P(x)v=0, \tag{9.25}$$

则有

$$vu'=Q(x). \tag{9.26}$$

由(9.25)有

$$v(x)=e^{-\int P(x)\mathrm{d}x},$$

将其代入(9.26)并积分,得

$$u(x)=\int Q(x)e^{\int P(x)\mathrm{d}x}\mathrm{d}x+C.$$

于是,方程(9.21)的通解为

$$y=u(x)v(x)$$
$$=\left[\int Q(x)e^{\int P(x)dx}dx+C\right]e^{-\int P(x)dx}. \tag{9.27}$$

其中 C 为任意常数.

不难验证(9.27)是一阶非齐次线性方程(9.21)的通解.

比较方程(9.21)的通解(9.27)与方程(9.20)的通解(9.23),不难发现,它们有相同的因子 $e^{-\int P(x)dx}$,(9.23)中的常数 C 在(9.27)中变为 x 的函数 $u(x)$,由此启发我们,可通过方程(9.21)的对应齐次方程(9.20)的通解去求(9.21)的通解.方法是,将方程(9.20)的通解(9.23)中的常数 C 变异为 x 的函数 $C(x)$,即令(9.21)的解为

$$y=C(x)e^{-\int P(x)dx},$$

其中 $C(x)$ 为待定函数,对上式求导,得

$$y'=[C'(x)-C(x)P(x)]e^{-\int P(x)dx}.$$

将上述 y 和 y' 代入方程(9.21),得

$$C'(x)=Q(x)e^{\int P(x)dx},$$

积分得

$$C(x)=\int Q(x)e^{\int P(x)dx}dx+C,$$

于是,(9.21)的通解为

$$y=C(x)e^{-\int P(x)dx}$$
$$=\left[\int Q(x)e^{\int P(x)dx}dx+C\right]e^{-\int P(x)dx}.$$

此即上面求得的(9.27)式.

这种通过将齐次方程通解中任意常数变异为未知函数的求解方法,称为**常数变易法**.常数变易法是求解线性微分方程(包括高阶线性微分方程)的一种常用的有效方法,希望读者能熟悉这一方法.

在实际求解某个具体的一阶非齐次线性方程时,"变量变换法"和"常数变易法"均可采用,也可直接利用公式(9.27).但是,记住公式(9.27)并不容易,故熟悉这类方程的求解方法——变量变换法或常数变易法,更为重要.

例 9. 求方程

$$(x+1)y'-ny=(x+1)^{n+1}\mathrm{e}^{x} \tag{9.28}$$

的通解，其中 n 为常数.

解 用变量变换法求解. 令 $y=uv$，将其代入(9.28)，得

$$(x+1)vu'+[(x+1)v'-nv]u=(x+1)^{n+1}\mathrm{e}^{x}. \tag{9.29}$$

令

$$(x+1)v'-nv=0,$$

积分得

$$v(x)=(x+1)^{n}.$$

将其代入(9.29)，可得

$$u'=\mathrm{e}^{x},$$

积分得

$$u(x)=\mathrm{e}^{x}+C.$$

于是，方程(9.28)的通解为

$$y=u(x)v(x)=(x+1)^{n}(\mathrm{e}^{x}+C).$$

其中 C 为任意常数.

例 10. 求方程

$$2y\mathrm{d}x-(x+y^{4})\mathrm{d}y=0 \tag{9.30}$$

的通解，以及满足条件 $y(0)=1$ 的特解.

解 如将方程(9.30)改写为

$$\frac{\mathrm{d}y}{\mathrm{d}x}=\frac{2y}{x+y^{4}},$$

则此方程不是线性方程，但是，如将方程(9.30)改写为

$$\frac{\mathrm{d}x}{\mathrm{d}y}=\frac{x+y^{4}}{2y}=\frac{1}{2y}x+\frac{1}{2}y^{3}, \tag{9.31}$$

则(9.31)为以 y 为自变量、x 为未知函数的一阶线性方程.

下面用常数变异法求(9.31)的通解. (9.31)的对应齐次方程为

$$\frac{\mathrm{d}x}{\mathrm{d}y}=\frac{x}{2y},$$

其通解为

$$x=Cy^{\frac{1}{2}}.$$

将其中任意常数 C 变异为 $C(y)$，即令(9.31)的解为

$$x=C(y)y^{\frac{1}{2}},$$

则

$$x'=C'(y)y^{\frac{1}{2}}+\frac{1}{2}C(y)y^{-\frac{1}{2}}.$$

将上述 x 和 x' 代入方程(9.31)，可得

$$C'(y)=\frac{1}{2}y^{\frac{5}{2}},$$

积分得

$$C(y)=\frac{1}{7}y^{\frac{7}{2}}+C.$$

于是，方程(9.31)亦即方程(9.30)的通解为

$$x=\frac{1}{7}y^4+Cy^{\frac{1}{2}}.$$

其中 C 为任意常数.

将初始条件 $y(0)=1$ 代入通解，可得 $C=-\frac{1}{7}$. 因此，所求特解为

$$x=\frac{1}{7}y^4-\frac{1}{7}y^{\frac{1}{2}} \quad 或 \quad 7x=y^4-y^{\frac{1}{2}}.$$

例 11. 某工厂根据经验得知，其设备的运行和维修成本 C 与设备的大修间隔时间 t 的关系，可用如下的方程描述：

$$\frac{\mathrm{d}C}{\mathrm{d}t}=\frac{b-1}{t}C-\frac{ab}{t^2}. \tag{9.32}$$

其中 a、b 为常数，且 $a>0$，$b>1$. 已知 $C(t_0)=C_0$ $(t_0\geqslant 0)$，求 $C(t)$.

解 方程(9.32)是关于成本 $C(t)$ 的线性方程，其对应齐次方程为

$$\frac{\mathrm{d}C}{\mathrm{d}t}=\frac{b-1}{t}C,$$

其通解为

$$C(t)=C_1t^{b-1}, \qquad C_1 \text{ 为任意常数}.$$

令(9.32)的解为

$$C(t)=C_1(t)t^{b-1},$$

则

$$C'(t)=C_1'(t)t^{b-1}+(b-1)C_1(t)t^{b-2}.$$

将上述 $C(t)$、$C'(t)$代入方程(9.32)，可得

$$C_1'(t)=-abt^{-(b+1)},$$

积分得

$$C_1(t)=at^{-b}+C_2,$$

于是，方程(9.32)的通解为

$$C(t)=at^{-1}+C_2t^{b-1}.$$

其中 C_2 为任意常数.

将初始条件 $C(t_0)=C_0$ 代入通解，可得

$$C_2=(C_0t_0-a)t_0^{-b},$$

于是，所求成本函数为

$$C(t)=\frac{a}{t}+\left(C_0-\frac{a}{t_0}\right)\left(\frac{t}{t_0}\right)^{b-1}.$$

*3. 伯努利(*Bernoulli*)方程

形如

$$\frac{\mathrm{d}y}{\mathrm{d}x}+P(x)y=Q(x)y^n \tag{9.33}$$

的方程，称为**伯努利方程**，其中 n 为常数.

显然，当 $n=0$ 或 1 时，方程(9.33)化为线性方程. 当 $n\neq0$ 且 $n\neq1$ 时，利用变量变换法可求出方程(9.33)的通解. 为此，令

$$y=u(x)v(x),$$

将其代入方程(9.33)，得

$$vu'+[v'+P(x)v]u=Q(x)u^nv^n. \tag{9.34}$$

为了确定 $u(x)$和 $v(x)$，令

$$v'+P(x)v=0,$$

则有

$$v(x)=\mathrm{e}^{-\int P(x)\mathrm{d}x}$$

将其代入(9.34)，得，

$$u'=Q(x)u^nv^{n-1}$$

$$=Q(x)u^n e^{(1-n)\int P(x)\mathrm{d}x}.$$

分离变量得

$$u^{-n}\mathrm{d}u=Q(x)e^{(1-n)\int P(x)\mathrm{d}x}\mathrm{d}x,$$

积分得

$$u^{1-n}=(1-n)\int Q(x)e^{(1-n)\int P(x)\mathrm{d}x}\mathrm{d}x+C.$$

于是,方程(9.33)的通解为

$$y^{1-n}=u^{1-n}v^{1-n}$$

$$=\left[(1-n)\int Q(x)e^{(1-n)\int P(x)\mathrm{d}x}\mathrm{d}x+C\right]\times e^{(n-1)\int P(x)\mathrm{d}x}. \tag{9.35}$$

其中 C 为任意常数.

将伯努利方程(9.33)的通解(9.35)与一阶非齐次线性方程(9.21)的通解(9.27)相比较,不难发现二者右端的形式基本相同,不同的是左端.这启发我们,通过变量变换 $z=y^{1-n}$,可将伯努利方程(9.33)化为关于变量 z 的线性方程.具体推导过程留给读者去完成.

例 12. 求方程 $\frac{\mathrm{d}y}{\mathrm{d}x}+xy=x^3y^3$ 的通解.

解 这是 $n=3$ 的伯努利方程. 令 $y=uv$,则

$$y'+xy=vu'+(v'+xv)u=x^3u^3v^3.$$

令 $v'+xv=0$,则有

$$v(x)=e^{-\frac{1}{2}x^2},$$

$$vu'=x^3u^3v^3.$$

分离变量得

$$u^{-3}\mathrm{d}u=x^3v^2\mathrm{d}x=x^3e^{-x^2}\mathrm{d}x,$$

积分得

$$-\frac{1}{2}u^{-2}=-\frac{1}{2}(1+x^2)e^{-x^2}-\frac{1}{2}C,$$

即

$$u^{-2}=(1+x^2)e^{-x^2}+C.$$

于是,所求通解为

$$y^{-2}=u^{-2}v^{-2}=(1+x^2+Ce^{x^2})$$

或

$$(1+x^2+Ce^{x^2})y^2=1.$$

其中 C 为任意常数.

§9.3 二阶线性微分方程

§9.1已经指出，n 阶微分方程的一般形式为

$$F(x,y,y',\cdots,y^{(n)})=0. \tag{9.36}$$

一般地说,要求出方程(9.36)的解的解析表达式是很困难的.因此,本节只讨论方程(9.36)的一些特殊形式的求解问题,重点是二阶常系数线性微分方程的求解问题.

*一、二阶线性微分方程解的基本定理

二阶线性微分方程的一般形式是

$$y''+a(x)y'+b(x)y=f(x), \tag{9.37}$$

其中 $a(x),b(x),f(x)$ 都是 x 的已知连续函数.

如果 $f(x)\equiv 0$，则（9.37）变为

$$y''+a(x)y'+b(x)y=0 \tag{9.38}$$

称其为**二阶齐次线性微分方程**，简称**齐次线性方程**. 相应地，称方程（9.37）为**二阶非齐次线性微分方程**，简称**非齐次线性方程**. 有时也称方程（9.38）为方程（9.37）的**对应齐次方程**.

定义 9.5 给定定义在区间Ⅰ上的函数组 $y_1(x),y_2(x),\cdots,y_k(x)$,如果存在不全为零的常数 $C_1,C_2,\cdots,C_k$,使得等式

$$C_1y_1(x)+C_2y_2(x)+\cdots C_ky_k(x)=0 \tag{9.39}$$

在区间Ⅰ上恒成立,则称函数组 $y_1(x),y_2(x),\cdots,y_k(x)$ 在区间Ⅰ上是**线性相关**的;如果在区间Ⅰ上,等式(9.39)仅当 $C_1,C_2,\cdots,C_k$ 全为零时才成立,则称函数组 $y_1(x),y_2(x),\cdots,y_k(x)$ 在区间Ⅰ上是**线性无关**的.

特别当 $k=2$ 时,如果 $y_1(x)\equiv Ay_2(x)$ 或 $y_2(x)\equiv Ay_1(x)$(其中 A 为非零常数),则函数 $y_1(x)$ 与 $y_2(x)$ 线性相关,否则线性无关. 即 $y_1(x)$ 与 $y_2(x)$ 中任何一个都不是另一个的若干倍,则 $y_1(x)$ 与 $y_2(x)$ 线性无关.

例如,函数 $y_1(x)=1-\sin^2 x$ 与 $y_2(x)=\cos^2 x$ 在任何区间上都是线性相关的;零(作为函数)与任何函数都是线性相关的;而函数 e^x 与 xe^x,$\sin x$ 与 $\cos x$ 在

任何区间上都是线性无关的. 可以证明,函数组 $1,x,\cdots,x^k$ 在任何区间上都是线性无关的.

下面介绍二阶线性方程解的有关理论. 这些定理的证明只选择简单的必要的予以陈述.

定理 9.1　如果 $a(x)$,$b(x)$及 $f(x)$都是定义在区间 I 上的连续函数,则对任一 $x_0\in$ I 及任意给定的常数 y_0,y_1,二阶线性方程(9.37)一定存在定义在区间 I 上的唯一解 $y=\varphi(x)$,并满足如下初始条件:

$$\varphi(x_0)=y_0,\qquad \varphi'(x_0)=y_1.$$

定理 9.2　如果函数 $y_1=y_1(x)$,$y_2=y_2(x)$都是齐次线性方程(9.38)的解. 则它们的任意线性组合

$$y=Cy_1,\qquad y=Cy_2,\qquad y=C_1y_1+C_2y_2$$

都是方程(9.38)的解,其中 C,C_1,C_2 是任意常数.

证　由于 $y_1=y_1(x)$和 $y_2=y_2(x)$是(9.38)的解,所以

$$y_1''+a(x)y_1'+b(x)y_1=0$$

$$y_2''+a(x)y_2'+b(x)y_2=0.$$

由于

$$\begin{aligned}&(C_1y_1+C_2y_2)''+a(x)(C_1y_1+C_2y_2)'+b(x)(C_1y_1+C_2y_2)\\&=C_1(y_1''+a(x)y_1'+b(x)y_1)+C_2(y_2''+a(x)y_2'+b(x)y_2)\\&=C_1\cdot 0+C_2\cdot 0=0\end{aligned}$$

所以 $y=C_1y_1+C_2y_2$ 是方程(9.38)的解得证. 当取 $C_1=C,C_2=0$,取 $C_1=0$,$C_2=C$ 时可知 $y=Cy_1$,$y=Cy_2$ 都是方程(9.38)的解. 定理得证.

定理说明了齐次线性方程解的一个重要性质:一个、两个或更多个(9.38)的特解,它们任意线性组合仍为(9.38)的解.

定理 9.3　二阶齐次线性方程(9.38)一定存在两个线性无关的解.

定理 9.4　如果 $y_1=y_1(x)$和 $y_2=y_2(x)$是二阶齐次线性方程(9.38)的两个线性无关的解. 则方程(9.38)的通解为

$$y_c(x)=C_1y_1+C_2y_2 \tag{9.40}$$

其中 C_1,C_2 为任意常数.

定理 9.5　如果 $\bar{y}=\bar{y}(x)$是二阶非齐次线性方程(9.37)的一个特解,$y_c=y_c(x)$是(9.37)的对应齐次方程(9.38)的通解. 则非齐次线性方程(9.37)的通解为

$$y(x)=y_c+\bar{y}. \tag{9.41}$$

证　由于假设 y_c 与 $\bar{y}$ 分别是(9.38)的通解和(9.37)的特解,所以

$$y_c''+a(x)y_c'+b(x)y_c=0,$$
$$\bar{y}''+a(x)\bar{y}'+b(x)\bar{y}=f(x).$$

由于
$$(y_c+\bar{y})''+a(x)(y_c+\bar{y})'+b(x)(y_c+\bar{y})$$
$$=(y_c''+a(x)y_c'+b(x)y_c)+(\bar{y}''+a(x)\bar{y}'+b(x)\bar{y})$$
$$=0+f(x)=f(x),$$

所以 $y(x)=y_c+\bar{y}$ 是(9.37)的解. 由于 $y(x)$中含有两个独立的任意常数. 所以 $y(x)=y_c+\bar{y}$ 是(9.37)的通解. 定理得证.

定理 9.4 和定理 9.5 分别说明了二阶线性齐次方程和非齐次方程通解的结构. 定理 9.4 告诉我们,要求出 n 阶齐次线性方程(9.38)的通解,只需求出其 n 个线性无关的特解,然后将这 n 个线性无关的特解线性组合成(9.40)的形式即可. 而定理 9.5 告诉我们,要求出 n 阶非齐次线性方程(9.37)的通解,只需求出其一个特解及其对应齐次方程(9.38)的通解,然后将(9.37)的特解与(9.38)的通解相加即可. 因此,求 n 阶非齐次线性方程(9.37)通解的问题,归结为如何求(9.37)的一个特解以及(9.37)的对应齐次方程(9.38)的通解. 下面详细讨论二阶常系数线性方程的求解方法,然后再推广到 n 阶常系数线性方程的情形.

二、二阶常系数线性方程

二阶常系数线性微分方程的一般形式是

$$y''+ay'+by=f(x). \tag{9.42}$$

其中 a、b 为已知实常数,$f(x)$为已知函数. 方程(9.42)的对应齐次方程为

$$y''+ay'+by=0. \tag{9.43}$$

根据定理 9.5,下面分别讨论方程(9.43)通解和方程(9.42)特解的求解方法.

1. 二阶常系数齐次线性方程的通解

根据定理 9.4,只需求出方程(9.43)的两个线性无关特解,即可求出(9.43)的通解,那么,如何求得这两个线性无关的特解呢? 注意到方程 (9.43) 左端的系数 a 和 b 均为常数, 自然使我们设想, 解 y 可能具有这样的性质: y'和 y''均为 y 的常数倍. 例如, 函数 $y=e^{\lambda x}$ (λ 为常数) 就具有这样的性质. 因此, 设方程 (9.43) 有解 $y=e^{\lambda x}$, 其中 λ 为待定常数. 将

$$y=e^{\lambda x},\quad y'=\lambda e^{\lambda x},\quad y''=\lambda^2 e^{\lambda x}$$

代入方程(9.43),得

$$(\lambda^2+a\lambda+b)e^{\lambda x}=0.$$

因 $e^{\lambda x}\neq 0$,故由上式得

$$\lambda^2+a\lambda+b=0. \tag{9.44}$$

称(9.44)为方程(9.43)或(9.42)的**特征方程**,特征方程的解称为**特征根**或**特征值**.

显然,函数 $y=e^{\lambda x}$ 是方程(9.43)的解的充分必要条件是,常数 λ 为特征方程(9.44)的解,即 λ 为特征根.

因特征方程(9.44)是 λ 的二次代数方程,故可能有两个特征根,记为 λ_1、λ_2. 下面再分三种情形,讨论如何利用特征方程(9.44)求方程(9.43)的通解.

(1)特征根为相异实根

由二次方程判别条件知,判别式 $\Delta=a^2-4b>0$ 时,特征方程(9.44)有两个相异实根,即

$$\lambda_1=\frac{1}{2}(-a+\sqrt{\Delta}),\quad \lambda_2=\frac{1}{2}(-a-\sqrt{\Delta}). \tag{9.45}$$

这时方程(9.43)有两个特解

$$y_1=e^{\lambda_1 x},\quad y_2=e^{\lambda_2 x}.$$

由

$$\frac{y_1}{y_2}=e^{(\lambda_1-\lambda_2)x}=e^{\sqrt{\Delta}x}\neq 常数$$

可知,特解 y_1 与 y_2 线性无关. 因此,方程(9.43)的通解为

$$y_c=C_1e^{\lambda_1 x}+C_2e^{\lambda_2 x}. \tag{9.46}$$

其中 λ_1、λ_2 由(9.45)式确定,C_1、C_2 为任意常数.

(2)特征根为重根

此时有判别式 $\Delta=a^2-4b=0$,且重特征根为

$$\lambda_1=\lambda_2=-\frac{a}{2}=\lambda. \tag{9.47}$$

因此,(9.43)有一特解 $y_1=e^{\lambda x}$. 直接验证可知,$y_2=xe^{\lambda x}$ 是(9.43)的另一特解,而且,由

$$\frac{y_1}{y_2}=\frac{1}{x}\neq 常数$$

可知，特解 y_1 与 y_2 线性无关. 因此，方程(9.43)的通解为

$$y_c=C_1e^{\lambda x}+C_2xe^{\lambda x}=(C_1+C_2x)e^{\lambda x}. \tag{9.48}$$

其中 λ 由(9.47)式确定，C_1、C_2 为任意常数.

(3)特征根为共轭复根

此时有判别式 $\Delta=a^2-4b<0$，且共轭复根为

$$\lambda_1=\frac{1}{2}(-a+i\sqrt{-\Delta}),\ \lambda_2=\frac{1}{2}(-a-i\sqrt{-\Delta}),$$

其中 $i=\sqrt{-1}$ 为虚数单位.

记 λ_1、λ_2 的实部与虚部分别为 α、β，即记

$$\alpha=-\frac{a}{2},\quad \beta=\frac{1}{2}\sqrt{-\Delta}. \tag{9.49}$$

这时，直接验证可知，函数

$$y_1=e^{\alpha x}\cos\beta x,\quad y_2=e^{\alpha x}\sin\beta x$$

是方程(9.43)的两个线性无关特解. 因此，方程(9.43)的通解为

$$y_c=(C_1\cos\beta x+C_2\sin\beta x)e^{\alpha x}. \tag{9.50}$$

其中 α、β 由(9.49)式确定，C_1、C_2 为任意常数.

例 1. 求方程 $y''-4y'+3y=0$ 的通解.

解 特征方程为

$$\lambda^2-4\lambda+3=(\lambda-1)(\lambda-3)=0$$

故有两个相异的实特征根 $\lambda_1=1$、$\lambda_2=3$. 因此，由(9.46)式知，所给方程的通解为

$$y_c=C_1e^x+C_2e^{3x},$$

其中 C_1、C_2 为任意常数.

例 2. 求方程 $y''-3y'+\frac{9}{4}y=0$ 的通解.

解 特征方程为

$$\lambda^2-3\lambda+\frac{9}{4}=\left(\lambda-\frac{3}{2}\right)^2=0,$$

故有一重特征根 $\lambda=\frac{3}{2}=1.5$. 因此，由(9.48)式知，所给方程的通解为

$$y_c=(C_1+C_2x)e^{1.5x},$$

其中 C_1、C_2 为任意常数.

例 3. 求方程 $y''+2y'+2y=0$ 的通解.

解 特征方程为

$$\lambda^2+2\lambda+2=0,$$

它有一对共轭复根 $\lambda_1=-1+i,\lambda_2=-1-i$. 因此,由(9.50)式可知,所给方程的通解为

$$y_c=(C_1\cos x+C_2\sin x)e^{-x},$$

其中 C_1,C_2 为任意常数.

2. **二阶常系数非齐次线性方程的通解**

根据定理 9.5,求非齐次线性方程(9.42)的通解,归结为求(9.42)的一个特解 $\bar{y}$ 及其对应齐次方程(9.43)的通解 y_c,然后取和式 $y_c+\bar{y}=y$ 即为(9.42)的通解. 求对应齐次方程(9.43)通解的方法,上面已作介绍,余下的问题是如何求非齐次线性方程(9.42)的一个特解.

求非齐次线性方程(9.42)特解的一个常用的有效方法是**待定系数法**. 其基本思想是,用与(9.42)中非齐次项函数 $f(x)$ 形式相同但含有待定系数的函数,作为非齐次线性方程(9.42)的特解(称为试解函数). 然后将试解函数代入方程(9.42),利用方程两边对任何 x 之值均恒等的条件,确定出试解函数中的待定系数,从而求出方程(9.42)的一个特解.

例如,当 $f(x)$ 为常数时,用待定常数作为试解函数;当 $f(x)=P_m(x)$ 为 x 的已知 m 次多项式时,取试解函数为 $\bar{y}=Q_m(x)$,$Q_m(x)$ 为系数待定的 m 次多项式;当 $f(x)$ 为 x 的指数函数时,用含有待定系数的同形指数函数作为试解函数;当 $f(x)$ 为三角函数 $\sin\alpha x$ 或 $\cos\alpha x$ 或二者的线性组合时,用含有待定系数 A_1 和 A_2 的函数 $A_1\sin\alpha x+A_2\cos\alpha x$ 作为试解函数,等等.

几种常见类型的函数 $f(x)$ 的设试解函数方法见表 9-1. 下面介绍几个具体的例子,说明一下用待定系数法求方程(9.42)特解的具体过程.

例 4. 求方程 $y''-4y'+3y=6$ 的通解.

解 例 1 已求出对应齐次方程的通解为

$$y_c=C_1e^x+C_2e^{3x}$$

下面求非齐次方程的一个特解. 因 $f(x)=6$ 为常数,故设试解函数为 $\bar{y}=A$,A 为待定常数. 将 $\bar{y}=A$ 代入所给方程得 $3A=6$,即 $A=2$. 因此,$\bar{y}=2$ 是所给方程的一个特解. 于是,所给方程的通解为

$$y=y_c+\bar{y}=c_1\mathrm{e}^x+c_2\mathrm{e}^{3x}+2,$$

其中 C_1、C_2 为任意常数.

例 5. 求方程 $y''-3y'+\frac{9}{4}y=\mathrm{e}^x$ 的通解.

解 例 2 已求出对应齐次方程的通解为

$$y_c=(C_1+C_2x)\mathrm{e}^{1.5x},$$

设所给方程的特解为 $\bar{y}=A\mathrm{e}^x$，A 为待定常数. 将其代入所给方程，得

$$(A-3A+\frac{9}{4}A)\mathrm{e}^x=\mathrm{e}^x.$$

由此可得 $A=4$. 因此，$\bar{y}=4\mathrm{e}^x$ 为所给方程的一个特解. 于是，所给方程的通解为

$$y=y_c+\bar{y}=(C_1+C_2x)\mathrm{e}^{1.5x}+4\mathrm{e}^x,$$

其中 C_1，C_2 为任意常数.

表 9—1

$f(x)$的形式	特解 $\bar{y}$ 的试解形式	取试解的条件
$f(x)=P_m(x)$ $P_m(x)$为 x 的 m 次多项式	$\bar{y}=Q_m(x)$ $=A_0+A_1x+\cdots+A_mx^m$ $A_0,A_1,\cdots,A_m$ 为待定常数	$b\neq 0$ ($b=0$ 时，方程(9.42)可化为一阶线性方程)
$f(x)=\mathrm{e}^{\alpha x}P_m(x)$ α 为实常数， $P_m(x)$为 x 的 m 次多项式	$\bar{y}=Q_m(x)\mathrm{e}^{\alpha x}$ $Q_m(x)$同上	α 不是特征根
	$\bar{y}=xQ_m(x)\mathrm{e}^{\mathrm{e}x}$ $Q_m(x)$同上	α 为单特征根
	$\bar{y}=x^2Q_m(x)\mathrm{e}^{\alpha x}$ $Q_m(x)$同上	α 为重特征根
$f(x)=a_1\cos\omega x+a_2\sin\omega x$ a_1,a_2,ω 为实常数	$\bar{y}=A_1\cos\omega x+A_2\sin\omega x$ A_1,A_2 为待定常数	$\pm i\omega$ 不是特征根
	$\bar{y}=(A_1\cos\omega x+A_2\sin\omega x)x$ A_1,A_2 为待定常数	$\pm i\omega$ 是特征根
$f(x)=(a_1\cos\omega x+a_2\sin\omega x)\mathrm{e}^{\alpha x}$ a_1,a_2,ω,α 为实常数	$\bar{y}=(A_1\cos\omega x+A_2\sin\omega x)\mathrm{e}^{\alpha x}$ A_1,A_2 为待定常数	$\alpha\pm i\omega$ 不是特征根
	$\bar{y}=x(A_1\cos\omega x+A_2\sin\omega x)\mathrm{e}^{\alpha x}$ A_1,A_2 为待定常数	$\alpha\pm i\omega$ 是特征根

例 6. 求方程 $y''+2y'+2y=10\sin 2x$ 的通解.

解 例 3 已求出对应齐次方程的通解为

$$y_c=(C_1\cos x+C_2\sin x)e^{-x}.$$

设所给方程的特解为

$$\bar{y}=A_1\sin 2x+A_2\cos 2x,$$

A_1、A_2 为待定系数. 将此 $\bar{y}$ 代入所给方程,得

$$-(A_1+2A_2)\sin 2x+(2A_1-A_2)\cos 2x=5\sin 2x.$$

此式对任何 x 均应成立,故有

$$-(A_1+2A_2)=5, \qquad 2A_1-A_2=0.$$

由此解得 $A_1=-1$,$A_2=-2$. 因此 $\bar{y}=-\sin 2x-2\cos 2x$ 为所给方程的一个特解. 从而,所给方程的通解为

$$\begin{aligned} y&=y_c+\bar{y}\\ &=(C_1\cos x+C_2\sin x)e^{-x}-\sin 2x-2\cos 2x, \end{aligned}$$

其中 C_1,C_2 为任意常数.

例 7. 求方程 $y''-2y'+y=12xe^x$ 的通解.

解 特征方程为

$$\lambda^2-2\lambda+1=(\lambda-1)^2=0,$$

故有重特征根 $\lambda=1$,从而对应齐次方程通解为

$$y_c=(C_1+C_2x)e^x.$$

为了求出所给方程的一个特解,注意非齐次项函数为 $f(x)=12xe^x$,由表 9－1 知,$P_m(x)=12x$ 为 x 的一次多项式,且 $\alpha=1$ 为重特征根. 于是,由表 9－1 可知,应设特解为

$$\bar{y}=x^2(A_0+A_1x)e^x.$$

其中 A_0、A_1 为待定常数. 将此 $\bar{y}$ 代入所给方程,可得

$$(2A_0+6A_1x)e^x=12xe^x,$$

即

$$2A_0+6A_1x=12x.$$

由此可得 $A_0=0$, $A_1=2$, 因此, $\bar{y}=2x^3e^x$ 为所给方程的一个特解.
从而, 所给方程的通解为

$$y=y_c+\bar{y}=(C_1+C_2x+2x^3)e^x,$$

其中 C_1、C_2 为任意常数.

注意:对于 $f(x)=A\sin\omega x$ 或 $f(x)=B\cos\omega x$ 的情形,试解函数仍应设为 $\bar{y}=A_1\sin\omega x+A_2\cos\omega x$,而不能设为 $\bar{y}=A_1\sin\omega x$ 或 $\bar{y}=A_2\cos\omega x$.

上面介绍的二阶常系数线性微分方程的求解方法,可以推广到一般的 n 阶常系数线性微分方程.

例 8. 求方程 $y^{(5)}+y^{(4)}+2y^{(3)}+2y''+y'+y=8e^x$ 的通解.

解 对应特征方程为

$$\lambda^5+\lambda^4+2\lambda^3+2\lambda^2+\lambda+1=(\lambda+1)(\lambda^2+1)^2=0,$$

可见特征根为

$$\lambda_1=-1,\quad \lambda_2=\lambda_3=i,\quad \lambda_4=\lambda_5=-i.$$

于是对应齐次方程的通解为

$$y_c=C_1e^{-x}+(C_2+C_3x)\sin x+(C_4+C_5x)\cos x.$$

再设所给方程有特解 $\bar{y}=Ae^x$,A 为待定常数. 将其代入所给方程,得

$$8Ae^x=8e^x.$$

故 $A=1$,$\bar{y}=e^x$. 因此,所给方程的通解为

$$\begin{aligned} y&=y_c+\bar{y} \\ &=C_1e^{-x}+(C_2+C_3x)\sin x+(C_4+C_5x)\cos x+e^x, \end{aligned}$$

其中 $C_1\sim C_5$ 为 5 个任意常数.

*§ 9.4 微分方程在经济学中的应用

本节介绍微分方程在经济学中的几个简单的应用.

一、价格调整模型

设有某种商品,其价格主要由市场供求关系决定,或者说,该商品的供给量 S 与需求量 D 只与该商品的价格 p 有关. 为简单起见,设供给函数与需求函数分别为

$$S=a+bp,\qquad D=\alpha-\beta p. \tag{9.51}$$

其中 a、b、α、β 均为常数，且 $b>0$，$\beta>0$.

当供给量与需求量相等(即 $S=D$)时，由(9.51)求得供需相等时的价格为

$$p_e=\frac{\alpha-a}{\beta+b}. \tag{9.52}$$

称 p_e 为该种商品的**均衡价格**.

一般地说，当市场上该商品供过于求($S>D$)时，价格将下跌；供不应求($S<D$)时，价格将上涨. 因此，该商品在市场上的价格将随着时间的变化而围绕着均衡价格 p_e 上下波动，价格 p 是时间 t 的函数 $p=p(t)$. 根据上述供求关系变化影响价格变化的分析，可以假设 t 时刻价格 $p(t)$ 的变化率 $\frac{dp}{dt}$ 与 t 时刻的超额需求量 $D-S$ 成正比，即设

$$\frac{dp}{dt}=k(D-S), \tag{9.53}$$

其中 k 为正的常数，用来反映价格的调整速度.

将(9.51)、(9.52)代入(9.53)，可得

$$\frac{dp}{dt}=\lambda(p_e-p), \tag{9.54}$$

其中常数 $\lambda=(b+\beta)k>0$. 方程(9.54)的通解为

$$p=p(t)=p_e+Ce^{-\lambda t}.$$

假设初始价格 $p(0)=p_0$，代入上式得 $C=p_0-p_e$. 于是，上述价格调整模型的解为

$$p(t)-p_e+(p_0-p_e)e^{-\lambda t}.$$

由 $\lambda>0$ 知，$\lim\limits_{t\to+\infty}p(t)=p_e$. 这表明，实际价格 $p(t)$ 最终将趋向于均衡价格 p_e.

二、多马(*Domar*，*E. D.*)经济增长模型

设 $S(t)$ 为 t 时刻的储蓄，$I(t)$ 为 t 时刻的投资，$Y(t)$ 为 t 时刻的国民收入，多马曾提出如下的简单宏观经济增长模型：

$$\begin{cases} S(t)=\alpha Y(t) \\ I(t)=\beta \dfrac{\mathrm{d}Y}{\mathrm{d}t} \\ S(t)=I(t) \\ Y(0)=Y_0. \end{cases} \tag{9.55}$$

其中 α、β 为正的常数，Y_0 为期初国民收入，$Y_0>0$.(9.55)中第一个方程表示储蓄与国民收入成正比（α 称为储蓄率），第二个方程表示投资与国民收入的变化率成正比（β 称为加速数），第三个方程表示储蓄等于投资.

由(9.55)前三个方程消去 $S(t)$ 和 $I(t)$，可得关于 $Y(t)$ 的微分方程

$$\frac{\mathrm{d}Y}{\mathrm{d}t}=\lambda Y,\ \lambda=\frac{\alpha}{\beta}>0,$$

其通解为

$$Y=C\mathrm{e}^{\lambda t}.$$

由初始条件 $Y(0)=Y_0$，得 $C=Y_0$. 于是有

$$Y=Y(t)=Y_0\mathrm{e}^{\lambda t}.$$

由此可得

$$S(t)=I(t)=\alpha Y(t)=\alpha Y_0\mathrm{e}^{\lambda t}.$$

由 $\lambda>0$ 可知，$Y(t)$、$S(t)$、$I(t)$ 均为时间 t 的单调增加函数，即它们都是不断增长的.

三、索罗(*Solow*,*R. M.*)经济增长模型

设 $Y(t)$ 为 t 时刻的国民收入，$K(t)$ 为 t 时刻的资本存量，$L(t)$ 为 t 时刻的劳动力. 索罗曾提出如下的经济增长模型：

$$\begin{cases} Y=F(K,L) \\ \dfrac{\mathrm{d}K}{\mathrm{d}t}=sY(t) \\ L=L_0\mathrm{e}^{\lambda t}. \end{cases} \tag{9.56}$$

其中 s 为储蓄率($s>0$)，λ 为劳动力增长率($\lambda>0$)，L_0 为初始劳动力($L_0>0$)，$F(K,L)$ 为 K 和 L 的一次齐次函数，称为生产函数.

由(9.56)的前两式，可得

$$\frac{dK}{dt}=sF(K,L)=sLF\left(\frac{K}{L},1\right),$$

令 $k=\frac{K}{L}$——称为资本劳力比，表示单位劳动力平均占有的资本. 将$K=kL$代入上式并利用$\frac{dL}{dt}=\lambda L$，可得

$$\frac{dk}{dt}+\lambda k=sF(k,1). \tag{9.57}$$

为了求出关于 k 的方程(9.57)的解，需给出生产函数 $F(K,L)$的具体形式. 为此，下面取生产函数为柯布—道格拉斯(*Cobb*—*Douglas*)生产函数，即设

$$F(K,L)=AK^{\alpha}L^{1-\alpha}=ALk^{\alpha},$$

其中 $A>0$，$0<\alpha<1$ 均为常数. 易知 $F(k,1)=Ak^{\alpha}$，将其代入(9.57)得

$$\frac{dk}{dt}+\lambda k=sAk^{\alpha}.$$

这是以 $k=k(t)$为未知函数的伯努利方程 .

令 $z=k^{1-\alpha}$，则有

$$\frac{dz}{dt}+(1-\alpha)\lambda z=(1-\alpha)sA .$$

这是关于 z 的一阶线性方程，其通解为

$$z=\frac{sA}{\lambda}+Ce^{(\alpha-1)\lambda t}.$$

将 $z=k^{1-\alpha}=(K/L)^{1-\alpha}$代入上式，得

$$K^{1-\alpha}=\left(\frac{sA}{\lambda}+Ce^{(\alpha-1)\lambda t}\right)L^{1-\alpha}$$

$$=\frac{s}{\lambda}AL_0{}^{1-\alpha}e^{1-\alpha}\lambda t+CL_0{}^{1-\alpha}.$$

如果 $K(0)=K_0$，则由上式有

$$C=\left(\frac{K_0}{L_0}\right)^{1-\alpha}-\frac{s}{\lambda}A=k_0{}^{1-\alpha}-\frac{s}{\lambda}A,$$

于是有

$$K=K(t)=\left[a+be^{(1-\alpha)\lambda t}\right]^{\frac{1}{1-\alpha}},$$

其中设

$$\begin{cases} a=\left(k_0{}^{1-\alpha}-\dfrac{s}{\lambda}A\right)L_0^{1-\alpha} \\ b=\dfrac{s}{\lambda}AL_0^{1-\alpha}. \end{cases}$$

习 题 九

1. 验证下列各函数是所给微分方程的通解：

(1) $y=(x+C)e^{-x}$，　$y'+y=e^{-x}$

(2) $x=\cos 2t+C_1\cos 3t+C_2\sin 3t$，　$x''+9x=5\cos 2t$

(3) $y=(C_1+C_2\ln x)\sqrt{x}+C_3$，　$4x^2y^{(3)}+8xy''+y'=0$

(4) $y^2=C_1x+C_2x^2$，　$x^2yy''+(xy'-y)^2=0$

(5) $\ln y=x^2+2+C_1e^x+C_2e^{-x}$，　$\left(\dfrac{1}{y}y'\right)^2-\dfrac{1}{y}y''=x^2-\ln y$

2. 求下列微分方程的通解或在给定初始条件下的特解：

(1) $y^2dx+(x-1)dy=0$　　(2) $y'=\dfrac{xy+y}{x+xy}$

(3) $2xydx=dy$　　(4) $\sin x\cos^2 ydx+\cos^2 xdy=0$

(5) $(xy^2-x)dx+(x^2y+y)dy=0$

(6) $xydx+\sqrt{1+x^2}\,dy=0$，　$y(0)=1$

(7) $\dfrac{3}{xy}dx+\dfrac{2}{x^3-1}e^{y^2}dy=0$，　$y(1)=0$

(8) $\cot ydx+\cot xdy=0$，　$y(0)=0$

(9) $yy'+xe^y=0$，　$y(1)=0$

(10) $3e^x\tan ydx+(1+e^x)\sec^2 ydy=0$，　$y(0)=\pi/4$

3. 求下列微分方程的通解或在给定初始条件下的特解：

(1) $(x^2+y^2)dx-2xydy=0$　　(2) $(xy-x^2)dy=y^2dx$

(3) $3xy^2dy=(2y^3-x^3)dx$　　(4) $y'=\dfrac{y}{x}+\sin\dfrac{y}{x}$

(5) $xy'=y+\sqrt{x^2+y^2}$， $x>0$

(6) $(xe^{y/x}+y)dx=xdy$， $y(1)=0$

(7) $(y^2-3x^2)dy=2xydx$， $y(0)=1$

(8) $(x^2+y^2)dx=xydy$， $y(1)=0$

(9) $xy^2dy=(x^3+y^3)dx$， $y(1)=0$

(10) $y'=\left(\frac{y}{x}\right)^2+\frac{y}{x}+4$， $y(1)=2$

4. 求下列微分方程的通解或在给定初始条件下的特解：

(1) $y'-2y=e^x$

(2) $y'-y=\sin x$

(3) $y'-\frac{n}{x}y=x^n e^x$

(4) $y'+y\sin x=\frac{1}{2}\sin 2x$

(5) $y'+3y\tan 3x=\sin 6x$

(6) $y'-y\cot x=2x\sin x$

(7) $y'+y\tan x=\cos^2 x$， $y\left(\frac{\pi}{4}\right)=\frac{1}{2}$

(8) $y'-\frac{y}{x+2}=x^2+2x$， $y(-1)=\frac{3}{2}$

(9) $y'-\frac{y}{x+1}=(x+1)e^x$， $y(0)=1$

(10) $y'+\frac{2x}{1+x^2}y=\frac{2x^2}{1+x^2}$， $y(0)=\frac{2}{3}$

(11) $y'-\frac{1}{x}y=-\frac{2}{x}\ln x$， $y(1)=1$

(12) $y'+\frac{x}{2(1-x^2)}y=\frac{1}{2}x$， $y(0)=\frac{2}{3}$

(13) $y'-\frac{2}{x+1}y=(x+1)^2e^x$， $y(0)=1$

(14) $y'+2xy=(x\sin x)e^{-x^2}$， $y(0)=1$

(15) $y'-3x^2y=\frac{1}{3}x^2(1+x^3)$， $y(0)=\frac{7}{9}$

*5. 求下列微分方程的通解或在给定初始条件下的特解：

(1) $y'=\frac{x^4+y^3}{xy^2}$

(2) $y'-\frac{2x}{1+x^2}y=\frac{4\arctan x}{\sqrt{1+x^2}}y^{\frac{1}{2}}$

(3) $ydx=-(x+x^2y^2)dy$

(4) $y'+\frac{1}{x}y=x^2y^4$

(5) $y'+\frac{3x^2}{1+x^3}y=y^2(1+x^3)\sin x$， $y(0)=1$

6. 求下列齐次线性微分方程的通解或在给定初始条件下的特解：

(1) $y''-7y'+6y=0$　　(2) $y''-4y'+13y=0$

(3) $y''-4y'+4y=0$　　(4) $y''+25y=0$

(5) $y''-y'-2y=0$

(6) $y''+5y'+6y=0$， $y(0)=1$， $y'(0)=6$

(7) $y''-10y'+25y=0$， $y(0)=0$， $y'(0)=1$

(8) $y''-2y'+10y=0$， $y(\pi/6)=0$， $y'(\pi/6)=e^{\pi/6}$

7. 求下列非齐次线性微分方程的通解或在给定初始条件下的特解：

(1) $y''-2y'+2y=x^2$　　(2) $y''+3y'-10y=144xe^{-2x}$

(3) $y''-6y'+8y=8x^2+4x-2$　　(4) $y''-6y'+25y=2\sin x+3\cos x$

(5) $y''+y=\cos 3x$， $y(\pi/2)=4$， $y'(\pi/2)=-1$

(6) $y''-4y'+3y=8e^{5x}$， $y(0)=3$， $y'(0)=9$

(7) $y''-8y'+16y=e^{4x}$， $y(0)=0$， $y'(0)=1$

(8) $y''-(\alpha+\beta)y'+\alpha\beta y=ae^{\alpha x}+be^{\beta x}$，其中 α、β、a、b 为常数.

8. 已知某商品的生产成本 $C=C(x)$ 随生产量 x 的增加而增加，其增长率为

$$C'(x)=\frac{1+x+C}{1+x},$$

且生产量为零时，固定成本 $C(0)=C_0\geqslant 0$，求该商品的生产成本函数 $C(x)$.

9. 已知某产品的净利润 P 与广告支出 x 有如下的关系：

$$P'=b-a(x+P),$$

其中 a、b 为正的已知常数，且 $P(0)=P_0\geqslant 0$.

求 $P=P(x)$.

10. 设 $D=D(t)$ 为国民债务，$Y=Y(t)$ 为国民收入，它们满足如下的经济关系：

$$D'=\alpha Y+\beta,\qquad Y'=\gamma Y,$$

其中 α、β、γ 为正的已知常数.

(1) 若 $D(0)=D_0$，$Y(0)=Y_0$，求 $D(t)$ 和 $Y(t)$；

(2) 求极限 $\lim\limits_{t\to+\infty}\frac{D(t)}{Y(t)}$.

11. 设 $R=R(t)$ 为小汽车的运行成本，$S=S(t)$ 为小汽车的转卖价值，它们满足下列方程：

$$R'=\frac{a}{S},\quad S'=-bS,$$

其中 a、b 为正的已知常数.

若 $R(0)=0$，$S(0)=S_0$（购买成本），求 $R(t)$ 和 $S(t)$.

12. 设 $\omega=\omega(t)$ 为人均小麦产量，$y=y(t)$ 为人均国民收入，它们满足下列方程：

$$\omega'=\frac{1}{\alpha y}+ke^{\beta t},\quad y'=\beta y,$$

其中 α、β、k 为已知常数，且有

$$\beta>0,\ \alpha>\frac{k}{\beta y_0},\ y(0)=y_0>0,\ \omega(0)=\omega_0,$$

(1)求 $\omega(t)$ 和 $y(t)$；

(2)求极限 $\lim\limits_{t\to+\infty}\dfrac{\omega(t)}{y(t)}$.

13. 设 $C=C(t)$ 为 t 时刻的消费水平，$I=I(t)$ 为 t 时刻的投资水平，$Y=Y(t)$ 为 t 时刻的国民收入，它们满足下列方程：

$$\begin{cases}Y=C+I\\ C=aY+b, & 0<a<1,\ b>0\ \text{为常数}\\ I=kC', & k>0\ \text{为常数}\end{cases}$$

(1)设 $Y(0)=Y_0$，求 $Y(t)$，$C(t)$，$I(t)$；

(2)求极限 $\lim\limits_{t\to+\infty}\dfrac{Y(t)}{I(t)}$.

14. **(*I*·*Johanhen* 模型)**　设 $K=K(t)$ 为 t 时刻的资本存量，$H=H(t)$ 为 t 时刻的外援水平，它们满足下列方程：

$$K'=\alpha K+H,\quad H=H(t)=H_0e^{\mu t},$$

其中 α、μ 为正的常数. 若 $K(0)=K_0$，求 $K(t)$.

15. 已知某商品的收益 R 随需求量 x 的增加而增加，其增长率为

$$R'=\frac{2(R^3-x^3)}{3xR^2},$$

且 $R(10)=0$，求收益函数 $R(x)$.

16. 某公司办公用品的月平均成本 C 与公司雇员人数 x 有如下关系：

$$C'=C^2e^{-x}-2C,$$

且 $C(0)=1$，求 $C(x)$.

第十章　差分方程初步

在经济与管理的实际问题中,经济数据大多是以等间隔时间周期统计的.例如,国民收入、工农业总产值等按年统计,产品产量、商品销售收入和利润等按月统计.由于这个原因,在研究分析实际经济与管理问题时,各有关经济变量的取值是离散变化的,描述各经济变量之间变化规律的数学模型是离散型的数学模型.

本章对最常见的一类离散型经济数学模型——差分方程,作一简要介绍.

§10.1　差分方程的基本概念

一、差 分 概 念

给定函数 $y_t=f(t)$,其自变量 t(通常表示时间)的取值为离散的等间隔整数值:$t=\cdots,-2,-1,0,1,2\cdots$

函数 $y_t=f(t)$在 t 时刻的**一阶差分**定义为

$$\Delta y_t=y_{t+1}-y_t=f(t+1)-f(t).$$

依此定义有

$$\Delta y_{t+1}=y_{t+2}-y_{t+1}=f(t+2)-f(t+1)$$

$$\Delta y_{t+2}=y_{t+3}-y_{t+2}=f(t+3)-f(t+2)$$

……

函数 $y_t=f(t)$在 t 时刻的**二阶差分**定义为 t 时刻一阶差分的差分,即

$$\Delta^2 y_t=\Delta y_{t+1}-\Delta y_t=y_{t+2}-2y_{t+1}+y_t.$$

类似地有

$$\Delta^2 y_{t+1}=\Delta y_{t+2}-\Delta y_{t+1}=y_{t+3}-2y_{t+2}+y_{t+1}$$

$$\Delta^2 y_{t+2}=\Delta y_{t+3}-\Delta y_{t+2}=y_{t+4}-2y_{t+3}+y_{t+2}$$

……

其中 Δ^2 的上标 2 表示差分运算 Δ 进行了两次.

依此类推,计算两个相继的二阶差分的差,便得到**三阶差分**:

$$\begin{aligned}\Delta^3 y_t &= \Delta^2 y_{t+1} - \Delta^2 y_t = \Delta y_{t+2} - 2\Delta y_{t+1} + \Delta y_1 \\ &= y_{t+3} - 3y_{t+2} + 3y_{t+1} - y_t.\end{aligned}$$

一般地,k **阶差分**定义为:

$$\begin{aligned}\Delta^k y_t &= \Delta(\Delta^{k-1} y_t) = \Delta^{k-1} y_{t+1} - \Delta^{k-1} y_t \\ &= \sum_{i=0}^{k} (-1)^i C_k^i \, y_{t+k-i}, \quad k=1,2,\cdots\end{aligned}$$

其中 $C_k^i = \dfrac{k!}{i!(k-i)!}$.

二、差 分 方 程

定义 10.1　含有自变量 t,未知函数 y_t,以及 y_t 的差分 $\Delta y_t, \Delta^2 y_t, \cdots$ 的函数方程,称为**常差分方程**,简称为**差分方程**;出现在差分方程中的差分最高阶数,称为**差分方程的阶**.

n 阶差分方程的一般形式为

$$F(t, y_t, \Delta y_t, \cdots, \Delta^n y_t) = 0. \tag{10.1}$$

其中 $F(t, y_t, \Delta y_t, \cdots, \Delta^n y_t)$ 为 t, y_t, Δy_t, $\cdots$, $\Delta^n y_t$ 的已知函数,且 $\Delta^n y_t$ 一定要出现(否则就不是 n 阶差分方程).

注意:由定义可知,方程的阶数与方程中是否含有低阶差分无关. 例如,$\Delta^5 y_t = f(t)$ 为五阶差分方程.

由差分定义可知,任何阶的差分均可表示为函数在不同时刻之值的代数和. 因此,差分方程也可定义为:

定义 10.2　含有自变量 t 和两个或两个以上的函数值 $y_t, y_{t+1}, \cdots$ 的函数方程,称为**(常)差分方程**;出现在差分方程中未知函数下标的最大差,称为**差分方程的阶**.

按此定义,n 阶差分方程的一般形式为

$$F(t, y_t, y_{t+1}, \cdots, y_{t+n}) = 0, \tag{10.2}$$

其中 $F(t, y_t, y_{t+1}, \cdots, y_{t+n})$ 为 $t, y_t, y_{t+1} \cdots, y_{t+n}$ 的已知函数,且 y_t 与 y_{t+n} 一定要出现(否则不是 n 阶差分方程,而是低于 n 阶的差分方程).

注意:差分方程的这两种定义不是完全等价的. 例如,方程

$$\Delta^2 y_t+\Delta y_t=0$$

按定义 10.1 为二阶差分方程. 将此方程改写为

$$\begin{aligned}\Delta^2 y_t+\Delta y_t&=(y_{t+2}-2y_{t+1}+y_t)+(y_{t+1}-y_t)\\&=y_{t+2}-y_{t+1}=0.\end{aligned}$$

按定义 10.2,则应为一阶差分方程.

由于经济学中经常遇到的是按定义 10.2 给出的差分方程,故本章只讨论形如(10.2)的差分方程.

三、差分方程的解

定义 10.3 如果将已知函数 $y_t=\varphi(t)$代入方程(10.2),使其对 $t=0,1,2,\cdots$ 成为恒等式,则称 $y_t=\varphi(t)$为方程(10.2)的**解**. 含有 n 个(独立的)任意常数 C_1,$C_2,\cdots,C_n$ 的解

$$y_t=\varphi(t,C_1,C_2,\cdots C_n)$$

称为 n 阶差分方程(10.2)的**通解**. 在通解中给任意常数 $C_1,C_2,\cdots,C_n$ 以确定的值而得到的解,称为 n 阶差分方程(10.2)的**特解**.

例如,函数 $y_t=at+C$(a 为已知常数,C 为任意常数)是差分方程

$$y_{t+1}-y_t=a$$

的通解,而函数 $y_t=at$,$y_t=at-5$ 等均是此差分方程的特解.

与常微分方程类似地,为了由通解确定差分方程的某个特解,需给出确定此特解应满足的**定解条件**,对 n 阶差分方程(10.2),应给出 n 个定解条件. n 阶差分方程(10.2)的常见定解条件为**初始条件**:

$$y_0=a_0,\ y_1=a_1,\ \cdots,\ y_{n-1}=a_{n-1},$$

其中 $a_0,a_1,\cdots a_{n-1}$为 n 个已知常数.

注意:如果保持差分方程中的时间滞后结构不变,而将 t 的计算提前或推后一个相同的时间间隔,所得到的新差分方程与原差分方程将是等价的,即二者有相同的解. 例如,方程

$$ay_{t+1}+by_t=0$$

与方程

$$ay_t+by_{t-1}=0 \text{ 或 } ay_{t+3}+by_{t+2}=0$$

是等价的. 因为对任何 $t=\cdots,-2,-1,0,1,2,\cdots$,前一方程的解一定是后两个方

程的解,反之亦然.

差分方程的这个特点,使我们在求解时,可根据需要或方便,随意地移动时间下标,只要移动下标时,使出现在方程中的所有时刻的未知函数的下标均移动相同的值(去掉这个条件将改变方程).基于这个原因,我们在解的定义中仅规定对 $t=0,1,2,\cdots$恒成立,今后也仅讨论 $t=0,1,2,\cdots$的情形.

四、线性差分方程

形如

$$y_{t+n}+a_1(t)y_{t+n-1}+\cdots+a_{n-1}(t)y_{t+1}+a_n(t)y_t=f(t) \tag{10.3}$$

的差分方程,称为 n **阶非齐次线性差分方程**. 其中 $a_1(t),\cdots,a_{n-1}(t),a_n(t)$和 $f(t)$为 t的已知函数,且 $a_n(t)\neq 0$, $f(t)\neq 0$. 而形如

$$y_{t+n}+a_1(t)y_{t+n-1}+\cdots+a_{n-1}(t)y_{t+1}+a_n(t)y_t=0 \tag{10.4}$$

的差分方程,称为 n **阶齐次线性差分方程**. 其中 $a_1(t)\cdots,a_{n-1}(t),a_n(t)$为 t 的已知函数,且 $a_n(t)\neq 0$. n 阶齐次线性差分方程与 n 阶非齐次线性差分方程统称为 n **阶线性差分方程**,有时也称方程(10.4)为方程(10.3)的**对应齐次方程**.

如果 $a_1(t)=a_1$, $\cdots$, $a_{n-t}(t)=a_{n-1}$, $a_n(t)=a_n$ 为常数,则有

$$y_{t+n}+a_1y_{t+n-1}+\cdots+a_{n-1}y_{t+1}+a_ny_t=f(t), \tag{10.5}$$

$$y_{t+n}+a_1y_{t+n-1}+\cdots+a_{n-1}y_{t+1}+a_ny_t=0. \tag{10.6}$$

称(10.5)为 n **阶常系数非齐次线性差分方程**,称(10.6)为 n **阶常系数齐次线性差分方程**.

例如,方程

$$3y_{t+2}+8y_{t+1}=3t$$

为一阶常系数非齐次线性差分方程;方程

$$y_{t+2}-10y_{t+1}+5y_t=5t+3$$

为二阶常系数非齐次线性差分方程;而方程

$$2^ty_{t+3}-3^ty_{t+2}+4^ty_{t+1}-5^ty_t=0$$

为三阶齐次线性差分方程.

关于线性差分方程有下列基本定理:

定理 10.1　若 $y_1(t),\cdots,y_m(t)$是 n 阶齐次线性差分方程(10.4)的 m 个特解,则它们的线性组合

$$y(t)=C_1y_1(t)+\cdots+C_my_m(t)$$

也是(10.4)的解,其中 $C_1,\cdots,C_m$ 为任意常数.

定理 10.2 n 阶齐次线性差分方程(10.4)一定存在 n 个线性无关的特解,若 $y_1(t),\cdots,y_n(t)$ 为(10.4)的 n 个线性无关特解,则(10.4)的通解为

$$y_c(t)=C_1y_1(t)+\cdots+C_ny_n(t),$$

其中 $C_1,\cdots,C_n$ 为 n 个任意常数.

这个定理告诉我们,为了求出 n 阶齐次线性差分方程(10.4)的通解,只需求出其 n 个线性无关的特解.

定理 10.3 n 阶非齐次线性差分方程(10.3)的通解等于其一个特解与对应齐次方程(10.4)的通解之和.

这个定理告诉我们,求非齐次线性差分方程(10.3)的通解可归结为:(1)求对应齐次方程(10.4)的通解 $y_c(t)$;(2)求非齐次方程(10.3)的一个特解 $\bar{y}(t)$;(3)将所得通解 $y_c(t)$ 与特解 $\bar{y}(t)$ 相加,则 $y(t)=y_c(t)+\bar{y}(t)$ 即为非齐次方程(10.3)的通解.

由于学时限制,上述定理的证明从略.

例 1. 求方程 $y_{t+2}-5y_{t+1}+6y_t=2t-3$ 的通解.

解 对应齐次方程为

$$y_{t+2}-5y_{t+1}+6y_t=0,$$

直接验证可知,$y_1(t)=2^t$,$y_2(t)=3^t$ 为此齐次方程的两个线性无关的特解,故此齐次方程通解为

$$y_c(t)=C_12^t+C_23^t.$$

同样地,直接验证可知 $\bar{y}(t)=t$ 是所给非齐次方程的一个特解. 于是,由定理 10.3 可知,所给非齐次线性差分方程的通解为

$$y(t)=y_c(t)+\bar{y}(t)=C_12^t+C_23^t+t,$$

其中 C_1,C_2 为任意常数.

例 2. 求方程

$$(t+3)y_{t+2}-2(t+2)y_{t+1}+(t+1)y_t=0$$

的通解.

解 直接验证可知,$y_1(t)=1$ 和 $y_2(t)=\dfrac{1}{t+1}$ 是所给齐次方程的两个线性无关的特解,故其通解为

$$y_c(t)=C_1+\frac{C_2}{t+1},$$

其中 C_1,C_2 为任意常数.

§10.2 一阶常系数线性差分方程

一阶常系数线性差分方程的一般形式为

$$y_{t+1}+ay_t=f(t),\ t=0,1,2,\cdots \tag{10.7}$$

其中 a 为非零常数,$f(t)$ 为 t 的已知函数.

(10.7)的对应齐次方程为

$$y_{t+1}+ay_t=0,\ t=0,1,2,\cdots \tag{10.8}$$

由定理 10.3 可知,为了求出(10.7)的通解,应分别求出(10.7)的一个特解和对应齐次方程(10.8)的通解,然后将二者相加,即得(10.7)的通解.依此,下面分别讨论齐次方程(10.8)的通解与非齐次方程(10.7)的特解的求解方法.

一、齐次方程的通解

将方程(10.8)改写为

$$y_{t+1}=(-a)y_t,\qquad t=0,1,2,\cdots$$

则由逐次迭代法易知,(10.8)的通解为

$$y_t=C(-a)^t,\qquad t=0,1,2,\cdots \tag{10.9}$$

其中 $C=y_0$ 为任意常数.

二、非齐次方程的通解与特解

求非齐次方程(10.7)的通解的常用方法有“迭代法”和“常数变易法”,求(10.7)特解的常用方法为“待定系数法”.

1. 迭代法

将方程(10.7)改写为

$$y_{t+1}=(-a)y_t+f(t),\ t=0,1,2,\cdots \tag{10.10}$$

则有

$$y_1=(-a)y_0+f(0)$$

$$y_2=(-a)^2y_0+(-a)f(0)+f(1)$$

$$y_3=(-a)^3y_0+(-a)^2f(0)+(-a)f(1)+f(2)$$

……

一般地，由数学归纳法可证

$$\begin{aligned}y_t&=(-a)^ty_0+(-a)^{t-1}f(0)+\cdots+f(t-1)\\&=(-a)^ty_0+\overline{y}_t,\quad t=0,1,2\cdots\end{aligned}\tag{10.11}$$

其中

$$\begin{aligned}\overline{y}_t&=(-a)^{t-1}f(0)+\cdots+f(t-1)\\&=\sum_{i=0}^{t-1}(-a)^if(t-i-1)\end{aligned}\tag{10.12}$$

为(10.7)的特解，而 $y_c(t)=(-a)^ty_0=C(-a)^t$ 为(10.7)的对应齐次方程(10.8)的通解，$C=y_0$ 为任意常数. 因此，(10.11)为非齐次方程(10.7)的通解.

注意：与一阶线性微分方程类似地，通解(10.11)也可由常数变异法求得，留给读者去完成.

例 1. 求差分方程 $y_{t+1}-\frac{1}{2}y_t=2^t$ 的通解.

解 此例中 $a=-\frac{1}{2}$，$f(t)=2^t$. 于是，由(10.12)式有特解

$$\begin{aligned}\overline{y}&=\sum_{i=0}^{t-1}\left(\frac{1}{2}\right)^i\times2^{t-i-1}=2^{t-1}\sum_{i=0}^{t-1}\left(\frac{1}{4}\right)^i\\&=2^{t-1}\frac{1-\left(\frac{1}{4}\right)^t}{1-\frac{1}{4}}=\frac{1}{3}\left(\frac{1}{2}\right)^{t-1}(2^{2t}-1),\end{aligned}$$

故由(10.11)式，得所给方程的通解

$$\begin{aligned}y_t&=C(\frac{1}{2})^t+\frac{1}{3}\left(\frac{1}{2}\right)^{t-1}(2^{2t}-1)\\&=\widetilde{C}\left(\frac{1}{2}\right)^t+\frac{1}{3}\times2^{t+1},\end{aligned}$$

其中 $\widetilde{C}=C-\frac{2}{3}$ 为任意常数.

2. 待定系数法

虽然(10.11)和(10.12)给出了一阶非齐次线性差分方程(10.7)的通解表达式,但是,直接利用公式(10.12)求(10.7)的特解是不方便的. 因此,与常微分方程类似地,对一些特殊形式的$f(t)$,常采用待定系数法求(10.7)的特解,而不是直接利用公式(10.12)求其特解.

差分方程待定系数法与常微分方程待定系数法相同. 其基本思想是,设想(10.7)的待求特解的形式与非齐次项函数 $f(t)$的形式相同,但含有待定系数. 下面介绍经济学中常见的四类 $f(t)$函数求特解的待定系数法.

(1) $f(t)$为常数

此时方程(10.7)为

$$y_{t+1}+ay_t=b,\qquad t=0,1,2\cdots \tag{10.13}$$

其中 a、b 为非零常数.

若 $a\neq-1$,则设(10.13)有特解 $\bar{y}_t=A$,A 为待定常数. 将其代入方程(10.13),可得特解

$$\bar{y}_t=A=\frac{b}{1+a},\quad a\neq-1.$$

若 $a=-1$,则设(10.13)有特解 $\bar{y}_t=At$,A 为待定常数. 将其代入方程(10.13),并注意 $a=-1$,可得(10.13)的特解为

$$\bar{y}_t=bt,\ a=-1.$$

综上所述,可得方程(10.13)的通解为

$$y_t=\begin{cases}C(-a)^t+\dfrac{b}{1+a}, & a\neq-1\\ C+bt, & a=-1.\end{cases} \tag{10.14}$$

例 2. 求差分方程 $y_{t+1}+3y_t=4$ 满足初始条件 $y_0=4$ 的特解.

解 因 $a=3\neq-1$,故由(10.14)式得通解

$$y_t=C(-3)^t+1.$$

由 $y_0=4$,得 $C=3$. 于是,所求特解为

$$y_t=3\times(-3)^t+1.$$

例 3. 求差分方程 $y_{t+1}-y_t=-5$ 满足初始条件 $y_0=1$ 的特解.

解 因 $a=-1$,$b=-5$,故由公式(10.14)得通解

$$y_t=C-5t.$$

由 $y_0=1$ 得 $C=1$. 于是,所求特解为

$$y_t=1-5t.$$

(2) $f(t)$为 t 的多项式

作为说明,考虑差分方程

$$y_{t+1}+ay_t=b_0+b_1t,\quad t=0,1,2\cdots \tag{10.15}$$

其中 a、b_0、b_1 为常数,且 $a\neq 0$,$b_1\neq 0$.

若 $a\neq -1$,则设(10.15)有特解$\overline{y}_t=B_0+B_1t$, B_0、B_1 为待定系数. 将此特解代入(10.15),得

$$[(1+a)B_0+B_1]+(1+a)B_1t=b_0+b_1t,$$

此式对 $t=0,1,2,\cdots$恒成立的充分必要条件是

$$(1+a)B_0+B_1=b_0,\quad (1+a)B_1=b_1.$$

这是关于 B_0、B_1 的线性方程组,由 $a\neq -1$ 可知,其解为

$$B_0=\frac{(1+a)b_0-b_1}{(1+a)^2},\qquad B_1=\frac{b_1}{1+a}.$$

于是,(10.15)有特解

$$\overline{y}_t=\frac{(1+a)b_0-b_1}{(1+a)^2}+\frac{b_1}{1+a}t,\quad a\neq -1$$

若 $a=-1$,则改设(10.15)有特解$\overline{y}_t=t(B_0+B_1t)=B_0t+B_1t^2$, B_0、B_1为待定系数. 将其代入(10.15)并利用 $a=-1$,可得(10.15)的特解为

$$\overline{y}_t=\left(b_0-\frac{1}{2}b_1\right)t+\frac{1}{2}b_1t^2,\quad a=-1$$

综上所述,方程(10.15)的通解为

$$y_t=\begin{cases}C(-a)^t+\dfrac{(1+a)b_0-b_1}{(1+a)^2}+\dfrac{b_1}{1+a}t, & a\neq -1\\ C+\left(b_0-\dfrac{1}{2}b_1\right)t+\dfrac{1}{2}b_1t^2, & a=-1.\end{cases} \tag{10.16}$$

对于 $f(t)$为 t 的 m 次多项式的一般情形,可类似地讨论.

例 4. 求差分方程 $y_{t+1}-2y_t=t$ 的通解.

解 因 $a=-2\neq -1$, $b_0=0$, $b_1=1$,故由(10.16)式可得所给方程的通解为

$$y_t=C2^t-1-t,\quad C \text{ 为任意常数}.$$

例 5. 求差分方程 $y_{t+1}-y_t=3+2t$ 的通解.

解　因 $a=-1,b_0=3,b_1=2$. 故由(10.16)式得所给方程的通解为

$$y_t=C+2t+t^2,\quad C\text{ 为任意常数}.$$

(3) $f(t)$为指数函数

考虑差分方程

$$y_{t+1}+ay_t=bd^t,\quad t=0,1,2,\cdots \tag{10.17}$$

其中 a、b、d 为非零常数.

若 $a+d\neq0$,则设(10.17)有特解 $\bar{y}_t=Ad^t$,A 为待定常数. 将其代入方程(10.17),可得 $A=\dfrac{b}{a+d}$,故(10.17)有特解

$$\bar{y}_t=\frac{b}{a+d}d^t,\ a+d\neq0.$$

若 $a+d=0$,则改设(10.17)有特解 $\bar{y}_t=Atd^t$,A 为待定常数. 将其代入方程(10.17),并利用 $a+d=0$,得 $A=\dfrac{b}{d}=-\dfrac{b}{a}$,故(10.17)有特解

$$\bar{y}_t=btd^{t-1},\quad a+d=0.$$

综上所述,方程(10.17)的通解为

$$y_t=\begin{cases}C(-a)^t+\dfrac{b}{a+d}d^t, & a+d\neq0\\ \left(C+\dfrac{b}{d}t\right)d^t, & a+d=0.\end{cases} \tag{10.18}$$

例 6. 求差分方程 $y_{t+1}-y_t=2^t$ 的通解.

解　因 $a=-1,b=1,d=2,a+d=1\neq0$,故由(10.18)式得所给方程的通解为

$$y_t=C+2^t,\quad C\text{ 为任意常数}.$$

例 7. 求差分方程 $2y_{t+1}-y_t=3(\frac{1}{2})^t$ 的通解.

解　因 $a=-\frac{1}{2},b=\frac{3}{2},d=\frac{1}{2},a+d=0$,故由(10.18)式得通解

$$y_t=(C+3t)\left(\frac{1}{2}\right)^t,\quad C\text{ 为任意常数}.$$

(4) $f(t)$为正弦—余弦型三角函数

考虑差分方程

$$y_{t+1}+ay_t=b_1\cos\omega t+b_2\sin\omega t,\quad t=0,1,2\cdots \tag{10.19}$$

其中 a、b_1、b_2、ω 为常数,且 a 和 ω 不为零,b_1 与 b_2 不能同时为零.

设(10.19)有特解

$$\bar{y}=B_1\cos\omega t+B_2\sin\omega t,$$

其中 B_1、B_2 为待定系数,将其代入方程(10.19),并利用三角恒等式:

$$\begin{cases}\cos(\omega t+\omega)=\cos\omega t\cos\omega-\sin\omega t\sin\omega\\ \sin(\omega t+\omega)=\sin\omega t\cos\omega+\cos\omega t\sin\omega,\end{cases}\tag{10.20}$$

得

$$[B_1(a+\cos\omega)+B_2\sin\omega]\cos\omega t+[-B_1\sin\omega+B_2(a+\cos\omega)]\sin\omega t$$
$$=b_1\cos\omega t+b_2\sin\omega t.$$

此式对 $t=0,1,2\cdots$ 恒成立的充分必要条件是

$$\begin{cases}B_1(a+\cos\omega)+B_2\sin\omega=b_1\\ -B_1\sin\omega+B_2(a+\cos\omega)=b_2.\end{cases}\tag{10.21}$$

(10.21)是以 B_1、B_2 为未知量的线性方程组,其系数行列式为

$$D=\begin{vmatrix}a+\cos\omega & \sin\omega\\ -\sin\omega & a+\cos\omega\end{vmatrix}=(a+\cos\omega)^2+\sin^2\omega.\tag{10.22}$$

若 $D\neq0$,则由(10.21)可解得

$$\begin{cases}B_1=\dfrac{1}{D}[b_1(a+\cos\omega)-b_2\sin\omega]\\ B_2=\dfrac{1}{D}[b_2(a+\cos\omega)+b_1\sin\omega].\end{cases}\tag{10.23}$$

若 $D=(a+\cos\omega)^2+\sin^2\omega=0$,则有

$$\begin{cases}\omega=2k\pi\\ a=-1,\end{cases}\quad 或\quad\begin{cases}\omega=(2k+1)\pi\\ a=1,\end{cases}\tag{10.24}$$

其中 k 为整数,这时改设(10.19)的特解为

$$\bar{y}_1=t(\bar{B}_1\cos\omega t+\bar{B}_2\sin\omega t).$$

其中$\bar{B}_1$、$\bar{B}_2$为待定系数. 将其代入 (10.19),并利用条件 (10.24),可得

$$\begin{cases}\bar{B}_1=b_1\\ \bar{B}_2=b_2,\end{cases}\quad 或\quad\begin{cases}\bar{B}_1=-b_1\\ \bar{B}_2=-b_2.\end{cases}$$

综上所述,方程(10.19)的通解为

$$y_t=\begin{cases}C(-a)^t+B_1\cos\omega t+B_2\sin\omega t, & D\neq0\\ C+t(b_1\cos2k\pi t+b_2\sin2k\pi t), & \omega=2k\pi,\ a=-1\\ C(-1)^t-t[b_1\cos(2k+1)\pi t+b_2\sin(2k+1)\pi t], & \\ \qquad\qquad(\omega=(2k+1)\pi,\ a=1) & \end{cases}\tag{10.25}$$

其中 C 为任意常数，D 由(10.22)式确定，B_1 和 B_2 由(10.23)式确定.

注意：若 $f(t)=b_1\cos\omega t$ 或 $f(t)=b_2\sin\omega t$，作为特解的试解函数，仍应取为

$$\bar{y}_t=B_1\cos\omega t+B_2\sin\omega t$$

或

$$\bar{y}_t=t(\bar{B}_1\cos\omega t+\bar{B}_2\sin\omega t)$$

的形式，而不能将其中的一项省略不用.

例 8. 求差分方程 $y_{t+1}-2y_t=\cos t$ 的通解.

解 对应齐次方程的通解为

$$y_c(t)=C2^t.$$

设非齐次方程有特解

$$\bar{y}_t=B_1\cos t+B_2\sin t,\qquad B_1 \text{ 和 } B_2 \text{ 待定},$$

将其代入所给方程并利用三角公式(10.20)，得

$$\begin{cases}B_1(\cos1-2)+B_2\sin1=1\\ -B_1\sin1+B_2(\cos1-2)=0,\end{cases}$$

由此可解得

$$B_1=\frac{\cos1-2}{5-4\cos1},\qquad B_2=\frac{\sin1}{5-4\cos1}.$$

于是，所给方程的通解为

$$y_t=C2^t-\frac{2-\cos1}{5-4\cos1}\cos t+\frac{\sin1}{5-4\cos1}\sin t,$$

其中 C 为任意常数.

上面对四类特殊形式的函数 $f(t)$，讨论了一阶差分方程(10.7)的特解求法，即待定系数法. 讨论中有这样一条规律：如果在试求特解的过程中遇到了困难，可将原设试解函数乘以 t 作为新的试解函数，再代入所给方程中去试. 这个规律对二阶或更高阶的常系数线性差分方程也适用，那时有可能要乘以 t、t^2、t^3……直到能求出特解时为止.

另外，上面四类 $f(t)$ 基本上包含了经济应用中常见的函数类型. 实际上，经济应用中常用的 $f(t)$ 为类型(1)～(3)，以及它们的线性组合. 遇到各种线性组合的情形时，可设试解函数为同种类型的线性组合，其系数为待定常数. 例如，对函数

$$f(t)-t+2e^t+3\sin t$$

可设试解函数为

$$\bar{y}_t=Ae^t+B_0+B_1t+B_2\cos t+B_3\sin t,$$

其中 A、B_0、B_1、B_2、B_3 为待定常数.

*§ 10.3 二阶常系数线性差分方程

二阶常系数线性差分方程的一般形式为

$$y_{t+2}+ay_{t+1}+by_t=f(t), \quad t=0,1,2\cdots \tag{10.26}$$

其中 a、b 为已知常数,且 $b\neq 0$,$f(t)$ 为 t 的已知函数.

方程(10.26)的对应齐次方程为

$$y_{t+2}+ay_{t+1}+by_t=0. \tag{10.27}$$

根据定理 10.3,为了求出方程(10.26)的通解,只需求出其一个特解及其对应齐次方程(10.27)的通解,然后将二者相加,即得(10.26)的通解.下面分别讨论齐次方程(10.27)的通解及非齐次方程特解的求解方法.

一、齐次方程的通解

根据定理 10.2,为了求出齐次方程(10.27)的通解,只需求出(10.27)的两个线性无关特解,然后将它们线性组合,即得(10.27)的通解.为此,设(10.27)有特解 $\tilde{y}_t=\lambda^t$,λ 为非零待定常数.将此特解代入方程(10.27),得

$$\lambda^t(\lambda^2+a\lambda+b)=0.$$

因 $\lambda^t\neq 0$,故 $\tilde{y}_t=\lambda^t$ 为方程(10.27)特解的充分必要条件为

$$\lambda^2+a\lambda+b=0. \tag{10.28}$$

称(10.28)为方程(10.27)或(10.26)的**特征方程**,特征方程的解称为**特征根**或**特征值**.因特征方程(10.28)是 λ 的二次代数方程,故有两个实根或复根(重根按重数计算),即方程(10.27)将有两个实特征根或复特征根.与二阶常系数微分方程类似地,可分如下三种情形分别讨论:

1. 特征方程有两个相异实根

这时有判别式 $\Delta=a^2-4b>0$,两个相异实根为

$$\lambda_1=\frac{1}{2}(-a-\sqrt{\Delta}), \quad \lambda_2=\frac{1}{2}(-a+\sqrt{\Delta}). \tag{10.29}$$

于是,齐次方程(10.27)有两个线性无关的特解

$$\tilde{y}_1(t)=\lambda_1{}^t, \quad \tilde{y}_2(t)=\lambda_2{}^t.$$

而方程(10.27)的通解为

$$y_c(t)=C_1\lambda_1^t+C_2\lambda_2^t,\quad \Delta=a^2-4b>0, \tag{10.30}$$

其中 λ_1、λ_2 由(10.29)式确定，C_1、C_2 为任意常数.

例 1. 求差分方程 $y_{t+2}-5y_{t+1}+6y_t=0$ 的通解.

解 特征方程为

$$\lambda^2-5\lambda+6=(\lambda-2)(\lambda-3)=0.$$

故有两个相异实特征根 $\lambda_1=2,\lambda_2=3$，于是，所给方程的通解为

$$y_c(t)=C_1 2^t+C_2 3^t,\quad C_1、C_2 \text{ 为任意常数}.$$

2. 特征方程有一个重实根

这时有判别式 $\Delta=a^2-4b=0$. 方程(10.27)有重实根 $\lambda_1=\lambda_2=-\frac{1}{2}a$. 于是，(10.27)有一特解

$$\bar{y}_1(t)=\left(-\frac{1}{2}a\right)^t.$$

注意到 $a^2-4b=0$，直接验证可知

$$\bar{y}_2(t)=t\left(-\frac{1}{2}a\right)^t$$

也是(10.27)的一个特解. 显然，上述 $\bar{y}_1(t)$ 与 $\bar{y}_2(t)$ 是线性无关的. 因此，(10.27)的通解为

$$y_c(t)=(C_1+C_2t)\left(-\frac{1}{2}a\right)^t,\quad a^2-4b=0, \tag{10.31}$$

其中 C_1、C_2 为任意常数.

例 2. 求差分方程 $y_{t+2}-4y_{t+1}+4y_t=0$ 的通解.

解 特征方程为

$$\lambda^2-4\lambda+4=(\lambda-2)^2=0,$$

故有重特征根 $\lambda_1=\lambda_2=2$. 于是，由(10.31)式，所给方程的通解为

$$y_c(t)=(C_1+C_2t)2^t,\quad C_1、C_2 \text{ 为任意常数}.$$

3. 特征方程有一对共轭复根

此时有判别式 $\Delta=a^2-4b<0$，一对共轭复根为

$$\lambda_1=\frac{1}{2}(-a-i\sqrt{-\Delta}),\quad \lambda_2=\frac{1}{2}(-a+i\sqrt{-\Delta})$$

这时，直接代入方程(10.27)验证可知，(10.27)有如下两个线性无关特解：

$$\bar{y}_1(t)=r^t\cos\omega t,\quad \bar{y}_2(t)=r^t\sin\omega t,$$

其中 r 和 ω 由下式确定：

$$r=\sqrt{b},\ \tan\omega=-\frac{1}{a}\sqrt{4b-a^2},\quad \omega\in(0,\pi) \tag{10.32}$$

称 r 为复特征根的模，ω 为复特征根的幅角.

因此，(10.27)的通解为

$$y_c(t)=r^t(C_1\cos\omega t+C_2\sin\omega t),\quad a^2-4b<0, \tag{10.33}$$

其中 r 和 ω 由(10.32)式确定，C_1、C_2 为任意常数.

例 3. 求差分方程 $y_{t+2}-y_{t+1}+y_t=0$ 的通解.

解 特征方程为

$$\lambda^2-\lambda+1=0,$$

其判别式 $\Delta=(-1)^2-4=-3<0$，故有一对共轭复根：

$$\lambda_1=\frac{1}{2}(1-i\sqrt{3}),\ \lambda_2=\frac{1}{2}(1+i\sqrt{3}),$$

因此，所给方程的通解为

$$y_c(t)=C_1\cos\frac{\pi}{3}t+C_2\sin\frac{\pi}{3}t,$$

其中 $r=1$，$\tan\omega=\sqrt{3}$，$\omega=\frac{\pi}{3}\in(0,\pi)$；$C_1$、$C_2$ 为任意常数.

二、非齐次方程的特解和通解

与二阶常系数线性微分方程类似地，求二阶常系数线性差分方程(10.26)的特解，常用方法也是待定系数法.

当方程(10.26)的非齐次项函数 $f(t)$ 为常数，多项式函数、指数函数、正弦—余弦型三角函数以及这四类函数的线性组合时，可采用与一阶常系数非齐次线性差分方程类似的待定系数法，求非齐次方程(10.26)的特解. 下面通过例题说明具体求解过程.

例 4. 求差分方程 $y_{t+2}-5y_{t+1}+6y_t=10$ 的通解.

解 例 1 已求出对应齐次方程的通解为

$$y_c(t)=C_1 2^t+C_2 3^t.$$

下面设所给非齐次方程有特解 $\overline{y}_t=A$，A 为待定常数. 将其代入所给方程得 $A=5$，于是，所给方程的通解为

$$y_t=y_c(t)+\overline{y}_t=C_1 2^t+C_2 3^t+5,$$

其中 C_1、C_2 为任意常数.

例 5. 求差分方程 $y_{t+2}-4y_{t+1}+4y_t=5+t$ 的通解.

解 例 2 已求出对应齐次方程的通解为

$$y_c(t)=(C_1+C_2t)2^t,$$

现设所给非齐次方程有特解 $\overline{y}_t=A+Bt$，A 和 B 为待定常数. 将其代入所给方程得

$$(A-2B)+Bt=5+t.$$

此式对 $t-0,1,2,\cdots$ 恒成立的充分必要条件为

$$A-2B=5,\quad B=1,$$

由此解得 $A=7$，$B=1$. 因此，所给非齐次方程有特解

$$\overline{y}_t=7+t.$$

于是，所给方程的通解为

$$y_t=y_C(t)+\overline{y}_t=(C_1+C_2t)2^t+7+t,$$

其中 C_1、C_2 为任意常数.

例 6. 求差分方程 $y_{t+2}-4y_{t+1}+4y_t=3^t$ 的通解.

解 例 2 已求出对应齐次方程的通解为

$$y_c(t)=(C_1+C_2t)2^t,$$

现设所给非齐次方程有特解 $\overline{y}_t=A3^t$，A 为待定常数. 将其代入所给方程，可得 $A=1$，即所给方程有特解 $\overline{y}_t=3^t$. 因此，所给方程的通解为

$$y_t=y_c(t)+\overline{y}_t=(C_1+C_2t)2^t+3^t,$$

其中 C_1、C_2 为任意常数.

例 7. 求差分方程 $y_{t+2}-4y_{t+1}+4y_t=25\sin\frac{\pi}{2}t$ 的通解.

解 例 2 已求出对应齐次方程的通解为

$$y_c(t)=(C_1+C_2t)2^t,$$

现设所给非齐次方程有特解

$$\overline{y}_t=A\cos\frac{\pi}{2}t+B\sin\frac{\pi}{2}t,$$

其中 A、B 为待定常数. 将此特解代入所给方程，并利用三角公式：

$$\cos(t+2)\frac{\pi}{2}=-\cos\frac{\pi}{2}t$$

$$\sin(t+2)\frac{\pi}{2}=-\sin\frac{\pi}{2}t$$

$$\cos(t+1)\frac{\pi}{2}=-\sin\frac{\pi}{2}t$$

$$\sin(t+1)\frac{\pi}{2}=\cos\frac{\pi}{2}t$$

可得

$$(4A+3B)\sin\frac{\pi}{2}t+(3A-4B)\cos\frac{\pi}{2}t=25\sin\frac{\pi}{2}t,$$

由此可得 $A=4,B=3$,即所给方程有特解

$$\bar{y}_t=4\cos\frac{\pi}{2}t+3\sin\frac{\pi}{2}t.$$

于是,所给方程通解为

$$\begin{aligned}y_t&=y_c(t)+\bar{y}_t\\&=(C_1+C_2t)2^t+4\cos\frac{\pi}{2}t+3\sin\frac{\pi}{2}t,\end{aligned}$$

其中 C_1、C_2 为任意常数.

例 8. 求差分方程

$$y_{t+2}-4y_{t+1}+4y_t=5+t+3^t+25\sin\frac{\pi}{2}t$$

的通解.

解 例 2 已求出对应齐次方程的通解为

$$y_c(t)=(C_1+C_2t)2^t,$$

而例 5、例 6 和例 7 已分别求出方程

$$y_{t+2}-4y_{t+1}+4y_t=5+t$$

$$y_{t+2}-4y_{t+1}+4y_t=3^t$$

$$y_{t+2}-4y_{t+1}+4y_t=25\sin\frac{\pi}{2}t$$

分别有特解

$$\bar{y}_1(t)=7+t,$$

$$\bar{y}_2(t)=3^t,$$

$$\bar{y}_3(t)=4\cos\frac{\pi}{2}t+3\sin\frac{\pi}{2}t,$$

直接代入所给方程验证可知,

$$\begin{aligned}\bar{y}_t&=\bar{y}_1(t)+\bar{y}_2(t)+\bar{y}_3(t)\\&=7+t+3^t+4\cos\frac{\pi}{2}t+3\sin\frac{\pi}{2}t\end{aligned}$$

是所给方程的特解. 于是,所给方程的通解为

$$y_t = y_c(t) + \bar{y}_t$$
$$= (C_1 + C_2 t)2^t + 7 + t + 3^t + 4\cos\frac{\pi}{2}t + 3\sin\frac{\pi}{2}t,$$

其中 C_1、C_2 为任意常数.

*§10.4　差分方程在经济学中的简单应用

本节介绍差分方程在经济学中的几个简单应用例题.

一、存 款 模 型

设 S_t 为 t 期存款总额,i 为存款利率,则 S_t 与 i 有如下关系式:

$$S_{t+1} - S_t + iS_t = (1+i)S_t,\qquad t=0,1,2\cdots$$

这是关于 S_t 的一阶常系数齐次线性差分方程,其通解为

$$S_t = (1+i)^t S_0,\qquad t=0,1,2\cdots$$

其中 S_0 为初始存款总额.

二、哈罗德(*Harrod*,*R. H.*)模型

设 S_t 为 t 期储蓄,I_t 为 t 期投资,Y_t 为 t 期国民收入,哈罗德建立了如下的宏观经济模型:

$$\begin{cases} S_t = \alpha Y_{t-1}, & 0<\alpha<1 \\ I_t = \beta(Y_t - Y_{t-1}), & \beta>0 \\ S_t = I_t, & \end{cases}$$

其中 α 为边际储蓄倾向,β 为加速数.

消去模型中的 S_t 和 I_t,可得关于 Y_t 的一阶差分方程:

$$\beta Y_t = (\alpha+\beta)Y_{t-1},\qquad t=1,2,\cdots$$

其通解为

$$y_t = \left(1+\frac{\alpha}{\beta}\right)^t Y_0,\qquad t=0,1,2\cdots$$

其中 Y_0 为基期的国民收入.

由所给模型,还有

$$I_t=S_t=\alpha Y_{t-1}=\alpha\left(1+\frac{\alpha}{\beta}\right)^{t-1}Y_0,\qquad t=1,2\cdots$$

或者，由 $I_1=\alpha Y_0$，$S_1=\alpha Y_0$，得

$$I_t=\left(1+\frac{\alpha}{\beta}\right)^{t-1}I_1,\quad S_t=\left(1+\frac{\alpha}{\beta}\right)^{t-1}S_1,\qquad t=1,2,\cdots$$

三、消费模型

设 Y_t 为 t 期国民收入，C_t 为 t 期消费，I_t 为 t 期投资，它们之间有如下的关系：

$$\begin{cases}C_t=\alpha Y_t+a\\ I_t=\beta Y_t+b\\ Y_t-Y_{t-1}=\theta(y_{t-1}-C_{t-1}-I_{t-1}),\end{cases}$$

其中 α、β、a、b 和 θ 均为常数，且 $0<\alpha<1$，$0<\beta<1$，$0<\alpha+\beta<1$，$0<\theta<1$，$a\geqslant 0$，$b\geqslant 0$.

消去模型中的 C_t 和 I_t，得

$$Y_t=[1+\theta(1-\alpha-\beta)]Y_{t-1}-\theta(a+b),\quad t=1,2,\cdots$$

这是关于 Y_t 的一阶非齐次线性差分方程，容易求得其解为

$$Y_t=\left(Y_0-\frac{a+b}{1-\alpha-\beta}\right)\left[1+\theta(1-\alpha-\beta)\right]^t+\frac{a+b}{1-\alpha-\beta},\quad t=0,1,2,\cdots$$

其中 Y_0 为基期的国民收入.

由模型还有

$$\begin{aligned}C_t&=\alpha Y_t+a\\&=\alpha\left(Y_0-\frac{a+b}{1-\alpha-\beta}\right)\left[1+\theta(1-\alpha-\beta)\right]^t+\frac{\alpha(a+b)}{1-\alpha-\beta}+a\\&=(C_0-A)[1+\theta(1-\alpha-\beta)]^t+A,\end{aligned}$$

其中 $C_0=\alpha Y_0+a$——基期消费，$A=\dfrac{\alpha(a+b)}{1-\alpha-\beta}+a$；

$$\begin{aligned}I_t&=\beta Y_t+b\\&=\beta\left(Y_0-\frac{a+b}{1-\alpha-\beta}\right)\left[1+\theta(1-\alpha-\beta)\right]^t+\frac{\beta(a+b)}{1-\alpha-\beta}+b\\&=(I_0-B)[1+\theta(1-\alpha-\beta)]^t+B,\end{aligned}$$

其中 $I_0=\beta Y_0+b$——基期投资，$B=\dfrac{\beta(a+b)}{1-\alpha-\beta}+b$.

四、萨缪尔森($Samuelson, P.A$)乘数-加速数模型

设 Y_t 为 t 期国民收入，C_t 为 t 期消费，I_t 为 t 期投资，G 为政府支出(各期相同). 萨缪尔森建立了如下的宏观经济模型(称为**乘数-加速数模型**)：

$$\begin{cases} Y_t=C_t+I_t+G \\ C_t=\alpha Y_{t-1}, & 0<\alpha<1 \\ I_t=\beta(C_t-C_{t-1}), & \beta>0 \end{cases}$$

其中 α 为边际消费倾向(常数)，β 为加速数(常数).

将后两个方程代入第一个方程，得

$$Y_t=\alpha Y_{t-1}+\alpha\beta(Y_{t-1}-Y_{t-2})+G,$$

或者，改写为标准形式

$$Y_{t+2}-\alpha(1+\beta)Y_{t+1}+\alpha\beta Y_t=G. \tag{10.34}$$

这是关于 Y_t 的二阶常系数非齐次线性差分方程. 不难求得(10.34)有特解

$$\overline{Y_t}=\frac{G}{1-\alpha}. \tag{10.35}$$

另一方面，(10.34)的对应齐次方程为

$$Y_{t+2}-\alpha(1+\beta)Y_{t+1}+\alpha\beta Y_t=0, \tag{10.36}$$

其特征方程为

$$\lambda^2-\alpha(1+\beta)\lambda+\alpha\beta=0, \tag{10.37}$$

特征方程的判别式为

$$\Delta=\alpha^2(1+\beta)^2-4\alpha\beta=\alpha[\alpha(1+\beta)^2-4\beta].$$

若 $\Delta>0$，则(10.37)有两个相异实根：

$$\lambda_1=\frac{1}{2}[\alpha(1+\beta)-\sqrt{\Delta}],$$

$$\lambda_2=\frac{1}{2}[\alpha(1+\beta)+\sqrt{\Delta}]. \tag{10.38}$$

方程(10.36)的通解为

$$Y_c(t)=c_1\lambda_1{}^t+c_2\lambda_2{}^t;$$

若 $\Delta=0$，则(10.37)有一实特征根：

$$\lambda=\frac{1}{2}\alpha(1+\beta)=\sqrt{\alpha\beta}, \tag{10.39}$$

方程(10.36)的通解为

$$Y_c(t)=(c_1+c_2t)\lambda^t;$$

若 $\Delta<0$,则(10.37)有一对共轭复根:

$$\lambda=\frac{1}{2}[\alpha(1+\beta)+i\sqrt{-\Delta}],$$

$$\bar{\lambda}=\frac{1}{2}[\alpha(1+\beta)-i\sqrt{-\Delta}],$$

方程(10.36)的通解为

$$Y_c(t)=r^t(C_1\cos\omega t+C_2\sin\omega t),$$

其中 r 和 ω 由下式确定:

$$\begin{cases} r=\sqrt{\alpha\beta} \\ \omega=\arctan\dfrac{\sqrt{-\Delta}}{\alpha(1+\beta)}\in(0,\pi). \end{cases} \tag{10.40}$$

综上所述,方程(10.34)的通解为

$$Y_t=\begin{cases} C_1\lambda_1{}^t+C_2\lambda_2{}^t+\dfrac{G}{1-\alpha}, & 若\ \Delta>0 \\ (C_1+C_2t)\lambda^t+\dfrac{G}{1-\alpha}, & 若\ \Delta=0 \\ r^t(C_1\cos\omega t+C_2\sin\omega t)+\dfrac{G}{1-\alpha}, & 若\ \Delta<0 \end{cases}$$

其中 $\Delta=\alpha^2(1+\beta)^2-4\alpha\beta$; λ_1 和 λ_2 由(10.38)式确定,λ 由(10.39)式确定,r 和 ω 由(10.40)式确定;C_1 和 C_2 为任意常数.

求出 Y_t 后,由所给模型不难再确定 C_t 和 I_t.

习 题 十

1. 计算下列各题的差分:

(1) $y_t=t^2+2t$, 求 $\Delta^2 y_t$

(2) $y_t=e^t$, 求 $\Delta^2 y_t$

(3) $y_t=t^3+3$, 求 $\Delta^3 y_t$

(4) $y_t=\ln(t+1)$, 求 $\Delta^2 y_t$

2. 按定义 10.2 改写下列差分方程:

(1) $\Delta y_t=1$　　(2) $\Delta^2 y_t-3\Delta y_t=5$

(3) $\Delta^2 y_t-4\Delta y_t=1$　　(4) $\Delta^3 y_t+5\Delta y_t=y_t$

3. 确定下列差分方程的阶:

(1) $3y_{t+2}-2y_{t+1}=5t+1$ (2) $8y_{t+3}-y_t=9$

(3) $5y_{t+5}-7y_t=7$ (4) $8y_{t+2}-9y_{t+1}+10y_t=\sin t$

4. 试证下列函数是所给方程的解(题中 c、c_1、c_2、c_3、c_4 等均为任意常数):

(1) $y_t=\dfrac{c}{1+ct}$, $(1+y_t)y_{t+1}=y_t$

(2) $y_t=c_1+c_2 2^t$, $y_{t+2}-3y_{t+1}+2y_t=0$

(3) $y_t=c_1+c_2 2^t+c_3 3^t$, $y_{t+3}-6y_{t+2}+11y_{t+1}-6y_t=0$

(4) $y_t=c_1+c_2 t+c_3 t^2+c_4 t^3$, $y_{t+4}-4y_{t+3}+6y_{t+2}-4y_{t+1}+y_t=0$

5. 试证函数 $y_1(t)=(-2)^t$ 和 $y_2(t)=t(-2)^t$ 是方程

$$y_{t+2}+4y_{t+1}+4y_t=0$$

的两个线性无关特解,并求该方程的通解.

6. 求下列差分方程的通解:

(1) $6y_{t+1}+2y_t=8$ (2) $5y_{t+1}-25y_t=20$

(3) $2y_{t+1}+y_t=3+t$ (4) $y_{t+1}+y_t=2^t$

(5) $y_{t+1}-\alpha y_t=\mathrm{e}^{\beta t}$, α、β 为常数, $\alpha\neq 0$.

(6) $y_{t+1}-y_t=2^t\cos\pi t$ (提示:设特解为 $\bar{y}_t=2^t(B_1\cos\pi t+B_2\sin\pi t)$,其中 B_1、B_2 为待定常数.)

7. 求下列差分方程满足给定条件的特解:

(1) $16y_{t+1}-6y_t=1$, $y_0=0.2$

(2) $3y_{t+1}-y_t=1.2$, $y_0=0.4$

(3) $y_{t+1}+3y_t=-1$, $y_0=1$

(4) $2y_{t+1}-y_t=2+t$, $y_0=4$

(5) $y_{t+1}-y_t=2^t-1$, $y_0=5$

(6) $y_{t+1}+4y_t=3\sin\pi t$, $y_0=1$

8. 设 a、b 为非零常数,且 $1+a\neq 0$. 试证:

通过变换 $u_t=y_t-\dfrac{b}{1+a}$,可将非齐次方程

$$y_{t+1}+ay_t=b$$

变换为 u_t 的齐次方程,并由此求出 y_t 的通解.

9. 已知差分方程

$$(a+by_t)y_{t+1}=cy_t,\quad t=0,1,2,\cdots$$

其中 a、b、c 为正的常数, y_0 为正的已知初始条件.

(1) 试证: $y_t>0$, $t=1,2,3,\cdots$

(2)试证：变换 $u_t=\frac{1}{y_t}$ 将原方程化为 u_t 的线性方程，并由此求出 y_t 的通解；

(3)求方程 $(2+3y_t)y_{t+1}=4y_t$ 满足初始条件 $y_0=0.5$ 的特解.

10. 求下列二阶齐次线性差分方程的通解：

(1) $y_{t+2}-7y_{t+1}+12y_t=0$　　(2) $y_{t+2}=y_{t+1}+y_t$

(3) $y_{t+2}+4y_{t+1}+4y_t=0$　　(4) $y_{t+2}-6y_{t+1}+9y_t=0$

(5) $y_{t+2}=y_{t+1}-y_t$　　(6) $y_{t+2}+2y_{t+1}+3y_t=0$

(7) $y_{t+2}-3.9y_{t+1}+3.78y_t=0$

(8) $y_{t+2}-4(a+1)y_{t+1}+4a^2y_t=0$，　a 为常数，$1+2a>0$

11. 求下列二阶非齐次线性差分方程的通解：

(1) $y_{t+2}-\frac{1}{9}y_t=1$　　(2) $y_{t+2}+\frac{1}{2}y_{t+1}-\frac{1}{2}y_t=3$

(3) $y_{t+2}+y_{t+1}+0.25y_t=\frac{9}{4}$　　(4) $y_{t+2}-y_{t+1}+2y_t=4$

(5) $y_{t+2}-2\cos\alpha\cdot y_{t+1}+y_t=1$，　α 为常数

(6) $y_{t+2}-2y_{t+1}+4y_t=a+bt$，　a、b 为常数

(7) $y_{t+2}+3y_{t+1}+2y_t=20+4t+6t^2$

(8) $y_{t+2}-3y_{t+1}+2y_t=3\times 5^t$

(9) $y_{t+2}-(a+b)y_{t+1}+aby_t=(1+g)^t$，　a、b、g 为正的常数

(10) $y_{t+2}-y_t=\sin\omega t$，　ω 为非零常数，　$0<\omega<\pi$

(11) $y_{t+2}-3y_{t+1}+2y_t=\sin\frac{\pi}{2}t$

(12) $y_{t+2}-3y_{t+1}+2y_t=3\times 5^t+\sin\frac{\pi}{2}t$

12. 设 Y_t 为 t 期国民收入，C_t 为 t 期消费，I 为投资(各期相同). 卡恩(*Kahn*)曾提出如下宏观经济模型：

$$Y_t=C_t+I,\qquad C_t=\alpha Y_{t-1}+\beta,$$

其中 $0<\alpha<1$，$\beta>0$. 试求 Y_t 和 C_t.

13. 设 Y_t 为 t 期国民收入，S_t 为 t 期储蓄，I_t 为 t 期投资. 三者之间有如下关系：

$$\begin{cases}S_t=\alpha Y_t+\beta, & 0<\alpha<1,\ \beta\geqslant 0\\ I_t=\gamma(Y_t-Y_{t-1}), & \gamma>0\\ S_t=\delta I_t, & \delta>0\end{cases}$$

试求 Y_t，S_t，I_t.

14. 设 Y_t、C_t、I_t 分别为 t 期国民收入、消费和投资，三者之间有如下关系：

$$\begin{cases} Y_t = C_t + I_t \\ C_t = \alpha Y_t + \beta, \quad 0<\alpha<1,\ \beta\geqslant 0 \\ Y_{t+1} = Y_t + \gamma I_t, \quad \gamma>0 \end{cases}$$

试求 Y_t, C_t, I_t.

15. 已知如下的市场模型：

$$\begin{cases} Q_d(t) = \alpha - \beta p_t \text{——需求函数} \\ Q_s(t) = -\gamma + \delta \widetilde{p}_t \text{——供给函数} \\ Q_d(t) = Q_s(t) \text{——供需均衡条件} \\ \widetilde{p}_t = \widetilde{p}_{t-1} + \eta(p_{t-1} - \widetilde{p}_{t-1}) \text{——价格调节方程,} \end{cases}$$

其中 $Q_d(t)$ 和 $Q_s(t)$ 分别为某商品的 t 期需求量和供给量，p_t 为 t 期商品实际售价，$\widetilde{p}_t$ 为 t 期卖方的“适应性预期价格”；α、β、γ、δ、η 为正的常数，且 $0<\eta<1$. 试求 p_t 和 $\widetilde{p}_t$ 关于 t 的表达式.

16. 梅茨勒(*Metzler*, *L. A.*)曾提出如下的库存模型：

$$\begin{cases} y_t = u_t + s_t + v_0 \\ u_t = \beta y_{t-1} \\ s_t = \beta(y_{t-1} - y_{t-2}), \end{cases}$$

其中 y_t 为 t 期总收入，u_t 为 t 期销售收入，s_t 为 t 期库存量，v_0 和 β 为常数，且 $0<\beta<1$. 试求 y_t、u_t、s_t 关于 t 的表达式.

习题参考答案

习 题 一

1. (1) $x<-3$ 或 $x>3$；　(2) $0\leqslant x<2$ 或 $2<x\leqslant 4$；

(3) $0<x<4$；　(4) $-\infty<x<-\dfrac{1}{2}$.

2. (1) $(-\infty,-3]\cup[3,+\infty)$；　(2) $(1,2)$；

(3) $(x_0-\delta,x_0+\delta)$；　(4) $(x_0-\delta,x_0)\cup(x_0,x_0+\delta)$.

3. 略.

4. (1)不同,(2)相同,(3)相同,(4)不同,(5)不同,(6)不同.

5. (1) $[-2,-1)\cup(-1,1)\cup(1,+\infty)$；

(2) $[4k^2\pi^2,(2k+1)^2\pi^2]$，$k=0,1,2,\cdots$；

(3) $(-\infty,1]\cup(1,+\infty)=(-\infty,+\infty)$；

(4) $(1,+\infty)$；

(5) $(-1,0)\cup(0,1]$；

(6) $(-1,2]\cup(3,+\infty)$.

6. (1) $f(0)=1$，　$f(-1)=0$，　$f(-1.5)=f(1.5)=1.25$，

$$f(a+1)=\begin{cases}\sqrt{-a^2-2a}, & -2\leqslant a\leqslant 0 \text{ 时}\\ a^2+2a, & a<-2 \text{ 或 } a>0 \text{ 时}.\end{cases}$$

(2) $f(0)=1$，　$f(-1)=0$，　$f(-1.5)=-0.5$，

$$f(1.5)=6,\quad f(a+1)=\begin{cases}a+2, & a<0 \text{ 时}\\ 2a+5, & a>0 \text{ 时}.\end{cases}$$

7. 略.

8. (1)在区间 $[0,1]$ 上单调增加,在区间 $[1,2]$ 上单调减少；

(2)在区间 $(-\infty,0)$ 上单调减少,在区间 $(0,+\infty)$ 上单调增加；

(3)在区间 $[0,\pi]$ 上单调减少,在区间 $[\pi,2\pi]$ 上单调增加.

9. ~12. 略.

13. (1)奇函数，(2)非奇非偶函数，(3)奇函数，(4)偶函数.

14. (1)周期函数，$T=2\pi$；　(2)周期函数，$T=\pi$；

(3)非周期函数；　(4)周期函数，$T=2$.

15. $f(-x)=\begin{cases}2+x, & x<-1\\ -x-1, & x>-1\end{cases}$；　$-f(x)=\begin{cases}1-x, & x<1\\ x-2, & x>1\end{cases}$；

$\frac{1}{2}[f(x)-f(-x)]$为奇函数.

16. $f(\cos x)=\cos x\cdot|\sin x|$

17. $f(x+1)=\begin{cases}x+2, & x<0\\ 2x+3, & 0\leqslant x<1\\ x, & x\geqslant 1.\end{cases}$

18. $f[f(x)]=\dfrac{x^4-3x^2+1}{x(x^2-1)}$，　$x\neq 0$，$|x|\neq 1$.

19. $f(x)=\frac{1}{4}(x+1)^2$.

20. $f(x)=1-2x^2$，　$|x|\leqslant 1$.

21. $f[f(x)]=x^4$，　$f[\varphi(x)]=4^x$，　$\varphi[f(x)]=2^{x^2}$，　$\varphi[\varphi(x)]=2^{2^x}$.

22. (1)$y=\log_a u$，　$u=\sqrt{x}$；

(2)$y=\arctan u$，　$u=e^v$，　$v=x^2$；

(3)$y=u^2$，　$u=\arctan v$，　$v=\dfrac{2x}{1-x^2}$；

(4)$y=u^2$，　$u=\sin v$，　$v=\sqrt{w}$，　$w=1-x-x^2$.

23. (1)$y=10^{1+x^x}$，　$(-\infty,+\infty)$；

(2)$y=\sin^3(1+2x)$，　$(-\infty,+\infty)$；

(3)$y=\sqrt{1-e^x}$，　$(-\infty,0]$；

(4)$y=\arctan[\tan^2(a^2+x^2)]$，　定义域为

$\left\{x\,|\,x\in R，且\ x^2\neq k\pi+\frac{\pi}{2}-a^2，k\ 为整数\right\}$.

24. (1)$f^{-1}(x)=1-10^x$，　$(0,+\infty)$；

(2)$f^{-1}(x)=-\sqrt{4-x^2}$，　$[0,2]$；

(3)$f^{-1}(x)=\frac{1}{2}(\lg x-3)$，　$(0,+\infty)$；

(4) $f^{-1}(x)=3\arcsin\frac{x}{2}$， $[-1,1]$；

(5) $f^{-1}(x)=\begin{cases}\frac{1}{2}(x+1), & -1<x\leqslant 1\\ 2-\sqrt{2-x}, & 1<x\leqslant 2.\end{cases}$

25. $\alpha=2\pi-\arccos a$， $\beta=\pi+\operatorname{arccot} b$.

26. $R(x)=4x-\frac{1}{2}x^2$.

27. $R(x)=\begin{cases}130x, & 0\leqslant x\leqslant 700\\ 117x+9100, & 700<x\leqslant 1000.\end{cases}$

28. 400(只).

29. $x=6000-8p$.

30. (1)5，(2)20，(3)8.

31. 固定成本 180(元/每天),可变成本 2(元/每个).

32. $R(x)=5000+4x-0.001x^2$.

习 题 二

1. (1) $2,\frac{5}{2},\frac{8}{3},\frac{11}{4},\frac{14}{5}$；　收敛于 3.

(2) $-1,\frac{1}{2},-\frac{1}{3},\frac{1}{4},-\frac{1}{5}$；　收敛于 0.

(3) $\frac{4}{3},\frac{8}{9},\frac{28}{27},\frac{80}{81},\frac{244}{243}$；　收敛于 1.

(4) 1, 0, 1, 0, 1；　发散.

(5) $0,\frac{1}{2},\frac{8}{9},\frac{5}{4},\frac{8}{3}$；　发散.

(6) a,a^2,a^3,a^4,a^5；$-1<a<1$ 时收敛于 0，$a=1$ 时收敛于 1，$a\leqslant -1$ 或 $a>1$ 时发散.

2. (1) $u_n=\frac{1}{n}(-1)^{n-1}$，　收敛于 0；

(2) $u_n=\frac{1}{2n}[1+(-1)^n]$，　收敛于 0；

(3) $u_n=\frac{1}{n(n+1)}$，　收敛于 0；

(4) $u_n=\dfrac{1+n^2}{n}$，　发散.

3. (1)错，(2)错，(3)对，(4)错，(5)错，(6)对.

4. 略.

5. (1) $x\to 1$ 或 $x\to\infty$，(2) $x\to 0$，(3) $x\to 1^+$，(4) $x\to 0$，或 $x\to\dfrac{1}{k\pi}(k=\pm 1,\pm 2,\cdots)$ (5) $x\to-\infty$ 或 $x\to 3^-$，(6) $x\to\left(\dfrac{\pi}{2}+k\pi\right)^-$ 或 $x\to(k\pi)^+$，k 为整数.

6. (1) $x\to 1$ 或 $x\to -1$，(2) $x\to-\infty$ 或 $x\to 1^-$，(3) $x\to 0^+$，(4) $x\to 2^+$，
(5) $x\to-\infty$，(6) $x\to+\infty$.

7. 略.

8. (1)高阶，(2)高阶，(3)等阶，(4)同阶，(5)高阶.

9. (1)错，(2)错，(3)对，(4)错，(5)错，(6)对，(7)错，(8)错.

10. (1) 2，(2) ∞，(3) $\dfrac{\pi}{2}$，(4) $\dfrac{3}{2}$，(5) 14，(6) $\dfrac{13}{5}$，(7) 0，(8) 0，(9) ∞，(10) $\dfrac{2^8}{3^{20}}$，(11) $2a$，(12) 3，(13) $\dfrac{2}{3}$，(14) 0，(15) $-\dfrac{1}{4}$，(16) $\dfrac{1}{2}$，(17) 1(当 $0<a<1$ 时)，0(当 $a>1$ 时).

11. (1) $f(-0)=-1$，$f(+0)=1$；
(2) $\lim\limits_{x\to 1}f(x)=1$；
(3) $\lim\limits_{x\to 1}f(x)=3$，$f(2-0)=5$，$f(2+0)=7$.

12. $a=0$.

13. (1) 6，(2) $\dfrac{2}{5}$，(3) 5，(4) 1，(5) 4，(6) 1，(7) e^{-3}，(8) 1，(9) x，(10) $\dfrac{1}{2}$，(11) e^{-1}，(12) e^2，(13) e^{-2}，(14) e^{-1}，(15) e^{-4}，(16) e^k，(17) 1，(18) 4.

14. (1) e^{-1}，(2) e，(3) e^3，(4) $-\sqrt{3}$，(5) 0，
(6) 2，(7) $-\dfrac{1}{2}e^{\frac{\pi}{4}}$，(8) $\dfrac{15}{4}$，(9) $\sin e^{-\frac{1}{2}}$，(10) 3.

15. (1)错，(2)对，(3)错，(4)错，(5)对，(6)错，(7)错.

16. (1) $x=-1$ 为可去间断点，$f_1(x)=\begin{cases}\dfrac{1-x^2}{1+x}, & x\neq -1,\\ 2, & x=-1;\end{cases}$

(2) $x=0$ 为无穷间断点；

(3) $x=0$ 为跳跃间断点；

(4) $x=1$ 为无穷间断点，$x=0$ 为可去间断点，

$$f_1(x)=\begin{cases}\dfrac{e^{3x}-1}{x(x-1)}, & x\neq 0,\\ -3, & x=0;\end{cases}$$

(5) $x=0$ 为跳跃间断点；

(6) $x=0$ 为可去间断点，$f_1(x)=\begin{cases}x\sin\dfrac{1}{x}, & x\neq 0,\\ 0, & x=0.\end{cases}$

17. (1)连续区间为 $(-1,0)\cup(0,1)\cup(1,+\infty)$；

(2)连续区间为 $(-\infty,+\infty)$；

(3)连续区间为 $(-1,0)\cup\left(0,\dfrac{1}{2}\right)\cup\left(\dfrac{1}{2},1\right)$；

(4)连续区间为 $(-\infty,-2)\cup(-2,+\infty)$.

18. (1)连续，(2)间断，(3)连续，(4)间断.

19. (1) $a=2$，$b=1$，$D_f=(-\infty,+\infty)$；

(2) $a=1$，$b=0$，$D_f=(-\infty,+\infty)$；

(3) $a=\dfrac{5}{7}$，$b=\dfrac{1}{7}$，$D_f=(-\infty,+\infty)$.

20. ～21. 略.

习　题　三

1. (1) $5-g-\dfrac{1}{2}g\Delta t$，(2) $5-g$，(3) $5-gt_0-\dfrac{1}{2}g\Delta t$，(4) $5-gt$.

2. (1) $y'=-2\sqrt{2}\,x$，(2) $y'=-\dfrac{1}{x^2}$，(3) $y'=-\dfrac{2}{x^3}$，$y'\Big|_{x=1}=-2$，

(4) $f'(x)=\dfrac{1}{2\sqrt{x}}$，$f'(2)\dfrac{1}{2\sqrt{2}}$.

3. (1) $-f'(x_0)$，(2) $2f'(x_0)$，(3) $2f'(x_0)$，(4) $2f'(x_0)$.

4. (1) $f'(0)$，(2) $tf'(0)$，(3) 0，(4) $2tf'(0)$.

5. $y=6x-9$.

6. 0，$\dfrac{2}{3}$.

7. 略.

8. (1)连续,不可导,　(2)连续,不可导,

(3)连续,可导,$f'(0)=0$,　(4)连续,不可导.

9. $a=3$, $b=-2$.

10. 当点 a 为 $\varphi(x)$的连续点或可去间断点时,$f(x)$可导;否则$f(x)$不可导.

11. ~12 略.

13. 存在.

14. (1)$f'(a)$存在,　(2)$\varphi'(a)=\psi'(a)$.

15. (1)$6x-1$,　(2)$e(a+b)(ex)^{a+b-1}$,

(3)$\frac{1}{\sqrt{x}}+\frac{1}{x^2}$,　(4)$x+\frac{2}{x^3}+\frac{7}{4}x^{\frac{3}{4}}$,

(5)$-\frac{\pi}{2}x^{-\frac{3}{2}}-\frac{5}{2}x^{\frac{3}{2}}$,　(6)$-\frac{1+x}{2x\sqrt{x}}$,

(7)$\frac{2}{(1-x)^2}$,　(8)$ab[(a+b)x^{a+b-1}+x^{a-1}+x^{b-1}]$,

(9)$-\frac{2ax+b}{(ax^2+bx+c)^2}$,　(10)$\frac{\sin t-\cos t-1}{(1+\cos t)^2}$,

(11)$1+\ln x$,　(12)$-\frac{nacx^{n-1}}{(b+cx^n)^2}$,

(13)$\varphi\cos\varphi+\frac{1}{2}\sin\varphi$,　(14)$\frac{1}{2x\ln a}$,

(15)$(2\cos x-x\sin x)x\ln\sqrt{x}+\frac{1}{2}x\cos x$,

(16)$(\sin x+x\cos x)\ln x+\sin x$,

(17)$\frac{1}{1+\cos t}$,　(18)$(1+x\tan x)\sec x-\csc x\cot x$,

(19)$2x\sec^2 x\tan x$,　(20)$3(\sin x+\cos x)^{-2}$,

(21)$-\frac{6x^2}{(x^3-1)^2}$,　(22)$-\frac{6}{\sqrt{\pi}}x^2$,

(23)$-\frac{4x}{3(x^2-1)^2}$,　(24)$\frac{x-x\ln x+(1+x-x^2-x\ln x)e^x}{x(x+e^x)^2}$.

16. (1)$4(e^x+e^{-x})^{-2}$,　(2)$-\frac{1}{(\arcsin x)^2\sqrt{1-x^2}}$,

(3) $2e^x\cos x$，　(4) $\left(\operatorname{arccot}x-\dfrac{1}{1+x^2}\right)e^x$，

(5) $(\cos x-x\sin x-x\cos x)e^{-x}$，　(6) $(1-2x\ln 2)4^{-x}$.

17. 略.

18. (1) $5(x^3-x)^4(3x^2-1)$，　(2) $(3-t)\dfrac{t^2}{(1-t)^3}$，

(3) $\dfrac{x}{\sqrt{(1-x^2)^3}}$，　(4) $3(x^2+2x-1)(1+x^2)^2(1+x)^{-4}$，

(5) $\dfrac{10x^9}{(1+x)^{11}}$，　(6) $\dfrac{1}{x\ln x\ln\ln x}$，

(7) $\dfrac{2}{\sin 2x}$，　(8) $\dfrac{2a}{a^2-x^2}$，

(9) $\dfrac{\ln x}{x\sqrt{1+\ln^2 x}}$，　(10) $\dfrac{(\ln x-1)\ln 2}{\ln^2 x}2^{\frac{x}{\ln x}}$，

(11) $-2xe^{-x^2}$，　(12) $\sec^2\dfrac{x}{5}$，

(13) $-6e^{3x}\csc^2(e^{3x})\cdot\cot(e^{3x})$，　(14) $\arccos x$，

(15) $\arctan\sqrt{x}+\dfrac{\sqrt{x}}{2(1+x)}$，　(16) $\dfrac{2}{x\ln x\ln\ln x}$，

(17) $\dfrac{\sin 2x\cdot\sin x^2-2x\sin^2 x\cdot\cos x^2}{(\sin x^2)^2}$，　(18) $-\dfrac{1}{1+x^2}$，

(19) $\sqrt{\dfrac{4}{x}-1}$，　(20) $\dfrac{1}{2(1-x^2)}$，

(21) $\sqrt{x^2+a^2}$，　(22) $\csc^3 x$，

(23) $\dfrac{1}{x^2-1}$，　(24) $-\dfrac{x}{|x|\sqrt{1-x^2}}$，

(25) $\tan^3 x$，

(26) $\dfrac{2x(1+\cos^2 2x)\cos x^2+2\sin x^2\cdot\sin 4x}{(1+\cos^2 2x)^2}$，

(27) $\dfrac{1}{\sqrt{2x+x^2}}$，

(28) $4xe^{x^2+1}\cdot\sec^2(e^{x^2+1})\cdot\tan(e^{x^2+1})$，

(29) $-\dfrac{1}{x^2}e^{\tan\frac{1}{x}}\cdot\left(\cos\dfrac{1}{x}+\sin\dfrac{1}{x}\cdot\sec^2\dfrac{1}{x}\right)$，　(30) $\arcsin(\ln x)+\dfrac{1}{\sqrt{1-(\ln x)^2}}$，

(31) $\dfrac{1}{[1+(1+x)^2]\operatorname{arccot}\left(\dfrac{1}{1+x}\right)}$,

(32) $-\dfrac{\cos x\cdot\sin[\arctan(\sin x)]}{(1+\sin^2 x)\cos[\arctan(\sin x)]}=-\dfrac{\cos x\cdot\sin x}{1+\sin^2 x}$.

19. (1) $\dfrac{1}{2}\left(\dfrac{1}{x-1}-\dfrac{1}{x}-\dfrac{1}{x+3}\right)\sqrt{\dfrac{x-1}{x(x+3)}}$,

(2) $\dfrac{(50x^2-207x-243)(2x+3)^3}{6\sqrt{x-6}\sqrt[3]{(x+1)^4}}$,

(3) $(\cos x\cot x-\sin x\ln\sin x)(\sin x)^{\cos x}$,

(4) $(1-\ln x)x^{\frac{1}{x}-2}$,

(5) $\left[\ln\left(1+\dfrac{1}{x}\right)-\dfrac{1}{1+x}\right]\left(1+\dfrac{1}{x}\right)^x$,

(6) $\left(1+\dfrac{1}{2}\ln x\right)x^{\sqrt{x}-\frac{1}{2}}$.

20. (1) $2xf'(x^2)$, (2) $4x^3f(x^2)f'(x^2)+2x[f(x^2)]^2$, (3) 0, (4) $2f'(a)$.

21. (1) $-\dfrac{\sqrt{y}}{\sqrt{x}}$, (2) $-\dfrac{1+y\sin(xy)}{x\sin(xy)}$, (3) $\dfrac{1}{2}$, (4) $\dfrac{y+x}{x-y}$.

22. $x+2y-3=0$.

23. (1) $-\dfrac{2(x^2+1)}{(x^2-1)^2}$, (2) $4e^{2x-1}$, (3) $2x(3+2x^2)e^{x^2}$, (4) $\dfrac{6x^2-2}{(x^2+1)^3}$,

(5) $(\cos^2 x+\sin x)e^{-\sin x}$, (6) $\dfrac{\sin(x+y)}{[\cos(x+y)-1]^3}$.

24. $-\sqrt{2}$.

25. $-\dfrac{1}{2\pi}$, $-\dfrac{1}{4\pi^2}$.

26. (1) $\cos(x+\dfrac{1}{2}n\pi)$, (2) $\dfrac{(-1)^{n-1}(n-1)!}{(1+x)^n}$,

(3) $(n+x)e^x$, (4) $2^{n-1}\sin\left(2x+\dfrac{n-1}{2}\pi\right)$.

27. (1) $-\dfrac{m+n}{2x\sqrt{x}}dx$, (2) $\dfrac{6x^2}{(x^3+1)^2}dx$,

(3) $\dfrac{x}{x^2-1}dx$, (4) $2x(1+x)e^{2x}dx$,

(5) $e^x(\sin^2 x+\sin 2x)dx$，　　(6) $\frac{e^x}{1+e^{2x}}dx$，

(7) $[2\sqrt{x}\sqrt{1-x}]^{-1}dx$，　　(8) $2\tan x\cdot\sec^2 x dx$.

28. (1) $\frac{e^y}{1-xe^y}dx$，　　(2) $-\frac{b^2x}{a^2y}dx$.

(3) $\frac{2}{2-\cos y}dx$，　　(4) $\frac{\sqrt{1-y^2}}{1+2y\sqrt{1-y^2}}dx$.

29. (1)2.7455，(2)−0.002，(3)0.4849，(4)2.0083.

30. 5.76(米^2)，0.24(米^2)，4.2%.

31. (1)157(cm^3)，0.5%；(2)7.85(cm^2)，0.25%.

32. 1.9953.

33. $\frac{1}{\sqrt{x}}$，$\frac{5}{(x+1)^2}$，$\frac{5}{(x+1)^2}-\frac{1}{\sqrt{x}}$.

34. $60-0.2x$，30，−20.

35. (1) $0<p<\frac{16}{9}$ 时缺乏弹性，$\frac{16}{9}<p<4$ 时有弹性；

(2) $0<p<\sqrt{\frac{a}{3}}$ 时缺乏弹性，$\sqrt{\frac{a}{3}}<p<\sqrt{a}$ 时有弹性.

36. (1) α，(2) kx，(3) $\frac{\sqrt{x}}{2(\sqrt{x}-4)}$，(4) $\frac{x}{2(x-9)}$.

习　题　四

1. (1)(2)(3)不满足罗尔定理条件；

(4)(5)(6)满足罗尔定理条件.

2. ～8. 略.

9. 提示：构造辅助函数 $F(x)=f(x)e^{-x}$.

10. 提示：用二次拉格朗日中值定理.

11. 提示：令 $F(x)=f(x)-x$，$M=F(x_0)>0$，$x_0\in(0,1)$，

[$F(x_0)$为$F(x)$的最大值]，在$[0,x_0]$上使用拉格朗日中值定理.

12. 提示：令 $F(x)=g(x)-f(x)$，并在$[a,x]$上使用拉格朗日中值定理.

13. (1)$\frac{\alpha}{\beta}x_0^{\alpha-\beta}$，(2)2，(3)$\infty$，(4)$\ln\frac{a}{b}$，(5)$\frac{1}{3}$，(6)1，(7)1，(8)$\frac{1}{2}$，(9)1，

(10)$e^{-\frac{1}{2}}$，(11)1，(12)1，(13)$\frac{2}{\pi}$，(14)$\frac{1}{2}$，(15)∞，(16)e^{-1}，(17)$\frac{1}{2}$，

(18)0.

14. 略.

15. (1)单调增区间$(-\infty,1)$，$(3,+\infty)$；单调减区间$(-1,3)$.

(2)单调增区间$(-\infty,-2)$，$(2,+\infty)$；单调减区间$(-2,0)$，$(0,2)$.

(3)单调增区间$(-\infty,0)$；$\left(\frac{2}{5},+\infty\right)$；单调减区间$\left(0,\frac{2}{5}\right)$.

(4)单调增区间$(-\infty,0)$；单调减区间$[0,+\infty]$.

(5)单调增区间$\left[\frac{1}{2},+\infty\right)$；单调减区间$\left(0,\frac{1}{2}\right)$.

(6)单调增区间$(-\infty,+\infty)$.

16. ～19. 略.

20. (1)极大值 $y(-1)=6$，极小值 $y(3)=-26$；

(2)极小值 $y(0)=0$；

(3)极大值 $y\left(\frac{3}{4}\right)=\frac{5}{4}$；

(4)极大值 $y(2)=4e^{-2}$，极小值 $y(0)=0$；

(5)极大值 $y(1)=\frac{1}{2}$，极小值 $y(-1)=-\frac{1}{2}$；

(6)极大值 $y(2)=2$，极小值 $y\left(2\frac{8}{27}\right)=1\frac{23}{27}$.

21. (1)最大值 $y(1)=-15$，最小值 $y(3)=-47$；

(2)最大值 $y(e)=e^{\frac{1}{e}}$，无最小值；

(3)无最大值，最小值 $y(-3)=27$；

(4)最大值 $y(1)=0$，最小值 $y\left(\frac{1}{2}\right)=-\frac{1}{\sqrt{2}}\ln 2$；

(5)最大值 $y(-5)=e^8$，最小值 $y(3)=1$；

(6)最大值 $y(-10)=132$，最小值 $y(1)=y(2)=0$.

22. 略.

23. $\frac{a}{3}$.

24. 直径:高$=b:a$.

25. $\frac{2}{3}(3-\sqrt{6})\pi$.

26. $\frac{4\sqrt{5}}{5}R$, $\frac{\sqrt{5}}{5}R$.

27. 10 个单位.

28. 140 个单位.

29. 15 元.

30. 2.08 个单位.

31. 极大值点($a>0$ 时),极小值点($a<0$ 时).

32. $a=2$,$f\left(\frac{\pi}{3}\right)=\sqrt{3}$为极大值.

33. $ab<0$ 时$f(x)$有极值. 且当 $a>0$、$a^2-b^2>0$ 时,$f\left(\sqrt{-\frac{a}{b}}\right)$为极小值,$f\left(-\sqrt{-\frac{a}{b}}\right)$为极大值;当 $a<0$、$a^2-b^2>0$ 时,$f\left(\sqrt{-\frac{a}{b}}\right)$为极大值,$f\left(-\sqrt{-\frac{a}{b}}\right)$为极小值.

34. (1)在$(-\infty,0)$内上凸,$(0,+\infty)$内下凸;

(2)$(-\infty,1)$内上凸,$(1,+\infty)$内下凸;

(3)$(-\infty,2)$内上凸,$(2,+\infty)$内下凸;

(4)$\left(-\infty,\frac{1}{2}\right)$内下凸,$\left(\frac{1}{2},+\infty\right)$内上凸;

(5)$(-\infty,-2)$与$(0,+\infty)$内上凸,$(-2,0)$内下凸;

(6)$(-\infty,-3)$与$(-3,6)$内上凸,$(6,+\infty)$内下凸.

35. $a=-\frac{3}{2}$,$b=\frac{9}{2}$.

36. (1)垂直渐近线 $x=0$,水平渐近线 $y=1$;

(2)垂直渐近线 $x=0$;

(3)垂直渐近线 $x=0$,水平渐近线 $y=0$;

(4)垂直渐近线 $x=0$,斜渐近线 $y=\mathrm{e}x$.

37. 略.

习 题 五

1. (1) $\frac{1}{2\ln 3}3^{2x}+C$,　(2) $\frac{3^x\cdot 5^{2x}}{\ln 3+2\ln 5}+C$,

(3) $\frac{1}{1+2\ln 2}(4e)^x+C$,　(4) $\frac{1}{7}x^7+\frac{1}{2}x^4+x+C$,

(5) $-\frac{1}{\ln 5}\left(\frac{1}{5}\right)^x-\frac{1}{\ln 2}\left(\frac{1}{2}\right)^x+C$,　(6) $\frac{1}{3}\arcsin x+C$,

(7) $\frac{1}{2}(x-\sin x)+C$,　(8) $-(\tan x+\cot x)+C$.

2. $y=\frac{1}{3}x^3+x^2+x+3$.

3. (1) $\ln|x+a|+C$,　(2) $\frac{1}{300}(3x-10)^{100}+C$,

(3) $2e^{\sqrt{x}}+C$,　(4) $\arcsin x+2\ln(x+\sqrt{1+x^2})+C$,

(5) $\frac{1}{2}e^{x^2-2x}+C$,　(6) $-e^{\cos x}+C$,

(7) $\frac{1}{2}\arctan\frac{x+1}{2}+C$,　(8) $\frac{1}{2}\ln\left|\frac{x+1}{x+3}\right|+C$,

(9) $\tan\frac{x}{2}+C$,　(10) $\frac{1}{2}\ln\left|\frac{x}{(6-x)^3}\right|+C$,

(11) $\frac{1}{2}\arctan x^2+\frac{1}{4}\ln(1+x^4)+C$,　(12) $\ln\left|\frac{\sqrt{1+x^2}-1}{x}\right|+C$,

(13) $\frac{1}{2}(1+\ln x)^2+C$,　(14) $\frac{1}{2}x^2+\frac{1}{4}(\ln x^2)^2+C$,

(15) $\frac{1}{4}(\arcsin x)^4-\arcsin x+C$,　(16) $\frac{1}{2}\tan^2(x+3)+C$,

(17) $\frac{1}{\sin x-x}+C$,　(18) $\frac{1}{4}(\sin x+\cos x)^{-4}+C$,

(19) $-\frac{1}{x\sin x}+C$,　(20) $\frac{1}{2}\ln|x^2+2\sin x|+C$,

(21) $-\frac{1}{2}(\ln\cos x)^2+C$，　(22) $-\frac{1}{12}(x^3+3x+1)^{-4}+C$，

(23) $2(\arctan x)^2-\frac{1}{2}\ln(1+x^2)+C$，　(24) $-\frac{\sqrt{2}}{2}\arctan(\sqrt{2}\cot x)+C$，

(25) $\sqrt{1+x^2}+\ln\left|\frac{\sqrt{1+x^2}-1}{x}\right|+C$，　(26) $\frac{1}{2}\arcsin x-\frac{1}{2}x\sqrt{1-x^2}+C$，

(27) $\sqrt{x^2-4}-2\arctan\frac{1}{2}\sqrt{x^2-4}+C$，(28) $\ln(\sqrt{1+e^{2x}}-1)-x+C$，

(29) $2\ln(x+\sqrt{x})+C$，　(30) $-\frac{4}{3}\left[\frac{\sqrt{1+\sqrt{x}}}{\sqrt[4]{x}}\right]^3+C$.

4. (1) $x\ln x-x+C$，

(2) $x\ln(4+x^2)+4\arctan\frac{x}{2}-2x+C$，

(3) $(2x-1)\sin 2x+\cos 2x+C$，

(4) $(x-2)\cos 2x-\frac{1}{2}\sin 2x+C$，

(5) $-x\cot x+\ln|\sin x|+C$，

(6) $x\tan x+\ln|\cos x|+C$，

(7) $-\frac{1}{2}(x\csc^2 x+\cot x)+C$，

(8) $\frac{1}{4}\left(x^2-x\sin 2x-\frac{1}{2}\cos 2x\right)+C$，

(9) $(x+1)e^{3x}+C$，

(10) $(x-1)e^x+C$，

(11) $2(\sqrt{x}-1)e^{\sqrt{x}}+C$，

(12) $\frac{x}{2}(\sin\ln x-\cos\ln x)+C$，

(13) $x\arcsin x+\sqrt{1-x^2}+C$，

(14) $x\arctan\sqrt{4x-1}-\frac{1}{4}\sqrt{4x-1}+C$，

(15) $\frac{1}{2}(\sec x\cdot\tan x+\ln|\sec x+\tan x|)+C$，

(16) $(x-1)\ln(1-\sqrt{x})-\left(\frac{1}{2}x+\sqrt{x}\right)+C$，

(17) $\ln\frac{|x|}{\sqrt{1+x^2}}-\frac{1}{x}\arctan x+C$,

(18) $\frac{1}{1+x}e^x+C$,

(19) $x\ln(\sqrt{1+x}+\sqrt{1-x})-\frac{1}{2}(x-\arcsin x)+C$,

(20) $\frac{1}{x}\sin x+C$,

(21) $\left(x+\frac{1}{3}x^3\right)\ln x-\left(x+\frac{1}{9}x^3\right)+C$,

(22) $2\sqrt{x}(\ln x-2)+C$,

(23) $(\ln\ln x-1)\ln x+C$,

(24) $\frac{1}{2}(x^2-1)\ln\frac{1-x}{1+x}-x+C$,

(25) $x\ln(x+\sqrt{1+x^2})-\sqrt{1+x^2}+C$,

(26) $\sqrt{1+x^2}\ln(x+\sqrt{1+x^2})-x+C$,

(27) $x\arctan(1+\sqrt{x})-(1+\sqrt{x})+\ln[1+(1+\sqrt{x})^2]+C$,

(28) $e^x\tan\frac{x}{2}+C$,

(29) $\frac{1}{2}x^2e^{x^2}+C$,

(30) $\frac{x-1}{2\sqrt{1+x^2}}e^{\arctan x}+C$.

5. (1) $\frac{1}{2}x^2+\ln|x-1|+C$, (2) $\frac{3}{2}x^2+\ln[(x-1)^2|x+1|]+C$,

(3) $\frac{1}{4}\left(\frac{1}{4}\ln\left|\frac{2+x}{2-x}\right|-\frac{1}{x}\right)+C$, (4) $\ln|x^2+3x-10|+C$,

(5) $\frac{1}{16}\ln\left|\frac{x^2-4}{x^2+4}\right|+C$, (6) $\frac{1}{8}\arctan x^8+C$,

(7) $\frac{1}{n}(x^n-\ln|1+x^n|)+C$, (8) $\frac{1}{10}\left(\ln\frac{x^{10}}{1+x^{10}}+\frac{1}{1+x^{10}}\right)+C$.

6. (1) $I_n=x\ln^n x-nI_{n-1}\quad(n=1,2,\cdots)$,

(2) $I_n=x(\arcsin x)^n+n\sqrt{1-x^2}(\arcsin x)^{n-1}-n(n-1)I_{n-2}\quad(n=2,3\cdots)$,

(3) $I_{n,m}=\frac{1}{n+1}x^{n+1}(\ln x)^m-\frac{m}{n+1}I_{n,m-1}\quad(n=0,1,\cdots;m=1,2,\cdots)$.

习 题 六

1. (1) $\int_0^1 x^5\mathrm{d}x<\int_0^1 x^2\mathrm{d}x$, (2) $\int_1^2 x^2\mathrm{d}x<\int_1^2 x^5\mathrm{d}x$,

(3) $\int_0^{\frac{\pi}{2}}\sin x\mathrm{d}x<\int_0^{\frac{\pi}{2}}x\mathrm{d}x$, (4) $\int_0^1 \mathrm{e}^{x^2}\mathrm{d}x<\int_0^1 \mathrm{e}^x\mathrm{d}x$,

(5) $\int_0^5 \mathrm{e}^{-x}\mathrm{d}x<\int_0^5 \mathrm{e}^x\mathrm{d}x$, (6) $\int_0^{\frac{\pi}{2}}\sin^4 x\mathrm{d}x<\int_0^{\frac{\pi}{2}}\sin^2 x\mathrm{d}x$,

(7) $\int_{-\frac{\pi}{2}}^0\sin x\mathrm{d}x<\int_0^{\frac{\pi}{2}}\sin x\mathrm{d}x$.

2. (1) $2a\mathrm{e}^{-a^2}<\int_{-a}^a \mathrm{e}^{-x^2}\mathrm{d}x<2a$,

(2) $\pi<\int_{\frac{\pi}{4}}^{\frac{5\pi}{4}}(1+\sin^2 x)\mathrm{d}x<2\pi$,

(3) $\frac{\sqrt{2}}{2}\ln 2<\int_{\frac{\pi}{4}}^{\frac{\pi}{2}}\frac{\sin x}{x}\mathrm{d}x<\ln 2$,

(4) $\frac{2}{9}\pi<\int_{\frac{\sqrt{3}}{3}}^{\sqrt{3}}\frac{\sqrt{3}}{4}x\arctan x\mathrm{d}x<\frac{4\pi}{9}$,

(5) $\frac{\sqrt{2}}{20}<\int_0^1\frac{x^9}{\sqrt{1+x}}\mathrm{d}x<0.1$,

(6) $0<\int_0^{200}\frac{1}{x+20}\mathrm{e}^{-5x}\mathrm{d}x<0.01$.

3. (1) e^2, (2) $\frac{1}{2}$, (3) 1, (4) 1.

4. $x=1$ 为极大值点，$x=2$ 为极小值点.

5. (1) $\frac{2}{3}$. (2) $\frac{3}{2}-\ln 2$. (3) $\frac{1}{2}\ln\frac{21}{20}$. (4) e^2-3.

(5) $\frac{1}{2}(a^2-b^2)$，$a<b<0$ 时；$\frac{1}{2}(a^2+b^2)$，$a<0<b$ 时；

$\frac{1}{2}(b^2-a^2)$，$0<a<b$ 时.

(6) $\frac{1}{2}(a-b)^2$, $a<b$ 时；$-\frac{1}{2}(a-b)^2$, $a\geqslant b$ 时.

6. (1) $\frac{1}{2}$，(2) $2-\frac{\pi}{2}$，(3) $2-\arctan 2$，(4) 1，(5) $7+2\ln 2$，(6) $4\frac{58}{105}$，(7) $\frac{\pi}{8}$，

(8) $\frac{1}{3}$，(9) 12，(10) 2，(11) $\frac{1}{2}(1-\ln 2)$，(12) $\frac{3\sqrt{2}}{2}$，(13) $1-\frac{\pi}{4}$，

(14) $4-\frac{\pi}{4}$，(15) $\frac{5}{2}$，(16) $\frac{4}{15}$，(17) $2(1-\ln 2)$，(18) $\ln 2$，(19) $\frac{\pi}{2\sin\alpha}$，

(20) $-\frac{17}{18}$，(21) $\ln 2-\frac{1}{64}\pi^2$，(22) $\frac{2}{3}$，(23) $\frac{\pi}{8}$，(24) $1+\frac{1}{2}\ln\frac{3}{2}$，

(25) $1-\frac{1}{2}\ln\frac{3}{2}$，(26) $\frac{1}{2}(1+e^2)$，(27) $-\frac{1}{8}(\ln 2)^2$，(28) $\frac{2}{\pi}(2\sqrt{2}-1)$，

(29) $\frac{55}{96}$，(30) $2(3-\ln 2)$，(31) 2.

7. (1) $\frac{\ln 3-2}{(\ln 3)^2}$, (2) $\frac{\sqrt{2}}{2}\left(1-\frac{\pi}{4}\right)$, (3) $2\ln 2-1$, (4) $\ln 2-2+\frac{\pi}{2}$, (5) $\frac{1}{2}(e^{\frac{\pi}{2}}-1)$,

(6) $\frac{1}{4}(e^2-1)$, (7) $8(e-2)$, (8) $\frac{1}{4}(e^2-1)$, (9) $8(e-5e^{-1})$.

8. (1) $\frac{\pi}{2}$, (2) $\frac{\pi^2}{4}$.

9. 略.

10. $f(x)=\cos x-\sin x$.

11. 略.

12. (1) $13\frac{1}{2}$, (2) $13\frac{1}{2}$, (3) $17\frac{1}{2}-6\ln 6$, (4) 1, (5) 1, (6) $13\frac{1}{2}$.

13. (1) $V_x=pa^2\pi$，　(2) $V_x=\frac{1}{2}a^3\pi$，

(3) $V_x=\pi$，　(4) $V_x=\frac{1}{4}\pi^2$，

(5) $V_x=\frac{(2c-5)\pi}{e}$，　(6) $\frac{\pi}{4}(e^2-1)$，

(7) $V_y=\frac{3}{10}\pi$，　(8) $V_x=\frac{128}{7}\pi$，　$V_y=12.8\pi$.

14. $5850+850\times e^{-5}\approx 5855$.

15. $R(Q)=100Qe^{-Q/10}$.

16. 最大总利润为 $666\frac{1}{3}$.

17. (1)$\alpha<0$ 时,收敛于 $-\frac{1}{\alpha}$; $\alpha\geqslant 0$ 时发散.

(2)$\alpha<-1$ 时,收敛于 $-\frac{1}{1+\alpha}$; $\alpha\geqslant -1$ 时发散.

(3)$\alpha<-1$ 时,收敛于 $-\frac{1}{1+\alpha}$; $\alpha\geqslant -1$ 时发散.

(4)$\alpha<-1$ 时,收敛于 $\frac{1}{(1+\alpha)^2}$; $\alpha\geqslant -1$ 时发散.

(5) 发散.

(6) 收敛于 $\frac{\pi}{2}$.

(7)$\alpha>-1$ 时,收敛于 $\frac{1}{1+\alpha}a^{1+\alpha}$; $\alpha\leqslant -1$ 时发散.

(8) 发散.

(9) 收敛于 $\frac{8}{3}$.

(10) 收敛于 -1.

18. 略.

19. (1) $\frac{1}{4}\pi^2$, (2) e.

20. (1)18, (2) $\frac{1}{5}\sqrt{\pi}$, (3) $\frac{1}{n}\Gamma\left(\frac{1}{n}\right)\quad(n>0)$, (4) $\frac{1}{2}\Gamma\left(n+\frac{1}{2}\right)\quad\left(n>-\frac{1}{2}\right)$,

(5)$\Gamma(\alpha+1)\quad(\alpha>-1)$.

习 题 七

1. (1)$(-1)^{n-1}\left(1+\frac{1}{n}\right)$, (2) $\frac{1}{2n-1}$, (3) $\frac{n}{1+n^2}$, (4) $\frac{(2n)!}{(2^n n!)^2}$,

(5) $\frac{2\cdot 5\cdots\cdots(3n-1)}{1\cdot 5\cdots\cdots(4n-3)}$, (6) $\frac{(-1)^{n+1}}{2n+1}x^{2n+1}$.

2. $u_1=1$, $u_2=\frac{1}{3}$, $u_n=\frac{2}{n(n+1)}$.

3. (1) $S_n=\frac{1}{2}\left(1-\frac{1}{2n+1}\right)$, $S=\frac{1}{2}$,

(2) $S_n=1-\frac{1}{\sqrt{n}}$, $S=1$,

(3) $S_n=\frac{1}{4}\left(\frac{1}{3}-\frac{1}{4n+3}\right)$, $S=\frac{1}{12}$,

(4) $S_n=\frac{1}{2}\left(\frac{1}{2}-\frac{1}{(n+1)(n+2)}\right)$, $S=\frac{1}{4}$.

4. (3)、(5)、(6).

5. (1) 发散，(2) 发散，(3) 收敛，(4) 收敛，(5) 发散，(6) 发散，(7) 发散，(8) 发散，(9) 收敛，(10) 发散，(11) 收敛，(12) 发散.

6. (1) 发散；(2) 收敛；(3) 收敛；(4) 发散；(5) $a>1$ 时收敛，$0<a\leqslant 1$ 时发散；(6) 发散；(7) 发散；(8) 收敛；(9) 收敛；(10) 收敛；(11) 收敛；(12) 发散；(13) 收敛；(14) 收敛.

7. 提示：$\frac{a_n}{b_n}\leqslant\frac{a_1}{b_1}$.

8. (1) 发散；(2) 收敛；(3) 收敛；(4) 收敛；(5) 收敛；(6) 发散；(7) 收敛；(8) 发散；(9) 收敛；(10) $|x|\leqslant 1$ 时收敛，$|x|>1$ 时发散；(11) 收敛；(12) 发散；(13) 收敛.

9. (1) 对，(2) 对，(3) 错，(4) 错，(5) 错，(6) 错，(7) 错，(8) 错，(9) 对.

10. (1) 收敛，(2) 收敛，(3) 收敛，(4) 收敛，(5) 收敛，(6) 发散，(7) 收敛，(8) 收敛.

11. (1) 错，(2) 错，(3) 错，(4) 对，(5) 错，(6) 对.

12. (1) 条件收敛，(2) 绝对收敛，(3) 绝对收敛，
(4) 绝对收敛，(5) 发散，(6) 发散，
(7) 条件收敛，(8) 发散，(9) 发散，
(10) 绝对收敛，(11) 发散，(12) 发散，
(13) 发散，(14) 绝对收敛，(15) 条件收敛.

13. (1) $\left(-\frac{1}{5},\frac{1}{5}\right]$，(2) $(-\infty,+\infty)$，
(3) $\{0\}$，(4) $(-\sqrt{3},\sqrt{3})$，
(5) $[1,3]$，(6) $(-1,1]$，

(7) $\{-\infty,+\infty\}$, (8) $\left[-\frac{1}{3},\frac{1}{3}\right]$,

(9) $\left(-\frac{1}{5},\frac{1}{5}\right)$, (10) $[0,9]$,

(11) $(-2^{-\frac{1}{4}},2^{-\frac{1}{4}})$, (12) $\left(-\frac{1}{e},\frac{1}{e}\right)$,

(13) $(-\infty,+\infty)$, (14) $\left[-\frac{4}{3},-\frac{2}{3}\right)$,

(15) $(-\infty,-1)\cup(1,+\infty)$ (16) $\left(-\frac{1}{3},\frac{1}{3}\right)$.

14. (1) $[-1,1)$, $-\ln(1-x)$; (2) $(-1,1)$, $\frac{1+x}{(1-x)^3}$;

(3) $(-1,1)$, $\frac{1}{(1-x)^2}$; (4) $(-2,2)$, $\frac{3}{2-x}$;

(5) $(-1,1)$, $\ln\sqrt{\frac{1+x}{1-x}}$; (6) $[-1,1)$, x.

15. (1) $[0,+\infty)$, (2) (e^{-2},e^2), (3) $(0,+\infty)$, (4) 无收敛点.

16. $\frac{2x}{(1-x)^3}$, 8.

17. $(-\sqrt{2},\sqrt{2})$, $\frac{2+x^2}{(2-x^2)^2}$, 3.

18. (1) $\sum_{n=1}^{\infty}\frac{(-1)^{n+1}2^{2n-1}}{(2n)!}x^{2n}$, $(-\infty,+\infty)$;

(2) $\sum_{n=0}^{\infty}(-1)^n x^{n+2}$, $(-1,1)$;

(3) $\sum_{n=0}^{\infty}\frac{(-1)^n}{n!}x^{n+3}$, $(-\infty,+\infty)$;

(4) $\sum_{n=0}^{\infty}\frac{(\ln 3)^n}{n!}x^n$, $(-\infty,+\infty)$;

(5) $\sum_{n=0}^{\infty}\frac{1}{(2n)!}x^{2n}$, $(-\infty,+\infty)$;

(6) $1+\sum_{n=1}^{\infty}\frac{(-1)^n(2n-1)!}{2^n n!}x^{2n+2}$, $(-1,1)$;

(7) $\sum_{n=0}^{\infty}\frac{(-1)^n}{n!(2n+1)}x^{2n+1}$, $(-\infty,+\infty)$;

(8) $\sum_{n=1}^{\infty}\frac{(-1)^{n-1}}{n}x^{n-1}$，$(-1,1]$；

(9) $2\ln 2+\sum_{n=1}^{\infty}\frac{(-1)^{n-1}-4^n}{4^n n}x^n$，$(-1,1)$；

(10) $\sum_{n=0}^{\infty}\sin\left(a+\frac{1}{2}n\pi\right)\frac{1}{n!}x^n$，$(-\infty,+\infty)$；

(11) $\sum_{n=0}^{\infty}\left(1-\frac{1}{2^{n+1}}\right)x^n$，$(-1,1)$；

(12) $\sum_{n=0}^{\infty}(2^n-1)x^n$，$\left(-\frac{1}{2},\frac{1}{2}\right)$.

19. (1) $\sum_{n=0}^{\infty}\frac{\mathrm{e}}{n!}(x-1)^n$，$(-\infty,+\infty)$；

(2) $\frac{1}{2}\sum_{n=0}^{\infty}\frac{(-1)^n}{2^n}(x-2)^n$，$(0,4)$；

(3) $\ln 3+\sum_{n=1}^{\infty}\frac{(-1)^{n-1}}{3^n n}(x-3)^n$，$(0,6]$；

(4) $\sum_{n=0}^{\infty}\sin\left(a+\frac{1}{2}n\pi\right)\frac{1}{n!}(x-a)^n$，$(-\infty,+\infty)$；

(5) $\ln 3+\sum_{n=1}^{\infty}\frac{(-1)^{n-1}}{3^n n}(x-2)^n$，$(-1,5]$；

(6) $\frac{\sqrt{2}}{2}\sum_{n=0}^{\infty}\left[\frac{(-1)^n}{(2n)!}\left(x-\frac{\pi}{4}\right)^{2n}+\frac{(-1)^{n+1}}{(2n+1)!}\left(x-\frac{\pi}{4}\right)^{2n+1}\right]$，$(-\infty,+\infty)$.

习　题　八

1. (1) $D=\{(x,y)\mid x+y\neq 0,\ x-y\neq 0\}$；

(2) $D=\{(x,y)\mid 2n\pi\leqslant x^2+y^2\leqslant(2n+1)\pi,\ n=0,\pm1,\pm2,\cdots\}$；

(3) $D=\{(x,y)\mid -y^2\leqslant x\leqslant y^2,\ y\neq 0\}$；

(4) $D=\{(x,y)\mid 4<x^2+y^2<16\}$；

(5) $D=\{(x,y)\mid x\geqslant 0,\ 0\leqslant y\leqslant x^2\}$；

(6) $D=\{(x,y)\mid x>0,\ -x<y<x\}$；

(7) $D=\{(x,y)\mid r^2<x^2+y^2\leqslant R^2\}$；

(8) $D=\left\{(x,y)\,\middle|\,\frac{1}{9}(x^2+4y^2)<1,\ y^2-1\leqslant x\leqslant y^2+1\right\}$.

2. 不同.

3. $f(x,y)=\dfrac{x^2(1-y)}{1+y}$.

4. $f(x)=x^2-x$，　$z(x,y)=2y+(x-y)^2$.

5. (1)3 次齐次函数，　(2)-1 次齐次函数，
(3)5 次齐次函数，　(4)0 次齐次函数.

6. (1)$z_x(1,2)=-3$，　$z_y(1,2)=9$；
(2)$z_x(1,1)=1$，　$z_y(1,1)=-1$；
(3)$z_x(0,1)=z_y(1,0)=0$；
(4)$z_x(-1,-1)=-1$，　$z_y(1,1)=1$.

7. (1)$z_x=2x\arctan\dfrac{y}{x}-y$，　$z_y=x-2y\arctan\dfrac{x}{y}$；

(2)$z_x=\dfrac{1}{1+x^2}$，　$z_y=\dfrac{1}{1+y^2}$；

(3)$z_x=\dfrac{1}{x+\ln y}$，　$z_y=\dfrac{1}{y(x+\ln y)}$；

(4)$z_x=\ln\dfrac{y}{x}-1$，　$z_y=\dfrac{x}{y}$；

(5)$z_x=\dfrac{|y|}{y\sqrt{y^2-x^2}}$，　$z_y=-\dfrac{x|y|}{y^2\sqrt{y^2-x^2}}$；

(6)$z_x=\dfrac{y}{1+x^2y^2}$，　$z_y=\dfrac{x}{1+x^2y^2}$；

(7)$z_x=z_y=-\dfrac{1}{\sqrt{1-(x+y)^2}}$；

(8)$z_x=-\dfrac{y^2}{x\sqrt{x^4-y^4}}$，　$z_y=\dfrac{y}{\sqrt{x^4-y^4}}$；

(9)$z_x=-\dfrac{2}{\sqrt{x^2+y^2}}$，　$z_y=\dfrac{2x}{y\sqrt{x^2+y^2}}$；

(10)$z_x=\left(y-\dfrac{2x}{x^2+y^2}\right)z$，　$z_y=\left(x-\dfrac{2y}{x^2+y^2}\right)z$；

(11)$z_x=\dfrac{z}{x\ln x}$，　$z_y=-\dfrac{z}{y\ln y}$；

(12) $u_x=\dfrac{1}{y}e^{x/y}$，　$u_y=-\dfrac{1}{y^2}(xe^{x/y}+ze^{z/y})$，　$u_z=\dfrac{1}{y}e^{z/y}$；

(13) $u_x = uy\ln z$, $u_y = ux\ln z$, $u_2 = \frac{xyu}{z}$;

(14) $u_x = \frac{zu}{x}$, $u_y = \frac{zu}{y}$, $u_z = u\ln(xy)$;

(15) $u_x = \frac{x}{u}$, $u_y = \frac{y}{u}$, $u_z = \frac{z}{u}$.

8. 略.

9. (1) $z_{xx} = \frac{2x(x^2-3y^2)}{(x^2+y^2)^3}$, $z_{yy} = -\frac{2x(x^2-3y^2)}{(x^2+y^2)^3}$, $z_{xy} = \frac{2y(3x^2-y^2)}{(x^2+y^2)^3}$;

(2) $z_{xy} = \frac{x^2-y^2}{x^2+y^2}$;

(3) $z_{xy} = 0$;

(4) $z_{xy} = \frac{8xyz}{(x^2+y^2)^2}$;

(5) $z_{xx} = z + 2\sin y \cdot e^x$, $z_{yy} = -z$, $z_{xy} = [(x+1)\cos y - \sin y]e^x$.

10. (1) $dz = 2z(xdx + ydy)$,

(2) $dz = \frac{1}{x^2+y^2}(xdy - ydx)$,

(3) $dz = \frac{z}{2}\left(\frac{1}{y}dy - \frac{1}{x}dx\right)$,

(4) $dz = \frac{abz}{a^2x^2 - b^2y^2}(ydx - xdy)$,

(5) $dz = \frac{1}{1+x^2y^2}(ydx + xdy)$,

(6) $dz = (2x + y^2)dx + (2xy + \cos y)dy$,

(7) $dz = \frac{1}{x}dx + \frac{1}{y}dy$,

(8) $dz = \frac{|y|}{y^2\sqrt{y^2-x^2}}(ydx - xdy)$,

(9) $dz = \frac{1}{x^2+y^2}(xdx + ydy)$,

(10) $du = (y+z)dx + (z+x)dy + (x+y)dz$.

11. (1) 0.04, (2) −0.2, (3) $\frac{1}{4}e \approx 0.6796$.

12. (1) 1.08, (2) 2.95, (3) 0.01, (4) 1.05.

13. (1) $z_x=\dfrac{2y^2}{x^3}\left[\dfrac{x^2}{x^2+y^2}-\ln(x^2+y^2)\right]$,

$z_y=\dfrac{2y}{x^2}\left[\dfrac{y^2}{x^2+y^2}+\ln(x^2+y^2)\right]$;

(2) $z_x=\dfrac{xv-yu}{x^2+y^2}e^{uv}$, $z_y=\dfrac{xu+yv}{x^2+y^2}e^{uv}$;

(3) $\dfrac{du}{dx}=e^{ax}\sin x$.

14. (1) $\dfrac{dy}{dx}=-\dfrac{b^2x}{a^2y}$, (2) $\dfrac{dy}{dx}=\dfrac{b^2x}{a^2y}$, (3) $\dfrac{dy}{dx}=\dfrac{y^2-xy\ln y}{x^2-xy\ln x}$, (4) $\dfrac{dy}{dx}=-\dfrac{y}{x}$.

15. (1) $dz=\dfrac{z}{y(1+x^2z^2)-x}[dx-(1+x^2z^2)dy]$,

(2) $dz=\dfrac{z}{z-1}\left(\dfrac{1}{x}dx+\dfrac{1}{y}dy\right)$.

16. (1) 极小值 $z(0,0)=0$;

(2) 极大值 $z(-2,-1)=28$, 极小值 $z(2,1)=-28$;

(3) 极小值 $z(-2,0)=-\dfrac{2}{e}$;

(4) 若 $a>0$,则有极大值 $z\left(\dfrac{a}{3},\dfrac{a}{3}\right)=\left(\dfrac{a}{3}\right)^3$,

若 $a<0$,则有极小值 $z\left(\dfrac{a}{3},\dfrac{a}{3}\right)=\left(\dfrac{a}{3}\right)^3$;

(5) 若 $a>0$,则有极小值 $z(a,a)=-a^3$,

若 $a<0$,则有极大值 $z(a,a)=-a^3$;

(6) 极小值 $z(1,1)=2$;

(7) 极大值 $z\left(\dfrac{\pi}{3},\dfrac{\pi}{3}\right)=\dfrac{3\sqrt{3}}{2}=2.598$.

17. (1) 极大值 $z(1,1)=1$,

(2) 极小值 $z(3,3)=8$,

(3) 极小值 $z(2,2)=4$.

18. (1) 最大值 $z(4,1)=7$,

最小值 $z\left(\dfrac{4}{3}+\dfrac{1}{3}\sqrt{22},-1\right)\approx-16.051$;

(2) 最大值 $z\left(\dfrac{\sqrt{3}}{3},\pm\dfrac{\sqrt{6}}{3}\right)=\dfrac{2\sqrt{3}}{9}$,

最小值 $z\left(-\frac{\sqrt{3}}{3}, \pm\frac{\sqrt{6}}{3}\right)=-\frac{2\sqrt{3}}{9}$；

(3) 最大值 $z(0,3)=z(3,0)=6$，

最小值 $z(1,1)=-1$.

19. 深度:内径 = 1∶2.

20. 最大面积为 $2ab$.

21. $a\geqslant\frac{1}{2}$ 时,最小距离为$\sqrt{a-\frac{1}{4}}$；$a<\frac{1}{2}$ 时,最小距离为 $|a|$.

22. (1)$x=0.75$(万元)，　$y=1.25$(万元)；

(2)$x=0$，　$y=1.5$(万元).

23. $p_1=80$，$p_2=120$；最大总利润为 605.

24. 服装业投资$\frac{4}{7}A$，家电业投资$\frac{3}{7}A$，出口总收入增量最大值为$\frac{12}{7}A^2$.

25. $x=\frac{\alpha K}{\alpha+\beta+\gamma}$，$y=\frac{\beta K}{\alpha+\beta+\gamma}$，$z=\frac{\gamma K}{\alpha+\beta+\gamma}$ 时效益最大,最大效益为

$\alpha^\alpha\beta^\beta\gamma^\gamma\left(\frac{K}{\alpha+\beta+\gamma}\right)^{\alpha+\beta+\gamma}$.

26. (1) $\iint\limits_D f(x,y)\mathrm{d}x\mathrm{d}y=\int_0^1\mathrm{d}x\int_{x-1}^{1-x}f(x,y)\mathrm{d}y$

$=\int_{-1}^0\mathrm{d}y\int_0^{y+1}f(x,y)\mathrm{d}x+\int_0^1\mathrm{d}y\int_0^{1-y}f(x,y)\mathrm{d}x$,

(2) $\iint\limits_D f(x,y)\mathrm{d}x\mathrm{d}y=\int_{-1}^1\mathrm{d}x\int_{x^2}^{2-x^2}f(x,y)\mathrm{d}y$

$=\int_0^1\mathrm{d}y\int_{-\sqrt{y}}^{\sqrt{y}}f(x,y)\mathrm{d}x+\int_1^2\mathrm{d}y\int_{-\sqrt{2-y}}^{\sqrt{2-y}}f(x,y)\mathrm{d}x$,

(3) $\iint\limits_D f(x,y)\mathrm{d}x\mathrm{d}y=\int_{-2}^2\mathrm{d}x\int_{-\frac{3}{2}\sqrt{4-x^2}}^{\frac{3}{2}\sqrt{4-x^2}}f(x,y)\mathrm{d}y$

$=\int_{-3}^3\mathrm{d}y\int_{-\frac{2}{3}\sqrt{9-y^2}}^{\frac{2}{3}\sqrt{9-y^2}}f(x,y)\mathrm{d}x$,

(4) $\iint\limits_D f(x,y)\mathrm{d}x\mathrm{d}y=\int_{-2}^4\mathrm{d}x\int_{2-\sqrt{9-(x-1)^2}}^{2+\sqrt{9-(x-1)^2}}f(x,y)\mathrm{d}y$

$=\int_{-1}^5\mathrm{d}y\int_{1-\sqrt{9-(y-2)^2}}^{1+\sqrt{9-(y-2)^2}}f(x,y)\mathrm{d}x$.

27. (1) $\int_{-1}^{0}\mathrm{d}x\int_{x^2-2}^{-x^2}f(x,y)\mathrm{d}y$,

(2) $\int_{0}^{1}\mathrm{d}x\int_{x^2}^{x}f(x,y)\mathrm{d}y$,

(3) $\int_{0}^{2}\mathrm{d}x\int_{\frac{1}{2}y}^{y}f(x,y)\mathrm{d}x+\int_{2}^{4}\mathrm{d}x\int_{\frac{1}{2}y}^{2}f(x,y)\mathrm{d}x$,

(4) $\int_{0}^{1}\mathrm{d}x\int_{x^3}^{2-x}f(x,y)\mathrm{d}y$,

(5) $\int_{0}^{1}\mathrm{d}y\int_{\sqrt{1-y}}^{\mathrm{e}^y}f(x,y)\mathrm{d}x$.

28. (1) $2\frac{2}{3}$, (2) $3\frac{3}{4}$, (3) $5\frac{1}{84}$, (4) $13\frac{3}{4}$, (5) $\pi-2$, (6) $3\frac{1}{15}$.

29. (1) $\frac{\pi}{6}a^3$, (2) $\frac{\pi}{8}a^4$.

30. (1) $\frac{2}{3}$, (2) 3, (3) $\sqrt{2}-1$.

31. (1) $\frac{1}{6}abc$, (2) 3π, (3) π, (4) $4\frac{9}{140}$, (5) 16.

习 题 九

1. 略.

2. (1) $(\ln|x-1|+C)y=1$, (2) $y\mathrm{e}^y=Cx\mathrm{e}^x$,

(3) $y=C\mathrm{e}^{x^2}$, (4) $\sec x+\tan y=C$,

(5) $y^2=1+\frac{C}{1+x^2}$, (6) $y=\mathrm{e}^{1-\sqrt{1+x^2}}$,

(7) $y^2=\ln(3\ln|x|-x^3+2)$, (8) $\cos y=\sec x$,

(9) $(y+1)\mathrm{e}^{-y}=\frac{1}{2}(1+x^2)$, (10) $\tan y=8(1+\mathrm{e}^x)^{-3}$.

3. (1) $y^2=x^2-Cx$, (2) $y=(\ln y+C)x$,

(3) $(x^3+y^3)=Cx^2$, (4) $y=2x\arctan(Cx)$,

(5) $y+\sqrt{x^2+y^2}=Cx^2$, (6) $y=-x\ln(1-\ln x)$,

(7) $y^5-5x^2y^3=1$, (8) $y^2=x^2\ln x^2$,

(9) $y^3=x^3\ln x^3$, (10) $y=2x\tan\left(\ln x^2+\frac{\pi}{4}\right)$.

4. (1) $y=Ce^{2x}-e^{x}$,
(2) $y=Ce^{x}-\frac{1}{2}(\sin x+\cos x)$,
(3) $y=x^{n}(C+e^{x})$,
(4) $y=Ce^{\cos x}+\cos x+1$,
(5) $y=\left(C-\frac{2}{3}\cos 3x\right)\cos 3x$,
(6) $y=(C+x^{2})\sin x$,
(7) $y=\frac{1}{2}\sin 2x$,
(8) $y=(x+2)\left(1+\frac{1}{2}x^{2}\right)$,
(9) $y=(x+1)e^{x}$,
(10) $y=\frac{2(1+x^{3})}{3(1+x^{2})}$,
(11) $y=2\ln x-x+2$,
(12) $y=(1-x^{2})^{\frac{1}{4}}-\frac{1}{3}(1-x^{2})$,
(13) $y=(x+1)^{2}e^{x}$,
(14) $y=(1+\sin x-x\cos x)e^{-x^{2}}$,
(15) $y=e^{x^{3}}-\frac{1}{9}(2+x^{3})$.

5. (1) $y^{3}=3x^{4}+Cx^{3}$,
(2) $y=(1+x^{2})[C+(\arctan x)^{2}]^{2}$,
(3) $xy(y+C)=1$,
(4) $x^{3}y^{3}(C-3\ln x)=1$,
(5) $y=\frac{\sec x}{1+x^{3}}$.

6. (1) $y=C_{1}e^{x}+C_{2}e^{6x}$,
(2) $y=(C_{1}\cos 3x+C_{2}\sin 3x)e^{2x}$,
(3) $y=(C_{1}+C_{2}x)e^{2x}$,
(4) $y=C_{1}\cos 5x+C_{2}\sin 5x$,
(5) $y=C_{1}e^{-x}+C_{2}e^{2x}$,
(6) $y=9e^{-2x}-8e^{-3x}$,
(7) $y=xe^{5x}$,
(8) $y=-\frac{1}{3}e^{x}\cos 3x$.

7. (1) $y=\frac{1}{2}(x+1)^{2}+(C_{1}\cos x+C_{2}\sin x)e^{x}$;
(2) $y=(1-12x)e^{-2x}+C_{1}e^{-5x}+C_{2}e^{2x}$;
(3) $y=(x+1)^{2}+C_{1}e^{2x}+C_{2}e^{4x}$;
(4) $y=\frac{1}{102}(5\sin x+14\cos x)+(C_{1}\cos 4x+C_{2}\sin 4x)e^{3x}$;
(5) $y=\frac{5}{8}\cos x+4\sin x-\frac{1}{8}\cos 3x$;
(6) $y=e^{x}+e^{3x}+e^{5x}$;
(7) $y=\left(x+\frac{1}{2}x^{2}\right)e^{4x}$;

(8) $\alpha \neq \beta$ 时，$y=\left(C_1+\frac{ax}{\alpha-\beta}\right)e^{\alpha x}+\left(C_2+\frac{bx}{\alpha-\beta}\right)e^{\beta x}$，

$\alpha=\beta$ 时，$y=\left[C_1+C_2x+\frac{1}{2}(a+b)x^2\right]e^{\alpha x}$.

8. $C(x)=(x+1)[C_0+\ln(1+x)]$.

9. $p=\left(p_0-\frac{b+1}{a}\right)e^{-ax}-x+\frac{b+1}{a}$.

10. (1) $Y(t)=Y_0e^{\gamma t}$，　$D(t)=\frac{\alpha Y_0}{\gamma}e^{\gamma t}+\beta t+D_0-\frac{\alpha Y_0}{\gamma}$；

(2) $\lim\limits_{t\to\infty}\frac{D(t)}{Y(t)}=\frac{\alpha}{\gamma}$.

11. $R(t)=\frac{a}{bs_0}(e^{bt}-1)$，　$S(t)=s_0e^{-bt}$.

12. (1) $y(t)=y_0e^{\beta t}$，　$\omega(t)=\frac{k}{\beta}e^{\beta t}-\frac{1}{\alpha\beta y_0}e^{-\beta t}+C$

其中 $C=\omega_0+\frac{1}{\alpha\beta y_0}-\frac{k}{\beta}$；

(2) $\lim\limits_{t\to\infty}\frac{\omega(t)}{y(t)}=\frac{k}{\beta y_0}$.

13. (1) $Y(t)=(Y_0-Y_e)e^{ut}+Y_e$，　$Y_e=\frac{b}{1-a}$，　$u=\frac{1-a}{ka}$，

$C(t)=a(Y_0-Y_e)e^{ut}+Y_e$，　$I(t)=(1-a)(Y_0-Y_e)e^{ut}$；

(2) $\lim\limits_{t\to\infty}\frac{Y(t)}{I(t)}=\frac{1}{1-a}$.

14. $K(t)=\begin{cases}\left(K_0-\frac{H_0}{\mu-\alpha}\right)e^{\alpha t}+\frac{H_0}{\mu-\alpha}e^{\mu t}, & \mu\neq\alpha \text{ 时}\\ (K_0+H_0t)e^{\alpha t}, & \mu=\alpha \text{ 时}.\end{cases}$

15. $R=(20x^2-2x^3)^{\frac{1}{3}}$.

16. $C(x)=3e^x(1+2e^{3x})^{-1}$.

习　题　十

1. (1) 2，(2) $(e-1)^2e^t$，(3) 6，(4) $\ln\frac{t^2+4t+3}{t^2+4t+4}$.

2. (1) $y_{t+1}-y_t=1$，　　(2) $y_{t+2}-5y_{t+1}+4y_t=5$，

(3) $y_{t+2}-6y_{t+1}+5y_t=1$，　　(4) $y_{t+3}-3y_{t+2}+8y_{t+1}-7y_t=0$.

3. (1)1 阶，(2)3 阶，(3)5 阶，(4)2 阶.

4. ～5. 略.

6. (1) $y_t=C\left(-\frac{1}{3}\right)^t+1$；　　(2) $y_t=C5^t-1$；

(3) $y_t=C\left(-\frac{1}{2}\right)^t+\frac{7}{9}+\frac{1}{3}t$；　　(4) $y_t=C(-1)^t+\frac{1}{3}\times 2^t$；

(5) $y_t=\begin{cases} C\alpha^t+\frac{1}{e^\beta-\alpha}e^{\beta t}, & \alpha\neq e^\beta \text{ 时} \\ (C\alpha+t)\alpha^{t-1}, & \alpha=e^\beta \text{ 时}\end{cases}$；　　(6) $y_t=C-\frac{1}{3}\times 2^t\cos\pi t$.

7. (1) $y_t=0.1\times\left(\frac{3}{8}\right)^t+0.1$，　　(2) $y_t=0.6-0.2\times\left(\frac{1}{3}\right)^t$，

(3) $y_t=\frac{5}{4}\times(-3)^t-\frac{1}{4}$，　　(4) $y_t=\left(\frac{1}{2}\right)^{t-2}+t$，

(5) $y_t=2^t-t+4$，　　(6) $y_t=(-4)^t+\sin\pi t$.

8. 略.

9. (1)略；

(2) $y_t=\begin{cases} \left[\left(\frac{1}{y_0}-\frac{b}{C-a}\right)\left(\frac{a}{C}\right)^t+\frac{b}{C-a}\right]^{-1} & C\neq a \text{ 时}, \\ \left(\frac{1}{y_0}+\frac{b}{a}t\right)^{-1} & C=a \text{ 时}；\end{cases}$

(3) $y_t=\left[\left(\frac{1}{2}\right)^{t+1}+\frac{3}{2}\right]^{-1}$.

10. (1) $y_t=C_1 3^t+C_2 4^t$；

(2) $y_t=C_1\left(\frac{1-\sqrt{5}}{2}\right)^t+C_2\left(\frac{1+\sqrt{5}}{2}\right)^t$；

(3) $y_t=(C_1+C_2 t)(-2)^t$；

(4) $y_t=(C_1+C_2 t)3^t$；

(5) $y_t=C_1\cos\frac{\pi}{3}t+C_2\sin\frac{\pi}{3}t$；

(6) $y_t=(\sqrt{3})^t(C_1\cos\omega t+C_2\sin\omega t)$，　$\mathrm{tg}\,\omega=-\sqrt{2}$；

(7) $y_t=C_1(1.8)^t+C_2(2.1)^t$；

(8) $y_t=C_1[2(a+1+\sqrt{2a+1})]^t+C_2[2(a+1-\sqrt{2a+1})]^t$.

11. (1) $y_t=C_1\left(-\frac{1}{3}\right)^t+C_1\left(\frac{1}{3}\right)^t+\frac{9}{8}$.

(2) $y_t=C_1(-1)^t+C_2\left(\frac{1}{2}\right)^t+3$.

(3) $y_t=(C_1+C_2t)\left(-\frac{1}{2}\right)^t+1$.

(4) $y_t=(\sqrt{2})^t(C_1\cos\omega t+C_2\sin\omega t)+2,\quad \tan\omega=\sqrt{7}$.

(5) $$y_t=\begin{cases} C_1\cos\alpha t+C_2\sin\alpha t+\dfrac{1}{2(1-\cos\alpha)}, & 1-\cos\alpha\neq 0,\ 1+\cos\alpha\neq 0; \\ C_1+C_2t+\dfrac{1}{2}t^2, & 1-\cos\alpha=0; \\ (C_1+C_2t)(-1)^t+\dfrac{1}{4}, & 1+\cos\alpha=0. \end{cases}$$

(6) $y_t=2^t\left(C_1\cos\frac{\pi}{3}t+C_2\sin\frac{\pi}{3}t\right)+\frac{1}{3}(a+bt)$.

(7) $y_t=C_1(-1)^t+C_2(-2)^t+t^2-t+3$.

(8) $y_t=C_1+C_22^t+\frac{1}{4}\times 5^t$.

(9) $$y_t=\begin{cases} C_1a^t+C_2b^t+\dfrac{(1+g)^t}{(1+g-a)(1+g-b)}, & 1+g\neq a,\ 1+g\neq b,\ a\neq b; \\ C_1a^t+C_2b^t+\dfrac{t}{1+g-b}(1+g)^{t-1}, & 1+g=a,\ a\neq b; \\ C_1a^t+C_2b^t+\dfrac{t}{1-g-a}(1+g)^{t-1}, & 1+g=b,\ a\neq b; \\ (C_1+C_2t)a^t+\dfrac{1}{(1+g-a)^2}(1+g)^t, & 1+g\neq a,\ a=b; \\ \left(C_1+C_2t+\dfrac{1}{2a^2}t^2\right)a^t, & 1+g=a,\ a=b. \end{cases}$$

(10) $y_t=C_1+C_2(-1)^t-\frac{1}{2}(\cot\omega\cos\omega t+\sin\omega t)$.

(11) $y_t=C_1+C_22^t+\frac{3}{10}\cos\frac{\pi}{2}t+\frac{1}{10}\sin\frac{\pi}{2}t$.

(12) $y_t=C_1+C_2 2^t+\frac{1}{4}\times 5^t+\frac{3}{10}\cos\frac{\pi}{2}t+\frac{1}{10}\sin\frac{\pi}{2}t$.

12. $Y_t=(Y_0-Y_e)\alpha^t+Y_e$, $\left(Y_e=\frac{I+\beta}{1-\alpha}\right)$;

$C_t=(Y_0-Y_e)\alpha^t+\frac{\alpha I+\beta}{1-\alpha}$.

13. $Y_t=\left(Y_0+\frac{\beta}{\alpha}\right)A^t-\frac{\beta}{\alpha}$, $\left(A=\frac{\delta\gamma}{\delta\gamma-\alpha}\right)$;

$S_t=(\alpha Y_0+\beta)A^t$; $I_t=\frac{1}{\delta}(\alpha Y_0+\beta)A^t$.

14. $Y_t=(Y_0-Y_e)A^t+Y_e$, $\left(Y_e=\frac{\beta}{1-\alpha}\right)$, $[A=1+\gamma(1-\alpha)]$;

$C_t=\alpha(Y_0-Y_e)A^t+Y_e$, $I_t=(1-\alpha)(Y_0-Y_e)A^t$.

15. $\widetilde{p}_t=(\widetilde{p}_0-p_e)A^t+p_e$, $\left[A=1-\eta-\frac{\delta\eta}{\beta}\right]$, $\left(p_e=\frac{\alpha+\gamma}{\beta+\delta}\right)$;

$p_t=-\frac{\delta}{\beta}(\widetilde{p}_0-p_e)A^t+p_e$.

16. $y_t=(\sqrt{\beta})^t(C_1\cos\omega t+C_2\sin\omega t)+\frac{v_0}{1-\beta}$, $\left(\text{tg}\omega=\sqrt{\frac{1}{\beta}-1}\right)$;

$u_t=(\sqrt{\beta})^{t+1}[C_1\cos\omega(t-1)+C_2\sin\omega(t-1)]+\frac{\beta v_0}{1-\beta}$;

$$s_t=(\sqrt{\beta})^t\{C_1[\sqrt{\beta}\cos\omega(t-1)-\cos\omega(t-2)] \\ +C_2[\sqrt{\beta}\sin\omega(t-1)-\sin\omega(t-2)]\}.$$